PISA

SCHNELLKURS FÜR ERWACHSENE

600 x Powertraining für Anfänger, Fortgeschrittene und Profis

Florian Breitsameter
Naturwissenschaften

Alfred Kissner
Mathematik

Dr. Christa-Maria Kordt
Geschichte

Paulina Palomino
Kunst

Thilo Scheu
Geografie

Jörg Werremeyer
Lesekompetenz

Trautwein Lexikon-Edition

2004 Trautwein Lexikon-Edition

Chefredaktion: Evelyn Boos
Redaktion: Pascal Echt
Produktion: Wolfram Friedrich
Illustrationen: Leonhard Büttner
Abbildungen: Gruppo Editoriale Fabbri, Mailand; Lidman
Production, Stockholm
Titelabbildungen: akg, Berlin; Gruppo Editoriale Fabbri,
Mailand
Umschlaggestaltung: Robert Gigler

Mehr Infos im Internet unter www.compactverlag.de

ISBN 3-8174-5655-7
5456551

Vorwort

Mit dem vorliegenden Buch können Sie die lustvolle Seite des Lernens, Wissens und Verstehens entdecken.

Wer gebildet ist und sein Wissen optimal anzuwenden versteht, profitiert davon nicht nur im Beruf, sondern auch im Privatleben. Er wird Spitzenleistungen erzielen, sich aber auch als Persönlichkeit weiterentwickeln und reicher fühlen.

Diese Chance, die Bildung bietet, ist in letzter Zeit in Vergessenheit geraten. Durch die Diskussionen über die Ergebnisse der PISA-Studie mag bei vielen der Eindruck entstanden sein, als wären Wissenserwerb und Wissensanwendung harte Prüfungen, die man am besten meidet. Doch das ist nicht der Fall.

Der „PISA-Schnellkurs für Erwachsene“ nimmt Sie mit auf eine interessante, spannende und unterhaltsame Reise durch die Welt des Lernens, Wissens und Verstehens. Er enthält 600 abwechslungsreiche Übungen zu den Themen, die eine gute Bildung ausmachen:

- Lesekompetenz
- Mathematik
- Naturwissenschaften
- Geschichte
- Geografie
- Kunst

Im Einführungstest können Sie Ihre PISA-Kompetenz überprüfen und eventuelle Schwächen aufdecken. Es folgen Übungen in drei Schwierigkeitsgraden, die ein effektives Training bieten. Im Abschlusstest können Sie den Trainingserfolg messen.

Abwechslung ist auch durch die unterschiedliche Form der Übungen garantiert: Es sind vorgegebene Antworten auszuwählen, eigene Antworten zu formulieren und Zeichnungen anzufertigen oder zu vervollständigen. Manches können Sie einfach in das Buch eintragen, für andere Fälle sollten Sie einen Schreibblock zur Hand nehmen.

Einprägsame Symbole kennzeichnen die Wissensgebiete, sodass ein gezieltes Training möglich ist:

 Lesekompetenz

 Geschichte

 Mathematik

 Geografie

 Naturwissenschaften

 Kunst

Nun kann Ihre Reise durch die Welt des Lernens, Wissens und Verstehens beginnen. Viel Vergnügen!

Inhalt

Einführungstest

E

Übung E.1: Bei der quantitativen Analyse einer farblosen organischen Verbindung wird die folgende chemische Zusammensetzung ermittelt: Kohlenstoff : Wasserstoff = 1 : 3. Welche der folgenden Verbindungen erfüllt diese Bedingung?

A $(CH_3)_2NH$ (Dimethylamin)
B x C_2H_6O (Ethanol)
C C_6H_5-CH_3 (Toluol)
D H_2C=CH-CH-CH_2 (Butadien)

Übung E.2: Ein Fahrkartenautomat in der Trambahn nimmt nur Münzen an. Die Fahrt vom Kino zurück nach Hause kostet 2,10 €. Florian hat Münzen zu 50 ct und 20 ct. Wie kombiniert er die Münzen, ohne zu viel für die Fahrkarte zu bezahlen?

1-50 8-20
___

Übung E.3: Als Wortfeld wird eine Gruppe sinnverwandter Wörter bezeichnet. Welches der folgenden Wörter passt nicht in das Wortfeld der Gewässerbezeichnungen?

A Meer
B Fluss
C Küste
D x Kanal

Übung E.4: Die Kunst ist so alt wie die Menschheit – und so vielseitig, dass eine Einteilung nicht nur in verschiedene Gattungen, sondern auch in Epochen notwendig ist, um über Kunst zu sprechen. Dabei treten zeitliche Überschneidungen ein, da die nachträgliche Einteilung durch die Kunstwissenschaft der lebendigen Entwicklung der Kunst in der Praxis nicht gerecht werden kann. Ordnen Sie folgende Epochenbegriffe der richtigen Zeitangabe zu.

A Barock
B Romanik
C Byzantinische Kunst
D Gotik
E Antike
F Renaissance

1000 v. Chr.–400 n. Chr	400–1100	900–1250
☐ C	☐ E	☐ D

1250–1420	1420–1600	1600–1780
☐ B	☐ A	☐ F

Übung E.5: Im 18. und 19. Jh. veränderten zahlreiche Neuerungen in Wissenschaft und Technik das Leben der Menschen nachhaltig. Ordnen Sie die folgenden

Meilensteine des technischen Fortschritts der richtigen Jahreszahl zu.

A Die erste deutsche Eisenbahn fährt von Nürnberg nach Fürth.

B Die erste Telegrafenlinie wird eröffnet. Sie führt von Paris nach Lille.

C Werner von Siemens entwirft seine Dynamomaschine, mit der elektrischer Strom erzeugt werden kann.

D Johann Philipp Reis baut einen funktionsfähigen Fernsprecher.

1794	1835	1861	1866
☐	☐	☐	☐

Übung E.6: Besonders die frühen Seefahrer mit ihren unmotorisierten Zwei- oder Dreimastern fürchteten die Regionen nahe dem Äquator. Denn hier liegt der sog. Kalmengürtel, der von häufig tagelangen Windstillen geprägt ist. Warum weht in dieser Region oft nur ein laues Lüftchen?

A Durch die äquatorialen, sehr warmen Meeresströmungen kann kein Wind aufkommen.

B Am Äquator treffen die Passatwinde aufeinander, steigen auf und am Boden entsteht eine meist windstille Zone.

C Durch die starke Sonneneinstrahlung steigt die Luft rasch auf und in Bodennähe herrscht Windstille.

D In Äquatornähe wehen aufgrund des sehr geringen Erdmagnetismus oft keine Winde.

Übung E.7: Jeder kennt den Anblick des Mondes in einer hellen Vollmondnacht. Aber wir können auf der Erde immer nur dieselbe Seite des Trabanten sehen. Warum ist das so?

Der Mond

Übung E.8: Evas fünf Kakteen sind prächtig gediehen und sollen umgetopft werden. Eva hat noch drei Blumentöpfe mit 4 l und zwei mit 1,5 l Inhalt. Wie viele Liter Sand benötigt sie, wenn

E

sie die Blumenerde für ihre Kakteen mit 20 % Sand mischen will?

A 2 l
✗ B 3 l
C 4 l
D 5 l

Übung E.9: Bestimmen Sie die Kernaussage des folgenden Satzes: „Bei den meisten Systemen, die mit einer grafischen Benutzeroberfläche arbeiten, ist die Festplatte in mehrere Partitionen unterteilt, welche für den Benutzer am Vorhandensein mehrerer Festplattenlaufwerke sichtbar sind, auch wenn sich tatsächlich nur eine Festplatte als Baueinheit im Computer befindet.“

____

____

____

Übung E.10: Um 3000 v. Chr. entstanden die ersten großen Hochkulturen dort, wo die Menschen sich im fruchtbaren Land an den großen Strömen angesiedelt hatten. In Ägypten war es das Hochwasser des Nils, das die Kultur gedeihen ließ. Welche der folgenden Kulturleistungen stammt nicht von den Ägyptern?

A Kalender
B Hieroglyphenschrift
✗ C Landkarte
D Wasserorgel

Ackerbau im alten Ägypten

Übung E.11: Neben der Unterscheidung der Stilepochen lässt sich die Kunst auch in verschiedene Gattungen einteilen. Welche Gattungsbegriffe fallen Ihnen ein? Zählen Sie mindestens drei auf.

Moderne

____

____

____

Übung E.12: Die ägyptische Königin Kleopatra (69–30 v. Chr.) wettete mit Marcus Antonius (um 82–30 v. Chr.), dass sie das teurere Festessen als der römi-

sche Kaiser verzehren könne. Sie ließ sich dazu die wertvollste und schönste Perle aus ihrer Schatzkammer und einen Kelch bringen. Dank welcher Flüssigkeit konnte Kleopatra die Perle zu sich nehmen, ohne daran zu ersticken?

A Salatöl
x B Essig
C Wasser
D Gemüsebrühe

Übung E.13: Alex und Birgit sind begeisterte Bergwanderer. Diesmal ist das Ziel ihrer Begierde ein 3718 m hoher Berg auf einer Insel im Atlantik. Bevor sie jedoch den Gipfel erklimmen, erproben sie ihre Kondition im Tenogebirge und trinken in dem malerischen Ort Masca noch einen Kaffee. Auf welcher Insel sind die beiden?

JAPAN
___

Blick auf den erwähnten Berg

Übung E.14: Für den öffentlichen Personennahverkehr werden drei verschiedene Fahrkarten angeboten:

Fahrkarte	Preis in €
Einzelfahrkarte	1,–
Wochenkarte	9,–
Monatskarte	35,–

Hin- und Rückfahrt gelten als zwei Einzelfahrten. Mit einer Wochen- bzw. Monatskarte können in dem jeweiligen Zeitraum beliebig viele Fahrten unternommen werden. Herr Jäger kommt am vierten Tag eines Monats (Dienstag) aus dem Urlaub heim; ab Mittwoch muss er wieder zur Arbeit. Der letzte Tag des Monats ist ein Sonntag. Bis Monatsende bleiben der Rest der angebrochenen und genau drei weitere Wochen. Mit welcher Fahrkarte oder Fahrkartenkombination fährt Herr Jäger am günstigsten, wenn nur die Fahrten zur Arbeit und zurück geplant sind?

A Monatskarte
B Wochenkarten
C Einzelfahrkarten
x D Kombination aus Wochen- und Einzelfahrkarten

Übung E.15: In Texten bedienen wir uns zahlreicher sprachlicher Mittel. Ein Paradoxon ist z. B. eine Aussage, die im Widerspruch zum gesunden Menschenverstand zu stehen scheint. Auf welche der folgenden Aussagen trifft dies zu?

A kriegerische Auseinandersetzung
B mit Kind und Kegel
C Rüsten für den Frieden
D lautloser Schrei

Übung E.16: Überprüfen Sie Ihr Bildgedächtnis. Welche Farben wählte Vincent van Gogh (1853–90) für sein Gemälde *Nachtcafé*?

Schwarz grau weiß
____

Übung E.17: Die Gründung Spartas erfolgte um 900 v. Chr. Der „spartanische" Lebensstil bezeichnet bildhaft den Lebensstil der Spartiaten. Wofür waren sie bekannt?

A Als besondere Tugend galt bei ihnen die Sparsamkeit.
B Sie bildeten einen Kriegerstaat, in dem Kargheit und Strenge herrschten.
C Bei ihnen galt ein schlichter Lebensstil mit nur geringem persönlichem Besitz als ideal.

Übung E.18: In Südostasien, Afrika und Amazonien floriert seit mehr als vier Jahrzehnten das Geschäft mit Tropenhölzern. Trotz Protesten von Umweltschutzorganisationen werden jährlich immer noch riesige Areale abgeholzt. Was meinen Sie, in wie vielen Jahren existiert kein tropischer Regenwald mehr, wenn es so weiter geht?

A 20 Jahre
B 50 Jahre
C 100 Jahre
D 200 Jahre

Übung E.19: In welche Richtung dreht sich die Erde, wenn man von oben auf den Nordpol blickt? Lassen Sie sich mit der Antwort auf diese vermeintlich leichte Frage ruhig etwas Zeit und markieren Sie dann auf dem Schema die Drehrichtung unseres Planeten.

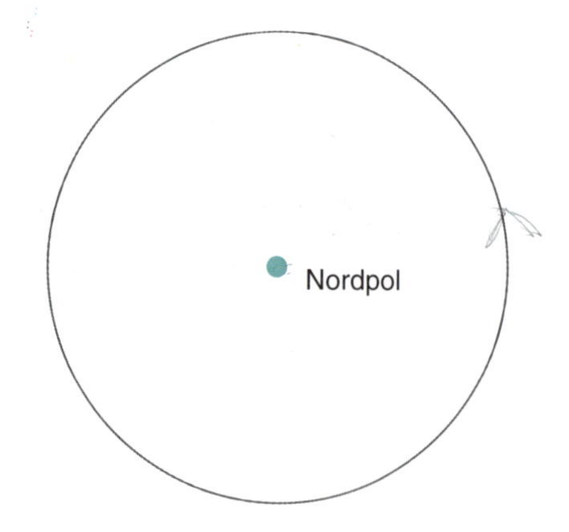

Die volle Gehirnleistung nutzen: Mind-Mapping

Das sog. Mind-Mapping (aus engl. mind, „Sinn, Verstand“, und map, „Karte“) geht auf den britischen Lernforscher Tony Buzan (*1942) zurück. Wissenschaftler fanden heraus, dass die menschlichen Gehirnhälften unterschiedliche Aktivitäten besitzen: die linke das begriffliche Denken (die Sachhälfte mit z. B. Logik, Sprache, Analyse), die rechte das bildliche Denken (die Gefühlshälfte mit z. B. Fantasie, Assoziationen, Rhythmus). Meist ist aber nur eine Gehirnhälfte aktiv. Mind-Mapping hilft, beide Gehirnhälften zu aktivieren, um die Hirnleistung zu optimieren und voll auszuschöpfen.

Bei einer Mind-Map beginnen wir mit einer zentralen Idee oder einem zentralen Begriff, den wir in die Mitte eines unlinierten, quer gelegten Blattes eintragen. Dann „erdenken“ wir weitere Teilbereiche, die mit dieser Idee zusammenhängen. Die wichtigsten dieser Einfälle schreiben wir auf Linien (sog. Hauptäste). Auch sie sind mit der Zentralidee verbunden. Die Hauptäste können wir in Unterverzweigungen (sog. Nebenäste) gliedern, die Nebenäste nach Bedarf noch weiter unterteilen. Dieses Verfahren lässt sich auf weiteren Ebenen fortsetzen, fehlende und neue Assoziationen können jederzeit ergänzt werden. So gelangen wir vom Allgemeinen zum Speziellen. Wichtig ist jedoch, nur Stichwörter und Schlüsselbegriffe zu verwenden und nur ein Wort pro Ast.

Durch die Verbindung von begrifflichem und bildlichem Denken baut sich ein Gedankennetz auf, das eine größere Konzentration, eine höhere Gedächtnisleistung und eine bessere Lernleistung bewirkt. Mind-Mapping ist eine kreative Arbeitstechnik zur Ideensammlung, Strukturierung, Darstellung und Zusammenfassung. Auch die Grundidee eines Textes lässt sich so visualisieren.

Übung E.20: Ein Long Island Ice Tea enthält einem Internetrezept zufolge 2 cl weißen Rum (40-prozentig), 2 cl weißen Tequila (28-prozentig), 2 cl Gin (50-prozentig), 2 cl Wodka (37,5-prozentig), 2 Dashes hochprozentigen Rum (73-prozentig), 2 cl Curaçao Triple Sec (35-prozentig), 2 Dashes Limettensaft, 2 cl Orangensaft, Cola und Eis. Ein Dash entspricht 0,1–0,2 cl. Wie viel Alkohol enthält ein 3-dl-Glas Long Island Ice Tea?

A 1–2 %   B 13–14 %
x C 32–33 %   D 43–44 %

Übung E.21: Verschiedene Bewegungsverben helfen, die Art der Bewegung zu beschreiben. Tragen Sie die Buchstaben in der richtigen Reihenfolge in die Kästchen ein.

A wandern
B schreiten
C taumeln
D hasten

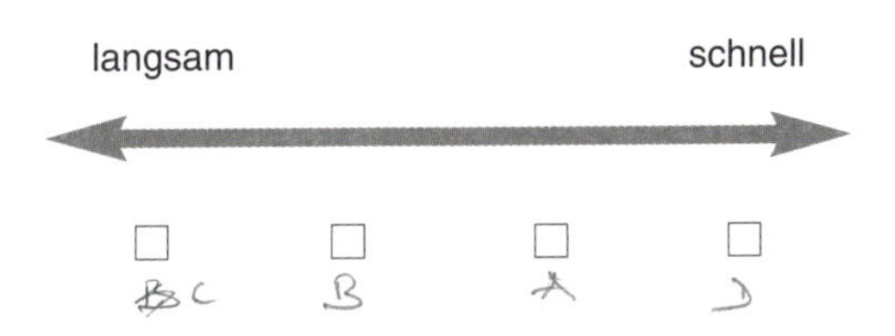

Einführungstest

Übung E.22: In der Renaissance untersuchten Künstler die Darstellung der Räumlichkeit wissenschaftlich. Als Erfinder der Fluchtpunktperspektive (auch Zentralperspektive genannt) gilt der Bildhauer und Architekt Filippo Brunelleschi (1377–1446). Durch diese Errungenschaft war es den Baumeistern erstmals möglich, die räumliche Wirkung ihrer architektonischen Entwürfe zu überprüfen. Skizzieren Sie ein Haus an einer Straße mit Bäumen in der Fluchtpunktperspektive.

Übung E.23: Auf welchen bekannten Staatsmann trifft die folgende Kurzbeschreibung zu? Er hatte bereits eine vielseitige Karriere hinter sich, als er in den 1980er Jahren nach mehreren Anläufen ein hohes politisches Amt in der Regierung einer Industrienation übernahm. Zu diesem Zeitpunkt war er bereits älter als sämtliche seiner Vorgänger bei ihrem Amtsantritt. Dennoch übte er sein Amt mit großem Selbstbewusstsein und Überzeugungskraft aus. Trotz seines harten Kurses in der Verteidigungspolitik leistete er einen wichtigen Beitrag zur Entspannung zwischen den Machtblöcken. Seine Wirtschaftspolitik war umstritten, aber er war als Politiker beim Volk sehr beliebt.

- A George Bush sen.
- B Ronald Reagan
- C Michail Gorbatschow
- D François Mitterrand

Übung E.24: Eine typische Erscheinung in Wüsten sind die oft sagenumwobenen Oasen. Diese Form der Besiedlung eines eigentlich menschenfeindlichen Raums stellt die Menschen vor einige Herausforderungen. Welche der folgenden Aussagen treffen auf Oasen zu?

- A Alle Oasen beziehen ihr Wasser aus dem Grundwasser.
- B Der Anbau von Kulturpflanzen erfolgt in einer Art Stockwerkbau.
- C In Oasen werden oft Feigenbäume als Schatten spendende Pflanzen angebaut.
- D Durch schlechte Be- und Entwässerung kann es zur Versalzung der Böden kommen.

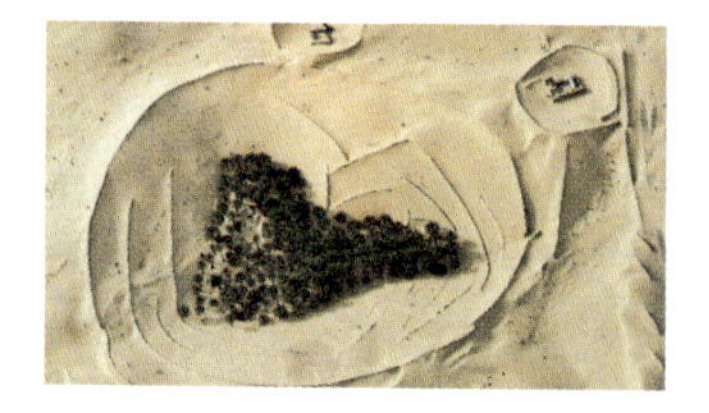

Oase

Übung E.25: Vor ca. 175 Mio. Jahren war die Schwäbische Alb ein Meer. Heute prägen

Wasserarmut und ausgedehnte Höhlensysteme diese Mittelgebirgslandschaft. Wie kommt dies?

- A Meteoriteneinschläge wie im Nördlinger Ries ließen im Kalkstein Risssysteme entstehen, durch die das Wasser abfließt.
- B Der Prozess der Verkarstung ist verantwortlich für Wasserarmut und Höhlensysteme.
- C Bei der Auffaltung des Gebirges während der Kreidezeit entstanden Spalten und Hohlräume, die heute Wasserknappheit verursachen.

Übung E.26: Um eine Systematik der Lebewesen zu schaffen, teilt die Biologie alle Lebewesen anhand ihrer Merkmale in Kategorien ein. Die oberste Stufe dieser Klassifikation ist das Reich. Wie aber geht es weiter? Ordnen Sie die Kategorien.

- A Gattung
- B Ordnung
- C Reich
- D Art
- E Stamm
- F Familie
- G Klasse

Übung E.27: Der Garten von Lisas Eltern ist 4 m breit und 4 m lang. Beim Spielen sagt Thommy, der Garten seiner Eltern sei viel größer, weil man weiter laufen könne. Der Garten von Thommys Eltern ist nur 3 m breit, dafür 5 m lang. Beide Gärten sind rechteckig. Hat Thommy Recht?

- A Ja, der Garten von Thommys Eltern ist 2 m^2 größer.
- B Ja, der Garten von Thommys Eltern ist 1 m^2 größer.
- C Nein, beide Gärten haben die gleiche Größe.
- D Nein, der Garten von Lisas Eltern ist 1 m^2 größer.

Übung E.28: Welche der folgenden Wortpaare sind nicht Bestandteil einer deutschen Redewendung?

- A Stumpf, Stiel
- B Baum, Borke
- C Ast, Wurzel
- D Apfel, Stamm

Übung E.29: Im Jahr 1905 schlossen sich in Dresden eine Reihe von Expressionisten zu der Künstlergruppe „Die Brücke“ zusammen. Wenige Jahre später, 1911, wurde in München die internationale Künstlervereinigung „Der Blaue Reiter“ gegründet. Welche der folgenden Künstlerinnen und Künstler waren Mitglieder der „Brücke“, welche des „Blauen Reiters“?

A Wassily Kandinsky
B Otto Mueller
C Alexej von Jawlensky
D Ernst Ludwig Kirchner
E Gabriele Münter

1 Brücke
2 Blauer Reiter

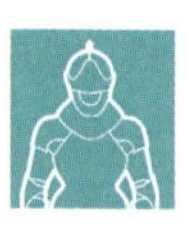

Übung E.30: Das schwäbische Adelsgeschlecht der Staufer herrschte in der Zeit von 1125 bis etwa 1254 über ein u. a. durch Schenkung, Heirat und Feldzüge immer weiter ausgedehntes Reich. Skizzieren Sie in der Karte des heutigen Europas die Hauptgebiete des Reichs der Staufer innerhalb seiner wichtigsten Grenzen.

Übung E.31: In Millionen von Jahren durchlaufen auch Sterne eine Entwicklung und „altern“. Unten sind vier Stadien der Sternentwicklung aufgezählt. Bringen Sie diese in eine chronologische Reihenfolge.

A Neutronenstern
B Protostern
C Roter Riese
D Supernova

Übung E.32: 6 % der Deutschen lesen täglich in einem Buch. 45 % der Befragten sind Kaum- oder Wenigleser. Im Vergleich zu einer früheren Umfrage hat sich in jeder Altersgruppe der Trend verstärkt, angefangene Texte nicht mehr gründlich durchzulesen. Bei den Jugendlichen bis 19 Jahren gibt sogar jeder Dritte zu, die Seiten zu überfliegen und nur das Interessanteste zu lesen. Welche der folgenden Aussagen treffen also zu?

A Immer mehr Deutsche lesen Texte nicht mehr gründlich durch.
B Immer mehr Deutsche sind Kaum- oder Wenigleser.
C Jugendliche bis 19 Jahre lesen Texte nicht mehr gründlich durch.
D Immer mehr Jugendliche sind Kaum- oder Wenigleser.

Übung E.33: In Wien trafen sich 1814/15 führende europäische Staatsmänner zu einem Friedenskongress mit dem Ziel, Europa neu zu ordnen und ein Bündnis der Großmächte zu schaffen. Es wurde nicht nur verhandelt, sondern auch getanzt und geplaudert. Wer gehörte nicht zu den Teilnehmern?

A Fürst Clemens Wenzel von Metternich
B Zar Alexander I.
C Otto von Bismarck
D Wilhelm von Humboldt

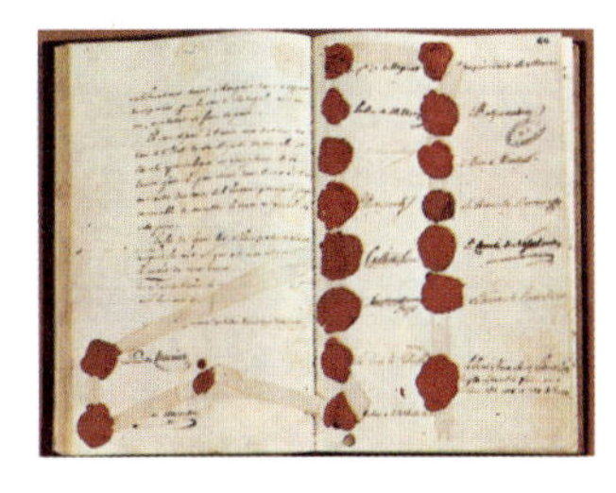

Vertrag des Wiener Kongresses

Übung E.34: Sie wollen das Wohnzimmer Ihrer Wohnung mit einem einfarbigen Teppichboden auslegen. Die Türseite ist 3 m breit. Beide anschließenden Wände stehen rechtwinklig zur Türseite und sind 6 m bzw. 3 m lang. Der Teppichboden (Meterware) ist 2 m breit. Sie wollen ihn in maximal vier Stücken verlegen. Wie groß ist das Reststück? Zeichnen Sie den Grundriss des Zimmers auf und kombinieren Sie verschieden große Teppichstücke.

A Es bleibt kein Reststück.
B 0,25 m^2
C 0,5 m^2
D 1 m^2

Übung E.35: Der Renner im „Kinderparadies" eines Einkaufszentrums ist ein Raum, der ca. 0,5 m hoch mit kleinen bunten Plastikbällen gefüllt ist. Der Raum ist ca. 5 m lang und 4 m breit. Die Bälle sind ungefähr so groß wie Tennisbälle (9 cm Durchmesser). Eine der häufigsten Fragen an die Betreuer lautet: „Wie viele Bälle sind eigentlich in diesem Raum?" Welches ist die beste Schätzung?

A zwischen 13.700 und 26.200 Bälle
B zwischen 15.100 und 30.900 Bälle
C zwischen 10.300 und 20.480 Bälle

Übung E.36: Sarah und ihre Freundin Conny planen eine Weltreise. Damit sie sich nicht immer mit Händen und Füßen verständigen müssen, lernen sie einige der wichtigsten der 5000 Sprachen dieser Erde. Tragen Sie die Buchstaben in das Diagramm ein.

Einführungstest

A Französisch
B Arabisch
C Englisch
D Russisch
E Spanisch
F Chinesisch

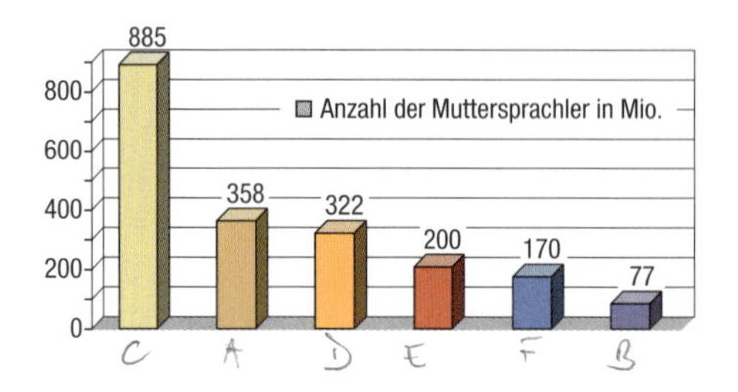

Übung E.37: Das Wahlrecht ist ein wesentlicher Bestandteil moderner demokratisch regierter Staaten. Wichtige Entscheidungsgremien werden durch unterschiedliche Wahlformen eingesetzt. Stellen Sie in einer Skizze das Schema der Wahlen in der Bundesrepublik Deutschland dar.

Übung E.38: In der Werbung und der Medizin ist häufig vom pH-Wert die Rede. Dieser Wert gibt an, ob eine wässrige Lösung sauer oder basisch reagiert. Ordnen Sie die folgenden einmolaren Lösungen dem richtigen pH-Wert zu.

A Salzsäure
B Soda
C Natronlauge
D Wasser

stark sauer — stark alkalisch

0	7	11,5	14
☐ A	☐ D	☐ B	☐ C

Übung E.39: Die Werbesprache bedient sich zahlreicher sprachlicher Mittel. Ordnen Sie den unten aufgelisteten Emotionen die folgenden sprachlichen Merkmale zu: Anglizismen, Fachwortkreationen, Redewendungen, Trend- und Szenesprache, Sprachspiele, Wissenschaftssprache.

Modernität/Dynamik: Fachw ____________
Wissensch ____________

Originalität/Einzigartigkeit: Angliz ____________

____

Kompetenz: Fachwort ____________

____

Übung E.40: Betrachten Sie die Skulptur *Urformen der Bewegung im Raum* von Umberto Boccioni (1882–1916). Der Mitbegründer und Wortführer der mit „Futurismus" betitelten Kunstrichtung bringt in der Skulptur die Dynamik der Bewegung zum Ausdruck. Welche Entdeckung mag Einfluss auf die Kunst der Futuristen ausgeübt haben?

Newton, ein Apfel und das Gewicht der Erde

Der englischer Mathematiker, Physiker und Astronom Sir Isaac Newton (1643–1727) folgerte aus dem dritten Kepler'schen Gesetz, dass die Gravitationskraft, die die Planeten auf ihrer Bahn um die Sonne hält, mit dem Quadrat der Entfernung abnimmt. Das Gleiche sollte für das System Erde–Mond gelten. Um dies zu beweisen, errechnete Newton die Kraft, die nötig war, um den Mond in seiner Bahn zu halten, und verglich sie mit der Schwerkraft, die auf der Erdoberfläche wirkt. Tatsächlich ergab sich ein ähnlicher Wert. Später – und hier kommt der berühmte Apfel, der vom Baum fiel, ins Spiel – erkannte Newton, dass man sich für die Berechnungen die Massen der Körper in ihrem Schwerpunkt vereinigt denken kann. Zwei Körper ziehen sich also im Verhältnis ihrer Massen und im umgekehrten Verhältnis des Quadrats des Abstands an.
Der englische Naturforscher Henry Cavendish (1731–1810), der als ein reicher und neurotischer, aber auch genialer Mensch galt, wandte das Newton'sche Gravitationsgesetz auf seine eigene Art und Weise an. Er ermittelte durch ein einfaches Experiment mit bekannten Massen die Gravitationskonstante und konnte so sogar die Erdmasse berechnen.

A die Entdeckung der Zentralperspektive
B die Relativitätstheorie
C die Psychoanalyse
D die Erfindung der Dampfmaschine

Umberto Boccioni, Urformen der Bewegung im Raum *(1913; New York, Museum of Modern Art)*

Übung E.41: Man kann es schon mit der Angst zu tun bekommen, wenn tennisballgroße Hagelkörner auf die Erde niederprasseln. Doch zum Glück kommt dies nicht allzu häufig vor. Denn dazu müssen bei einem Gewitter mehrere Faktoren zusammenkommen. Welches ist die Hauptursache dafür, dass aus harmlosen Wassertropfen dicke Eiskugeln werden?

A In den Gewitterwolken wehen Aufwinde mit einer Geschwindigkeit von mehr als 30 m/s.
B In den unteren Bereichen der Gewitterwolken herrscht eine Temperatur von mindestens –20° C.
C Es wehen polare Winde aus nördlicher Richtung.
D Die Gewitterwolke hat eine Ausdehnung bis zur unteren Troposphäre.

Einführungstest

Übung E.42: Die klassischen Säulenordnungen der Antike waren bis in die Architektur des Klassizismus hinein relevant. Ordnen Sie die Bezeichnungen der richtigen Abbildung zu.

A korinthisch B ionisch
C dorisch

1 — Tympanon, Sima, Geison, Triglyphen, Metopen, Architrav (Gebälk), Abakus, Echinus (Kapitell), Säulenschaft, Stylobat

2 — Kapitell, Wulst, Kehle, Plinthe (Basis)

3 — Kapitell

Übung E.43: Warum herrscht eigentlich in der internationalen Raumstation ISS Schwerelosigkeit, obwohl doch der deutlich weiter entfernte Mond noch durch die Anziehungskraft der Erde in seiner Umlaufbahn gehalten wird?

A An Bord der ISS herrscht keine Schwerelosigkeit.

B Die ISS ist so weit von der Erde entfernt, dass die Erdanziehungskraft dort nur noch sehr schwach ist und man dort deshalb nur scheinbar schwerelos ist.

C Im Weltraum herrscht immer Schwerelosigkeit.

D Die ISS umkreist die Erde sehr schnell und deshalb herrscht dort Schwerelosigkeit.

Übung E.44: Vernachlässigt man die Möglichkeit, dass eine Münze beim Werfen auf der Kante „stehen bleibt", so ist die Wahrscheinlichkeit P (engl. „probability") für das Ereignis „Zahl" (Münze liegt mit der Zahlenseite nach oben) $\frac{1}{2}$. Aber wie groß ist die Wahrscheinlichkeit, dass zweimal nacheinander „Zahl" kommt?

A $\frac{1}{4}$ B $\frac{1}{2}$ C $\frac{3}{4}$ D 1

Übung E.45: Der Rundbogen wird zum Spitzbogen – das ist wohl das bekannteste architektonische Merkmal, das die Wandlung der Romanik zur Gotik kennzeichnet. Welche der folgenden Elemente sind typisch für die romanische Baukunst, welche für die gotische Architektur?

A Fiale B Zickzackfries
C Strebewerk D Tonnengewölbe
E Würfelkapitell F Maßwerk

Romanik: ______________________

Gotik: ______________________

Übung E.46: Hinter welchem verdrehten Wort verbirgt sich nicht der Name einer deutschen Stadt?

A SAGRTTTTU
B VEIILNO
C DDMNORTU
D HABGMRU
E LEGIIPZ
F SCEHINRW

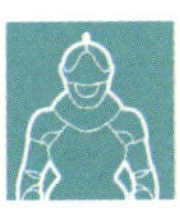

Übung E.47: Mit der Gründung des Deutschen Zollvereins wurde 1834 eine wichtige Voraussetzung für den freien Handel innerhalb eines einheitlichen deutschen Wirtschaftsraums geschaffen, auch um gegenüber der wirtschaftlichen Vormachtstellung Englands aufholen zu können. Welche Konsequenzen könnte dieser Schritt noch gehabt haben?

A Die Beziehung zwischen Österreich und Deutschland verschlechterte sich, weil Österreich nicht zum Zollverein gehörte.
B Das Gleichgewicht der Kräfte in Europa, das ein Ziel des Wiener Kongresses gewesen war, geriet ins Wanken.
C Die politische Einheit Deutschlands wuchs und damit das Nationalgefühl.
D Es wurde mehr minderwertige Ware verkauft, weil das Handelsgebiet weniger überschaubar war.

Übung E.48: Rund um den Globus verteilt finden sich viele unterschiedliche Vegetationszonen. Mit einer besonderen Vielfalt von Tier- und Pflanzenarten ist der äquatornahe tropische Regenwald ausgestattet. Zeichnen Sie in die Karten die Bereiche des tropischen Regenwaldes, den Äquator und den südlichen Wendekreis ein.

Übung E.49: Manche Krankheiten werden durch Viren ausgelöst, andere hingegen durch Bakterien. So hilft Penicillin nur gegen bestimmte Bakterienstämme und ist bei Virenerkrankungen vollkommen wirkungslos. Welches sind die Hauptunterschiede zwischen Viren und Bakterien?

Einführungstest

E

A Viren sind sehr viel größer als Bakterien.
B Viren können sich nicht eigenständig fortpflanzen.
C Viren besitzen keinen Stoffwechsel.
D Viren tragen keine Erbgutinformationen.

Virus an einer Wirtszelle

Übung E.50: Im Alltagsleben begegnen uns ständig neue Wörter: Mal ist von Globalisierung die Rede, mal von Reformstau. Was meinen Sie, wie groß mag der Wortschatz der deutschen Sprache – grob geschätzt – heute sein?

A 100.000 Wörter
B 200.000 Wörter
C 400.000 Wörter
D 600.000 Wörter

Übung E.51: Um auf einer Party einen Verlierer zu ermitteln, der Getränkenachschub aus dem Keller holen muss, wird ein Spiel vorgeschlagen: Gast 1 würfelt und sagt, ob die gewürfelte Zahl kleiner als vier ist. Gast 2 muss nun erraten, ob die Zahl gerade oder ungerade ist. Rät Gast 2 richtig, muss Gast 1 gehen, sonst Gast 2. Welcher Gast hat bessere Gewinnchancen und warum?

1

____

Übung E.52: Aus der antiken Staatsform der Demokratie als „Herrschaft des Volkes“ entwickelten sich unterschiedliche Varianten eines komplexen Zusammenspiels von Mehrheitsprinzip und Kontrolle der Herrschaft im Sinne der Bürger- und Menschenrechte. Welches sind die Hauptmerkmale der folgenden Varianten und wo sind sie Regierungsform?

A direkte Demokratie
B parlamentarische Demokratie
C Präsidialsystem

____

____

____

Übung E.53: Das späte Hauptwerk Albrecht Dürers (1471 bis 1528) aus dem Jahr 1526, *Die vier Apostel*, vereint sowohl Elemente der nordischen Tradition als auch der italienischen Renaissance. Kennzeichnend für die Kunst diesseits der Alpen sind die Ausdruckskraft der Figuren und die Detailgenauigkeit. Welche Eigenschaften der italienischen Malerei lassen sich in dem Werk festmachen?

Albrecht Dürer, Die vier Apostel *(1526; München, Alte Pinakothek)*

Übung E.54: Wärmende Sonne und idyllische Berge sind für viele Menschen pure Erholung. Erfrischung bringt in den Gebirgstälern oft ein etwa von Mittag an talaufwärts wehender Wind. Nachts wird der Talwind von einem Bergwind abgelöst. Skizzieren Sie ein Talwind-System.

Übung E.55: Bei diesem Knobelspiel formen die beiden Spieler mit ihren Händen gleichzeitig bestimmte Symbole. Bei einer Variante gibt es die Symbole Schere, Stein, Papier und Brunnen. Die Regeln lauten: Schere schneidet (= gewinnt gegen) Papier, Stein wird umhüllt von (= verliert gegen) Papier, Stein zerstört (= gewinnt gegen) Schere, Brunnen wird abgedeckt durch (= verliert gegen) Papier, Schere und Stein fallen in (= verlieren gegen) Brunnen. Wählen beide Spieler gleiche Symbole, ist das Ergebnis unentschieden. Sind die Gewinnchancen vom Zufall abhängig oder könnte man eine Strategie entwickeln, mit der bessere Gewinnchancen verbunden sind? Wir unterstellen, dass der Gegenspieler rein zufällig ein Symbol auswählt. Füllen Sie die Gewinntabelle auf der folgenden Seite aus und suchen Sie nach den bedeutsamen Unterschieden. Welche

Einführungstest

Spieler 2 / Spieler 1	Schere	Stein	Papier	Brunnen
Schere				
Stein				
Papier				
Brunnen				

Auswirkungen haben diese Unterschiede beim realen Spiel?

____

____

____

Übung E.56: Ethanol ist normaler Trinkalkohol, z. B. in Wein und Bier enthalten und für seine berauschende Wirkung bekannt. Der chemisch ähnliche Methylalkohol („Methanol") wird im Körper vom gleichen Enzym wie Ethanol abgebaut, allerdings sind die Abbauprodukte des Methanols stark toxisch und führen zur Erblindung. Wie kann man also jemanden retten, der zu viel Methanol getrunken hat?

A Man führt ihm mehrere Tage lang regelmäßig Trinkalkohol zu.

B Man sorgt für einen sehr raschen Abbau des Methanols im Körper.

C Man führt ihm weiteres Methanol zu und senkt langsam die Dosis.

D Man sorgt für eine erhöhte Sauerstoffaufnahme des Blutes.

Übung E.57: Die Skulptur ist eine Hauptgattung der Kunst. Welche der folgenden Untergattungen des 20. Jh. zählen zur Skulptur? Definieren Sie die Begriffe.

A Objet trouvé

B Akkumulation

C Readymade

D Aktionskunst

E Assemblage

Übung E.58: Honig ist ein Grundnahrungsmittel der Bienen. Sie sammeln Nektar,

Das Bildnis

Seit der Antike werden Herrscher und Angehörige der intellektuellen Elite in Gemälden und Skulpturen dargestellt. Im Mittelalter findet sich das Porträt z. B. in Form von Stifterfiguren in Andachts- und Altarbilder eingebunden. Während der Renaissance löst sich das Bildnis aus dem religiösen Kontext und entwickelt sich zur autonomen Bildgattung. Das Herrscherporträt vereint zwei Funktionen: Stellvertretung und Verehrung bzw. Verherrlichung. Insbesondere im Barock lassen die absolutistischen Regenten sich stark idealisiert darstellen. Pose und Attribute erhalten symbolische Bedeutungen. Auch das bürgerliche Porträt hat als Standesbildnis einen repräsentativen Charakter, der im 19. Jh. der Darstellung des Privatmenschen in familiärer Umgebung weicht. Weitere Formen sind das Doppel- und Gruppenporträt sowie das Selbstbildnis, in dem sich das Standesbewusstsein des Künstlers widerspiegelt oder aber der psychologische Aspekt der Selbstbefragung im Vordergrund steht. Mit der Entstehung der Fotografie entfernt sich das Porträt ab dem 20. Jh. von der Darstellung nach der Natur und entwickelt vielfältige künstlerische Ausdrucksformen.

der aus Zucker, Mineralien und zu 80 % aus Wasser besteht, und lagern ihn in Waben ab. Durch Verdunstung des Wassers entsteht nach einigen Tagen Honig. Was ist demnach der wesentliche Unterschied zwischen Nektar und Honig?

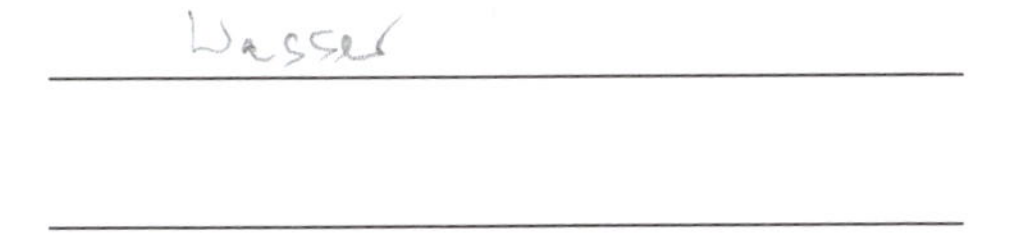

Bienenwabe

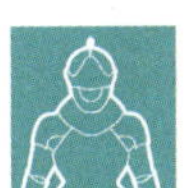

Übung E.59: 1832 wurde der Bau der ersten Telegrafenlinie von Berlin nach Koblenz begonnen, obwohl die preußische Regierung zunächst kein großes Interesse an der neuen Erfindung gezeigt hatte. Wie ist dieses neu erwachte Interesse an der Telegrafie zu erklären und warum wurde die Linie gerade auf dieser Strecke gebaut?

A Um den Zusammenhalt Preußens mit den rheinischen Provinzen zu stärken, die nach größerer Eigenständigkeit strebten.

B Weil die Landschaft günstige Voraussetzungen bot.

C Um über die rheinischen Provinzen eine engere Beziehung zu Frankreich aufzubauen.

Einführungstest

E

D Die Handelsbeziehungen zum Rheinland sollten gestärkt werden.

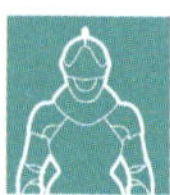

Übung E.60: Die Länder Mittelamerikas sind durch Plantagenprodukte wie Kaffee, Kakao, Bananen und Baumwolle bekannt. Doch trotz des hohen Exports gelingt es ihnen nur mit Schwierigkeiten, ihre wirtschaftliche Lage zu verbessern. Beschreiben Sie anhand der Karte die ökonomische Situation dieser Länder und zeigen Sie deren Folgen für die Länder auf.

____

____

____

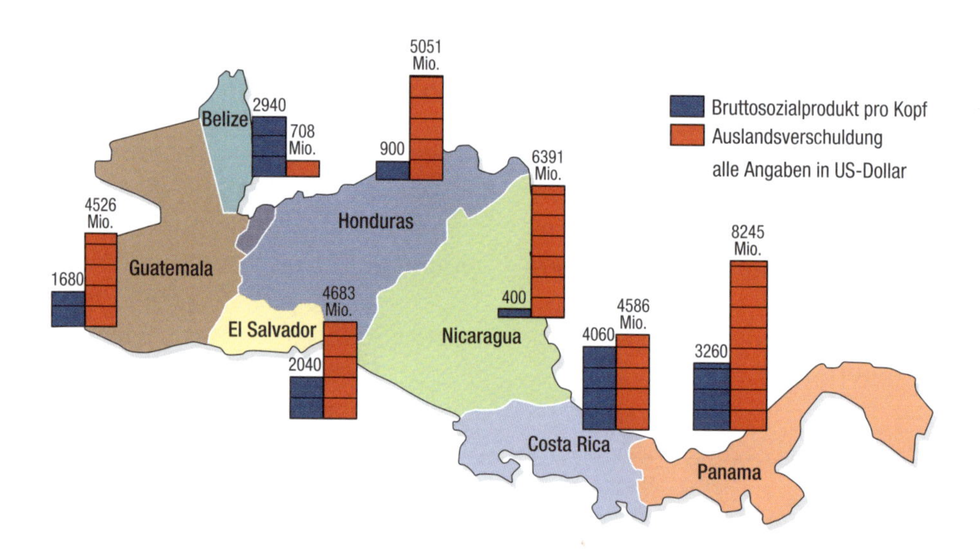

Einführungstest Lösungen

Lösung E.1

B. Nur Ethanol (C_2H_6O) weist das gesuchte Elementverhältnis von Kohlenstoff zu Wasserstoff von 1 : 3 auf. Im Dimethylamin (A), das die Summenformel C_2H_7N besitzt, ist das Verhältnis von Kohlenstoff zu Wasserstoff 1 : 3,5. Im Toluol (C), einer aromatischen Verbindung, kommen auf sieben C-Atome acht H-Atome. Butadien (D), ein Ausgangsprodukt in der Kunststoffindustrie, weist ein Verhältnis von Kohlenstoff zu Wasserstoff von 1 : 1,5 auf.

Lösung E.2

Drei Münzen à 50 ct und drei à 20 ct oder eine Münze à 50 ct und acht à 20 ct.

Lösung E.3

C. Während Meer, Fluss und Kanal Ausdrücke für unterschiedliche Gewässer sind, wird mit dem Wort „Küste“ eine Landschaftsform bezeichnet.

Lösung E.4

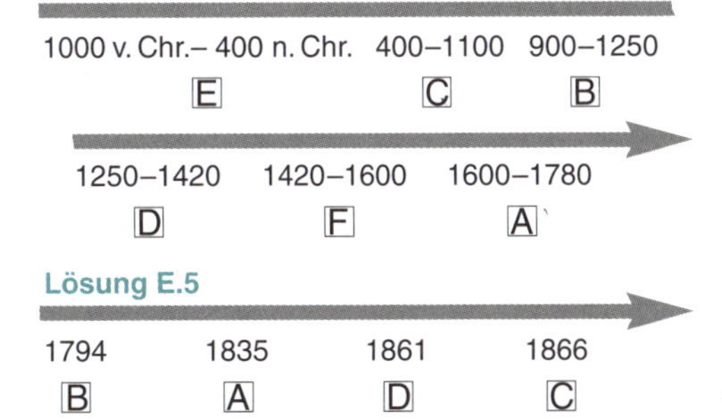

Lösung E.5

Lösung E.6

B. Kalmenzone oder auch Kalmengürtel wird das Gebiet häufiger Windstillen und leichter, veränderlicher Winde genannt. Diese Region befindet sich in der Auslaufzone der Passatwinde am Äquator. Die Winde treffen hier aufeinander, strömen aufgrund der Luftmassenkonvergenz aufwärts und verursachen eine überwiegend aufsteigende Luftbewegung. Die Kalmenzone entspricht in etwa dem Bereich der sog. innertropischen Konvergenz.

Lösung E.7

Der Mond benötigt für einen Umlauf um die Erde genau die gleiche Zeit wie für eine Drehung um seine eigene Achse. Dadurch ergibt sich die auf den ersten Blick paradoxe Situation, dass der Mond der Erde immer dieselbe Seite zuwendet, obwohl er sich zusätzlich noch um sich selbst dreht.

Lösung E.8

B. Insgesamt werden 15 l Erde-Sand-Gemisch benötigt. 20 % davon sollen Sand sein, also 15 l · 0,2 = 3 l.

Lösung E.9

Die Kernaussage des Satzes lautet: Bei den meisten Systemen ist die Festplatte in mehrere Partitionen unterteilt. Kurze Sätze sind für jeden verständlicher als lange Sätze. Bandwurmsätze entstehen, wenn es nicht gelingt, kurz und präzise zu formulieren. Bisweilen gelten langatmige Bandwurmsätze im Deutschen als „akademisch“, obwohl sie sich nur mühsam lesen lassen.

Lösung E.10

D. Die Ägypter entwickelten um 3000 v. Chr. eine Hieroglyphenschrift, um ihre Beobachtungen zum Zusammenhang zwischen dem Stand der Sonne und dem Ansteigen des Nilpegels in einem Kalender festhalten zu können. Die Landkarte erleichterte die Verwaltung und Bewirtschaftung des riesigen Reiches. Die Wasserorgel wurde erst um 275 v. Chr. von dem alexandrinischen Mechaniker Ktesibios erfunden.

Lösung E.11

Die vier wichtigsten Gattungsbegriffe sind: Baukunst oder Architektur, Bildhauerei oder Skulptur, Malerei und Grafik. Als weitere Gattungen können Fotografie und Film genannt werden.

Lösung E.12

B. Perlen sind ein Naturprodukt und entstehen, wenn ein kleiner Fremdkörper in eine Muschel gerät. Dieses Teilchen übt eine Reizwirkung auf die Muschel aus und wird nach und nach mit Schichten aus Perlmutt überzogen. Perlmutt, mit dem auch das Innere der Muschelschalen überzogen ist, ist nur eine besondere Form von Calciumcarbonat, also Kalk. Kalk wiederum ist, wie jede Hausfrau weiß, sehr gut in Essig löslich. Kleopatra löste ihre Perle also einfach in Essig auf und trank sie.

Lösung E.13

Alex und Birgit machen Urlaub auf der spanischen Insel Teneriffa. Die größte der Kanarischen Inseln beeindruckt durch eine große Landschaftsvielfalt. Dominiert wird die Insel von dem 3718 m hohen Pico de Teide, der zugleich der höchste Berg Spaniens ist. Im Westen liegt das Tenogebirge mit dem bekannten und immer noch malerischen Dorf

Einführungstest Lösungen

E

Masca. Hier wandert der Besucher durch wilde Schluchten und blühende Landschaften. Wer stärker an Sonne, Strand und abendlicher Unterhaltung interessiert ist, sollte allerdings in den Süden der Insel reisen.

Lösung E.14

D. Wenn Herr Jäger für die drei restlichen Arbeitstage der angebrochenen Woche sechs Einzelfahrkarten kauft (hin und zurück), dann kostet ihn das 6 €. Für die weiteren drei Wochen kauft er Wochenkarten für insgesamt 27 €. Das ergibt 33 €. Das ist preiswerter als 35 € für eine Monatskarte, 36 € für 36 Einzelfahrten oder 36 € für vier Wochenkarten.

Lösung E.15

C und D. „Mit Kind und Kegel" ist eine sog. Alliteration oder ein Stabreim, bei dem aufeinander folgende Wörter durch gleiche Anlaute hervorgehoben werden. Bei dem Ausdruck „kriegerische Auseinandersetzung" handelt es sich um einen sog. Euphemismus (von griech. euphemein, „schönreden"), eine mildernde bzw. beschönigende Umschreibung für ein anstößiges oder unangenehmes Wort oder die – oftmals gezielte – Verharmlosung eines Sachverhalts. Der genannte Ausdruck bedeutet nichts anderes als Krieg. Weitere Beispiele sind verscheiden für sterben oder unzart behandeln für verprügeln.

Lösung E.16

Vincent van Gogh, Nachtcafé *(1888; Otterloo, Rijksmuseum Kröller-Müller)*

Lösung E.17

B. Seit dem 18. Jh. bezeichnet man im übertragenen Sinne einen Lebensstil als „spartanisch", der durch äußerste Kargheit und Strenge gegen sich selbst und andere gekennzeichnet ist. In Sparta hatte sich die Führungsschicht der Spartiaten aus Furcht vor Angreifern ganz dem Kriegsdienst verschrieben und bildete ihre Nachkommen schon vom Kindesalter an zu harten Kriegern aus.

Lösung E.18

C. Der tropische Regenwald wird gegenwärtig jährlich um 1–2 % reduziert. Bei gleich bleibendem Tempo der Abholzung werden die Tropenwälder einschließlich aller dort lebenden Tier- und Pflanzenarten in ca. 100 Jahren vollständig vernichtet sein. Dadurch werden auch heute noch unbekannte Arten für immer von der Erde verschwinden. Experten schätzen, dass Jahr für Jahr über 100.000 Arten verloren gehen.

Lösung E.19

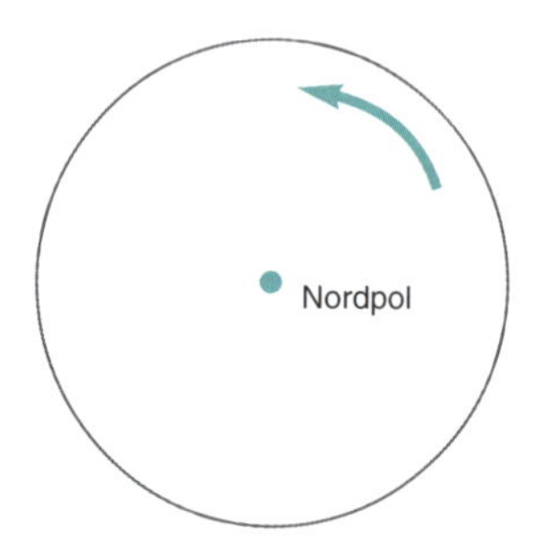

Lösung E.20

B. Der Volumenanteil der Spirituosen wird durch das Gesamtvolumen des Glases dividiert. Der Volumenanteil einer Spirituose kann mit der Formel $V_{alk} = \frac{\text{Menge} \cdot \text{Alkoholgehalt (\%)}}{100}$ berechnet werden.

Für 2 cl weißen Rum ergibt das $V_{alk\ Rum} = \frac{2\ cl \cdot 40}{100} = 0{,}8\ cl$. Addiert man den reinen Alkoholanteil aller Spirituosen, ergibt das zwischen 3,956 cl und 4,102 cl reinen Alkohol. Umgerechnet auf ein 3-dl-Glas erhält man einen Cocktail mit 13–14 % Alkoholgehalt.

Lösung E.21

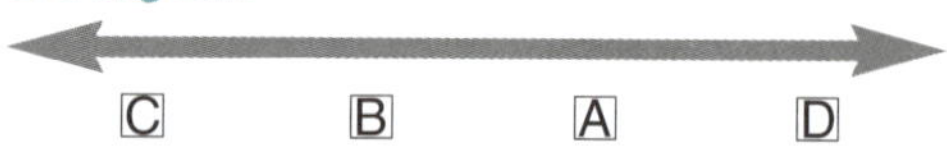

Lösung E.22

Bei der Fluchtpunkt- oder Zentralperspektive werden die Größenverhältnisse der dargestellten Gegenstände und Personen anhand von Linien, die in einem (gedachten) Punkt innerhalb oder außerhalb des Bildes zusammenlaufen, ermittelt. Alle dargestellten Objekte werden von einem Punkt aus erfasst.

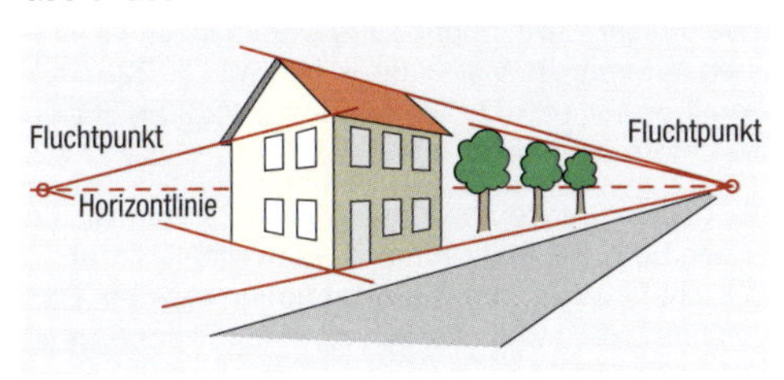

Lösung E.23

B. Es handelt sich um Ronald Wilson Reagan (*1911), der 1981–89 Präsident der Vereinigten Staaten war. Der studierte Volkswirt und Soziologe war zuvor Sportreporter und Schauspieler gewesen und hatte bereits 1968 zum ersten Mal für das Amt des Präsidenten kandidiert. 1980 gewann der Vertreter der Republikanischen Partei die Wahl, nachdem er im Wahlkampf für Steuersenkungen und Wirtschaftsderegulierung eingetreten war. 1987 unterzeichnete Reagan mit dem sowjetischen Präsidenten Michail Gorbatschow einen Vertrag, der den Einsatz nuklearbestückter Mittelstreckenraketen verbot.

Lösung E.24

B und D. Es gibt verschiedene Oasentypen wie z. B. Flussoasen, Quelloasen oder Grundwasseroasen. Mit dem vorhandenen Wasser wird ein Bewässerungsfeldbau in mehreren Stockwerken betrieben. Das oberste Stockwerk besetzt in nordafrikanischen Oasen bereits seit 5000 Jahren die Dattelpalme. Verschiedene Teile der Palme werden dabei als Nahrungsmittel, Baumaterial und Schattenspender genutzt. Hauptfaktoren, die die Existenz von Oasen bedrohen, sind die massive Sandeinwehung und die zunehmende Versalzung der Kulturflächen bei unzureichender Be- und v. a. Entwässerung.

Lösung E.25

B. Die Schwäbische Alb erstreckt sich mit einer Länge von ca. 220 km und einer Breite von bis zu 40 km vom Nördlinger Ries bis zu den Schaffhausener Wasserfällen. Für Wasserarmut und Höhlensysteme ist der durch Lösungswitterung ausgelöste Prozess der Verkarstung verantwortlich.

Lösung E.26

CEGBFAD. Die unterste Kategorie ist die Art. Sie gilt als die einzige Gruppe, die in der Natur tatsächlich vorhanden ist. Alle höheren Kategorien sind nur abstrakte Konstrukte, die sich der Mensch zur besseren Klassifikation ausgedacht hat. Eine Art besteht aus Lebewesen, die sich untereinander paaren und fruchtbare Nachkommen hervorbringen können. Arten, die sich untereinander nicht kreuzen, aber ähnliche Merkmale aufweisen, bilden eine Gattung. Gattungen werden zu Familien zusammengefasst, Familien zu Ordnungen, Ordnungen zu Klassen, Klassen zu Stämmen und Stämme zu Organismenreichen.

Lösung E.27

D. Die Größe beider Gärten wird wie ein Rechteck berechnet, dessen Fläche sich durch Multiplikation der Länge mit der Breite ergibt. Die Fläche von Lisas Garten ist demnach $A_{G\text{-}Lisa} = 4\,m \cdot 4\,m = 16\,m^2$, während Thommys Garten mit $A_{G\text{-}Thommy} = 3\,m \cdot 5\,m = 15\,m^2$ um $1\,m^2$ kleiner ist.

Lösung E.28

C. Sprichwörter und Redewendungen sind wichtige Elemente einer jeden Sprache, sie gehen uns in Fleisch und Blut über. Man kann z. B. etwas mit Stumpf und Stiel ausrotten, wenn man etwas vernichten, ausmerzen, ausreißen möchte, man kann zwischen Baum und Borke stehen, wenn man mehrere Möglichkeiten hat oder sich in einer schwierigen Lage befindet. Wenn Kinder Charakterzüge ihrer Eltern aufweisen, ist dies ein Beleg dafür, dass der Apfel nicht weit vom Stamm fällt.

Lösung E.29

BD1; ACE2.

Lösung E.30

Wichtige Grenzen verlaufen entlang des damaligen Königreichs Ungarn, des Königreichs Frankreich und quer durch Italien auf der Höhe Roms.

Einführungstest Lösungen

E

Lösung E.31

BCDA. Aus dem Stadium des Protosterns entwickelt sich der Stern in seinen Normalzustand. Er verschmilzt seinen Wasserstoff zu Helium und erzeugt über viele Millionen Jahre hinweg relativ gleichmäßig Energie. Irgendwann jedoch ist nicht mehr genug Wasserstoff für eine gleichförmige Kernfusion vorhanden, der Stern beginnt sich aufzublähen und wird zum Roten Riesen. Im weiteren Verlauf kann es zu einem schlagartigen Zusammenbruch des Sterns kommen, dem eine Explosion folgt. Der Stern wird zu einer Supernova und stößt dabei große Teile seiner Masse ab. Der Rest kollabiert immer weiter und wird schließlich zu einem toten Neutronenstern.

Lösung E.32

A und C. Weil sich in jeder Altersgruppe der Trend verstärkt hat, angefangene Bücher nicht mehr gründlich durchzulesen, gilt dies auch für Jugendliche bis 19 Jahre. Die Angaben entstammen einer repräsentativen Umfrage aus dem Jahr 2000. Es zeigte sich im Vergleich zu einer früheren Studie außerdem, dass ein großer Teil der Deutschen seltener liest und die Lektüre schneller abbricht, wenn sie nicht den Erwartungen entspricht. Lektüre zur Information findet zunehmend am Monitor statt.

Lösung E.33

C. Der österreichische Staatsmann Fürst Metternich (1773–1859) leitete den Kongress, Russlands Zar Alexander I. (1777–1825) und der Deutsche Wilhelm von Humboldt (1767–1835) nahmen ebenfalls daran teil. Otto von Bismarck (1815–1898) war nicht dabei.

Lösung E.34

C. Sie benötigen ein 7 m langes Teppichstück, das Sie wie in der Skizze angegeben zerlegen.

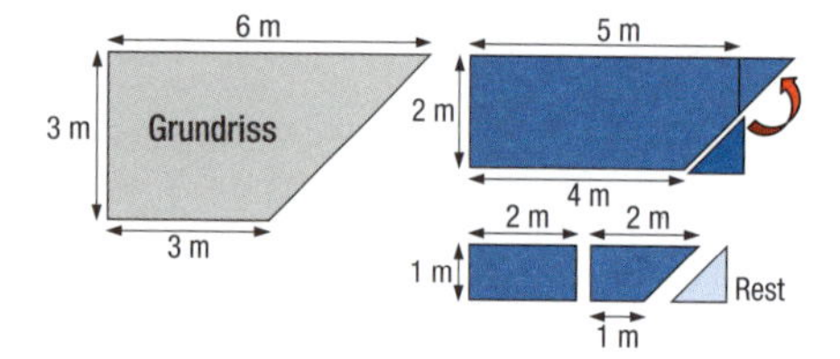

Lösung E.35

A. Der „Kinderparadies"-Raum ist bei einer Grundfläche von 5 m · 4 m 0,5 m hoch mit Bällen gefüllt. Das entspricht einem Volumen von 5 m · 4 m · 0,5 m = 10 m³ = 10 · (100 cm)³ = 10.000.000 cm³. Um die untere Grenze für die Anzahl der Bälle zu bestimmen, nimmt man an, ein Ball bräuchte so viel Platz wie ein Würfel, dessen Kantenlänge dem Balldurchmesser entspricht. Das Volumen eines solchen Würfels ist $V_W = d^3 = (9\ \text{cm})^3 = 729\ \text{cm}^3$. Damit ergibt sich für die Mindestanzahl an Bällen die untere Grenze $G_u = \frac{10.000.000\ \text{cm}^3}{729\ \text{cm}^3} = 13.717,42$.

Als obere Grenze kann man die Anzahl an Bällen annehmen, die Platz hätten, wenn alle Bälle ohne Zwischenräume dicht an dicht liegen würden. Das Volumen eines Balls berechnet man mit der Formel für das Kugelvolumen: $V_K = \frac{4}{3}\pi \cdot r^3 = \frac{4}{3}\pi \cdot (4,5\ \text{cm})^3 = 381,70\ \text{cm}^3$. Die Maximalzahl an Bällen ergibt dann die obere Grenze $G_o = \frac{10.000.000\ \text{cm}^3}{381,70\ \text{cm}^3} = 26.198,59$.

Lösung E.36

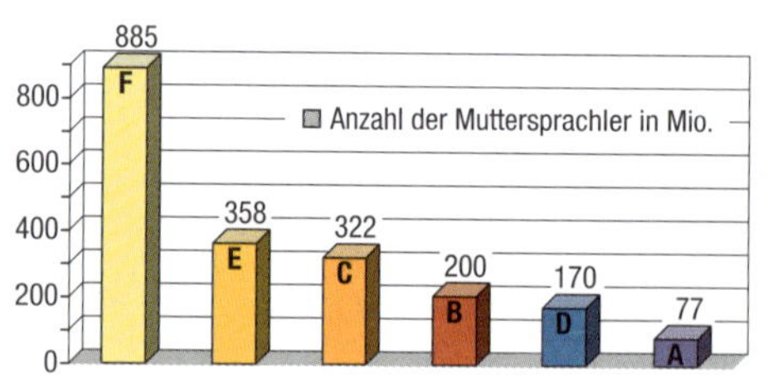

Lösung E.37

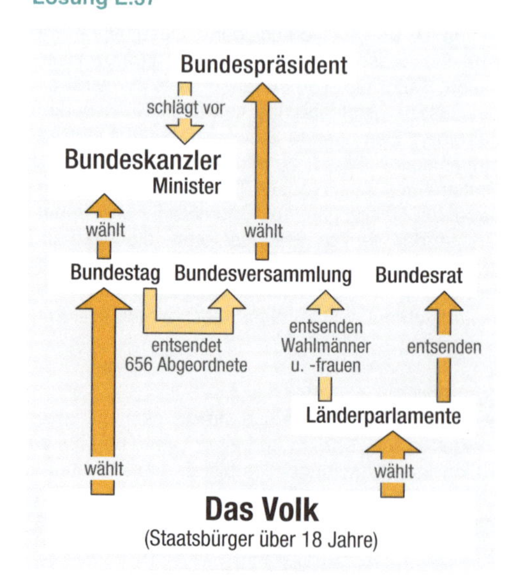

Lösung E.38

stark sauer — stark alkalisch

0	7	11,5	14
A	D	B	C

Lösung E.39

Die Werbesprache appelliert mithilfe von Sachinformationen, also z. B. über Funktion und Fähigkeiten eines Produktes, an die Vernunft eines potenziellen Kunden. Aber sie appelliert auch an dessen Gefühl, wenn keine Sachinformationen vorliegen und innere Bilder erzeugt werden sollen.
Modernität/Dynamik: Anglizismen, Trend- und Szenesprache
Originalität/Einzigartigkeit: Redewendungen und Sprachspiele
Kompetenz: Fachwortkreationen und Wissenschaftssprache

Lösung E.40

B. Durch die spezielle (1905) und die allgemeine Relativitätstheorie (1915) von Albert Einstein (1879 bis 1955) wurde der Raum nicht mehr als statische Größe, sondern unter Einbeziehung des zeitlichen Faktors als wandelbares Raum-Zeit-Kontinuum gesehen. Die Skulptur Boccionis befasst sich weniger mit dem Körper als vielmehr mit seiner Bewegung im Raum und dokumentiert damit die künstlerische Auseinandersetzung mit dem Verhältnis von Raum und Zeit.

Lösung E.41

A. V. a. in den Quellwolken des Gewitters wehen starke Auf- und Abwinde. Aufgrund ihrer Höhe enthalten Gewitterwolken immer Eisteilchen. Diese können mit der Zeit zusammenbacken. Sie werden schwerer, verbinden sich mit sog. unterkühlten Wassertropfen und wachsen weiter. Sind die Aufwinde nun besonders stark, werden die langsam wachsenden Eiskugeln am Niederfallen gehindert. Sie wachsen weiter und sind oft erst nach einer Stunde so schwer, dass sie den Gegendruck der Aufwinde überwinden können und als Hagelkörner zu Boden prasseln.

Lösung E.42

A3, B2, C1.

Lösung E.43

D. Würde die ISS bewegungslos über der Erde schweben, würde sie durch die starke Erdanziehungskraft innerhalb sehr kurzer Zeit abstürzen. Doch da sie sehr schnell um den Erdschwerpunkt kreist, hebt die Zentrifugalkraft die Gravitationsanziehung gerade auf. Es herrscht also ein Kräftegleichgewicht zwischen Anziehung und Fliehkraft und deshalb leben die Astronauten und Kosmonauten in der ISS tatsächlich in echter Schwerelosigkeit – trotz ihrer Nähe zur Erde. Die Erdanziehungskraft wird übrigens durch das Vakuum des Weltraums überhaupt nicht beeinflusst.

Lösung E.44

A. Jeder Münzwurf ist unabhängig vom vorangegangenen. Also ist bei beiden Münzwürfen die Wahrscheinlichkeit für „Zahl“ gleich $\frac{1}{2}$. Sollen zwei Ereignisse nacheinander eintreten, werden ihre Einzelwahrscheinlichkeiten multipliziert. Also ergibt sich: $P_{(Zahl,\ Zahl)} = \frac{1}{2} \cdot \frac{1}{2} = \frac{1}{4}$.

Lösung E.45

Fiale, Strebewerk und Maßwerk (A, C und F) sind typische Elemente der gotischen Architektur. Die Fiale ist ein verziertes Türmchen, das als Schmuckform für verschiedene Bauelemente dient. Das Strebewerk sitzt an der Außenwand gotischer Kathedralen und leitet die Schubkräfte der inneren Bögen nach außen ab. Mit dem sog. Maßwerk wurden die Fenster auf schmuckvolle Weise in kleine Einheiten gegliedert, sodass eine stärkere Durchleuchtung des Innenraums möglich wurde. Zickzackfries, Tonnengewölbe und Würfelkapitell (B, D und E) kennzeichnen die romanische Baukunst. Der Zickzackfries ist ein Ornament, das schon in der Antike bekannt war. Das Tonnengewölbe ist eine typische Gewölbeform romanischer Kirchen. Das wuchtig wirkende Würfelkapitell findet sich ebenfalls in vielen romanischen Kirchenbauten.

Lösung E.46

B, Violine. Die Namen der deutschen Städte sind in der genannten Reihenfolge: Stuttgart, Dortmund, Hamburg, Leipzig, Schwerin. Haben Sie bemerkt, dass jeweils der erste Buchstabe des Städtenamens als Hilfestellung erhalten geblieben ist, alle anderen Buchstaben jedoch alphabetisch geordnet sind?

Lösung E.47

A, B und C. Durch die Aufhebung der Zollgrenzen und den freien Handel innerhalb Deutschlands waren die Voraussetzungen dafür geschaffen, dass sich Deutschland zu einem nationalen Industrie-

Einführungstest Lösungen

E

staat entwickeln konnte. Während auf dem Wiener Kongress versucht worden war, über Bündnisse ein Gleichgewicht zwischen den Großmächten zu schaffen und liberale, nationale und revolutionäre Tendenzen zu unterbinden, war Deutschland nun auf dem Weg, als Nationalstaat das Gleichgewicht der Kräfte zu seinen Gunsten zu verschieben. Anstelle von Österreich näherte sich Deutschland Preußen an. Österreich gehörte nicht zum deutschen Wirtschaftsraum, was später immer wieder zu Unstimmigkeiten führte.

Lösung E.48

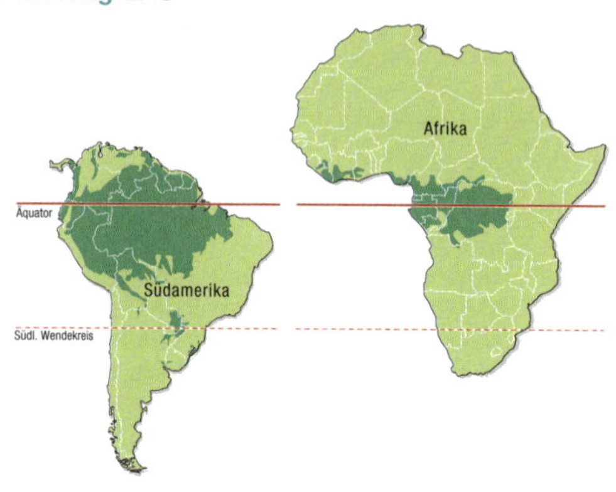

Lösung E.49

B und C. Viren (von latein. virus, „Gift") sind organische Einheiten, die aus genetischem Material bestehen, das von einer Schutzhülle umgeben ist. Sie sind wesentlich kleiner als Bakterien und zählen nicht zu den Lebewesen, da sie keinen Stoffwechsel besitzen und sich auch nicht eigenständig fortpflanzen können. Viren können sich nur innerhalb lebender Zellen vermehren, indem sie ihr eigenes Erbgut in den Kern der Zellen einschleusen und sie damit „umprogrammieren". Die befallenen Zellen produzieren nun nur noch Viren und sterben schließlich.

Lösung E.50

C. Der deutsche Wortschatz enthält ca. 400.000 Wörter. Genaue Angaben über den Umfang des deutschen Wortschatzes sind nicht möglich, weil immer wieder Wörter neu gebildet oder aus anderen Sprachen entlehnt werden. Substantive machen ca. 50 % aus, Verben und Adjektive bzw. Adverbien jeweils ca. 25 %, andere Wortgruppen bringen es nur auf wenige hundert Wörter. Der aktive Wortschatz eines durchschnittlichen deutschen Sprechers liegt bei ca. 12.000–16.000 Wörtern (ca. 3500 davon sind Fremdwörter), der passive bei über 50.000.

Lösung E.51

Zwischen eins und drei liegen zwei ungerade Zahlen. Tippt man auf „ungerade", liegt man also zu $\frac{2}{3}$ richtig. Zwischen vier und sechs befinden sich zwei gerade Zahlen. Hier liegt die Gewinnchance bei $\frac{2}{3}$, wenn man auf „gerade" tippt. Gast 2 hat also die besseren Karten.

Lösung E.52

Bei der direkten Demokratie (A) entscheidet das Volk in Volksversammlungen und Volksabstimmungen (Plebiszit) bei politisch wichtigen Fragen direkt und wählt wichtige Amtsträger, z. B. in einigen Kantonen der Schweiz. Die parlamentarische Demokratie (B) ist Regierungsform in der Bundesrepublik Deutschland, in England und Frankreich. Sie ist eine repräsentative Demokratie, bei der die wahlberechtigte Bevölkerung Abgeordnete wählt, die die Regierungsaufgaben übernehmen. Die Regierung wird von der Legislative (dem Parlament) kontrolliert. In den USA ist das Präsidialsystem (C) Regierungsform. Der Präsident ist Regierungschef und Staatsoberhaupt. Er ist nicht vom Vertrauen des Parlaments abhängig. Seine Wahl erfolgt nach einem komplexen mehrstufigen System. Über „checks and balances" wird die Macht des Präsidenten eingeschränkt. Senat, Repräsentantenhaus und Oberster Gerichtshof kontrollieren sich darin gegenseitig.

Lösung E.53

Die vier Apostel sind nicht nur als vier unterschiedliche Charaktere dargestellt, sondern auch als Männer aus Fleisch und Blut. Die starke Körperlichkeit, die sich trotz der langen Umhänge in der Breitschultrigkeit, den kräftigen Füßen und Händen abzeichnet, lässt den Einfluss der italienischen Renaissancemalerei spüren. Als wichtigster Mittler zwischen seiner Heimat und Italien hat Dürer einen wesentlichen Beitrag zur Entstehung der Hochrenaissance in Nordeuropa geleistet.

Lösung E.54

Der Talwind entsteht als Folge der starken Erwärmung der Gebirgshänge durch direkte Sonneneinstrahlung, die ein Aufsteigen der über dem Boden erhitzten Luft bewirkt. Dadurch entwickelt sich ein bergwärts gerichteter Sog, der Talwind.

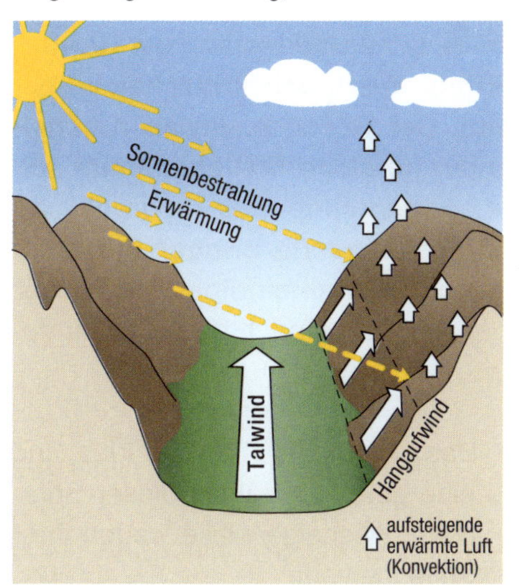

Lösung E.55

Wie man sieht, gewinnen die beiden Symbole Papier und Brunnen gegen jeweils zwei andere und verlieren nur einmal. Bei Schere und Stein ist es umgekehrt, diese Symbole verlieren zweimal und gewinnen nur einmal. Man hat also bessere Chancen, wenn man nur Papier und Brunnen wählt.

Spieler 2 / Spieler 1	Schere	Stein	Papier	Brunnen
Schere		verliert gegen	gewinnt gegen	verliert gegen
Stein	gewinnt gegen		verliert gegen	verliert gegen
Papier	verliert gegen	gewinnt gegen		gewinnt gegen
Brunnen	gewinnt gegen	gewinnt gegen	verliert gegen	

Lösung E.56

A. Es mag seltsam erscheinen, aber jemandem, der zu viel Methanol zu sich genommen hat, wird über mehrere Tage hinweg unter ärztlicher Kontrolle Ethanol zugeführt. Der Patient wird also in eine Art „Dauerrausch" versetzt, bis das im Körper befindliche Methanol abgebaut ist. Der Trick dabei ist, dass durch die Zugabe von Ethanol der Abbau des Methanols sehr viel langsamer erfolgt, da beide Substanzen vom gleichen Enzym abgebaut werden. Damit entstehen auch immer nur geringe Mengen der toxischen Abbauprodukte des Methanols, die der Körper ohne größere Schädigungen verkraften kann.

Lösung E.57

A, B, C und E. Objet trouvé (franz., „Fundstück" Einbeziehung eines Alltagsgegenstands in ein Kunstwerk), Akkumulation (Verbindung von gleichartigen Gegenständen), Readymade (engl., „bereits fertig", „fertig gemacht"; Transferierung eines oder mehrerer miteinander kombinierter Alltagsgegenstände in den musealen Raum) und Assemblage (industriell gefertigte Gegenstände werden zu einem Materialbild montiert) können unter den Oberbegriff Skulptur gefasst werden. Bei der Aktionskunst (D) handelt es sich um einen Sammelbegriff für eine Kunstrichtung des 20. Jh., die nicht ein Objekt, sondern das Handeln des Subjekts (des Künstlers) in den Mittelpunkt stellt.

Lösung E.58

Der wesentliche Unterschied zwischen Nektar und Honig besteht in ihrem unterschiedlichen Wassergehalt. Nektar ist eine Vorstufe des Honigs. In der Konsistenz unterscheiden sich Nektar und Honig dadurch, dass Honig mit ca. 20 % eine viel geringere Menge an Wasser enthält. Das Wasser verdunstet, während Zucker und Mineralien erhalten bleiben.

Lösung E.59

A. Die Telegrafenlinie sollte helfen, einer zu starken Eigenständigkeit der rheinischen Provinzen vorzubeugen und diese politisch und militärisch enger an den preußischen Staat anzubinden.

Lösung E.60

Typische Kennzeichen der wirtschaftlichen Lage der mittelamerikanischen Länder sind ein niedriges Bruttosozialprodukt und eine hohe Staatsverschuldung. Aufgrund der hohen Schuldenlast müssen diese Länder hohe Zinsbeträge abführen. Dadurch fehlt es ihnen an Kapital, um die eigene Wirtschaft voranzutreiben. Außerdem bedingt eine hohe Auslandsverschuldung eine große Abhängigkeit von den Geldgeberländern – eine weitere Ursache dafür, dass sich diese Staaten nur mit Mühe eigenständig entwickeln.

Schwierigkeitsgrad 1

Übung 1.1: 1879 erfand der US-Amerikaner Thomas Alva Edison (1847–1931) die elektrische Glühlampe. Doch wie funktioniert überhaupt eine Glühbirne? Wenn man in die Birne blickt, erkennt man ein Stück doppelt gewundenen Draht, das beim Einschalten des Stroms zu glühen beginnt. Wie kommt dies?

A In der Glühbirne ist ein spezielles Gas.

B Der Draht besteht aus einem sehr guten Leiter.

C Der Draht besteht aus einem Isolator.

D Der gewundene Draht ist ein schlechter Leiter.

Thomas Alva Edison

Übung 1.2: Eine bestimmte Geldanlage rentiert sich nach Angaben des Beraters mit durchschnittlich 4,5 % pro Jahr. Allerdings ist der Zuwachs Schwankungen von ± 70 % unterworfen. Welcher Betrag ergibt sich nach einem Jahr mindestens aus einer Investition von 1000 €?

A 1011,50 € B 1013,50 €

C 1044,50 € D 1076,50 €

Übung 1.3: Für Mark Twain (1835–1910) war das Deutsche Gegenstand der Bewunderung, aber auch kritischer Vorbehalte. Der folgende, etwas durcheinander geratene Text entstammt seiner Abhandlung *Die schreckliche deutsche Sprache*. Bringen Sie ihn in die richtige Reihenfolge. Die Wörter in Klammern sind hilfsweise eingefügt.

A Das ist nun mal eine gute Idee; und eine gute Idee fällt in dieser Sprache notwendigerweise wegen ihrer Seltenheit auf.

B Ich halte die Großschreibung der Substantive [deswegen] für eine gute Idee, weil man daran fast immer das Hauptwort erkennen kann, sobald man es sieht.

C In Deutschland fangen alle Substantive mit einem Großbuchstaben an.

D Gelegentlich gerät man [aber] in einen Irrtum, weil man den Namen einer Person fälschlich für den Namen einer Sache hält.

Mark Twain

Übung 1.4: Mit Grafik, Malerei und Skulptur werden verschiedene Gattungen innerhalb der Kunst unterschieden. Um ein Kunstwerk näher zu beschreiben, werden in der Regel auch die Technik und das Material angegeben, in denen es ausgeführt wurde. So könnten Sie in Kunstbüchern oder im Museum auf folgende Begriffe stoßen: Lithografie, Gouache, Radierung, Fresko, Installation, Aquarell, Terrakotta, Bronzeguss, Kupferstich. Können Sie diese Begriffe der richtigen Gattung zuordnen? Tragen Sie die Wörter in die Tabelle ein.

Malerei	Grafik	Skulptur

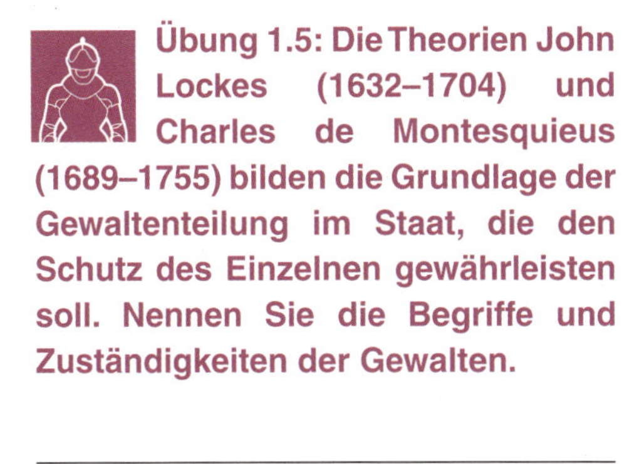

Übung 1.5: Die Theorien John Lockes (1632–1704) und Charles de Montesquieus (1689–1755) bilden die Grundlage der Gewaltenteilung im Staat, die den Schutz des Einzelnen gewährleisten soll. Nennen Sie die Begriffe und Zuständigkeiten der Gewalten.

____

____

____

John Locke *Charles de Montesquieu*

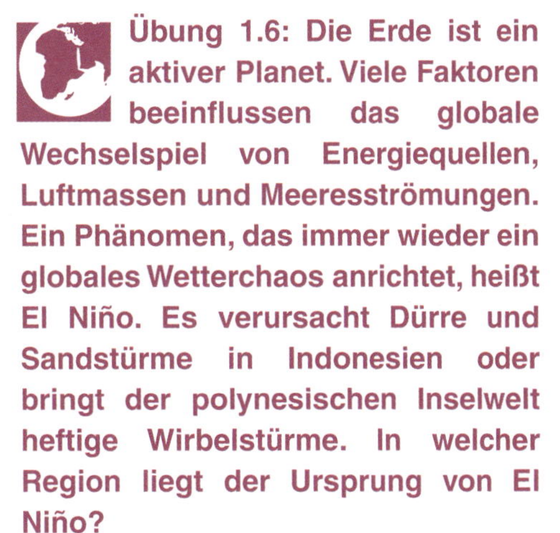

Übung 1.6: Die Erde ist ein aktiver Planet. Viele Faktoren beeinflussen das globale Wechselspiel von Energiequellen, Luftmassen und Meeresströmungen. Ein Phänomen, das immer wieder ein globales Wetterchaos anrichtet, heißt El Niño. Es verursacht Dürre und Sandstürme in Indonesien oder bringt der polynesischen Inselwelt heftige Wirbelstürme. In welcher Region liegt der Ursprung von El Niño?

A Amazonasbecken
B Andenkordilleren
C Ostküste von Südamerika
D Westküste von Südamerika

Übung 1.7: Karl aus Deutschland macht gern Reisen in weit entfernte Länder und Kontinente. Immer wenn er zum Äquator reist, scheint er laut seiner

Präzisionswaage leichter zu werden, am Nordpol hingegen zeigt seine Waage ein höheres Gewicht an. Wie kommt dies?

A Am Äquator gehen aufgrund der Hitze viele Waagen falsch.
B Am Nordpol wirkt keine Zentrifugalkraft.
C Am Nordpol ist die Gravitation schwächer.
D Am Äquator ist die Erdkruste dünner.

Übung 1.8: Einige Kinder eines Kindergartens spielen am liebsten mit Autos und Puppen oder aber mit Lego-Steinen. Andere bevorzugen Malbücher und Stifte oder aber Bauklötze und Lego-Steine. Welches Mindestsortiment braucht ein Spielzeugladen für diese Kinder? Beachte: „und" sowie „oder" sollen mathematisch-logisch verwendet werden.

____

____

____

Übung 1.9: Die folgenden Sätze sind stilistisch sehr schwach. Stellen Sie fest, was nicht stimmt, und verbessern Sie sinnvoll.

Die Enten joggten zum Dorfteich.

____

Gemessenen Schrittes raste der Redner zum Podium.

____

Vorsichtig stürmte der alte Mann über die Straße.

____

In vollem Galopp schlich das Pferd ins Ziel.

____

Schwerfällig hüpfte das Krokodil aus dem Wasser.

____

Beschwingt humpelte der Jogger durch den Park.

____

Übung 1.10: Der Stilbegriff „Manierismus" wurde von der Kunstgeschichte zu Beginn des 20. Jh. geprägt. Man bezeichnet damit die Übergangsphase von der Renaissance zum Barock, die um 1520 einsetzte und bis ca. 1600 andauerte. Zu den wichtigsten Malern dieser Epoche zählt der Italiener Girolamo Francesco Maria Mazzola, genannt Parmigianino (1503 bis 1540). Sein Bild *Madonna mit dem langen Hals* zeigt entscheidende

Merkmale des Manierismus. Können Sie drei benennen? Beachten Sie insbesondere die Körperproportionen, die Farbgebung und den Aufbau des Bildes.

Parmigianino, Madonna mit dem langen Hals *(um 1535; Florenz, Uffizien)*

____

____

____

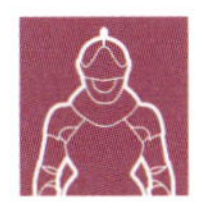

Übung 1.11: Zur Organisation des fränkischen Königshofs gehörte es, dass wichtige Aufgaben von den Inhabern der fünf Hofämter übernommen wurden. Können Sie den Hofämtern jeweils die Aufgaben zuordnen, für die sie zuständig waren?

4	A	Truchsess	1 Verwaltung der Königsgüter
3	B	Mundschenk	2 Stallmeister
2	C	Marschall	3 Aufsicht über Küche und Tafel
	D	Kämmerer	4 Aufsicht über Schatz und Palastgebäude
	E	Hausmeier	5 Aufsicht über Keller und Weinberge

Übung 1.12: Die Altersstruktur der Einwohner eines Landes lässt sich in einem Diagramm durch verschiedene Formen ausdrücken, wobei der Sockel immer die jüngsten Jahrgänge darstellt. Die gebräuchlichen Grundformen werden als pyramiden-, glocken- und urnenförmig/pilzförmig bezeichnet. Ordnen Sie diese Formen dem richtigen Entwicklungsstand zu.

Industrieland mit abnehmender Bevölkerungszahl: ______________________

Vorindustrielle Phase (Entwicklungsland): ______________________

Industrieland mit stagnierender Bevölkerung: ______________________

Schwierigkeitsgrad 1

1

Übung 1.13: In einer Höhle wird das Bildnis eines frühen Menschen auf der Jagd entdeckt. Woran erkennt der erfahrene Biologe, dass es sich dabei um eine Fälschung handelt? Streichen Sie alle Tiere durch, die auf dieser angeblich frühgeschichtlichen Höhlenmalerei nichts verloren haben.

Übung 1.14: Anja behält tolle Ideen meist für sich, „weil der Einzelne ja sowieso nichts bewirken kann". Dabei unterschätzt sie, wie viele Freunde ihre Idee haben könnte, wenn sie diese am ersten Tag drei Bekannten erzählt, welche die Idee einen Tag später wiederum drei neuen Bekannten erzählen etc. Wie viele Leute wissen bei diesem Ablauf nach sieben Tagen von der Idee?

A	1433	B	2756
C	3280	D	4872

Übung 1.15: Die von den sechs Staaten Belgien, Bundesrepublik Deutschland, Frankreich, Italien, Luxemburg und den Niederlanden gegründete Europäische Gemeinschaft wurde 1973 um Dänemark, Irland und das Vereinigte Königreich, 1981 um Griechenland und 1986 um Spanien und Portugal erweitert. 1990 kamen im Zuge der deutschen Einheit die neuen Bundesländer hinzu. 1995 traten der Gemeinschaft – seit 1993 Europäische Union – Österreich, Finnland und Schweden bei. In welcher Reihenfolge müssen die folgenden Karten angeordnet werden, um den dargestellten Sachverhalt richtig wiederzugeben?

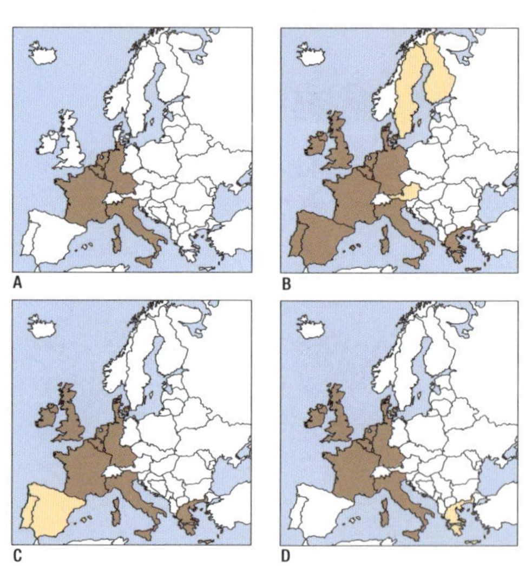

____

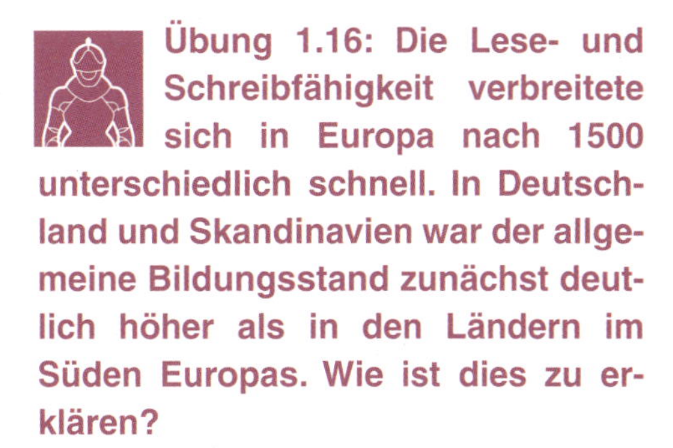

Übung 1.16: Die Lese- und Schreibfähigkeit verbreitete sich in Europa nach 1500 unterschiedlich schnell. In Deutschland und Skandinavien war der allgemeine Bildungsstand zunächst deutlich höher als in den Ländern im Süden Europas. Wie ist dies zu erklären?

A Weil man im Süden wegen des wärmeren Klimas vielen Beschäftigungen im Freien nachging, war dort das allgemeine Interesse am Lesen zunächst nicht so groß.

B Der Buchdruck war im Norden stärker verbreitet und damit waren Bücher leichter zugänglich.

C Durch den Einfluss der Reformation in den nördlichen Ländern war es für jeden Einzelnen wichtig, selbst die Bibel lesen zu können und sein persönliches Verhältnis zu Gott zu finden.

Übung 1.17: Wenn Sie über ein Gemälde sprechen, sollten Sie die Beschreibung der Gestaltungs- oder Malweise nicht außer Acht lassen. Die folgenden Werke stammen aus unterschiedlichen Epochen und zeigen unterschiedliche Sujets. Während das ältere Bild in linearer Gestaltungsweise gearbeitet ist, kann man beim jüngeren von einer malerischen Gestaltungsweise sprechen. Können Sie anhand der Bilder eine Definition von linearer und malerischer Gestaltungsweise geben?

Lucas Cranach d. Ä., Martin Luther *(1543; Uffizien, Florenz)*

Jean-Honoré Fragonard, Die Schaukel *(1767; The Wallace Collection, London)*

Schwierigkeitsgrad 1

1

Übung 1.18: Gebirge, Ozeane, Wüsten und Trockengebiete gehören zu den Biomen dieser Erde. Auch die weit verbreiteten Graslandschaften der mittleren Breiten zählt man dazu. Je nach geografischer Lage werden unterschiedliche Begriffe für diese baumarmen Lebensräume verwendet: Prärie, Steppe oder Pampa. Ordnen Sie diese Begriffe der richtigen Region zu.

Südamerika: ____________________

Nordamerika: ____________________

Südosteuropa/Südsibirien: __________

Sibirische Steppe

Übung 1.19: Atome bestehen aus der Elektronenhülle und einem Atomkern. Ein Lithiumatom $^{6}_{3}$Li z. B. enthält einen Atomkern mit drei Protonen und drei Neutronen, der von drei Elektronen umkreist wird. Nach welchem der folgenden Vorgänge liegt ein anderes Element als Lithium vor?

A Hinzufügen eines Neutrons
B Hinzufügen eines Elektrons
C Hinzufügen eines Protons
D Entfernen eines Elektrons

Übung 1.20: Wenn der Mond aus grünem Käse besteht, dann ist der Schnee weiß. Ist diese Aussage wahr oder falsch? Begründen Sie Ihre Entscheidung. Aber Vorsicht, Sie sollten genau nachdenken!

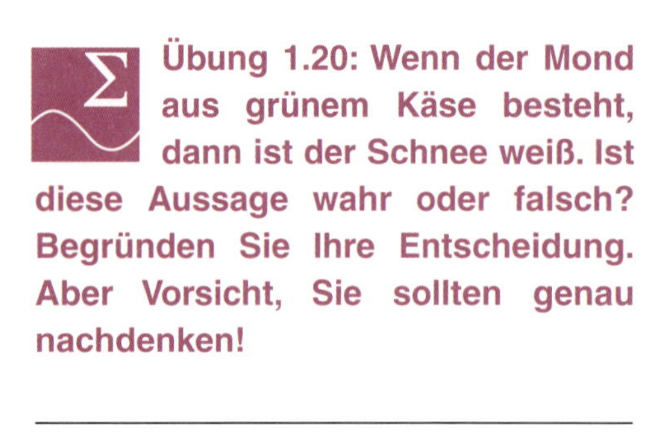

____

____

____

Übung 1.21: Lesen Sie den folgenden Nachrichtentext. Versuchen Sie, die Struktur des Textes anhand der W-Wörter wer (A), wann (B), wo (C), warum (D), wie (E), was (F) zu ermitteln, indem Sie diese in die entsprechende Reihenfolge bringen.

„Das Bundeskabinett hat am 3.12.2003 in Berlin das Aktionsprogramm ‚Informationsgesellschaft Deutschland 2006' beschlossen. Mit diesem Masterplan will die Bundesregierung die Entwicklung in der Informations- und Kommunikationstechnologie stärken."

Die Reihenfolge lautet: ______________

____

F Räderuhr

G Zeitmessung mit dem Schattenstab

Übung 1.22: Ein tragendes Element der Architektur ist der Pfeiler. Er ist im Allgemeinen breiter als eine Säule, hat einen ebenen Schaft und einen rechteckigen, häufig quadratischen Grundriss. Doch gibt es darüber hinaus noch weitere Pfeilerformen wie Wandpfeiler, Rundpfeiler oder Kreuzpfeiler. Skizzieren Sie die Grundrisse der drei genannten Pfeilerformen.

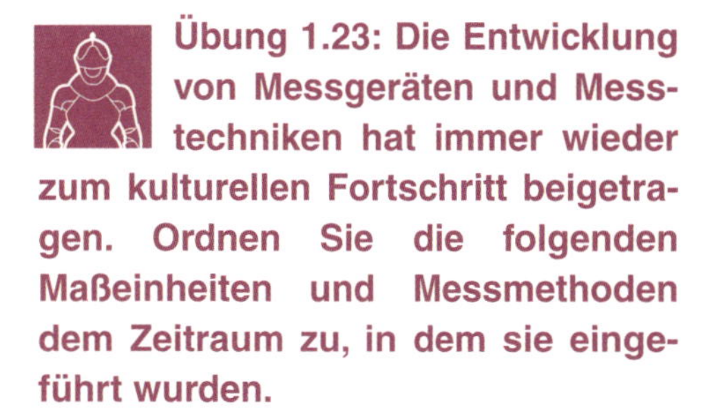

Übung 1.23: Die Entwicklung von Messgeräten und Messtechniken hat immer wieder zum kulturellen Fortschritt beigetragen. Ordnen Sie die folgenden Maßeinheiten und Messmethoden dem Zeitraum zu, in dem sie eingeführt wurden.

A Urmeter

B Quecksilberthermometer (Fahrenheit)

C Radarmessung

D Pendeluhr

E Geometrie Euklids

2650 v. Chr.	300 v. Chr.	1300	1656	1718	1799	1935
☐	☐	☐	☐	☐	☐	☐

Übung 1.24: Während der Internationalen Touristikmesse in Berlin treffen sich Geschäftsleute aus ganz Europa. Nachdem die ersten Verträge unter Dach und Fach gebracht worden sind, unterhält man sich über die Heimat und die Regionen, in denen man lebt. Ordnen Sie die folgenden Städte der richtigen Region zu.

A Florenz	1 Bayern
B München	2 Elsass
C Straßburg	3 Andalusien
D Barcelona	4 Toscana
E Sevilla	5 Katalonien

Übung 1.25: Walter trinkt nach einem langen Arbeitstag gern ein Glas „Whiskey on the rocks". Dabei fällt ihm auf, dass seine Eiswürfel aus dem Gefrierfach immer trüb sind, während er in seiner Lieblingsbar immer klare Eiswürfel bekommt. Welchen Trick wendet der Barkeeper an, um so schöne Eiswürfel zu erhalten?

Schwierigkeitsgrad 1

1

- A Er kühlt das Wasser sehr schnell ab.
- B Er verwendet nur entkalktes Wasser.
- C Er kocht das Wasser kurz auf, bevor er es einfriert.
- D Er gibt vor dem Einfrieren einen winzigen Schluck reinen Alkohol zum Wasser hinzu.

Übung 1.26: Einen aus Pappe ausgeschnittenen Kreis kann man auf seinem Mittelpunkt balancieren. Wie aber findet man im skizzierten Dreieck den Punkt, auf dem es balanciert werden kann?

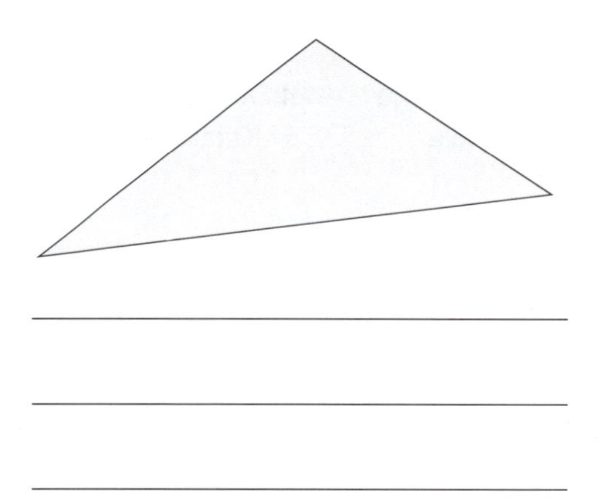

____

____

____

Übung 1.27: Eine rhetorische Figur oder Stilfigur ist eine sprachliche Darstellungsform, die von der üblichen Sprechweise abweicht. Sie wird meist gezielt eingesetzt, um beim Leser eine bestimmte Wirkung hervorzurufen. Allerdings gibt es Ausdrücke, die stilistisch nicht korrekt sind. Die Tautologie („Dasselbe-Sagen"), auch Sinnanhäufung genannt, ist ein inhaltlich überflüssiger Zusatz zu einem Wort oder einer Redewendung. Welche der folgenden Ausdrücke sind tautologisch?

- A LCD-Display
- B neu renoviert
- C ABM-Maßnahme
- D Gesichtsmimik

Übung 1.28: Berühmte Herrscher sind häufig mit einem Beinamen bezeichnet worden, der ihren Herrschaftsstil charakterisiert. Hier sind die Attribute etwas durcheinander geraten. Können Sie sie wieder richtig zuordnen?

- A Ludwig Löwenherz
- B Friedrich Ohneland
- C Johann, der Fromme
- D Richard Barbarossa

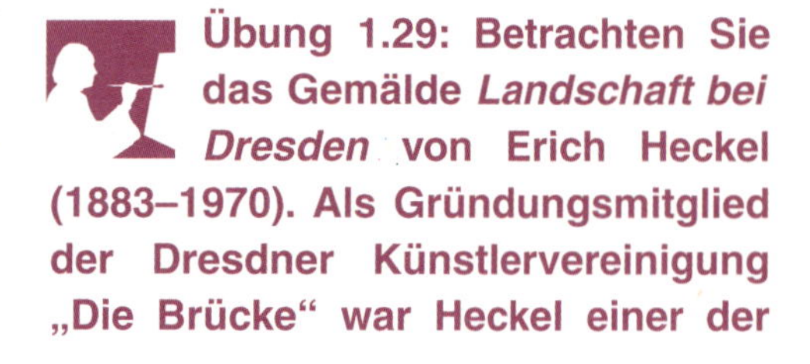

Übung 1.29: Betrachten Sie das Gemälde *Landschaft bei Dresden* von Erich Heckel (1883–1970). Als Gründungsmitglied der Dresdner Künstlervereinigung „Die Brücke" war Heckel einer der

Erich Heckel, Landschaft bei Dresden
(1910; Düsseldorf, Kunstmuseum)

wichtigsten Vertreter des Expressionismus. Was kennzeichnet die Malerei der Expressionisten? Beachten Sie insbesondere Farbwahl, Pinselführung und Formgebung.

____

____

____

Übung 1.30: Tosende Wasserfälle begeistern fast jeden Menschen. Dieses Naturschauspiel findet man besonders häufig bei fließenden Gewässern sog. Hängetäler, deren Talböden weit oberhalb des Haupttals „hängen“. Was ist der Hauptfaktor bei der Entstehung eines Hängetals?

- A Erdbeben
- B Gletscher
- C Vulkanismus
- D Wind
- E menschliche Eingriffe

Elektrische Beleuchtung auf Knopfdruck

Schon die alten Griechen entdeckten vor ca. 2500 Jahren, dass Bernstein (griech. „electron“) durch Reibung Funken sprühen und Anziehungskraft ausüben kann. 1881 faszinierte die technische Nutzung dieses Naturgesetzes die Besucher der Internationalen Elektroausstellung in Paris in einer spektakulären Beleuchtungsinstallation. Thomas Alva Edison (1847–1931) hatte im Jahr 1879 die elektrische Kohlefadenglühlampe mit Schraubsockel entwickelt und dazu gleich ein komplettes Beleuchtungssystem mit Kraftwerk, Generatoren und Leitungen gebaut. Damit ließ er auf der Elektroausstellung die Glühlampen überall im Saal und im Treppenhaus erstrahlen. Die größte Attraktion aber war, dass die Lampen mittels eines Schalters einfach ein- und ausgeschaltet werden konnten. Immer wieder stellten sich die Menschen in langen Schlangen an, um das technische Wunderwerk selbst zum Leuchten zu bringen.
Unternehmer wie der Berliner Emil Rathenau (1838–1915) und Werner von Siemens (1816–92) verbreiteten das Beleuchtungssystem Edisons in Deutschland über ihre elektrotechnischen Firmen, die Allgemeine Elektricitäts-Gesellschaft (AEG) und Siemens & Halske. Deren Tochterunternehmen, die Elektrizitätswerke, versorgten die Städte mit Strom. Zunächst war die elektrische Beleuchtung noch ein kostspieliger Luxus, den man v. a. in öffentlichen Gebäuden bewundern konnte. Der Siegeszug dieser sauberen, sicheren und bequemen Lichtquelle war jedoch bereits programmiert.

Schwierigkeitsgrad 1

Übung 1.31: In einem Zeitungsartikel über die Antarktis liest Max eines Morgens, dass Eis eine Dichte von 1,92 t/m³ besitze. Er ruft in der Redaktion an, denn er weiß, dass sich hier der Fehlerteufel eingeschlichen hat. Warum ist sich Max dessen so sicher?

____

____

____

Übung 1.32: Ein Satellit umkreist die Erde mit einer Geschwindigkeit von 100 m/s. Wie schnell ist er in km/h?

A 200 B 360
C 630 D 720

Übung 1.33: Lesekompetenz bedeutet auch, Beziehungen zwischen Wörtern erkennen zu können. Legen Sie den Oberbegriff der Wortreihe fest: Muskat, Pfeffer, Ingwer, Koriander, Kardamom. Welche der folgenden Wörter gehören dazu?

A Zucker
B Zimt
C Nelken
D Salz
E Anis

Übung 1.34: Wie alle Künstler der Renaissance betrieb der Maler und Bildhauer Michelangelo Buonarotti (1475–1564) intensive Studien der Kunst der Antike. Eines seiner Hauptwerke ist die überlebensgroße Skulptur des David. Welche Einflüsse antiker Skulptur können Sie erkennen? Denken Sie insbesondere an die Haltung sowie die Modellierung des Körpers und des Kopfes bei antiken Statuen.

____

____

____

____

Michelangelo, David *(1501–04; Florenz, Galleria dell' Accademia)*

Übung 1.35: Der Erwerb Louisianas, des Gebiets zwischen Mississippi und Rocky Mountains, für den die Vereinigten Staaten 1.125.000 $ an die Franzosen

zahlten, war der größte Landkauf der Geschichte. Aus welchen Gründen war es so wichtig für die Amerikaner, dieses Territorium zu kontrollieren?

A Die Vereinigten Staaten wollten zur Sicherung ihrer Unabhängigkeit sämtliche Gebiete von europäischer Herrschaft befreien.

B Von New Orleans aus, das zu dem Landstrich gehörte, wurde die Mündung des Mississippi kontrolliert, sodass durch den Erwerb die Freiheit der Schifffahrt und des Handels gewährleistet war.

C Über den Mississippi führte der Weg weiter in den Westen Amerikas, sodass die weitere Entwicklung der Vereinigten Staaten ungeahnte Ausmaße erreichen konnte.

D Auf dem Gebiet befanden sich wichtige Goldminen.

Übung 1.36: Paul sollte als Hausaufgabe die Namen europäischer Staaten in die Karte rechts eintragen. Doch leider sind ihm einige Fehler unterlaufen. Helfen Sie Paul und markieren Sie die falsch eingetragenen Ländernamen.

Übung 1.37: Eine Expedition befindet sich in der Arktis, um die dortige Tierwelt zu erforschen. Dabei macht Dr. Wilhelm Feldbaum eine unglaubliche Entdeckung: Er sieht eine Tierart, die ihr natürliches Verbreitungsgebiet nicht in der Arktis hat. Welches der folgenden Tiere begegnet dem Wissenschaftler?

A Eisbär B Moschusochse
C Pinguin D Polarfuchs

Schwierigkeitsgrad 1

1

Übung 1.38: Für den öffentlichen Personennahverkehr werden drei verschiedene Fahrkarten angeboten:

Fahrkarte	Preis in €
Einzelfahrkarte	1,--
Wochenkarte	9,--
Monatskarte	35,--

Hin- und Rückfahrt gelten als zwei Einzelfahrten. Mit einer Wochen- bzw. Monatskarte können in dem jeweiligen Zeitraum beliebig viele Fahrten unternommen werden. Ab wie vielen Fahrten zur Arbeit rentiert sich der Kauf einer Monatskarte, wenn in jeder Woche mindestens eine Fahrt stattfindet?

A 15 B 18 C 22 D 25

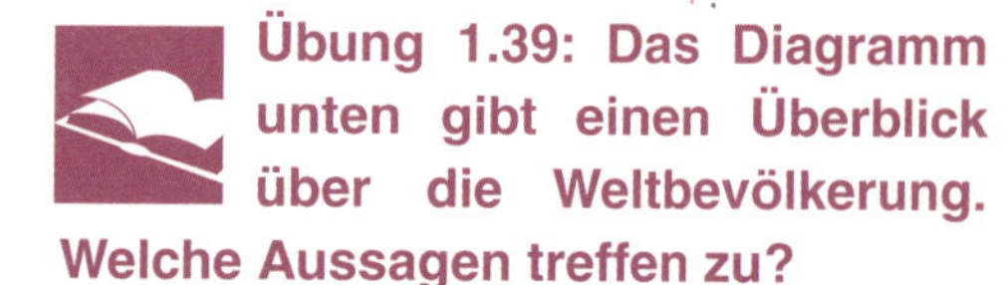

Übung 1.39: Das Diagramm unten gibt einen Überblick über die Weltbevölkerung. Welche Aussagen treffen zu?

A Der Anteil von Jugendlichen an der Gesamtbevölkerung ist in Afrika mehr als doppelt so groß wie in der EU.

B Der Anteil von Jugendlichen ist stets größer als der Anteil älterer Menschen über 65.

C Der Anteil von Menschen über 65 an der Gesamtbevölkerung ist in der EU und Japan annähernd gleich.

Übung 1.40: Die folgenden Herrschergeschlechter sind in ihrer Reihenfolge etwas

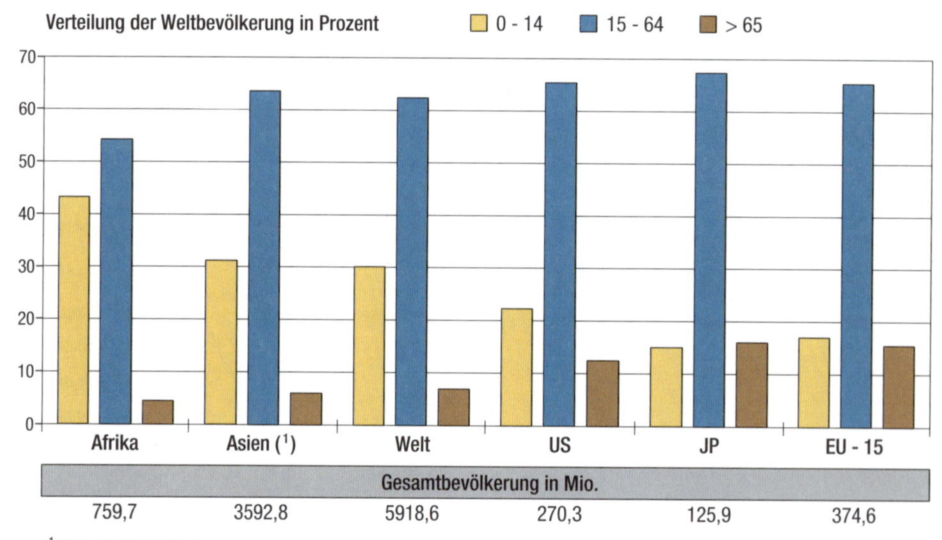

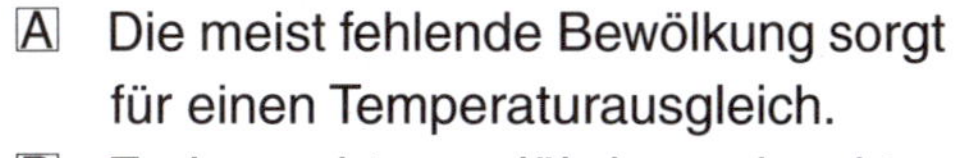

durcheinander geraten. Können Sie die richtige Chronologie wieder herstellen?

A Merowinger B Staufer
C Karolinger D Salier

Übung 1.41: In den 1920er Jahren befasste sich die surrealistische Bewegung mit dem Eindringen des Unbewussten und Irrationalen in die Kunst. In surrealistischen Bildern finden sich oft Gegenstände, die für sich genommen alltäglich sind, in ihrer Kombination jedoch eine Irritation auslösen (z. B. ein Regenschirm auf einem Operationstisch). Lassen Sie Ihrer Fantasie freien Lauf und vervollständigen Sie die Darstellung rechts im surrealistischen Sinn.

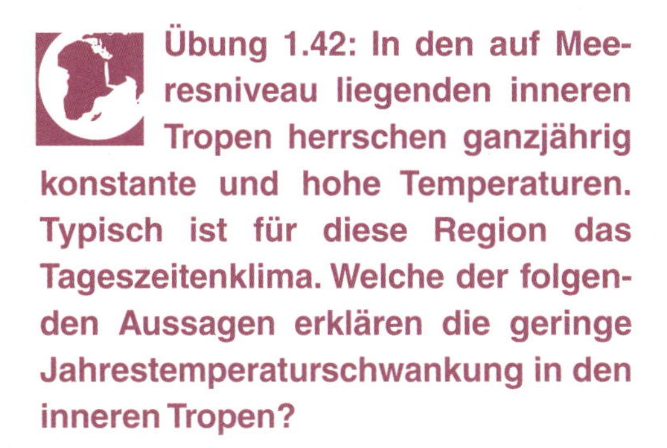

Übung 1.42: In den auf Meeresniveau liegenden inneren Tropen herrschen ganzjährig konstante und hohe Temperaturen. Typisch ist für diese Region das Tageszeitenklima. Welche der folgenden Aussagen erklären die geringe Jahrestemperaturschwankung in den inneren Tropen?

A Die meist fehlende Bewölkung sorgt für einen Temperaturausgleich.
B Es herrscht ganzjährig senkrechter bis fast senkrechter Sonnenstand.
C Es gibt keine Jahreszeiten.

Übung 1.43: Jeder, der schon einmal beim Blutspenden war, kennt die Frage nach der Blutgruppe. Mal ehrlich, wissen Sie, was der Fachmann unter diesem Begriff versteht?

A die Unterscheidung zwischen sauerstoffreichem und sauerstoffarmem Blut
B die individuellen Oberflächeneigenschaften der roten Blutkörperchen
C die Einteilung des Blutes in die wichtigsten Bestandteile
D die umstrittene Methode, Menschenrassen nach der Blutzusammensetzung zu ordnen

Übung 1.44: Ein erwachsener Mensch mit 6 l Blut im Körper trinkt drei 0,2-l-Gläser eines Rotweins mit zwölf Volumenprozent. Wie viel Promille hätte er, wenn der gesamte Alkohol auf einmal vom Blut aufgenommen würde?

A 1,5 ‰ B 3 ‰
C 6 ‰ D 12 ‰

Schwierigkeitsgrad 1

Übung 1.45: Nach einer Studie des Deutschen Instituts für Wirtschaftsforschung ging im Jahr 2003 knapp die Hälfte der Bevölkerung (47 %) regelmäßig ins Internet. Innerhalb von acht Jahren ist die Zahl der Internet-Nutzer damit auf knapp 39 Mio. gestiegen. Im Jahr zuvor nutzten 62 % der Firmen in Deutschland das Internet, mit weiter steigender Tendenz. Knapp die Hälfte der Menschen ohne Zugang zum weltweiten Datennetz ist älter als 60 Jahre. Welche der folgenden Aussagen treffen also zu?

A Mehr als die Hälfte der Deutschen nutzt regelmäßig das Internet.

B Mehr als die Hälfte der Firmen in Deutschland nutzt das Internet.

C Das Internet ist eine Männerdomäne.

D Etwa die Hälfte der Offliner ist älter als 60 Jahre.

Übung 1.46: In den Kirchen der Romanik und Gotik finden sich im Inneren wenig skulpturale Ausschmückungen. Die Kirchenportale sind hingegen reich mit Bauplastik verziert. Was könnte der Grund dafür sein?

A Im Inneren der Kirchen war es so dunkel, dass sich eine reiche Ausschmückung mit Skulpturen nicht gelohnt hätte.

B Das Innere der Kirchen war den Gemälden vorbehalten.

C Schon beim Eintritt in das Gotteshaus sollte der Gläubige eingestimmt werden.

D Auch wenn die Kirche geschlossen war, sollten die Christen eine Möglichkeit haben, religiöse Bilder zu betrachten.

Übung 1.47: Das wichtigste Material, mit dem die Geschichtswissenschaft arbeitet, sind Quellen. Mit welcher Art von „Zeitzeugen“ haben wir es bei den folgenden Funden zu tun: Urkunde, Münze, Brief, Chronik, Alltagsgegenstände, Radiosendung, Bodenfund, Plakat? Ordnen Sie die Quellen der richtigen Kategorie zu.

Textquellen: ____________________

Bildquellen: ____________________

Gegenständliche Quellen: __________

____

Mündliche-/Tonquellen: __________

____

Übung 1.48: Familie Schröder freut sich auf den Sommerurlaub. Dieses Jahr soll es mit Sack und Pack auf die Ost-

friesischen Inseln gehen. Als Papa Schröder die Namen der in Frage kommenden Inseln aufschreiben will, kommt er ins Stocken. Ostfriesische oder Westfriesische Insel, das ist hier die Frage? Tragen Sie die folgenden Inseln in die Tabelle ein: Langeoog, Juist, Vlieland, Borkum, Schiermonnikoog, Spiekeroog und Terschelling.

Ostfriesische Inseln	Westfriesische Inseln

Übung 1.49: Nach Alfred Einsteins (1879–1955) Relativitätstheorie kann sich nichts schneller im Raum bewegen als das Licht. Jedes Kind, das schon einmal ein Gewitter beobachtet hat, weiß, dass der Lichtblitz deutlich früher zu sehen ist, als der Schall zu hören ist. Aber wie schnell ist denn nun das Licht?

A ca. 323 km/s
B ca. 3200 km/s
C ca. 300.000 km/s
D ca. 5.000.000 km/s

Übung 1.50: Auf die Frage nach seinem Alter antwortet der Hobby-Computerspezialist Patrick, im dualen Zahlensystem sei er 1110 Jahre alt. Wie lang muss er noch warten, bis er sich im Kino einen ab 16 Jahren freigegebenen Film ansehen darf?

A 0 Jahre
B 1 Jahr
C 2 Jahre
D 3 Jahre
E 4 Jahre

Übung 1.51: Das Europäische Parlament (EP) ist die demokratische Stimme der Bürger Europas. Es wird alle fünf Jahre direkt gewählt. Die Sitzordnung im Plenum richtet sich nicht nach nationaler Zugehörigkeit der Mitglieder des Europäischen Parlaments (MEP), sondern nach sieben Fraktionen, die Ausdruck einer politischen Grundhaltung derjenigen nationalen Partei sind, der die Mitglieder angehören. Einige Abgeordnete gehören allerdings keiner Fraktion an. Wer wählt demnach das europäische Parlament?

____

____

____

Übung 1.52: In den Landschaftsbildern des romantischen Malers Caspar David Friedrich (1774–1840) werden häufig Menschen in Rückenansicht dargestellt. Welche Funktion kommt diesen sog. Repoussoirfiguren zu? Vertiefen Sie sich in das hier abgebildete Werk.

Caspar David Friedrich, Kreidefelsen auf Rügen *(um 1818; Winterthur, Stiftung Oskar Reinhart)*

A Die Rückenfigur soll es dem Betrachter ermöglichen, sich in die Landschaft hineinzuversetzen.

B Als kompositorisches Bildelement dient die Repoussoirfigur zur Überleitung vom Vorder- in den Hintergrund.

C Die Figur ist deshalb in Rückenansicht dargestellt, weil sie dann weniger individuell erscheint, da das Gesicht nicht zu sehen ist.

Übung 1.53: Die Einheit der abendländischen Kultur im Mittelalter beruhte auf drei großen Traditionssträngen, die das Leben in sämtlichen Gebieten bestimmten. Ordnen Sie die verschiedenen Lebensbereiche dem Ursprung zu, durch den sie geprägt sind: Recht, Kaisertum, Grundherrschaft, Gefolgschaft, Glaubensgemeinschaft, Moral/Ethik.

Römisches Erbe:

____

Germanisches Erbe:

____

Katholisches/christliches Erbe:

____

Übung 1.54: Nicht nur der Mond, auch die Sonne beeinflusst mit ihrer Schwerkraft die Gezeiten. Je nach Konstellation dieser Gestirne herrscht an der Küste eine Nipptide oder eine Springtide bzw. eine Springflut. Bei welchen Mondphasen ist eine Springflut zu beobachten?

A bei Vollmond und Neumond

B nur bei Vollmond

C nur bei Neumond

D nur bei einer Mondfinsternis

Übung 1.55: Wenn ein Freund davon spricht, dass er bei einer Reise das Sternbild „Teleskop“ am Nachthimmel über

Textbilder: Wir machen uns ein Bild vom Text

Von jedem Text, an den wir herangehen, haben wir bereits vor dem Lesen eine Vorstellung. Zunächst werden wir überlegen, ob wir uns überhaupt mit ihm beschäftigen wollen. Dann sehen wir uns Bilder an, Grafiken, Tabellen, beurteilen das Schriftbild und lesen Zwischenüberschriften. So können wir erkennen, wie ein Text aufgebaut ist. Gleichzeitig entwickeln wir eine Erwartung an den Text. Was interessiert uns an einem Text? Betrachten wir das Textbild. Wir können lernen, uns nur die Informationen aus dem Text herauszusuchen, die wir brauchen. Gute kürzere Texte sind meist gegliedert: durch Absätze und Zwischenüberschriften; Bücher enthalten ein Inhaltsverzeichnis, meist ein Vorwort und ein Nachwort. Wir können den Text überfliegen und brauchen nicht gleich anzufangen, das erste Wort oder den ersten Satz zu lesen. Beim Überblicken entsteht in unserem Kopf ein Bild vom Inhalt. Dann können wir über den Inhalt nachdenken und später Informationen, die wir dem Text entnehmen möchten, besser auffinden.
Die Forderung „Ich will alles verstehen und behalten" kann niemand erfüllen. Wenn wir lernen, selektiv zu lesen, werden unsere Analysen genauer und unser Informationsgewinn größer. Manchmal kommt es vielleicht vor, dass wir nichts verstehen. Es kann daran liegen, dass der Autor einen schlechten Text abgeliefert hat.

sich gesehen habe, wo muss er sich dann zu diesem Zeitpunkt aufgehalten haben?

A auf dem Mond B in Japan
C in Kanada D in Australien

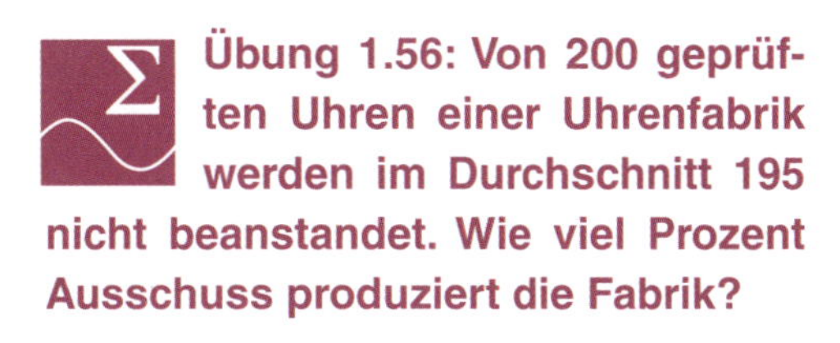

Übung 1.56: Von 200 geprüften Uhren einer Uhrenfabrik werden im Durchschnitt 195 nicht beanstandet. Wie viel Prozent Ausschuss produziert die Fabrik?

A 2 % B 2,5 %
C 3,5 % D 5 %

Übung 1.57: In Arbeitszeugnissen wird eine besondere Sprache verwendet, die Negatives hinter wohlwollend klingenden Formulierungen versteckt. Was ist wohl mit folgender Leistungsbeurteilung tatsächlich gemeint? Tragen Sie die Lösungsbuchstaben in die Kästchen auf der Leistungsskala ein.

A Er hat die ihm übertragenen Arbeiten zu unserer vollen Zufriedenheit erledigt.
B Er hat sich bemüht, die ihm übertragenen Arbeiten zu unserer Zufriedenheit zu erledigen.
C Er hat die ihm übertragenen Aufgaben stets zu unserer vollsten Zufriedenheit erledigt.
D Er hat die ihm übertragenen Aufgaben zu unserer Zufriedenheit erledigt.
E Er hat die ihm übertragenen Auf-

gaben im Großen und Ganzen zu unserer Zufriedenheit erledigt.

F Er hat die ihm übertragenen Aufgaben stets zu unserer vollen Zufriedenheit erledigt.

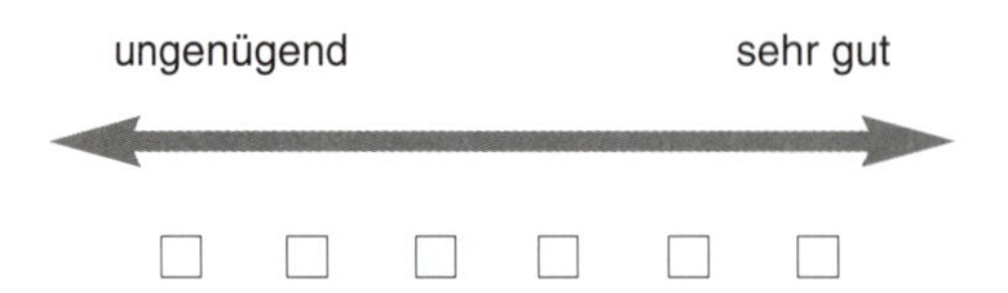

Übung 1.58: Bei großen Baukomplexen, insbesondere bei Schlossanlagen, wird ein rechtwinklig am Hauptbau ansetzendes Nebengebäude als Flügel bezeichnet. Skizzieren Sie eine zwei-, drei- und vierflügelige Anlage im Grundriss.

Übung 1.59: Ozeane stehen niemals still. Bis ca. 100 m Tiefe wird das Meerwasser durch den Wind in Bewegung gehalten. Dabei strömt das Wasser allerdings nicht genau in Windrichtung, sondern wird durch die Festlandsmassen und eine weitere Kraft abgelenkt. Welche Kraft kann die oberen Meerwasserströmungen umleiten?

A Corioliskraft
B Polarisationskraft
C Gravitationskraft
D Maxwell'sche Kraft

Übung 1.60: Im mittelalterlichen Lehnswesen verbanden sich drei Traditionen miteinander, die wesentlichen Säulen, auf denen dieses System ruhte. Welche waren das?

A germanische Gefolgschaft
B Landleihe
C Marktwirtschaft
D vasallitisches Dienstverhältnis

Übung 1.61: Unser Sonnensystem besteht aus neun Planeten, die um die Sonne kreisen. Weisen Sie den Planetenbahnen die richtigen Planeten zu, indem Sie die entsprechenden Lösungsbuchstaben eintragen.

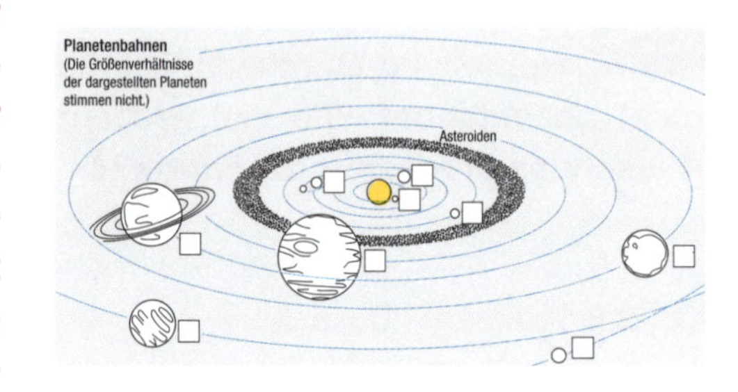

A Uranus
B Mars
C Erde
D Jupiter
E Pluto
F Saturn

G Venus
H Neptun
I Merkur

Übung 1.62: Das neue Kinderplanschbecken ist rund, hat 1,5 m Durchmesser und ist 30 cm hoch. Wie viele Liter Wasser müssen Sie ungefähr einfüllen, damit es zu zwei Dritteln gefüllt ist?

A 200 l
B 250 l
C 300 l
D 350 l

Übung 1.63: Das Relief ist eine Kunstform der Bildhauerkunst, die meist Gebäudeteile oder Kunstgegenstände schmückt, aber auch ein autonomes Kunstwerk darstellen kann. Wie kann im Relief räumliche Tiefe erzeugt werden?

A durch eine entsprechende Bemalung
B durch Bildelemente, die plastisch aus dem Reliefgrund hervortreten
C durch das Einritzen oder Einarbeiten von Bildelementen in den Reliefgrund

Übung 1.64: Hier sehen Sie einen Ausschnitt aus dem Schnellbahnnetz einer deutschen Großstadt. Stellen Sie fest, wie Sie die genannten Ziele auf der kürzesten Strecke erreichen können. Dies ist gleichzeitig eine Übung für überfliegendes Lesen, weil Sie die Anfangs- und Endpunkte Ihrer Fahrt auf dem Plan suchen müssen.

A vom Hauptbahnhof Nord zum Flughafen
B von Altona nach Niendorf Markt

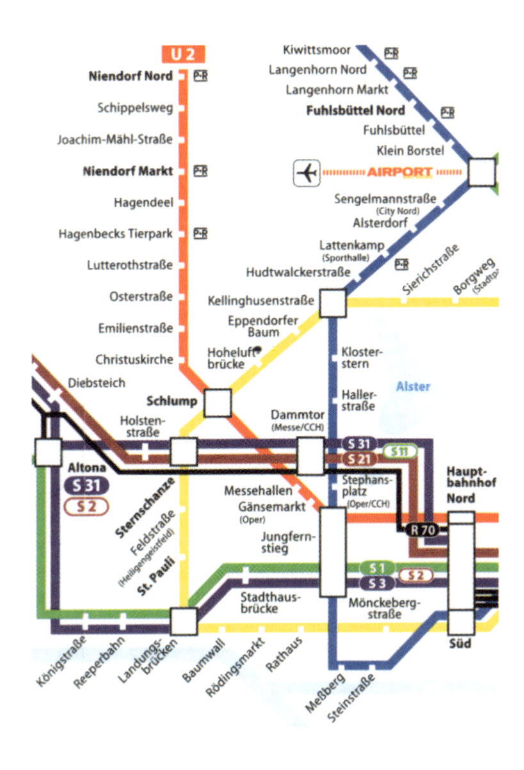

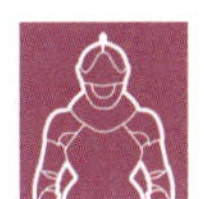

Übung 1.65: Seit der Wiedervereinigung im Jahr 1990 zählt die Bundesrepublik 16

Schwierigkeitsgrad 1

1

Bundesländer. Können Sie die Bundesländer und ihre Hauptstädte in die Karte eintragen?

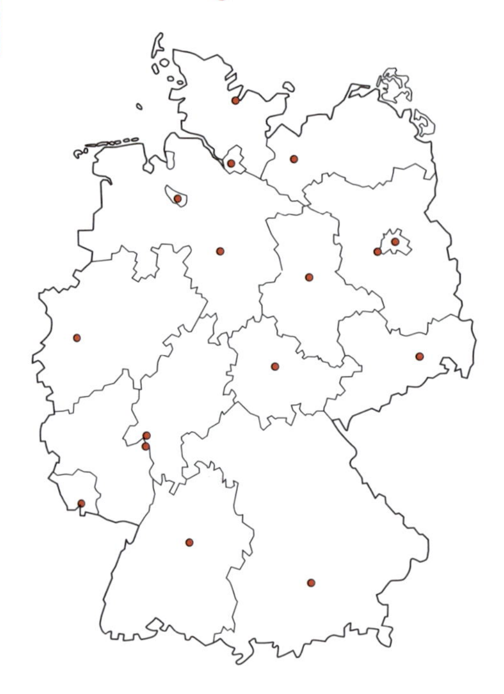

Übung 1.66: Die gotische Liebfrauenkirche ist die größte Kirche Belgiens. Sie steht in einer im 8. Jh. gegründeten Metropole, die 1993 zur Kulturhauptstadt Europas gewählt wurde. Außerdem wird hier seit Jahrhunderten mit edlen und kostbaren Diamanten gehandelt. In welcher Stadt befinden wir uns?

A Gent
B Brügge
C Antwerpen
D Brüssel

Übung 1.67: Immer wieder wird davor gewarnt, dass Coca Cola ungesund sei. Aber stimmt es wirklich, dass Cola so aggressiv ist, dass es sogar über Nacht ein Stück rohes Fleisch auflösen kann?

A ja
B nein

Übung 1.68: Eine Laderampe soll so eingebaut werden, dass sie beim Punkt B mit 30° ansteigt. Wie groß ist der Winkel γ zwischen Rampe und Lagerhalle?

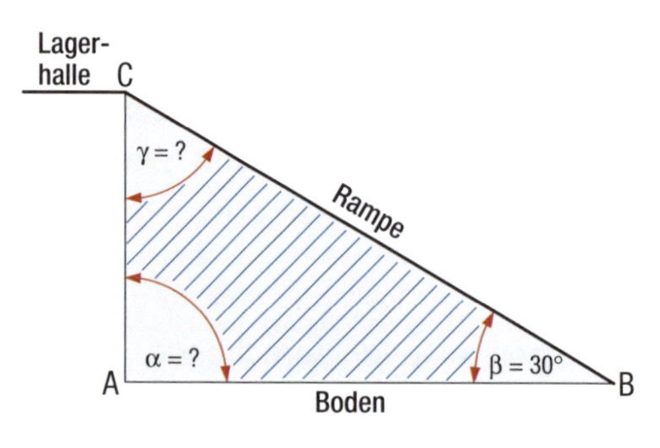

Übung 1.69: Ständig begegnen wir Abkürzungen. Manche sind bereits in unseren Sprachgebrauch eingegangen, z. B. CD-ROM für „Compact disc – read only memory“ oder WM für Weltmeis-

terschaft. Ergänzen Sie die Bedeutungen der folgenden Abkürzungen.

A gegr. ____________________

B MdL ____________________

C amtl. ____________________

D EKG ____________________

E o. Ä. ____________________

F DGB ____________________

G jmd. ____________________

H MdB ____________________

I m. E. ____________________

J BUND ____________________

K etc. ____________________

L ARD ____________________

Übung 1.70: Etwa seit Mitte des 19. Jh. nahm der englische Außenhandel immer deutlicher zu. Zwischen 1885 und 1910 verdoppelten sich die Zahlen. Welche Voraussetzungen brachte England für diese Entwicklung mit?

A die geografische Lage

B die Industrialisierung des Landes

C eine gut ausgebaute Flotte

D kulturelle Aufgeschlossenheit

Übung 1.71: Eine Allegorie ist die anschauliche Darstellung abstrakter Begriffe durch Personen oder Gegenstände. Erraten Sie, welcher Begriff auf dem hier abgebildeten Werk des niederländischen Barockmalers Jan Vermeer (1632–75) sinnbildlich dargestellt wird?

A Liebe

B Geografie

C Malkunst

Übung 1.72: Experten unterteilen Vulkane u. a. in Schild-, Schicht- und Tafelvulkane. Auf den ersten Blick fallen auch dem Laien die unterschiedlich steilen Seitenwände dieser Feuer speienden Berge auf. Tragen Sie die folgenden

Schwierigkeitsgrad 1

drei Vulkantypen entsprechend ihrer Hangneigung in die Grafik ein.

A Schildvulkan
B Schichtvulkan
C Tafelvulkan

Vulkanausbruch mit Lavaexplosion

Übung 1.73: Die ersten Fossilienfunde von Säugetieren sind ca. 200 Mio. Jahre alt. Seit dieser Zeit haben die Säugetiere aufgrund ihrer hohen Anpassungsfähigkeit fast jeden Lebensraum auf der Erde erobert. Welches der folgenden Tiere ist kein Säugetier?

A Delfin
B Krokodil
C Fledermaus
D Tapir

Übung 1.74: Im Atlas ist die Größe einer Wasserfläche mit 100.000 m² angegeben. Welche Strecke müsste ein Schwimmer maximal zurücklegen, wenn er an der engsten Stelle des Sees zum gegenüberliegenden Ufer schwimmen will?

A ca. 300 m B ca. 350 m
C ca. 400 m D ca. 630 m

Übung 1.75: Die Werbesprache verwendet oft bestimmte Begriffe oder gar neu erfundene Wörter, um unsere Aufmerksamkeit auf ein Produkt zu lenken. Ordnen Sie die folgenden Begriffe der richtigen Kategorie zu: schickererer, zappig, aprilfrisch, cool, AHA-Komplex, fetzig, clevererer, sich einen noggern, Hi-Fi, ultraleicht, unverschämt preiswert.

Modewörter:

____

Wissenschaftliche und Fachbegriffe:

____

Begriffe der Umgangssprache:

____

Kunstwörter:

____

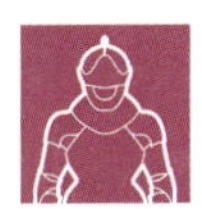

Übung 1.76: Die folgenden Namen werden stellvertretend, häufig karikierend, für bestimmte Nationen gebraucht. Können Sie die Figuren dem richtigen Land zuordnen?

A John Bull
B Uncle Sam
C Marianne
D Michel

Übung 1.77: Peter Paul Rubens (1577–1640) gilt als der bedeutendste flämische Maler des Barock. Die Abbildung zeigt den *Raub der Töchter des Leukippos*. Das Gemälde verdeutlicht eines der Hauptmerkmale barocker Malerei: die dynamische Komposition der Bildelemente. Wie wird hier Dynamik erzeugt? Fertigen Sie eine Skizze mit den Kompositionslinien an.

Peter Paul Rubens, Raub der Töchter des Leukippos *(1617; München, Alte Pinakothek)*

„Nach Adam Riese macht das ..."

Mit dieser Redensart wird bis heute die Richtigkeit vieler einfacher Rechenaufgaben bestätigt. Sie macht Adam Riese wohl zu einem der meistgenannten Mathematiker überhaupt. Aber warum? Was hat Riese Bahnbrechendes herausgefunden?

Eigentlich hieß er Adam Ries und wurde im Jahr 1492 in Staffelstein am Main geboren. Er wurde nicht durch eine geniale Entdeckung auf dem Gebiet der Mathematik bekannt, sondern dadurch, dass er die Mathematik dem gemeinen Volk zugänglich machte. In einer Zeit, da 90 % der Bücher noch in Latein geschrieben waren, verfasste er Rechenbücher in einer Sprache, die jeder Deutsche verstehen konnte – in Deutsch. Aber noch beachtenswerter war ihr Inhalt. Durch Ries' Bücher fand das Dezimalsystem im deutschen Sprachraum stärkere Verbreitung.

In seinem Beruf als „Kurfürstlicher Sächsischer Hofarithmeticus" hatte Ries es v. a. mit praktischen Dingen zu tun und so behandelten auch seine Rechenbücher praktische Probleme in unterschiedlichen Schwierigkeitsgraden. Man könnte fast sagen: Mit seinen Büchern brachte Ries Deutschland das Rechnen bei.

Schwierigkeitsgrad 1

Übung 1.78: Das Gebiet um den Nordpol, bestehend aus den Eisgebieten, Meeren und Ländern bis zur polaren Waldgrenze bzw. bis hinab zum nördlichen Polarkreis, wird Arktis genannt. Es ist die Heimat nicht nur der Inuit, sondern auch vieler Tierarten. Welche der folgenden Tiere leben in der Arktis?

- A Seehund
- B Walross
- C Rentier

Übung 1.79: Bei einer Jubelfeier irgendwo im Mittleren Osten wird aus lauter Freude mit Gewehren in die Luft geschossen. Nach dem Gesetz der Schwerkraft kommen die Kugeln irgendwo wieder herunter. Zeichnen Sie (unter Vernachlässigung der Luftreibung) den Geschwindigkeitsverlauf der Kugeln während des gesamten Flugs in das Diagramm ein.

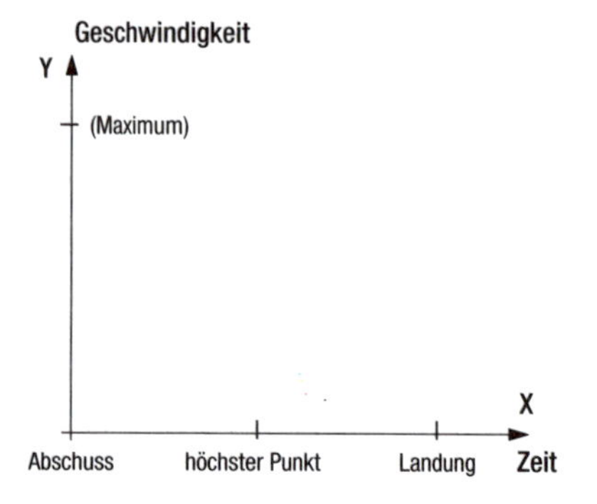

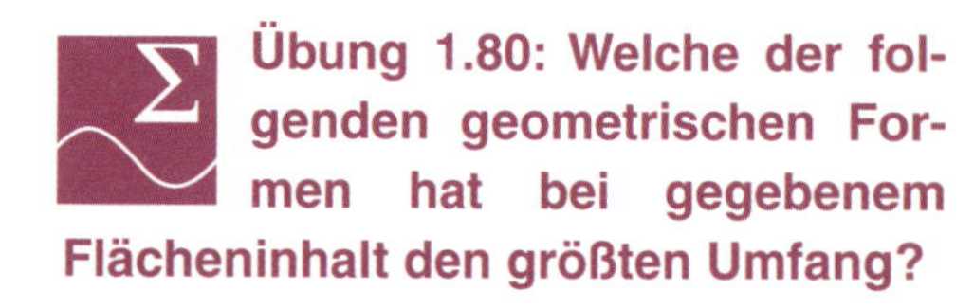

Übung 1.80: Welche der folgenden geometrischen Formen hat bei gegebenem Flächeninhalt den größten Umfang?

- A gleichseitiges Dreieck
- B Quadrat
- C regelmäßiges Hexagon (Bienenwabe)
- D Kreis

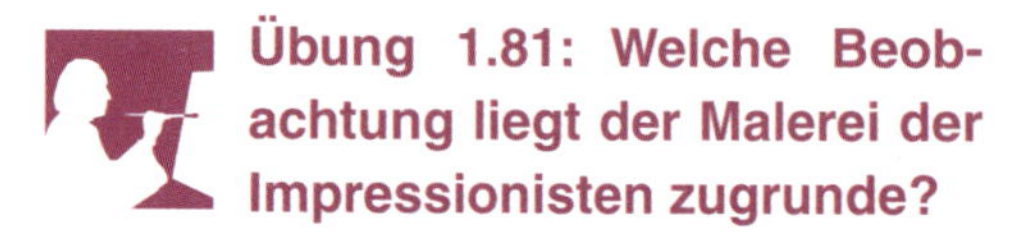

Übung 1.81: Welche Beobachtung liegt der Malerei der Impressionisten zugrunde?

- A Der Betrachter sieht nur das, was er gern sehen möchte.
- B Das Auge des Betrachters ist ein neutrales Instrument zur Aufnahme des Bildgegenstands.
- C Der Betrachter achtet mehr auf Farben als auf Formen.

Übung 1.82: Im Alltagsleben begegnen uns ständig Gefahrensymbole. Dabei kann es unter Umständen lebensrettend sein, deren Botschaft zu verstehen. Ordnen Sie den folgenden Symbolen die richtige Bedeutung zu: reizend, giftig, mindergiftig, sehr giftig, leicht entzündlich, brandfördernd. Tragen Sie die Lösung jeweils unterhalb der Symbole ein.

Mal sehen, ob's stimmt.

Übung 1.83: Karl und Luise schauen täglich im Fernsehen die Wettervorhersage und kennen sich langsam aus mit Hochdruck- und Tiefdruckgebieten. Auch Begriffe wie Kalt- und Warmfront können sie nicht mehr aus der Fassung bringen. Wissen Sie, welche der folgenden Aussagen über eine Warmfont zutrifft?

A Eine Warmfront folgt auf eine Kaltfront und bringt heftigen Regen und teilweise auch Hagel mit sich.

B An einer Warmfront schiebt sich warme, feuchte Luft langsam über kältere Luft. Durch das Aufgleiten kommt es oft zu andauerndem Regen aus tiefen Schichtwolken.

C Eine Warmfront entwickelt sich aus einem Hochdruckgebiet und sorgt für warmes, sonniges Wetter mit einer hohen Luftfeuchtigkeit.

Übung 1.84: Mehrere gewaltige Umwälzungen veränderten seit dem 18. Jh. die politische Landschaft der Welt. Können Sie die folgenden Ereignisse in die chronologisch richtige Reihenfolge bringen?

A Französische Revolution

B Russische Revolution

C Spanischer Bürgerkrieg

D Amerikanischer Bürgerkrieg

Emblem der Französischen Revolution

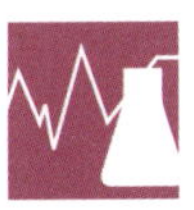

Übung 1.85: Das Weltall ist voller Sterne und manche davon werden wie unsere Sonne von Planeten umkreist. Was schätzen Sie, wie viele erwachsene Menschen haben den hellsten Stern,

den man von der Erde aus sehen kann, wohl schon mit eigenen Augen gesehen?

Übung 1.86: Wie hoch ist die Platzmiete für ein rundes Karussell mit 10 m Durchmesser, wenn 380 € pro Quadratmeter bezahlt werden müssen?

- A ca. 25.000 €
- B ca. 30.000 €
- C ca. 35.000 €
- D ca. 40.000 €

Übung 1.87: Welcher Buchstabe muss in dieser Reihe folgen?

B O D Q F S H U J W L

Übung 1.88: Der Weg zur Abstraktion lässt sich als eine aus der Malerei selbst logisch entwickelte Innovation erklären. Es kann jedoch auch eine technische Errungenschaft benannt werden, die einen Impuls für die Entwicklung der gegenstandslosen Malerei gegeben hat. Welche der folgenden technischen Errungenschaften könnte das gewesen sein?

- A Radio
- B Auto
- C Fotoapparat
- D Lokomotive

Übung 1.89: Für einen mittelalterlichen Handwerkerlehrling war es üblich, dass er nach seiner Lehrzeit als Geselle durch die Welt zog und in verschiedenen Werkstätten arbeitete. Meist wurde ihm ein Wochenlohn anstelle eines Stücklohns gezahlt. Welchem Grundsatz der Handwerkszünfte sollten diese Regelungen dienen?

- A Die Gesellen sollten verschiedene Städte kennen lernen, um ihre Heimat umso mehr schätzen zu können.
- B Die Gesellen sollten ihre Fähigkeiten ausbilden und Erfahrungen sammeln. Ihre Arbeit sollten sie in Ruhe ausführen. Beides sollte der Qualität der hergestellten Waren zugute kommen.
- C Man wollte aufrührerischen Tendenzen mancher Gesellen entgegenwirken und sie daran hindern, innerhalb der eigenen Stadt von einem Meister zum anderen zu wechseln.

Übung 1.90: Ein Hauptanziehungspunkt Griechenlands für ausländische Touristen sind die zahlreichen Inseln im Ägäischen Meer. Besonders reizvoll und beliebt sind die Kykladen. Welche der folgenden Inseln gehören nicht zu den Kykladen?

A	Tinos	E	Kos
B	Mykonos	F	Naxos
C	Lesbos	G	Lefkas
D	Santorin	H	Amorgos

Übung 1.91: Die Schaffung einer einheitlichen Nomenklatur der chemischen Verbindungen im 19. Jh. war der Grundstein für den schnellen Informationsaustausch mit anderen Wissenschaftlern. Wie viele Kohlenstoffatome enthält die Verbindung 1-Ethyl-1-methyl-cyclobutan?

A 4
B 5
C 7
D 9

Übung 1.92: Das abgebildete Quadrat hat die Seitenlänge 10. Zeichnen Sie einen Inkreis und einen Umkreis ein. Der Inkreis liegt im Inneren und berührt alle Seiten des Quadrats. Die Eckpunkte des Quadrats liegen auf dem Umkreis.

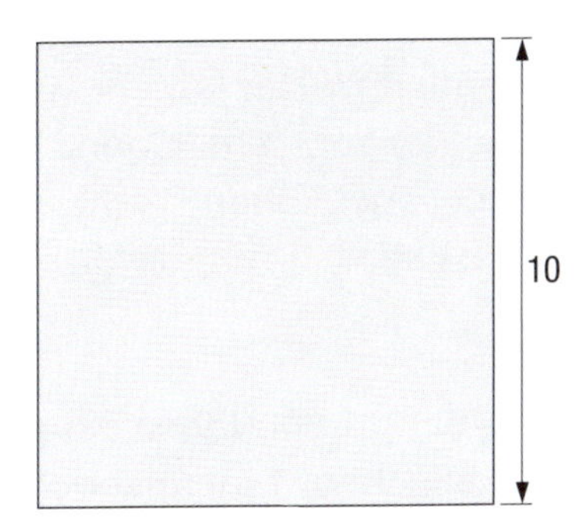

Übung 1.93: Vervollständigen Sie den Lückentext. Vielleicht klappt es auch ohne die anschließend folgende Liste fehlender Wörter.

Obwohl das Klima auf unserer ______ in den letzten Jahren relativ stabil ______________ ist, gibt es Hinweise darauf, dass die globale Erwärmung in den nächsten Jahrzehnten und ______________________ Auswirkungen auf das gesamte Ökosystem der ______ haben wird. Das Eis in der Arktis und ______________ verliert bereits jetzt an Volumen, die Gletscher der Gebirge ________________. Beides löst einen Anstieg des _______ ______________________ aus. Im ________ 2100 könnte der Meeresspiegel im schlimmsten Fall örtlich bis zu 90 cm ______________, im günstigsten ____________ nur knapp 10 cm. Der Durchschnitt liegt bei etwa ____________ halben Meter.

Die fehlenden Wörter lauten: Meeresspiegels, einem, ansteigen, Erde, schmelzen, geblieben, Jahr, Erde, Antarktis, Fall, Jahrhunderten.

Übung 1.94: Neben der physikalischen, biologischen und psychologischen Beschäftigung mit dem Phänomen Farbe ist die Farbenlehre für die Kunst deshalb besonders interessant, weil sie Aufschluss über die Mischverhältnisse zur Herstellung bestimmter Farbtöne und auch die Wirkung der einzelnen Farben gibt. Der von dem Künstler und Bauhaus-Lehrer Johannes Itten (1888–1967) entwickelte Farbkreis gibt insbesondere Aufschluss über die Mischverhältnisse. Die aus den Grundfarben Rot, Gelb und Blau erzielten Mischtöne ergeben jeweils die Komplementärfarbe zu der im Farbkreis gegenüberliegenden Grundfarbe. Ergänzen Sie das Schema mit den Komplementärfarben.

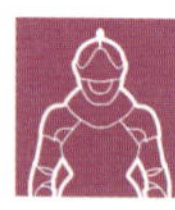

Übung 1.95: Viele historische Ereignisse des 20. Jh. waren von epochaler Bedeutung. Können Sie die folgenden Ereignisse auf dem Zahlenstrahl einordnen?

- A Revolution in Russland
- B Der polnische Kardinal Karol Wojtyla wird zum Papst gewählt. Als Papst Johannes Paul II. ist er seit 400 Jahren der erste Nichtitaliener auf dem Heiligen Stuhl.
- C Der Friedensvertrag von Versailles wird unterzeichnet.
- D Nelson Mandela wird Präsident von Südafrika.
- E Die Berliner Mauer, die Deutschland in die Bundesrepublik und die DDR geteilt hat, fällt in einer Großdemonstration.
- F Konferenz der Alliierten auf Jalta

Johannes Paul II.

1917	1919	1945	1978	1989	1994
☐	☐	☐	☐	☐	☐

Übung 1.96: Weltweit blitzt es pro Minute ca. 6000-mal bei 1800 Gewittern. Dabei kommt es zu extrem starken elektrischen Entladungen. Die Dauer eines Blitzes beträgt ungefähr eine Viertelsekunde. Begleitet wird die Entladung von einem lauten Donnerhall. Wie entsteht der Donner?

____

____

____

Nächtliche Blitze

Übung 1.97: Es ist Winter und Herr Müller hat vergessen, seinen Balkon aufzuräumen. Als er nun die letzten Dinge ins Haus trägt, stellt er fest, dass sich die aus Metall viel kälter anfühlen als die aus Holz. Woran liegt das?

A Metall leitet die Wärme aus der Hand besser ab als Holz.

B Metall hat eine kleinere Wärmekapazität als Holz.

C Organische Stoffe wie Holz sind immer ein wenig wärmer als anorganische Substanzen.

D Metall nimmt Wärme schlechter auf als Holz.

Übung 1.98: Auf der Packung einer Backmischung steht der Hinweis, dass der Kuchen während des Backens um 10 % aufgeht. Um wie viel Prozent war er dann vor dem Backen ungefähr kleiner?

A 9 %

B 10 %

C 11 %

D 12 %

Übung 1.99: Versuchen Sie, für die folgenden durcheinander gewürfelten Substantive Oberbegriffe zu finden, um die Wörter sinnvoll zuzuordnen.

Karpfen	Specht	Hecht	Star
Möwe	Kabeljau	Grille	Marienkäfer
Fliege	Meise	Forelle	Ameise

____

Schwierigkeitsgrad 1

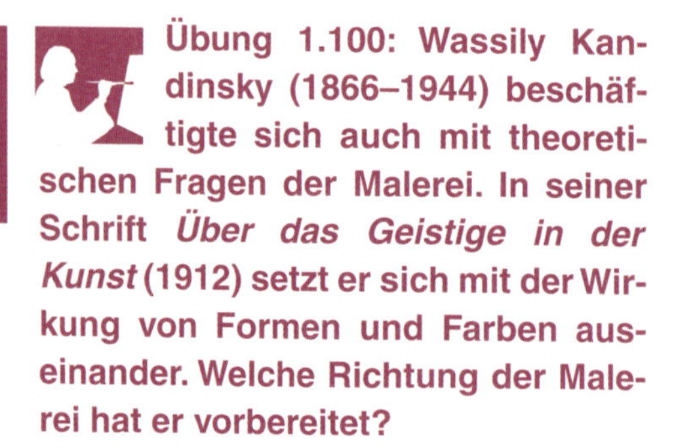

Übung 1.100: Wassily Kandinsky (1866–1944) beschäftigte sich auch mit theoretischen Fragen der Malerei. In seiner Schrift *Über das Geistige in der Kunst* (1912) setzt er sich mit der Wirkung von Formen und Farben auseinander. Welche Richtung der Malerei hat er vorbereitet?

A die realistische Malerei
B die surrealistische Malerei
C die symbolistische Malerei
D die gegenstandslose Malerei

Übung 1.101: Die folgenden Namen stehen im populären Sprachgebrauch für bekannte Nationalflaggen. Nennen Sie jeweils das zugehörige Land.

A Trikolore
B Union Jack
C Stars and Stripes

Übung 1.102: Paul unternimmt mit seinem Privatjet einen Flug. Er startet in Saarbrücken und fliegt nach Norden. Als er die Mosel hinter sich gelassen hat, dreht er nach Osten ab. Bevor er in Cham landet, winkt er den Städten Schweinfurt und Weiden zu. Welche Bundesländer hat Paul überflogen?

A Niedersachsen
B Nordrhein-Westfalen
C Saarland
D Sachsen
E Hessen
F Bayern
G Brandenburg
H Rheinland-Pfalz

Übung 1.103: Warum kann man einen Körper nur (annähernd) bis zum absoluten Nullpunkt abkühlen?

A Es wurde noch kein Stoff gefunden, der bei einer noch geringeren Temperatur flüssig ist.
B Die heutigen technischen Möglichkeiten erlauben es nicht, eine noch geringere Temperatur zu erzielen.
C Bei dieser Temperatur hört die Bewegung der Teilchen auf, kälter kann es nicht werden.
D Weil nur im Vakuum des Weltalls eine geringere Temperatur möglich ist.

Übung 1.104: Patricks Aquarium ist 95 cm lang, 35 cm breit und 50 cm hoch. Wie viel Liter Wasser braucht er, um es bis 5 cm unter den Rand zu füllen?

A ca. 130 l
B ca. 140 l
C ca. 150 l
D ca. 160 l

Übung 1.105: Bisweilen sind einfache Schaubilder hilfreich, um komplexe Zusammenhänge anschaulich darzustellen. Sehen Sie sich das folgende an und beschreiben Sie, worum es geht.

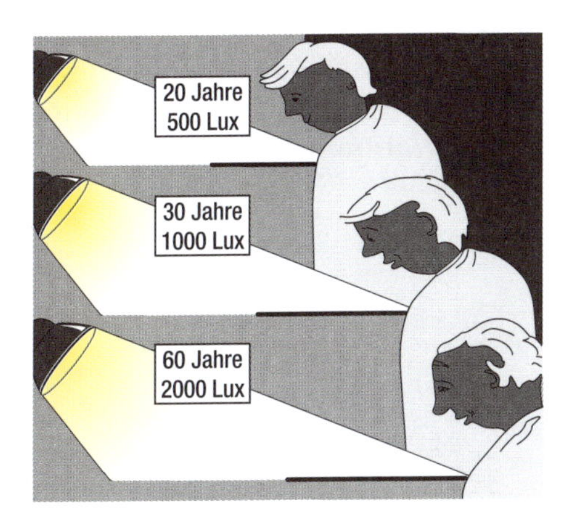

___

___

___

Übung 1.106: Beton ist streng genommen keine Erfindung der Neuzeit, sondern war schon den Römern bekannt. Ihre Technik des Gussbetons ging jedoch nach Auflösung des Römischen Reichs verloren. Ab dem 19. Jh. begann man wieder mit Beton zu arbeiten. Die Technik des Stahlbetons entstand, bei der in den Beton eingelegte Stahlstreben die Zugkräfte abfangen. Welche elementare Eigenschaft des Betons veränderte die Architektur gegenüber der Bauweise mit herkömmlichen Materialien (Stein und Holz)?

A Mit dem Stahlbeton konnte kostengünstiger und schneller gebaut werden.

B Der Stahlbeton machte es möglich, große vorfabrizierte Bauteile einzusetzen.

C Durch den Stahlbeton konnte höher gebaut und es konnten größere Flächen überspannt werden.

D Man konnte ganze Mauern weglassen und Glasfassaden errichten.

Übung 1.107: Im Mittelalter gab es strenge Speisevorschriften. Je nachdem, zu welchem Stand man gehörte, war der Tisch anders gedeckt. Stellen Sie die folgenden Speisen jeweils auf die

bäuerliche oder die adelige Tafel: Weißbrot, Reis mit Mandelmilch, Roggenbrot, Fasan, Sauerkraut, Bohnen, Eier, Äpfel, Lachs, Würste, Schweinespeck, Rindfleisch, Limonen, Pfeffersauce, Rüben, Apfelwein, Würzwein. (Manche Speisen können auf beide Tische verteilt werden.)

Übung 1.108: Ein Schritt zur europäischen Einheit war die Euroeinführung. In vielen Bereichen allerdings unterscheiden sich die EU-Länder noch stark voneinander, so auch in der Erwerbsstruktur. Ordnen Sie die folgenden Länder der richtigen Säule im Diagramm zu.

A Portugal
B Deutschland
C Luxemburg
D Griechenland

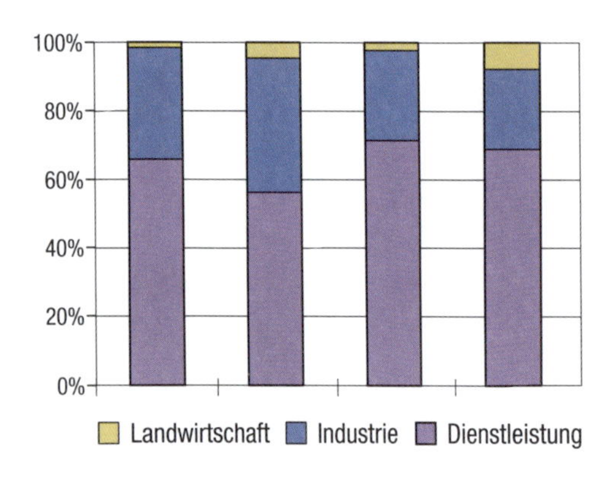

Übung 1.109: Natriumchlorid NaCl (Kochsalz) bildet beim Auskristallisieren farblose Würfel. Im Kristallgitter liegen positiv geladene Natriumionen und negativ geladene Chloridionen vor, die jeweils eine kubisch flächenzentrierte Anordnung einnehmen. Zeichnen Sie in das Kristallgitter die Positionen der Natrium- und der Chloridionen ein.

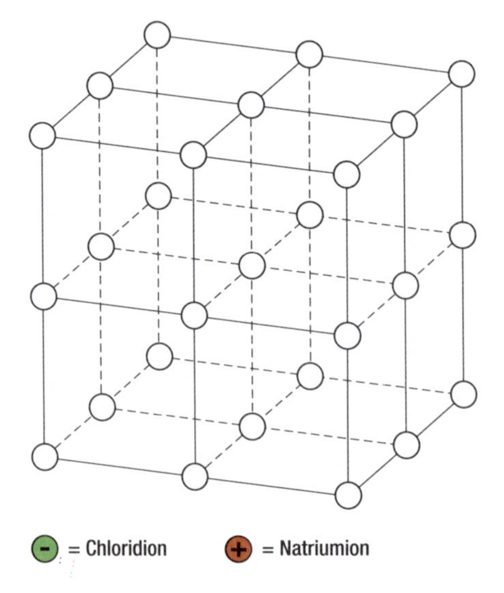

Übung 1.110: Der Rat der EU gehört neben Europa-Parlament und Europäischer Kommission zum „institutionellen Dreieck“, das politische Programme und Rechtsvorschriften (Richtlinien, Verordnungen und Entscheidungen) erstellt, die in der ganzen EU gelten.

Bringen Sie die folgenden Informationen über den Rat der EU in eine logische Reihenfolge.

- [A] Er vertritt die Mitgliedstaaten und an seinen Tagungen nimmt je ein Minister aus den nationalen Regierungen der EU-Staaten teil.
- [B] Die Zusammensetzung der Ratstagungen hängt von den zu behandelnden Themen ab.
- [C] Der Rat ist das wichtigste Entscheidungsgremium der EU.
- [D] Wenn z. B. Umweltfragen auf der Tagesordnung stehen, nehmen die Umweltminister aus allen EU-Staaten an der Tagung teil, die dann als Rat „Umwelt" bezeichnet wird.

Übung 1.111: Ein Zentralbau ist ein Baukörper über einem runden, quadratischen oder polygonalen Grundriss, der keine Hauptseite besitzt. Schon den Architekten der Antike war der Zentralbau bekannt, z. B. in der Form von Rundtempeln. Skizzieren Sie den Grundriss eines erdachten Zentralbaus.

Übung 1.112: Wie groß ist die Summe aller Innenwinkel in einem Fünfeck?

____

Konzentrieren Sie sich!

Die Fähigkeit, sich zu konzentrieren, entscheidet in hohem Maße darüber, wie schnell und gut man neue Dinge erlernen, abspeichern und wieder abrufen kann. Doch oft werden unsere Gedanken und unsere Aufmerksamkeit abgelenkt. Die folgende Übung trägt bei regelmäßiger Anwendung zur Konzentrationssteigerung und dadurch auch zur Leistungssteigerung bei.
Schließen Sie die Augen. Vor Ihren Augen entsteht eine große, dunkle Fläche. Betrachten Sie diese Fläche in Ruhe. Zuerst wird sie unruhig sein und allerhand Linien oder Blitze tauchen auf. Schieben Sie diese beiseite und versuchen Sie, die dunkle Fläche von Störungen freizuhalten. Konzentrieren Sie sich nur auf die Fläche, andere Gedanken lassen Sie sofort los. Schieben Sie alles beiseite, was sich aufdringen möchte. Atmen Sie ruhig.
Wenn Sie sich anfangs auch nur wenige Minuten lang konzentrieren können, ist dies ein guter Ausgangspunkt für eine langsame, aber stete Steigerung. Nach einiger Zeit und mit ein wenig Übung verbessert sich Ihre Konzentrationsfähigkeit. Das Lernen fällt Ihnen leichter.

Schwierigkeitsgrad 1

Übung 1.113: Die Ereignisse der Geschichte sind häufig zum Stoff berühmter literarischer Werke geworden. Nennen Sie mindestens drei Titel, die historische Stoffe behandeln.

____

____

____

Übung 1.114: Der 22. Juni und der 22. Dezember sind die Tage der Sommer- bzw. der Wintersonnenwende. Am 22. Juni erlebt die Nordhalbkugel den längsten und die Südhalbkugel den kürzesten Tag des Jahres. Am 22. Dezember ist es genau umgekehrt. Wie steht die Sonne an diesen Tagen an einem der Wendekreise?

- A Die Sonne steht in einem Winkel von 45° über einem Wendekreis.
- B Die Sonne steht genau senkrecht über einem Wendekreis.
- C Die Sonne erreicht die Wendekreise nie, weder auf der Süd-, noch auf der Nordhalbkugel.

Übung 1.115: Professor Walter ist in Asien unterwegs. Auf seiner Reise sieht er ein Tier und ist sich sofort sicher, dass es aus einem Zoo in der Nähe ausgebrochen sein muss, denn diese Tierart trifft man in Asien normalerweise nicht an. Welches Tier begegnet dem Wissenschaftler?

- A Elefant
- B Tiger
- C Kamel
- D Jaguar

Übung 1.116: Beim Lesen denken wir meist schon ein Stück voraus und haben eine Idee, wie ein Satz weitergehen könnte. Das geschieht oft unbewusst. Wenn unsere Annahme stimmt, verstehen wir den Text schneller. Sie können das leicht nachprüfen, indem Sie die folgenden Sätze vervollständigen.

- A Magst du das Fenster schließen? Mir ____________________.
- B Um einen neuen Job zu finden, muss man ____________________ ____________________.
- C Obwohl ich keinen Appetit habe, ____________________.
- D Die Blumen müssen mal wieder ____________________.

Übung 1.117: Eva und Markus besitzen vier MDF-Platten mit 150 cm Länge. Je

zwei davon sind 80 cm bzw. 120 cm breit. Um ein kleines Baumhaus zu bauen, braucht das Paar noch eine Boden- und eine Dachplatte. Welche Fläche haben die beiden fehlenden Platten?

A 0,96 m^2 B 1,20 m^2
C 1,44 m^2 D 1,80 m^2

Übung 1.118: Seit dem 5. Jh. werden den vier Evangelisten Matthäus, Markus, Lukas und Johannes Symbole zugeordnet. Nach der biblischen Überlieferung handelt es sich dabei um vier geflügelte Wesen. Können Sie die Evangelistensymbole richtig zuordnen?

A Adler	1 Matthäus
B Engel oder Mensch	2 Markus
C Stier	3 Lukas
D Löwe	4 Johannes

Übung 1.119: In welchem Staat wurden die folgenden Währungen zum ersten Mal in Umlauf gebracht?

A Denar B Dukaten
C Louisdor D Reichsmark

1 Römisches Reich 2 Frankreich
3 Venedig 4 Deutschland

Übung 1.120: Betrachtet man eine Weltkarte oder einen Globus, so entdeckt man, dass die Erde in Längen- und Breitengrade eingeteilt ist. Damit kann jeder Punkt unseres Planeten genau bestimmt werden. In welchem Meer befindet man sich, wenn die Koordinaten 0° Länge und 0° Breite lauten?

____

Übung 1.121: Die Sonne ist die Quelle allen Lebens auf unserer Erde. Ohne ihre Wärme wäre die Erde ein toter, eiskalter Planet mit einer gefrorenen Atmosphäre. Aber welche Art der Wärmeübertragung liegt hier vor?

A Wärmeleitung
B Wärmeströmung
C Wärmestrahlung
D Wärmefluss

Übung 1.122: Ein Würfelspieler gewinnt bei einem Spiel mit drei Würfeln, wenn alle Würfel eine unterschiedliche Augenzahl zeigen. Bei wie vielen Kombinationen gewinnt er?

A 15 B 64
C 120 D 125

Schwierigkeitsgrad 1

1

Übung 1.123: Die folgende Grafik zeigt eine Übersicht des buchhändlerischen Gesamtumsatzes in Deutschland für das Jahr 2002.

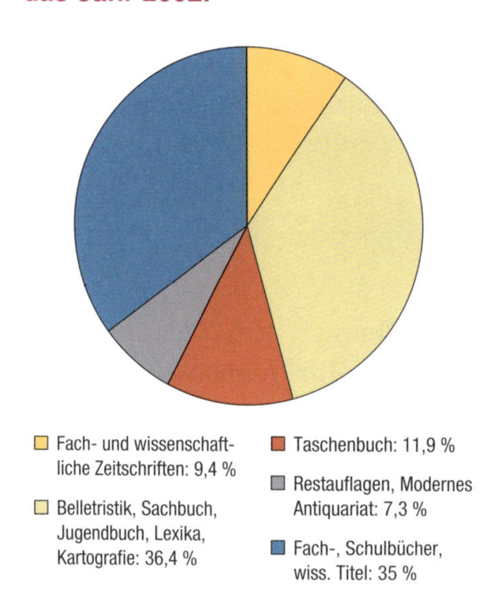

Welchen Anteil machen Bücher am gesamten Umsatz aus?

Übung 1.124: Mit dem Wechsel der Regierung bekamen manche Städte einen neuen Namen oder erhielten ihren früheren Namen zurück. Wie heißen die folgenden Städte heute?

A Konstantinopel
B Leningrad
C Königsberg
D Breslau

Übung 1.125: Ein landwirtschaftliches System mit wiederholter Rodung von Waldgebieten durch Feuer wird Brandrodung genannt. Diese Wirtschaftsform ist in den tropischen und subtropischen Waldgebieten verbreitet. Überlegen Sie, welche der folgenden Aussagen auf die Brandrodungswirtschaft zutreffen.

A Bei der Brandrodungswirtschaft handelt es sich um eine flächenextensive Landwechselwirtschaft.
B Das gerodete Land wird wenige Jahre genutzt, wobei die Asche als Dünger dient.
C Diese Wirtschaftsform kann auch bei wachsender Bevölkerungsdichte ohne ökologische Schäden betrieben werden.
D Nach der Brandrodung kann das Land noch viele Jahrzehnte landwirtschaftlich genutzt werden, da der Boden in den Tropen und Subtropen nicht so schnell erschöpft ist.

Übung 1.126: Trainieren Sie Ihr Bildgedächtnis. Bevor Sie weiterlesen, betrachten Sie die Abbildung rechts: das *Stillleben*

Juan Gris, Stillleben mit Flaschen und Messer *(1912; Otterloo, Rijksmuseum Kröller-Müller)*

mit Flaschen und Messer **von Juan Gris (1887–1927). Nun beantworten Sie die folgende Frage: Wie viele Flaschen zeigt das Gemälde?**

A zwei Flaschen
B drei Flaschen
C vier Flaschen

Übung 1.127: Über Nacht hat es kräftig geschneit und Sandra spaziert mit ihren neuen Winterstiefeln aus Leder durch die Stadt. Am nächsten Tag stellt sie überrascht fest, dass die Stiefel einen weißen „Schneerand“ haben. Wie kommt dies?

____

____

____

Schneekristalle

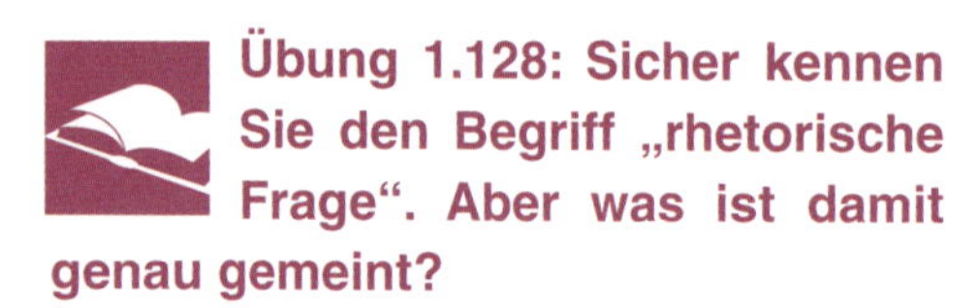

Übung 1.128: Sicher kennen Sie den Begriff „rhetorische Frage“. Aber was ist damit genau gemeint?

A Eine Frage, die stilistisch hervorragend formuliert ist.
B Eine Frage, deren Antwort als selbstverständlich vorausgesetzt wird.
C Eine Frage, die mit besonderem Nachdruck gestellt wird.

Übung 1.129: Bei einem Spiel werden folgende Zahlen gewürfelt: 4 – 5 – 3 – 1 – 3 – 5. Wie groß ist hier die relative Häufigkeit gerader Zahlen?

A $\frac{1}{6}$
B $\frac{1}{2}$
C $\frac{5}{6}$

Übung 1.130: Um die Mitte des 20. Jh. hielt der Fernseher Einzug in die deutschen Wohnzimmer. Das führte zu weit reichenden Veränderungen, nicht nur innerhalb des Familienlebens und der Kommunikation, sondern auch im Stadtbild. Welches war die augenscheinlichste Veränderung des Stadtbilds?

____

____

____

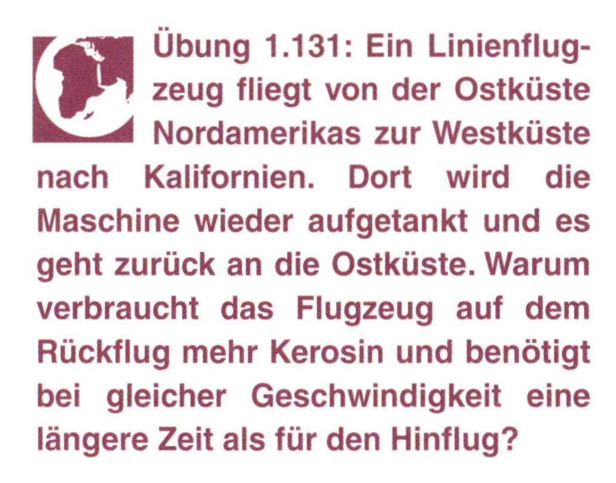

Übung 1.131: Ein Linienflugzeug fliegt von der Ostküste Nordamerikas zur Westküste nach Kalifornien. Dort wird die Maschine wieder aufgetankt und es geht zurück an die Ostküste. Warum verbraucht das Flugzeug auf dem Rückflug mehr Kerosin und benötigt bei gleicher Geschwindigkeit eine längere Zeit als für den Hinflug?

A Ein tropischer Wirbelsturm über Arizona zwingt den Piloten auf dem Rückflug zu einem Umweg.

B Auf dem Rückflug wird das Flugzeug durch den stetig wehenden Jetstream abgebremst.

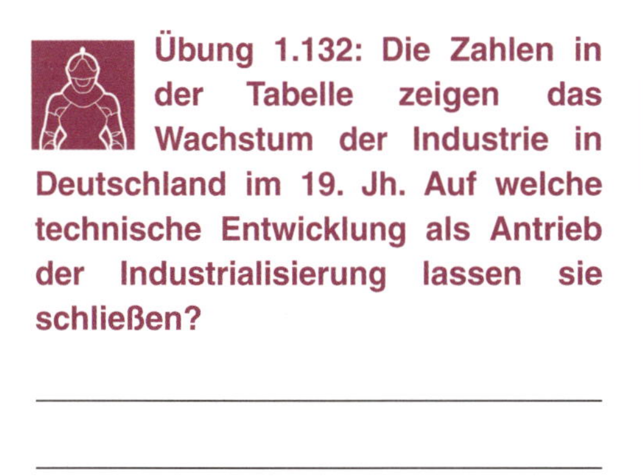

Übung 1.132: Die Zahlen in der Tabelle zeigen das Wachstum der Industrie in Deutschland im 19. Jh. Auf welche technische Entwicklung als Antrieb der Industrialisierung lassen sie schließen?

____

____

Übung 1.133: Der Siedepunkt von Elementen und chemischen Verbindungen hängt u. a. von der Anziehungskraft zwischen den einzelnen Teilchen und ihrer Masse ab. Ab wann sind die folgenden Stoffe gasförmig? Ordnen Sie ihnen die richtige Temperatur auf der Skala zu.

A Kohlendioxid

B Helium

C Butan

D Sauerstoff

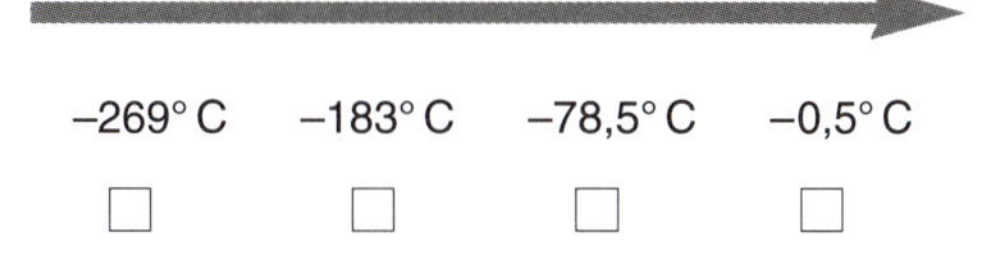

–269° C	–183° C	–78,5° C	–0,5° C
☐	☐	☐	☐

Übung 1.134: Wählen Sie unter den folgenden Beispielen jene aus, die im strengen Sinne keine Redensarten sind.

A Lieber arm dran als Arm ab.

B Wer anderen eine Grube gräbt, fällt selbst hinein.

C Unrecht Gut gedeihet gut.

Industriebereich	1840	1855	1870
Steinkohleförderung	4 Mio. t	8 Mio. t	33 Mio. t
Roheisenerzeugung	143.000 t	325.000 t	1.391.000 t
Dampfmaschinen in Betrieb	40.000 PS	600.000 PS	1.800.000 PS

D Wer andern eine Grube gräbt, sieht gern hinein.
E Der Apfel fault nicht weit vom Stamm.
F Morgen, morgen, nur nicht heute, sagen alle faulen Leute.

Übung 1.135: Bei einem Wettbewerb muss jedes Team zweimal gegen jedes andere antreten. Das Gewinnerteam erhält jeweils einen Punkt, das Team, das verloren hat, geht leer aus. Den Wettbewerb gewinnt das Team mit den meisten Punkten. Es treten vier Teams an. Wie viele Spiele werden gespielt?

A 6
B 8
C 12

Zur Erleichterung können Sie die folgende Tabelle ausfüllen.

	Team 1	Team 2	Team 3	Team 4
Team 1				
Team 2				
Team 3				
Team 4				

Übung 1.136: Helen und Barbara studieren im ersten Semester Kunstgeschichte. Sie unterhalten sich über die letzte Vorlesung. Leider haben sie die entsprechenden Epochenbegriffe noch nicht richtig gelernt. Können Sie dem folgenden Dialog entnehmen, welche Epochen in der Vorlesung behandelt wurden?

Helen: Die damaligen Bauten sahen ziemlich eindrucksvoll aus. Was haben die bloß mit so viel Wohnfläche gemacht?

Barbara: Die haben doch nicht darin gewohnt. Das war so etwas wie bei uns die Kirchen. Die Häuser für die einfachen Leute waren eher klein. Aber die Reichen hatten natürlich Paläste.

Helen: Und die waren so schön, dass die späteren Architekten die Säulen und Giebelformen und Fassadengestaltungen wieder aufgenommen haben. Wie dieser italienische Baumeister Palladio in seinen Villen.

Barbara: Was der Professor am Schluss gesagt hat, fand ich besonders interessant: dass man auch in unserer Zeit teilweise noch Formen der alten Baumeister übernimmt, aber als Zitat in neue Zusammenhänge einbezieht. Und dass dies besonders in den 1980er Jahren eine Art Mode in der Architektur gewesen ist.

____

____

Übung 1.137: Welche der folgenden berühmten Herrscherinnen regierte zu welcher Zeit? Ordnen Sie die Namen der richtigen Herrschaftsdauer zu.

A Elisabeth I. von England
B Christine von Schweden
C Hatschepsut
D Maria Theresia von Österreich
E Kleopatra VII.

1490 bis 1468 v. Chr.	51 bis 30 v. Chr.	1558 bis 1603	1644 bis 1654	1740 bis 1780
☐	☐	☐	☐	☐

Elisabeth I. von England

Übung 1.138: Die Länder dieser Erde unterscheiden sich durch ihre Landschaften, ihre Kultur und auch oft durch die Arbeitseinstellung ihrer Menschen. Welche der folgenden Aussagen sind für die japanische Arbeitsmentalität charakteristisch?

A Morgen ist auch noch ein Tag.
B Morgen stets besser sein als heute.
C Die Firma kommt vor der Familie.
D Immer höhere Standards setzen und halten.

Übung 1.139: Jedem ist es schon einmal passiert: Man sitzt am Frühstückstisch und plötzlich fällt einem das Butterbrot herunter. Natürlich landet es auf der Butterseite! Aber von welchem Faktor ist es abhängig, auf welcher Seite das Brot landet?

A Fallhöhe
B Gewichtsverteilung
C Luftwiderstand
D Breitengrad

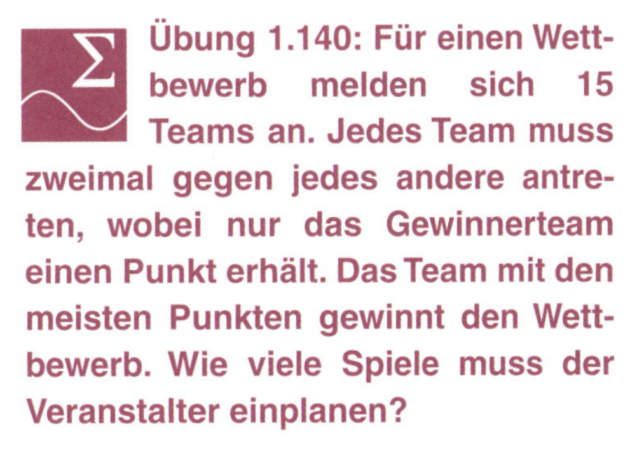

Übung 1.140: Für einen Wettbewerb melden sich 15 Teams an. Jedes Team muss zweimal gegen jedes andere antreten, wobei nur das Gewinnerteam einen Punkt erhält. Das Team mit den meisten Punkten gewinnt den Wettbewerb. Wie viele Spiele muss der Veranstalter einplanen?

A 105
B 210
C 225
D 450

Schwierigkeitsgrad 1

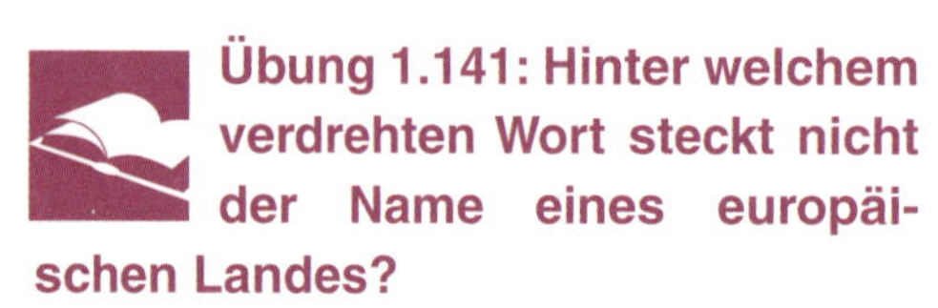

Übung 1.141: Hinter welchem verdrehten Wort steckt nicht der Name eines europäischen Landes?

A EALNSTD B IAEILTN
C LAEITUN D KAADNA
E IANLSD

Übung 1.142: Machen Sie einen Selbstversuch. Schauen Sie einige Sekunden auf den roten Punkt. Anschließend blicken Sie auf das graue Kästchen.

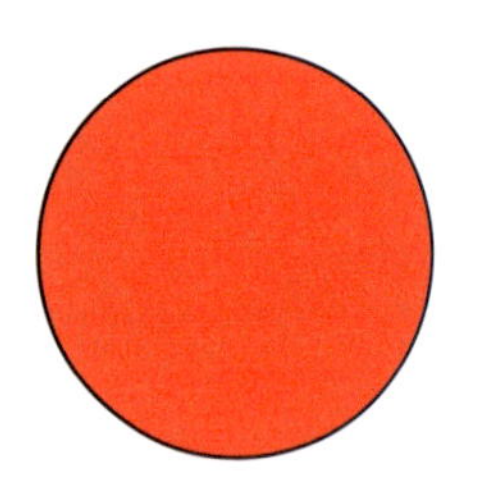

Welches optische Phänomen haben Sie gerade erfahren können?

Übung 1.143: „Im Norden ein schwaches Kanada, im Süden ein schwaches Mexiko, im Osten Fische, im Westen Fische“, sagt ein amerikanisches Sprichwort aus dem 19. Jh. Was bedeutete das für die Position der USA?

A Fischerei und Seefahrt waren zu dieser Zeit die wichtigsten Faktoren für den Aufbau der Wirtschaft.
B Diese Lage gab den Amerikanern eine besonders sichere Position gegenüber Angriffen von außen.
C Die Amerikaner fühlten sich zu wirtschaftlicher Hilfe für ihre Nachbarländer berufen.

Übung 1.144: Das Klima, der Boden und die Vegetation sind drei Elemente, die sich gegenseitig beeinflussen. Dieses Wirkungsgefüge ist hier vereinfacht durch Pfeile dargestellt. Ordnen Sie die folgenden Erläuterungen richtig in die Grafik ein.

A Die hohe Niederschlagsmenge in den Tropen führt in Verbindung mit chemischer Verwitterung zu einer tiefgründigen Verwitterung der Böden.
B Die starke Trockenheit in den sommerheißen Mittelmeergebieten führt z. B. zur Reduktion von Blattgrößen bei den dort wachsenden Pflanzen.
C Auf versiegelten Stadtböden ent-

Videokunst

Mit der Verbreitung des Fernsehens in den 1960er Jahren wurde die Videotechnik auch als künstlerisches Medium entdeckt. Zunächst entstanden Videoarbeiten, die sich, oft in Verbindung mit Performances, gesellschaftskritisch mit dem Aufkommen der Bilderflut auseinander setzten. In den 1970er Jahren wurde der Themenkreis ausgeweitet.
Formal bietet die Videokunst zahlreiche neue künstlerische Ausdrucksmöglichkeiten: Sie deckt vom Standbild bis zur audiovisuellen Erzählung die gesamte Bandbreite des Mediums Film ab. Darüber hinaus werden die Monitore in Videoskulpturen als bildhauerisches Material begriffen. Während die neue künstlerische Technik bis in die 1970er Jahre noch im Mittelpunkt des Werkes stand, ist das Video bzw. der Monitor in jüngerer Zeit ein Medium unter vielen.
Als Begründer der Videokunst gilt der 1932 in Seoul geborene Nam Jun Paik, der bereits 1963 erste Videoskulpturen ausstellte. Weitere wichtige Videokünstler sind Bill Viola (* 1951), Bruce Nauman (* 1941) und Pipilotti Rist (* 1962). Als offene und experimentelle Gattung wird die Videokunst oft mit anderen (technischen) Medien wie Computer/Internet oder Musik kombiniert bzw. in Environments und Installationen eingebunden.

wickeln sich Pflanzen, die trittresistent sind.

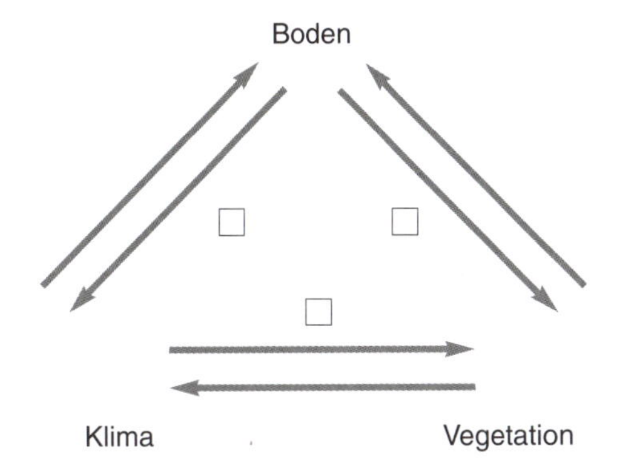

Übung 1.145: Was ist das besonders Gefährliche und Heimtückische an der Krankheit AIDS, die in den 1980er Jahren zum Schreckgespenst der Menschheit wurde und die Gesellschaft tief greifend veränderte?

A Sie befällt die Lunge.
B Sie führt zum langsamen Nerventod.
C Sie zerstört das Immunsystem.
D Sie befällt die Geschlechtsorgane.

Übung 1.146: Welche der folgenden Aussagen über die Gleichverteilung trifft zu?

A Alle Ereignisse treten mit der gleichen Wahrscheinlichkeit ein.
B Alle Ereignisse sind gleichmäßig über einen bestimmten Bereich verteilt.
C Jedes Ereignis ist gleichwertig.
D Alle Ereignisse treten gleichzeitig ein.
E Alle Ereignisse verlaufen gleich.
F Ein Ereignis verläuft immer gleich.

Schwierigkeitsgrad 1

Übung 1.147: Bestimmen Sie, welcher Begriff in der Aufzählung folgen muss.

Essig, Pfeffer, Butter, Salz, Brot

A Mehl
B Milch
C Zucker
D Öl
E Wein

Übung 1.148: Machen Sie einen Selbstversuch zur Wirkung der Farben. Welcher der abgebildeten Kreise wirkt größer? Inwiefern könnte dieses Phänomen für die Kunst von Bedeutung sein?

____

____

____

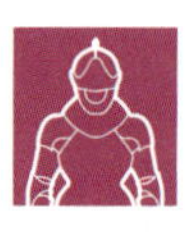

Übung 1.149: Das vom Wiener Kongress (1814/15) geschaffene Vereinigte Königreich der Niederlande sollte den holländischen Norden und Süden vereinen, die jedoch durch unterschiedliche Sprache, Religion und Handhabung ihrer Wirtschaft getrennt blieben. Schon bald nach Beginn der Französischen Revolution erklärten die südlichen Niederlande nach einem Aufruhr ihre Unabhängigkeit. Wie hieß der neue Staat?

A Flandern
B Luxemburg
C Belgien
D Liechtenstein

Übung 1.150: Die moderne Welt wird von Handels- und Finanzzentren geprägt und regiert. Rund um den Globus werden Tag und Nacht Aktien, Gold und Edelsteine verkauft. Welche der folgenden Länder gehören zu den zehn reichsten Staaten der Erde, gemessen am Bruttosozialprodukt pro Einwohner?

A Norwegen
B USA
C Großbritannien
D Frankreich
E Italien
F Niederlande
G Luxemburg
H Spanien

Schwierigkeitsgrad 1 Lösungen

Lösung 1.1

D. Bei der Glühbirne wird der sog. Glühfaden deshalb zum Leuchten gebracht, weil er aufgrund seiner gewundenen Form einen geringen Querschnitt hat, der den elektrischen Widerstand erhöht. Dadurch erwärmt er sich beim Anlegen einer elektrischen Spannung stark (bis zu 2500° C). Je höher die erreichte Temperatur des Glühfadens ist, umso größer ist auch die Lichtausbeute. Deshalb werden heute Glühfäden meist aus feinem Wolframdraht gefertigt, dessen Schmelzpunkt über 3400° C liegt. Der Glaskolben ist heutzutage meist mit Stickstoff gefüllt, früher war er oft evakuiert (gasfrei). Der Stickstoff steigert die Leuchtkraft der Glühbirne noch.

Lösung 1.2

B. Der minimale Zuwachs ergibt sich dann, wenn die Schwankung gerade –70 % ausmacht. Dann bleiben nur 30 % des durchschnittlichen Zuwachses, also statt 4,5 % nur 4,5 % · 0,30 = 1,35 %. Bei einer Investition von 1000 € ergibt sich also ein Zuwachs von 13,50 €.

Lösung 1.3

C, A, B, D.

Lösung 1.4

Malerei	Grafik	Skulptur
Gouache	Lithografie	Installation
Fresko	Kupferstich	Terrakotta
Aquarell	Radierung	Bronzeguss

Gouache: Malerei mit deckenden Wasserfarben; Fresko: Wandmalerei, bei der die Farben auf den noch frischen Putz aufgetragen werden; Aquarell: Malerei, bei der Schicht für Schicht (Lasieren) Wasserfarben auf ein saugfähiges Papier aufgetragen werden.

Lithografie: Verfahren und Produkt des Flachdrucks, bei dem ein mit besonderen Chemikalien behandelter Stein als Druckstock dient; Kupferstich: Verfahren und Produkt des Tiefdrucks, bei dem die in eine Kupfer- oder Messingplatte hineingeritzten Linien gedruckt werden; Radierung: weiterführende Technik des Kupferstichs.

Installation: Ausgestaltung eines Raumes mit unterschiedlichen Objekten oder Materialien; Terrakotta: gebrannter, unlasierter Ton; Bronzeguss: Verfahren zur Herstellung von Bronzeplastiken.

Lösung 1.5

John Locke teilt die Staatsgewalt in eine gesetzgebende (Legislative) und eine vollziehende (Exekutive) Staatsgewalt. Montesquieu ergänzt dieses System um die unabhängige richterliche Gewalt (Jurisdiktion). Alle drei Gewalten sollen sich gegenseitig einschränken und kontrollieren. Die ersten Verfassungen auf der Basis dieser Gewaltenteilung sind die amerikanische von 1787 und die französische von 1791.

Lösung 1.6

D. Das El-Niño-Phänomen entsteht durch die Verlagerung eines normalerweise über dem Ostpazifik liegenden Hochdruckgebietes. Dieses wandert nach Westen, dadurch drehen sich die Passatwinde und wehen nun von Westen nach Osten. Die Folge: Die Temperaturverhältnisse des Perustroms vor der Westküste Südamerikas verändern sich. Der Strom erwärmt sich um ca. 3–4° C und ausgehend von dieser Erwärmung gerät das globale Klima in Unordnung.

Lösung 1.7

B. Die Erde dreht sich pro Tag einmal um die eigene Achse. Da diese Achse durch die beiden Pole verläuft, nimmt die Zentrifugalkraft auf einen Körper bei einer Reise vom Nordpol bis zum Äquator stetig zu. Daher wiegt Karl am Äquator ca. 0,343 % weniger als am Nordpol. Selbst die Erde ist dieser Zentrifugalkraft unterworfen und ist deshalb keine perfekte Kugel, sondern an den Polen deutlich abgeplattet.

Lösung 1.8

Der logische Ausdruck „A UND B“ bedeutet „A und zugleich B“, d. h. A und B müssen beide erfüllt sein. „A ODER B“ lässt die folgenden drei Möglichkeiten zu: „nur A (und nicht B)“, „nur B (und nicht A)“ sowie „A und B (also beide)“. Das Spielzeuggeschäft muss demnach Lego-Steine und Bauklötze im Angebot haben, denn dann finden sowohl die Kinder etwas, die Autos und Puppen oder aber Lego-Steine wünschen, als auch jene, die nur mit Malbüchern und Stiften oder aber Bauklötzen und Lego-Steinen zufrieden sind.

Lösung 1.9

In allen Fällen entspricht das Bewegungsverb nicht der Geschwindigkeit oder Art der Tätigkeit, wie sie durch adverbiale Bestimmungen wie gemessenen Schrittes, vorsichtig etc. ausgedrückt wird. Außerdem bleiben manchen Lebewesen gewisse Arten der Fortbewegung gänzlich versagt: Enten watscheln allenfalls und Krokodile werden das Wasser eher kriechend als hüpfend verlassen.

Lösung 1.10
Das Gemälde zählt zu den Hauptwerken des italienischen Manierismus. Charakteristisch sind für diese Stilepoche v. a. die Überlängung der dargestellten Figuren und die damit einhergehende stilisierte, geschwungene Körperhaltung. Hinzu kommt die dynamische Wirkung der Gesamtkomposition, hervorgerufen insbesondere durch die Bewegung der Körper sowie den effektvollen Einsatz von Hell-Dunkel-Kontrasten und einem kräftigen Kolorit.

Lösung 1.11
A3, B5, C2, D4, E1.

Lösung 1.12
Industrieland mit abnehmender Bevölkerungszahl: urnenförmig/pilzförmig
Vorindustrielle Phase (Entwicklungsland): pyramidenförmig
Industrieland mit stagnierender Bevölkerung: glockenförmig

Lösung 1.13

Sowohl die beiden Dinosaurier als auch das Hausschwein haben auf diesem Bild nichts zu suchen. Die Dinosaurier waren zum Zeitpunkt des Auftretens der ersten Menschen bereits ausgestorben und das Hausschwein entstand erst durch die Domestizierung und Vermischung verschiedener Schweinerassen durch den Menschen.

Lösung 1.14
Am ersten Tag erzählt Anja ihre Idee drei Bekannten. Die Idee hat am ersten Tag also 1 + 3 = 4 Freunde. Die drei Bekannten erzählen wiederum je drei anderen Menschen die Idee. Damit sind es am zweiten Tag bereits 1 + 3 + 9 = 13 Menschen, die von der Idee wissen. Am dritten bis siebten Tag kommen noch 27, 81, 243, 729 bzw. 2187 neue Personen dazu. Insgesamt wissen dann am siebten Tag 3280 Menschen von Anjas Idee.

Lösung 1.15
A, D, C und B. Die Europäische Gemeinschaft wurde übrigens 1957 gegründet. Die Europäische Union entstand aus der Europäischen Gemeinschaft mit dem In-Kraft-Treten des Maastrichter Vertrags am 1. November 1993. Ab dem 1. Mai 2004 sind die Tschechische Republik, Estland, Zypern, Lettland, Litauen, Ungarn, Malta, Polen, Slowenien und die Slowakei mit ihrem Beitritt vollwertige Mitglieder der EU und es gilt auch in diesen Staaten grundsätzlich das europäische Recht. Für verschiedene Lebensbereiche wurden allerdings Übergangsfristen zu den EU-Vorschriften vereinbart. Damit wird die EU auf 25 Mitgliedsstaaten anwachsen.

Lösung 1.16
C. Die Reformatoren legten großen Wert darauf, dass die Gläubigen lesen konnten. Jeder sollte die Bibel in der Landessprache lesen können. In den katholischen Ländern hielt man die Lesefähigkeit in diesem Zusammenhang nicht für so wichtig, da der Glaube über das Amt des Geistlichen vermittelt wurde.

Lösung 1.17
Bei der linearen Gestaltungsweise sind die Konturen der einzelnen Bildelemente klar nachzuvollziehen, während bei der malerischen Gestaltungsweise die Körper durch Licht- und Schatten, Überschneidungen und Farbmodulationen plastisch dargestellt werden. Die lineare Gestaltungsweise wirkt flächiger, die malerische dreidimensionaler.

Lösung 1.18
Südamerika: Pampa
Nordamerika: Prärie
Südosteuropa/Südsibirien: Steppe

Lösung 1.19
C. Durch das Hinzufügen eines Protons zum Lithiumatomkern entsteht ein einfach positiv geladenes Berylliumion $^{7}_{4}Be^{+}$, das allerdings extrem instabil ist. Da die Kernladungszahl die Art des Elements bestimmt, ändert das Hinzufügen oder das Entfer-

nen eines Elektrons zur Elektronenhülle nur die Ladung des Atoms, es bildet sich also ein Lithiumion. Ergänzt man den Kern um ein Neutron, so erhält man das stabile Lithiumisotop $^{8}_{3}\mathrm{Li}$.

Lösung 1.20

Die Aussage ist tatsächlich wahr. Denn der Schnee ist weiß, egal ob der Mond nun aus grünem Käse besteht oder nicht. Verallgemeinert kann man sagen, dass auf etwas Wahres immer geschlossen werden kann. Wenn (Aussage A) dann (Aussage B). Falls Aussage B sowieso wahr ist, ist es unerheblich, ob Aussage A wahr ist oder nicht. Anders verhält es sich, wenn es heißt: Nur wenn (Aussage A) dann (Aussage B). Die Aussage: „Nur wenn der Mond aus grünem Käse besteht, dann ist der Schnee weiß" ist dann falsch, wenn der Mond nicht aus grünem Käse besteht. Aber die Beschaffenheit des Mondes soll hier nicht Thema sein.

Lösung 1.21

A, F, B, C, E, D. Der Text entspricht in seiner Struktur einer typischen Zeitungsmeldung: wer (das Bundeskabinett), was (hat ... das Aktionsprogramm beschlossen), wann (am 3.12.2003), wo (in Berlin), wie (mit diesem Masterplan), warum (will die Entwicklung in der Informations- und Kommunikationstechnologie stärken). Auch eine längere Nachricht enthält in der Regel im ersten Absatz alle wesentlichen Informationen, um dem Leser in diesem sog. Vorspann Antworten auf möglichst viele der klassischen W-Fragen zu geben.

Lösung 1.22

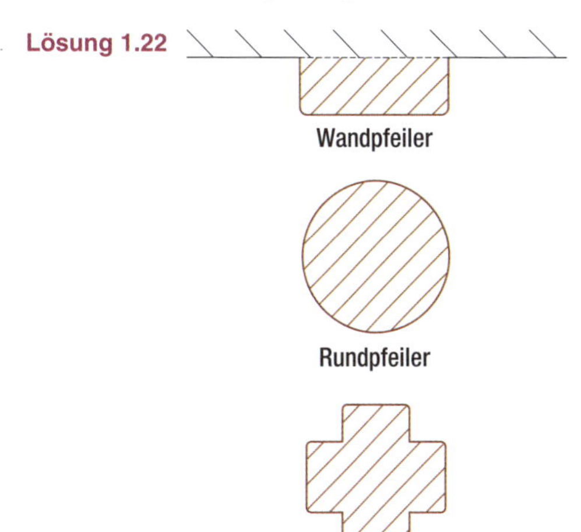

Lösung 1.23

2650 v. Chr.	300 v. Chr.	1300	1656	1718	1799	1935
G	E	F	D	B	A	C

Lösung 1.24

A4, B1, C2, D5, E3.

Lösung 1.25

C. Um klare Eiswürfel zu erhalten, kocht der Barkeeper das Wasser vor dem Einfrieren kurz auf. Dadurch wird das Wasser entgast, d. h. der größte Teil der normalerweise im Wasser gelösten Luft entweicht. Wird es nun eingefroren, entsteht klares Eis, da es jetzt nicht mehr zur Bildung von Luftblasen kommt, die den Eiswürfel sonst trüb und unschön erscheinen lassen. Der Härtegrad des Wassers und die Geschwindigkeit, mit der man das Wasser einfriert, wirken sich kaum auf die spätere Trübung des Eises aus. Die Zugabe von Alkohol führt nur dazu, dass das Wasser erst ein wenig unterhalb von 0° C zu Eis gefriert.

Lösung 1.26

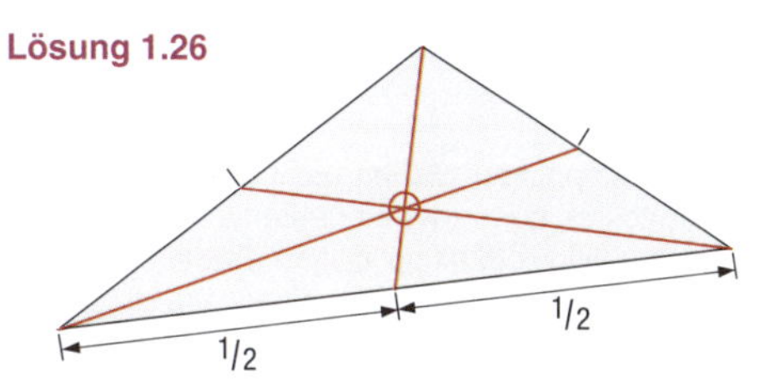

Jede Fläche hat einen Schwerpunkt, auf dem man sie balancieren kann. Beim Dreieck ist es der Schnittpunkt der drei Seitenhalbierenden. Jede Seitenhalbierende teilt eine Dreieckseite in zwei gleiche Hälften und verläuft durch den gegenüberliegenden Eckpunkt.

Lösung 1.27

A, B, C, D. Der Buchstabe D in der Abkürzung LCD (Abk. für engl. Liquid Crystal Display) steht bereits für Display (vgl. ABM als Abk. für Arbeitsbeschaffungsmaßnahme), etwas Renoviertes ist immer neu und Mimik ist keinesfalls bedeutungsärmer als Gesichtsmimik. Bei manchen tautologischen Formen kann es sich aber auch um eine sprachlich akzeptierte Ausdrucksverstärkung handeln (z. B. voll und ganz, einzig und allein). Neben der Tautologie ist manchmal auch vom Pleonasmus die

Schwierigkeitsgrad 1 Lösungen

1

Rede. Die Begriffe werden heute weitgehend synonym gebraucht. Das Gegenteil der Tautologie ist das sog. Oxymoron: Aussagen widersprechen sich selbst (z. B. „Ein Schimmel ist schwarz“) oder einander widersprechende Wörter werden miteinander kombiniert (z. B. „alter Knabe“).

Lösung 1.28

A: Ludwig der Fromme bzw. Louis le Pieux (778–840), seit 781 König von Aquitanien und seit 814 Kaiser des Heiligen Römischen Reiches. Er bemühte sich, durch eine Erbfolgeregelung die Einheit von Reich und Christentum zu sichern.
B: Friedrich I. Barbarossa („Rotbart“, 1122–90) stammte aus dem Geschlecht der Staufer. Er war seit 1152 König und seit 1155 Kaiser des Heiligen Römischen Reiches. Ein äußerlich auffälliges Kennzeichen war sein rotblonder Bart.
C: Johann I. Ohneland bzw. John Lackland (1167–1216) war seit 1199 König von England. Sein Vater Heinrich II. gab ihm den Beinamen nach einem gescheiterten Eroberungsversuch in Irland.
D: Richard I. Löwenherz bzw. Richard the Lionheart (1157–99) war seit 1189 König von England und zeichnete sich durch seine abenteuerlichen Rittertaten aus.

Lösung 1.29

Die Expressionisten wollten nicht die äußere Realität darstellen, sondern versuchten in ihrer Malerei die erlebte Wirklichkeit zu zeigen. Dabei bedienten sie sich kräftiger Farben, einer großflächigen Farbigkeit und stark vereinfachter Formen, die oft miteinander in Kontrast stehen. Durch eine ausdrucksvolle Pinselführung wird der Effekt der Farb- und Formkontraste oft noch verstärkt.

Lösung 1.30

B. Ein Hängetal entsteht meist durch einen Gletscher, der im Haupttal bergab fließt. Dadurch schneidet er die Nebentäler an ihren Enden ab und es bleibt ein „hängendes“ Tal übrig. Die fließenden Gewässer solcher Täler stürzen als Wasserfälle oder Katarakte in das Haupttal.

Lösung 1.31

Max ist sich so sicher, dass hier ein Fehler vorliegen muss, weil er weiß, dass z. B. Eisberge auf dem Wasser schwimmen, Eis also eine geringere Dichte als Wasser besitzen muss. Da Wasser eine Dichte von ca. 1 t/m^3 aufweist, muss der angegebene Wert von 1,92 t/m^3 für Eis falsch sein. In der Tat hat Eis eine Dichte von nur ca. 0,92 t/m^3.

Lösung 1.32

B. Die Angabe m/s wird am einfachsten in km/h umgerechnet, wenn man m durch $\frac{1}{1000}$ km und s durch $\frac{1}{60 \cdot 60}$ h ersetzt.
1 m/s ist dann $\frac{60 \cdot 60 \text{ km}}{1000 \text{ h}}$. 100 m/s sind dementsprechend 360 km/h.

Lösung 1.33

B, C und E. Bei der genannten Gruppe handelt es sich um einen Ausschnitt des Wortfeldes „Gewürze“. Als Gewürze gelten pflanzliche Lebensmittel die, meist getrocknet und gemahlen, zur Geschmacksverbesserung in kleinen Mengen zu Speisen gegeben werden. Je nach Gewürzart werden verschiedene Pflanzenteile verwendet: Wurzeln, Rinden, Blätter, Blüten, Früchte, Samen oder Teile davon, die nicht mehr als technologisch notwendig bearbeitet wurden. Salz und Zucker gehören demnach nicht dazu.

Lösung 1.34

Die Haltung des Aktes mit Standbein und Spielbein (Kontrapost), die detaillierte Ausarbeitung des muskulösen Körpers, die lockige Haartracht, das Gesicht mit den geschwungenen Lippen und der geraden Nase – die Skulptur adaptiert alle Merkmale der klassisch-antiken Skulptur, lässt die Oberfläche aber gleichzeitig lebendiger, bewegter wirken. Und eine weitere Neuerung führt Michelangelo ein: Die Hände des David sind im Verhältnis zum Körper sehr groß – eine Betonung seiner Tatkraft und seines Heldentums.

Lösung 1.35

A, B und C. 1800 hatten die Spanier Teile Louisianas an Frankreich abgegeben. Die Amerikaner fürchteten nun, die Franzosen könnten dort ein neues französisches Kaiserreich aufbauen und dazu über New Orleans die Mündung des Mississippi kontrollieren wollen. Der Weg über den Mississippi war ein wichtiger Handelsweg für die Vereinigten Staaten. Der Landkauf sicherte so die Freiheit der Schifffahrt und vergrößerte das Gebiet der Vereinigten Staaten um mehr als das Doppelte.

Schwierigkeitsgrad 1 Lösungen

Lösung 1.36

Lösung 1.37

C. Pinguine lieben zwar die Kälte, sind aber nur in der Antarktis und den angrenzenden Gebieten der südlichen Hemisphäre beheimatet. Sie gehören zur Familie der Vögel, sind jedoch flugunfähig und hervorragende Schwimmer. Falls Sie auf den Moschusochsen getippt haben – dieser langhaarige Wiederkäuer, ein Verwandter der Ziege, bewohnt neben Grönland und Nordkanada auch die arktischen Inseln.

Lösung 1.38

B. Für 17 Fahrten müssen 2 · 17 = 34 Einzelfahrkarten (Hin- und Rückfahrt) gekauft werden. 34 Einzelfahrkarten kosten 34 · 1 € = 34 €. Das ist preiswerter als die Monatskarte zu 35 €. Bei 18 Fahrten würden die 36 Einzelfahrkarten 36 € kosten, also mehr als die Monatskarte.

Lösung 1.39

A und C. Der Anteil älterer Menschen über 65 Jahre ist in Japan knapp größer als der Anteil von Jugendlichen bis 14 Jahre.

Lösung 1.40

Die richtige Reihenfolge lautet A, C, B, D. 482–751 n. Chr. beherrschten die Merowinger das Frankenreich, bis 751 mit Pippin die Karolinger an die Macht kamen (751–814). 1024–1125 herrschten die salischen Kaiser und 1125 bis 1254 die Hohenstaufen.

Lösung 1.41

Für diese Aufgabe gibt es viele Lösungen. Der US-amerikanische Künstler Man Ray (1890–1976) versah im Jahr 1921 ein Bügeleisen mit 14 Nägeln auf der Bügelfläche und machte es damit zu einem surrealistischen Objekt.

Lösung 1.42

B und C. Die Monatsmittel der Temperatur schwanken in den inneren Tropen im Jahresverlauf nur sehr wenig, die maximale Schwankung liegt bei +/– 5° C. Im Monatsmittel werden 18° C nicht unterschritten. Die Sonne steht das ganze Jahr über senkrecht oder fast senkrecht. Durch Luftmassenkonvektion kommt es ganzjährig zu starker Bewölkung und ergiebigen Regenfällen. Auch dieser Faktor trägt zu den geringen Temperaturschwankungen im Jahresverlauf bei.

Lösung 1.43

B. Die Einteilung in die Blutgruppen A, B, AB und 0 beruht auf den individuellen Oberflächeneigenschaften der roten Blutkörperchen. Das Wissen um die Existenz dieser Eigenschaften und die Möglichkeit ihrer Unterscheidung ermöglichen es, erfolgreich Bluttransfusionen durchzuführen, ohne dass es zu Abstoßungsreaktionen kommt.

Lösung 1.44

D. 0,6 l 12-prozentiger Rotwein enthalten 0,6 l · 0,12 = 0,072 l reinen Alkohol. Bei 6 l Blut ergäbe das eine Alkoholkonzentration von

$$\frac{0{,}072\ \text{l}}{6\ \text{l}} = 0{,}012 = 12‰.$$

Lösung 1.45

B und D. Erst knapp die Hälfte der Deutschen nutzt das Internet regelmäßig. Bis 2007 wird ein noch-

Schwierigkeitsgrad 1 Lösungen

1

maliger Anstieg auf 48 Mio. Nutzer erwartet, deutlich mehr als die Hälfte der Deutschen. Heute geht ein Großteil der Deutschen (50 %) zu Hause online, 34 % sowohl zu Hause als auch am Arbeitsplatz und nur 16 % ausschließlich im Beruf. Jeder zweite Bundesbürger ohne Job nutzt das Internet, 17 % mehr als im Vorjahr. Das Internet ist zwar – noch – eine Männerdomäne, doch dies ist nicht Thema des vorliegenden Textes.

Lösung 1.46
C. Beim Eintritt in das Gotteshaus sollten die Figuren in den Tympanonfeldern und an den Seiten der Portale den Gläubigen einstimmen. Die meisten Kirchen besaßen mehrere Eingangsportale, sodass Bilder zu verschiedenen Themengebieten zu sehen waren („Programme"). Oft wurden Kirchenportale auch für nichtreligiöse Zwecke genutzt. So wurde z. B. unter Portalen mit dem Programm von Jesus als Weltenrichter Gericht gehalten.

Lösung 1.47
Textquellen: Urkunde, Brief, Chronik
Bildquellen: Münze, Plakat
Gegenständliche Quellen: Alltagsgegenstände, Bodenfund
Mündliche-/Tonquellen: Radiosendung

Lösung 1.48

Ostfriesische Inseln	**Westfriesische Inseln**
Borkum	Vlieland
Juist	Schiermonnikoog
Langeoog	Terschelling
Spiekeroog	

Lösung 1.49
C. Bereits 1676 konnte Ole Rømer (1644–1710) durch astronomische Beobachtungen die Lichtgeschwindigkeit ungefähr bestimmen. Heute ist der Wert mit 299.792.456,2 ± 1,1 m/s im Vakuum exakt bekannt. So lassen sich z. B. große Entfernungen anhand der Zeit bestimmen, die Lichtimpulse oder Radiowellen für den Weg zu einem Ziel und zurück benötigen. Ein Lichtjahr ist also keine Zeitangabe, sondern die Entfernung, die das Licht innerhalb eines Jahres zurücklegt.

Lösung 1.50
C. Anstelle der Dezimalsystem-Kombination 10^0, 10^1, 10^2 etc. wird eine Zahl im Dualsystem durch Kombinationen aus 2^0, 2^1, 2^2 etc. dargestellt. Die Zahl 1110 ins Dezimalsystem umgerechnet ergibt dann: $1 \cdot 2^3 + 1 \cdot 2^2 + 1 \cdot 2^1 + 0 \cdot 2^0 = 8 + 4 + 2 = 14$.

Lösung 1.51
Das Europäische Parlament wird von allen wahlberechtigten Bürgern der EU gewählt. Im Jahr 2004 nehmen an der Wahl des Europäischen Parlaments der 6. Wahlperiode von 2004 bis 2009 neben den 15 „alten" Mitgliedsländern der EU erstmals die am 1. Mai 2004 der EU beigetretenen 10 „neuen" Mitgliedsländer teil.

Lösung 1.52
A, B und C. Als Repoussoir dient die Figur kompositorisch zur Überleitung vom Vorder- in den Hintergrund und zur Steigerung der Tiefenwirkung. Der Betrachter soll mit den Augen der Figur auf die sich vor ihm ausbreitende Landschaft schauen, sich mit der Figur identifizieren. Dazu ist es hilfreich, dass die Gesichtszüge nicht zu erkennen sind. Insgesamt kann man die Rückenfigur bei Caspar David Friedrich auch als Anleitung zum Sehen und Verstehen seiner Bilder begreifen. Außerdem thematisieren seine Bilder in dem Kontrast zwischen kleiner Figur und sich weit ausbreitender Landschaft die Einsamkeit und Unzulänglichkeit des Menschen angesichts der Erhabenheit der Schöpfung.

Lösung 1.53
Römisches Erbe: Recht, Kaisertum
Germanisches Erbe: Grundherrschaft, Gefolgschaft
Katholisches/christliches Erbe: Glaubensgemeinschaft, Moral/Ethik

Lösung 1.54
A. Eine Springflut bzw. Springtide ist zweimal im Monat zu beobachten, bei Neu- und bei Vollmond. Dann stehen Sonne, Mond und Erde in einer Linie und die Anziehungskräfte von Sonne und Mond addieren sich. Ein besonders hoher Flutberg entsteht. Wenn die Sonne im rechten Winkel zum Mond steht, also eine Woche nach Voll- oder Neumond, wirken die Kräfte gegeneinander, sodass die Gezeiten weder besonders hoch oder besonders niedrig sind. Dies ist die sog. Nipptide.

Lösung 1.55
D. Das Sternbild des „Teleskops" ist nur am Nachthimmel der südlichen Hemisphäre zu beobachten. Benannt wurde es von dem Astronomen Abbé de la Caille (1713–62) zur Erinnerung an die Entwicklung des Fernrohrs, das für die Astronomie eine umwälzende Bedeutung hatte.

Lösung 1.56
B. Fünf von 200 kontrollierten Uhren werden beanstandet. Das sind $\frac{5}{200} = 0{,}025 = 2{,}5\,\%$.

Lösung 1.57

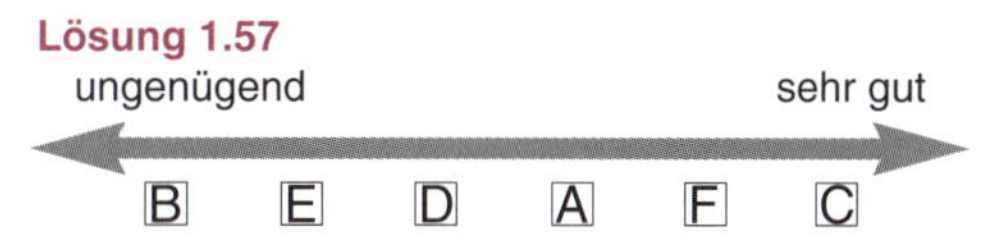

Die Reihenfolge reicht von sehr gut (C: Der Mitarbeiter hat stets, also über den gesamten Zeitraum, gute Leistungen erbracht) über gut (F: Die volle Zufriedenheit bezieht sich auf einen überdurchschnittlich guten Mitarbeiter), befriedigend (A: Man war nicht stets, also nicht während der ganzen Zeit voll zufrieden), ausreichend (D: Weil die Zufriedenheit nicht genau beschrieben wird, handelt es sich um eine unterdurchschnittliche Leistung) und mangelhaft (E: Eine Erwähnung der Zufriedenheit fehlt gänzlich) bis ungenügend (B: Der Mitarbeiter hat sich zwar bemüht, aber dennoch versagt).

Lösung 1.58
Bei der zweiflügeligen Anlage bildet das Nebengebäude mit dem Hauptgebäude zwei Schenkel eines rechtwinkligen Dreiecks, bei der dreiflügeligen Anlage drei Seiten eines Rechtecks, bei der vierflügeligen Anlage umschließen die Gebäudekomplexe einen Innenhof als Karree.

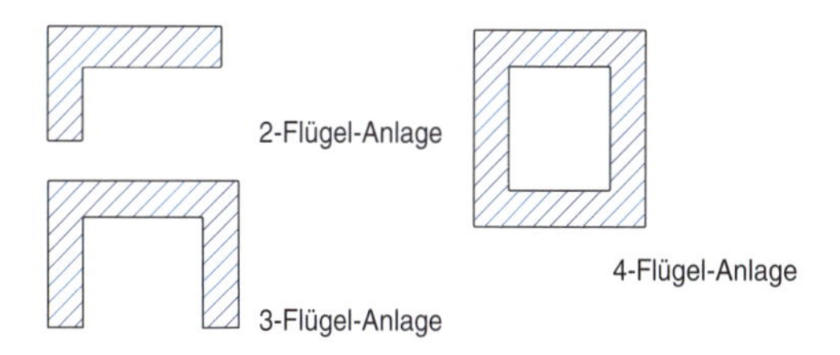

Lösung 1.59
A. Alle Luft- und Wassermassen werden durch die Corioliskraft abgelenkt. Auf der Nordhalbkugel erhalten sie eine Rechtsablenkung, auf der Südhalbkugel eine Linksablenkung. In den inneren Tropen, nahe dem Äquator, wird der Einfluss der Corioliskraft unbedeutend.

Lösung 1.60
A, B und D. Grund und Boden waren die Voraussetzungen für Macht und Reichtum. Über die Landleihe, die Vergabe von Grundbesitz als Lehen, konnten die Grundbesitzer ihren Einfluss geltend machen. Durch den Rechtsakt der Lehnshuldigung verpflichtete sich der Lehnsmann dazu, seinem Lehnsherrn nach dem Vorbild der germanischen Gefolgschaft Treue und Heeresfolge zu leisten, d. h. ihm in treuem Dienst ergeben zu sein und ihn im Kriegsdienst zu unterstützen. Der Lehnsherr nahm den Lehnsmann dafür unter seinen persönlichen Schutz. Der Lehnsmann war in seinem Dienst Vasall des Lehnsherrn, konnte aber seinerseits durch Landleihe an Untervasallen weitere Lehnsleute in Dienst nehmen. Die Marktwirtschaft war kein Prinzip des Lehnsstaats, sondern trug erst im späten Mittelalter durch den zunehmenden Handel zur Entstehung und Blüte der Städte bei.

Lösung 1.61

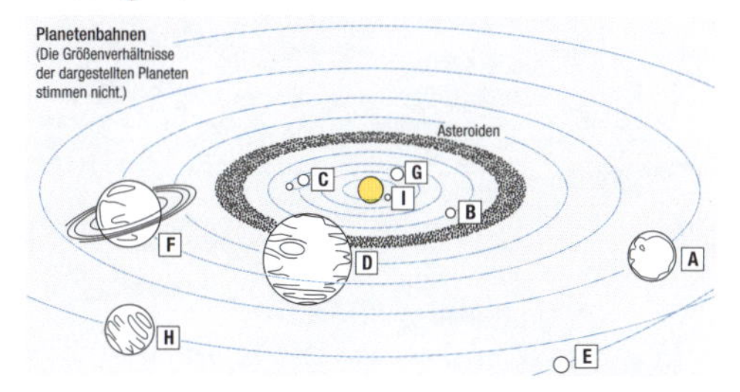

Lösung 1.62
D. Das Volumen des Planschbeckens bis zu zwei Dritteln Höhe beträgt

$$V = \pi \cdot \left(\frac{d}{2}\right)^2 \cdot h = \pi \cdot (0{,}75\,\text{m})^2 \cdot 0{,}2\ \text{m} = 0{,}350\ \text{m}^3.$$

Da ein Kubikmeter 1000 l Wasser entspricht, müssen 350 l eingefüllt werden.

Lösung 1.63
B und C. Bei einem Relief kann sowohl durch Bildelemente, die aus dem Reliefgrund hervortreten (Hochrelief), als auch durch in die Fläche hineingearbeitete Bildelemente (versenktes Relief) räumliche Tiefe erzeugt werden. In der Regel ist eine Kombination der verschiedenen Möglichkeiten gegeben. Bleibt das Dargestellte auf der Höhe des Reliefgrundes, spricht man von einem Flachrelief.

Schwierigkeitsgrad 1 Lösungen

1

Hier können die Bildelemente allein durch ihre kompositorischen Eigenschaften (z. B. Zentralperspektive) räumliche Tiefe erzeugen.

Lösung 1.64

A zum Hauptbahnhof Süd, mit der U 1 Richtung Norderstedt Mitte bis Ohlsdorf, dort umsteigen in den Airport-Express (oder: vom Hauptbahnhof Nord mit der U 2 Richtung Niendorf Nord bis Jungfernstieg, dort umsteigen in die U 1 Richtung Norderstedt Mitte und in Ohlsdorf umsteigen in den Airport-Express)

B mit der S 31 Richtung Hauptbahnhof bis Sternschanze, dort umsteigen in die U 3 Richtung Barmbek, am Schlump umsteigen in die U 2 Richtung Niendorf Nord

Lösung 1.65

Lösung 1.66

C.

Lösung 1.67

B. Cola besteht zwar zu 99 % aus Kohlensäure, Zucker, Phosphorsäure und Wasser, aber dass Cola rohes Fleisch auflöst, ist ein „populärer Irrtum". Ein Test zeigt zwar, dass sich das Fleisch verfärbt und etwas mürbe wird, aber es löst sich nicht auf. Übrigens enthalten 100 g Emmentaler mehr als das 100fache an Phosphor als 100 ml Cola.

Lösung 1.68

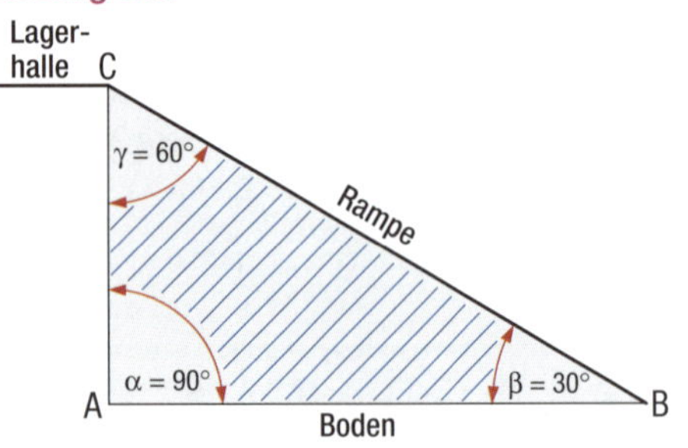

In jedem Dreieck beträgt die Summe aller Winkel 180°. Zwei Winkel sind bekannt, also kann der dritte berechnet werden, indem die beiden bekannten Winkel von 180° subtrahiert werden. Bei Punkt A ist der Winkel 90° groß, also ein rechter Winkel. Der zweite bekannte Winkel ist $\beta = 30°$. Für den dritten Winkel bleiben dann noch: $\angle BCA = 180° - 90° - 30° = 60°$.

Lösung 1.69

A gegründet
B Mitglied des Landtages
C amtlich
D Elektrokardiogramm
E oder Ähnliches
F Deutscher Gewerkschaftsbund
G jemand
H Mitglied des Bundestages
I meines Erachtens
J Bund für Umwelt und Naturschutz Deutschland
K et cetera
L Arbeitsgemeinschaft der öffentlich-rechtlichen Rundfunkanstalten der Bundesrepublik Deutschland

Für allgemein verwendete Abkürzungen – mit oder ohne Punkt – sind die Schreibweisen im Rechtschreib-Duden festgelegt.

Lösung 1.70

A, B und C.

Lösung 1.71

C. In dem Bild *Die Malkunst* (um 1666; Wien, Kunsthistorisches Museum) hat Vermeer die Allegorie der Malerei in eine alltägliche Szenerie integriert. Die Malerei wird durch das Modell symbolisiert, das als Zeichen des Triumphes eine Trompete in der Hand hält und mit einem Lorbeerkranz bekrönt ist. Die Malerei selbst wird zusätzlich dadurch als Handlung dargestellt, dass der Betrachter dem Maler bei seiner Arbeit über die Schulter schauen kann.

Lösung 1.72

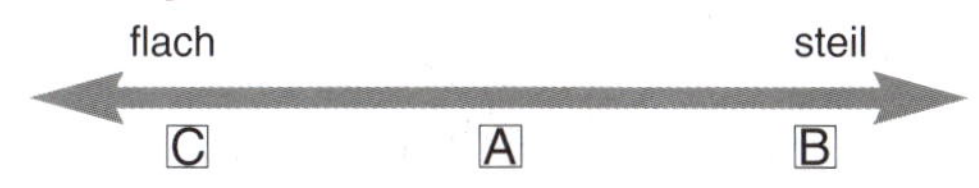

Lösung 1.73

B. Auch wenn die Panzerechsen, zu denen die Krokodile gehören, erst vor rund 200 Mio. Jahren auftauchten, sind sie doch Reptilien. Ursprünglich lebten sie an Land, doch schon bald entwickelten sich wasserlebende und amphibische Formen. Die heute lebenden Arten der Ordnung *Crocodylia* kommen weltweit in Gewässernähe in tropischen und subtropischen Gebieten vor.

Lösung 1.74

B. Die kürzeste mögliche Entfernung zum gegenüberliegenden Ufer wäre am längsten in einem kreisrunden See. Dort ist das gegenüberliegende Ufer von allen Stellen aus gleich weit entfernt. Bei allen anderen See-Formen sind Überquerungen mit größeren und folglich auch mit kleineren Distanzen möglich. Bei einem kreisrunden See ist der Zusammenhang zwischen Fläche A und Radius r $A = \pi \cdot r^2$. Aufgelöst nach dem Radius ergibt sich:

$$r = \sqrt{\frac{A}{\pi}} = \sqrt{\frac{100.000\,m^2}{3,14}} = 356,92\ m.$$

Lösung 1.75

Modewörter: fetzig, cool

Wissenschaftliche und Fachbegriffe: AHA-Komplex, Hi-Fi

Begriffe der Umgangssprache: unverschämt preiswert

Kunstwörter: zappig, clevererer, schickererer, aprilfrisch, sich einen noggern, ultraleicht. Kunstwörter unterscheiden sich von anderen in der Werbung verwendeten Produktnamen – Begriffen aus der Geografie wie z. B. Ascona, Capri; Zusammensetzungen aus Namen von Erfindern eines Produktes wie z. B. Hans Riegel Bonn (Haribo) oder Adi Dassler (Adidas); Wortkreuzungen oder erweiterten Formen wie z. B. Dolor-min, Yogur-ette – durch eine größere Sprachverfremdung.

Lösung 1.76

A: John Bull karikiert seit John Arbuthnots Satire *The History of John Bull* (1712) den biederen, etwas sturen Engländer. In Cartoons wird er meist als Farmer dargestellt und von einer Bulldogge begleitet.

B: Uncle Sam symbolisiert den Amerikaner, seitdem der Geschäftsmann Samuel Wilson, der den US-Truppen im Britisch-Amerikanischen Krieg von 1812 Fleisch lieferte, auf die Verpackungen „U.S." stempelte. Manche Soldaten machten daraus „Uncle Sam".

C: Die Marianne steht für Frankreich. Ihr Name bezeichnete zunächst eine linksextreme französische Geheimgesellschaft, seit der Französischen Revolution aber die Freiheit der Franzosen.

D: Der Michel vertritt in der Karikatur den etwas weltfremden Deutschen. Der Name ist abgeleitet vom Erzengel Michael, der als Patron Deutschlands gilt.

Lösung 1.77

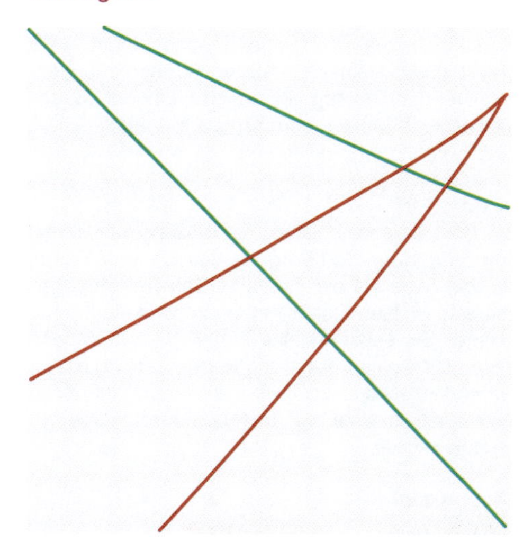

Rubens erzielt in diesem Bild v. a. durch die starke Diagonale (von links oben nach rechts unten) und durch die gegenläufigen Kompositionslinien eine dynamische Bewegung. Die Farbgebung und die Hell-Dunkel-Kontraste verstärken diesen Effekt.

Lösung 1.78

A, B und C.

Schwierigkeitsgrad 1 Lösungen

Lösung 1.79

Am höchsten Punkt ist die Geschwindigkeit der Kugeln Null, aber beim Herunterfallen beschleunigen die Projektile so, als hätte man sie aus dieser Höhe fallen lassen, und erreichen theoretisch wieder die gleiche Geschwindigkeit wie beim Abfeuern.

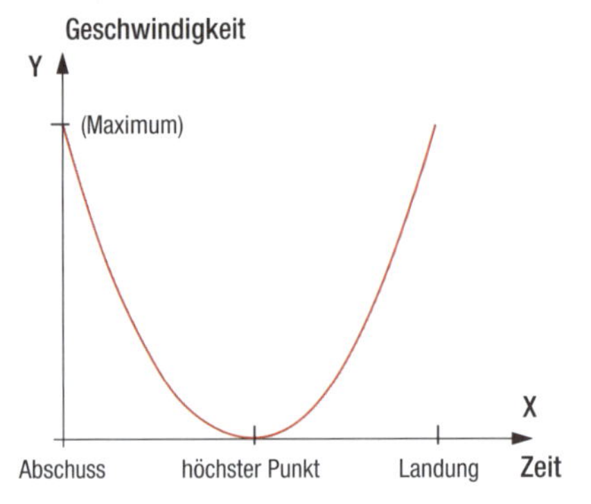

Lösung 1.80

A. Je mehr die Form einer Fläche einem Kreis ähnelt, um so kleiner ist – bei konstantem Flächeninhalt – der Umfang. In unserer Übung ist das gleichseitige Dreieck dem Kreis am unähnlichsten, hat also den größten Umfang.

Lösung 1.81

B. Die Impressionisten verwissenschaftlichten gewissermaßen den Vorgang des Sehens, indem sie das Auge als ein neutrales Sehwerkzeug verstanden. Dessen Eigenschaften nutzten sie für ihre Malerei: Sie setzten kleine Farbflächen nebeneinander, die sich im Auge des Betrachters zu einem Farbton mischen (additive Mischung). Auf diese Weise erzielten sie eine besonders lebendige, frische Farbigkeit.

Lösung 1.82

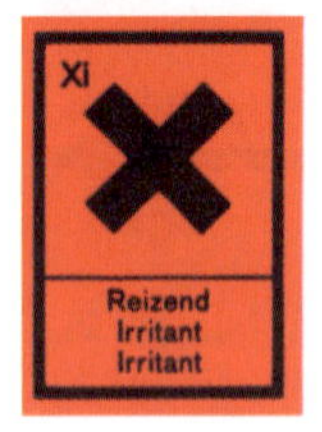

Lösung 1.83

B. Eine Warmfront bildet die Grenze zwischen Warm- und Kaltluft, an der warme Luft vorankommt. Warme, feuchte Luft schiebt sich langsam über kältere Luft. Durch das Aufgleiten und den Kontakt mit der Kaltluft kommt es oft zu andauerndem Regen aus tiefen Schichtwolken. Meist folgt wenige Stunden nach der Warmfront die Kaltfront. Schiebt sich die kalte Luft unter die warme, kommt es zu kurzen, heftigen Regenschauern.

Lösung 1.84

A, D, B, C. Die Französische Revolution begann 1789, 1861–65 dauerte der Amerikanische Bürgerkrieg, die russische Oktoberrevolution begann 1917 und 1936–39 war in Spanien Bürgerkrieg.

Lösung 1.85

Der hellste Stern, den man von der Erde aus sehen kann, ist unsere Sonne. Auch wenn wir alle Menschen abziehen, die blind sind, haben wohl fast 100 % aller in Frage kommenden Erwachsenen schon einmal die Sonne gesehen. Der hellste Stern am Nachthimmel ist übrigens Sirius im Sternbild „Großer Hund“, der neun Lichtjahre von der Erde entfernt und etwa doppelt so groß wie unsere Sonne ist.

Lösung 1.86

B. Da der Preis pro m^2 mit 380 € bekannt ist, muss die Fläche berechnet werden, die das Karussell benötigt. Da das Karussell rund ist, kann die benötigte Fläche A mithilfe der Formel für Kreisflächen ermittelt werden: $A_{Kreis} = \pi \cdot r^2$. Der Radius ist der halbe Durchmesser, also 5 m. Nach Einsetzen ergibt sich $A = 3{,}14 \cdot (5\,m)^2 = 78{,}5\,m^2$. Bei 380 € Miete pro Quadratmeter ergibt sich eine Standgebühr in Höhe von $78{,}5\,m^2 \cdot 380\,\frac{€}{m^2} = 29.830$ €.

Lösung 1.87

Y. ist der Buchstabe, der diese Reihe beendet. Im Beispiel sind zwei Buchstabenreihen von links nach rechts bzw. von rechts nach links verschränkt. Ausgehend vom zweiten bzw. vorletzten Buchstaben des Alphabets folgen jeweils die übernächsten bzw. vorletzten Buchstaben.

Lösung 1.88

C. Da in der frühen Fotografie Menschen und Landschaften oft in der Manier von Ölgemälden eingefangen wurden, war die Malerei aufgefordert, einen neuen Weg zu beschreiten, etwas, was die Fotografie nur in eingeschränkter Form vermochte: die Abstraktion. Später entstanden allerdings auch in der Fotografie abstrakte Kompositionen. So erfand der US-amerikanische Künstler Man Ray (1890 bis 1976) die nach ihm benannte „Rayographie", bei der ohne den Gebrauch einer Kamera Gegenstände ihren Schatten auf dem Fotopapier hinterlassen.

Lösung 1.89

B. Wenn der Lehrling nach der dreijährigen Lehrzeit von seinem Meister „losgesprochen" wurde, sollte er in die Welt ziehen, um seinen Horizont zu erweitern und handwerkliche Erfahrungen zu sammeln. Wo er Arbeit fand, sollte er seine Fähigkeiten weiter ausbilden und sich von den Kunstwerken, die er unterwegs zu sehen bekam, zu immer besseren Leistungen anspornen lassen. Es war ein Grundsatz der Zunfthandwerker, gute Ware für einen „gerechten Preis" zu liefern. Man bezahlte einen Wochenlohn anstelle eines Stücklohns, damit nicht auf Kosten der Qualität zu eilig gearbeitet wurde.

Lösung 1.90

C, E und G. Lesbos liegt nördlich der Kykladen vor der türkischen Küste. Kos gehört zu den südlichen Sporaden und Lefkas zählt zu den Ionischen Inseln.

Lösung 1.91

C. Das Kohlenwasserstoffmolekül 1-Ethyl-1-methyl-cyclobutan enthält insgesamt sieben Kohlenstoffatome. Das Grundgerüst ist ein Cylobutan, ein Ring aus vier Kohlenstoffatomen. An einem dieser Kohlenstoffatome hängen eine Ethylgruppe mit zwei Kohlenstoffen und eine Methylgruppe mit einem Kohlenstoff.

Lösung 1.92

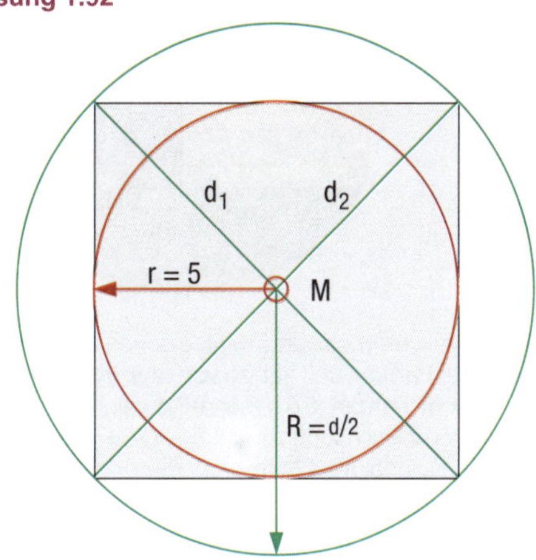

Der Mittelpunkt M von In- und Umkreis liegt auf dem Diagonalenschnittpunkt des Quadrats. Der Radius r des Inkreises ist halb so lang wie eine Seite des Quadrats. Der Radius R des Umkreises ist halb so lang wie eine Diagonalenseite.

Lösung 1.93

Vielleicht haben Sie den Text ohne Wortliste vervollständigen können. Denn zu vielen Texten sind uns Hintergrundinformationen bekannt, die auch in neuen Zusammenhängen abrufbar sind. Beim Lesen nutzen wir kombinatorische Fähigkeiten, die wir u. a. auf unbekannte Wörter in schwierigen Texten übertragen. Der komplette Text lautet demnach: Obwohl das Klima auf unserer *Erde* in den letzten Jahren relativ stabil *geblieben* ist, gibt es Hinweise darauf, dass die globale Erwärmung in den nächsten Jahrzehnten und *Jahrhunderten* Auswirkungen auf das gesamte Ökosystem der *Erde* haben wird. Das Eis in der Arktis und *Antarktis* verliert bereits jetzt an Volumen, die Gletscher der Gebirge *schmelzen*. Beides löst einen Anstieg des *Meeresspiegels* aus. Im *Jahr* 2100 könnte der Meeresspiegel im schlimmsten Fall örtlich bis zu 90 cm *ansteigen*, im günstigsten *Fall* nur knapp 10 cm. Der Durchschnitt liegt bei etwa *einem* halben Meter.

Schwierigkeitsgrad 1 Lösungen

Lösung 1.94

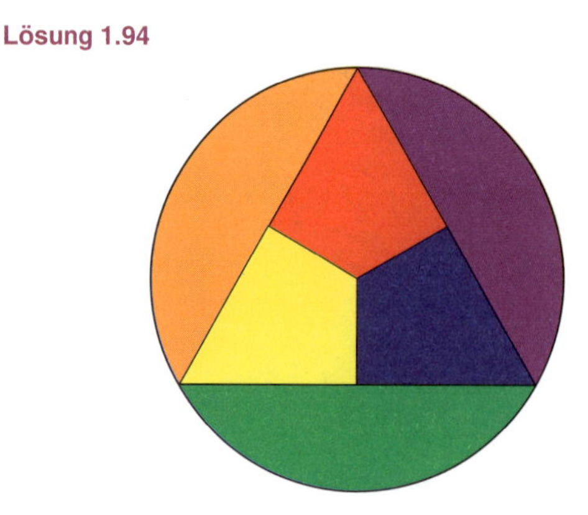

Als physikalisches und biologisches Phänomen sind die Farben seit jeher von der Wissenschaft untersucht worden. So beschäftigte sich bereits der griechische Philosoph Aristoteles (384–322 v. Chr.) mit den Farben. Im 17. Jh. wies der britische Physiker Isaac Newton (1643–1727) die Spektralzusammensetzung des weißen Lichts nach.

Lösung 1.95

1917	1919	1945	1978	1989	1994
A	C	F	B	E	D

Lösung 1.96

Rast ein Blitz zu Boden, erhitzt er die umgebende Luft kurzfristig auf bis zu 30.000° C. Dadurch wird die Luft explosionsartig auseinander gedrückt und es entsteht ein Vakuum, das schlagartig wieder gefüllt wird. Wenn dabei die Luftmassen aufeinander stoßen, kommt es zum Donner.

Lösung 1.97

A. Das Metall und das Holz haben die gleiche Temperatur, da sie lang genug der gleichen Temperatur ausgesetzt waren. Das Metall kann nur die Wärme der Hand viel besser ableiten, sodass es sich kälter anfühlt als das Holz. Metalle besitzen allgemein eine sehr hohe Wärmeleitfähigkeit, weshalb sie auch z. B. für Kühlkörper gut geeignet sind.

Lösung 1.98

A. Der Kuchen ist um 10 % größer geworden. Nimmt man die neue Größe, 110 %, als Bezugsgröße, dann ist das Verhältnis von Größenänderung zu neuer Größe $\frac{10}{110} \cong 0{,}09 = 9\%$.

Lösung 1.99

Das Ordnungskriterium ist hier die Tierart: Fische (Karpfen, Kabeljau, Hecht, Forelle), Vögel (Specht, Möwe, Meise, Star) und Insekten (Fliege, Marienkäfer, Ameise, Grille). Allerdings ist es auch denkbar, die Sammlung nach essbaren bzw. für den Menschen genießbaren oder ungenießbaren Tieren zu ordnen.

Lösung 1.100

D. Kandinsky untersucht in seiner Schrift v. a. die psychologische Wirkung der Farben und Formen und ebnete so den Weg für die gegenstandslose Malerei. 1910 entstand sein erstes gegenstandsloses Werk, das *Erste abstrakte Aquarell* (Paris, Musée National d'Art Moderne). Er selbst war Gründungsmitglied der expressionistischen Künstlervereinigung „Der Blaue Reiter".

Lösung 1.101

Trikolore (A) heißt die französische Flagge in den Farben der französischen Republik, Rot, Weiß und Blau, die zum Symbol der politischen Freiheit wurde. Rot und Blau sind die Pariser Stadtfarben, Weiß ist die Hausfarbe der Könige. Alle drei trug König Ludwig XVI. (1754–93), als er am 13. Juli 1789 nach Paris kam, um das aufständische Volk zu beruhigen. Der Union Jack (B) ist die britische Nationalflagge. Das Sternenbanner, die Stars and Stripes (C), wird als Symbol der USA gehisst. Die Sterne und Streifen stehen für die Mitgliedsstaaten der Union.

Lösung 1.102

C, H, E und F. Paul startet in der Landeshauptstadt des Saarlands. Er fliegt nach Norden über die Landesgrenze nach Rheinland-Pfalz. Nachdem er die Mosel überflogen hat, dreht er nach Osten ab. Weiter geht der Flug nach Hessen und danach über die bayerischen Städte Schweinfurt und Weiden. Auch das Ziel Cham liegt in Bayern.

Lösung 1.103

C. Die Wärme eines Stoffes ist nichts anderes als die Bewegung seiner kleinsten Teilchen. Erwärmt man z. B. Wasser, so fangen die Moleküle an, sich mehr und mehr zu bewegen. Am absoluten Nullpunkt aber gibt es keine Bewegung mehr. Er liegt bei –273,16° C und ist der Nullpunkt der Kelvinskala. Die Einteilung in Grade ist entsprechend, eine Temperaturdifferenz von 1° C entspricht also einem Unterschied von 1 K.

Schwierigkeitsgrad 1 Lösungen

Lösung 1.104
C. Der Teil des Aquariums, der mit Wasser gefüllt werden soll, hat ein Volumen von 0,95 m· 0,35 m · 0,45 m = 0,1496 m³. 1 m³ Wasser entspricht 1000 l. Patrick muss also ca. 150 l Wasser ins Aquarium füllen.

Lösung 1.105
Je älter wir werden, umso mehr Licht benötigen wir, um gut lesen zu können. Ein 60-jähriger Leser benötigt doppelt so viel Licht wie ein 30-Jähriger und sogar viermal so viel Licht wie ein 20-Jähriger. Die Lichtquelle muss also doppelt so stark bzw. vierfach stärker sein. Auch die Blendempfindlichkeit nimmt mit dem Alter zu. Bei 30 Watt Leistung in einer Höhe von 3 m sind näherungsweise 500 Lux eingehalten. Natürliche Lichtverhältnisse stellen sich etwa wie folgt dar: Nacht ohne Mond (weniger als 0,01 Lux), Vollmond (0,25 Lux), Büroraum (500 Lux), bedeckter Wintertag (3.000 Lux), Schatten im Sommer (10.000 Lux), bedeckter Sommertag (20.000 Lux), sonniger Tag (60.000 Lux), helles Sonnenlicht (über 100.000 Lux).

Lösung 1.106
A, B, C und D. Der Stahlbeton war kostengünstiger als herkömmliche Materialien, die Präfabrikation großer Bauteile wurde möglich, es konnte höher gebaut und größere Deckenflächen konnten überspannt werden. Durch die Skelettbauweise konnte tragendes Mauerwerk reduziert und nach innen verlegt werden, was die Einkleidung ganzer Bauwerke mit sog. curtain walls (Glasfassaden) ermöglichte.

Lösung 1.107

Dunkles Brot und heimisches Obst und Gemüse werden auch von Bauern gegessen. Weißes Brot ist nur auf dem Herrentisch zu finden, ebenso wie importierte Lebensmittel, etwa Reis, Pfeffer, Mandeln und Limonen. Wild ist aufgrund des Jagdprivilegs ebenfalls dem Adel vorbehalten.

Lösung 1.108

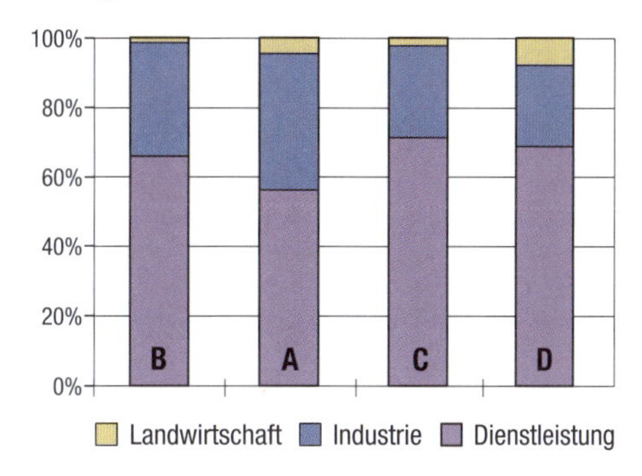

Lösung 1.109

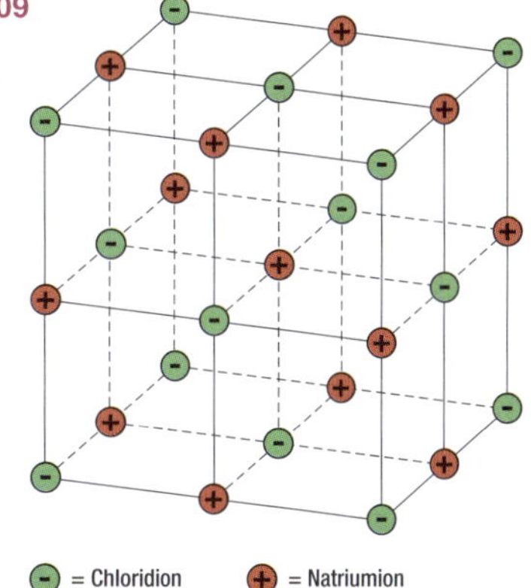

Lösung 1.110
C, A, B, D. Obwohl der Rat nur ein einziges Organ darstellt, gibt es insgesamt neun verschiedene Zusammensetzungen des Rates: Allgemeine Angelegenheiten und Außenbeziehungen; Wirtschaft und Finanzen; Justiz und Inneres; Beschäftigung, Sozialpolitik, Gesundheit und Verbraucherschutz; Wettbewerbsfähigkeit (Binnenmarkt,

Schwierigkeitsgrad 1 Lösungen

1

Industrie und Forschung); Verkehr, Telekommunikation und Energie; Landwirtschaft und Fischerei; Umwelt; Bildung, Jugend und Kultur.

Lösung 1.111

In der Antike wurden insbesondere Grabstätten und Rundtempel als Zentralbau angelegt. Im Mittelalter tritt der Zentralbau bei Baptisterien, Pfalzkapellen oder Grabkirchen auf, während in der byzantinischen Architektur auch Gemeindekirchen in dieser Form errichtet wurden. Renaissance, Barock und Rokoko weiteten die Zentralbauidee auf weitere Bauaufgaben aus. In heutiger Zeit wird diese Bauform insbesondere für Versammlungsstätten wie Kirchen oder Sportstätten gewählt. Unten sind vier verschiedene Grundrisse des Zentralbaus zu sehen: mit rundem, quadratischem, kreuzförmigem, polygonalem und Vielkonchen-Grundriss.

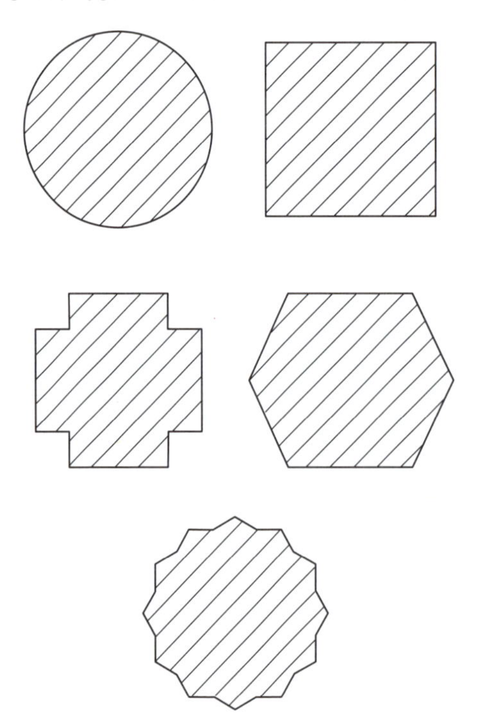

Lösung 1.112

Nach Teilung des Fünfecks in ein Viereck und ein Dreieck kann man erkennen, dass die Winkelsumme die Summe der Winkel des Vierecks plus diejenige der Winkel des Dreiecks ist, also 360° + 180° = 540°.

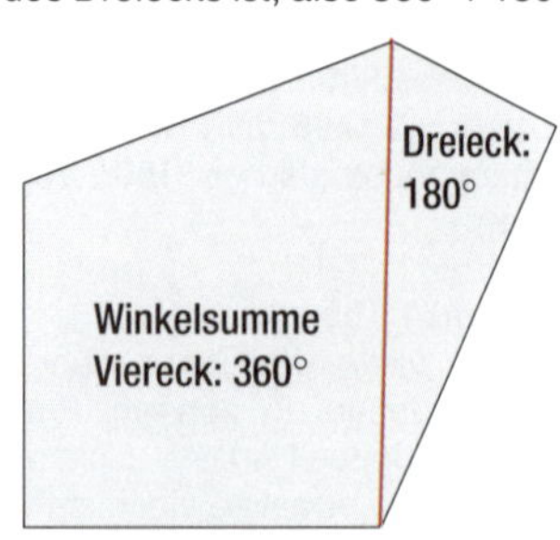

Lösung 1.113

Beispiele: Der *Alexanderroman* aus dem 12. Jh. erzählt von den Taten Alexanders des Großen, William Shakespeares *Julius Caesar* (1598/99) verarbeitet die Geschichte des römischen Herrschers Julius Caesar. Johann Wolfgang von Goethes *Götz von Berlichingen* (1773) stellt den Kampf des Ritters Götz gegen den Bischof von Bamberg dar. Friedrich Schillers Drama *Wallenstein* (1798/99) spielt zur Zeit des Dreißigjährigen Krieges und stellt den deutschen Feldherrn in den Mittelpunkt. Heinrich von Kleists *Michael Kohlhaas* (1810) erzählt die auf Tatsachen beruhende Geschichte eines Rebellen. In Erich Maria Remarques Roman *Im Westen nichts Neues* (1929) bilden die Kriegserlebnisse der Frontsoldaten im Ersten Weltkrieg eine Anklage gegen den Krieg. Bertolt Brechts *Mutter Courage* (1941) zeigt Ereignisse des Dreißigjährigen Krieges aus der Sicht der Bevölkerung. In Anna Seghers Roman *Das siebte Kreuz* (1942) geht es um den Widerstand im „Dritten Reich“.

Lösung 1.114

B. Am 22. Juni steht die Sonne senkrecht über dem Wendekreis des Krebses (23° 30' N). Am 22. Dezember, die Sonne ist nach Süden gewandert, steht sie senkrecht über dem Wendekreis des Steinbocks (23° 30' S). Zwischen den Sonnwenden, am 21. März und am 22. September, liegen die Tagundnachtgleichen, an denen die Sonne den Äquator überquert.

Lösung 1.115

D. Der Jaguar ist die größte und kräftigste Art amerikanischer Katzen. Anzutreffen ist er zwischen dem Süden der Vereinigten Staaten und dem Norden Argentiniens, die größte Population findet sich in den dichten Wäldern Mittelamerikas und Brasiliens. Ein Jaguar kann gewandt klettern und hervorragend schwimmen. Er ernährt sich von einer Vielzahl von Tieren, die auf Bäumen, auf der Erde und im Wasser leben. Obwohl der Jaguar als gefährlich gilt, greift er Menschen nur selten an.

Lösung 1.116
A ... ist kalt.
B ... sich den Stellenmarkt in der Zeitung ansehen.
C ... esse ich einen Happen mit, probiere ich gern.
D ... gegossen werden.

Lösung 1.117
A. Als Höhe des Baumhauses muss die 150 cm lange Seite verwendet werden, weil sie als einzige bei allen Platten gleich ist. Grundseiten sind dann folglich die 80 cm bzw. 120 cm langen Seiten. Es ergibt sich also eine Grund- bzw. Dachfläche von $0{,}8\ m \cdot 1{,}2\ m = 0{,}96\ m^2$.

Lösung 1.118
A4, B1, C3, D2. In der bildenden Kunst treten die Symbole zum ersten Mal in den Mosaiken der Kirche San Pudenzia in Rom auf (402–17).

Lösung 1.119
A1, B3, C2, D4. Der Silberdenar wurde zuerst um 211 v. Chr. als römische Hauptwährungsmünze gebraucht. Später bezahlte man damit auch bei den Karolingern sowie in Ungarn und Slowenien. B: Dukaten wurden zum ersten Mal 1284 in Venedig geprägt. Die Goldmünze wog 3,5 g. Ihr Name ist von der Inschrift abgeleitet, die sie trug: „Sit tibi Christe datus quem tu regis iste ducatus" („Dir Christus sei dieses Herzogtum gegeben, das du regierst"). Der Louisdor wurde 1640 in Frankreich von Ludwig XIII. (1601–43) eingeführt. Die Reichsmark war seit 1924 die deutsche Währung und wurde 1948 von der Deutschen Mark abgelöst.

Lösung 1.120
Im Atlantischen Ozean. Genauer gesagt, man befindet sich vor der Westküste Afrikas, in der Nähe des Golfs von Guinea. Hier trifft der Äquator auf den Nullmeridian. Der Nullmeridian wird auch als Bezugslinie für die Weltzeit verwendet.

Lösung 1.121
C. Eine auf den ersten Blick sehr komplizierte Fragestellung zu einem eigentlich sehr klaren Sachverhalt. Die Sonne wärmt die Erde durch ihre Strahlung, die ungehindert 24 Stunden am Tag auf unseren Planeten trifft. Für eine Übertragung durch Wärmeleitung wäre z. B. ein direkter Kontakt der Erde mit der Sonne nötig, bei dem die Erde aber zerstört würde.

Lösung 1.122
C. Für den ersten Würfel gibt es sechs Möglichkeiten, damit bleiben für den zweiten fünf und für den dritten vier. Die Anzahl möglicher Kombinationen ist also $6 \cdot 5 \cdot 4 = 120$.

Lösung 1.123
Bücher erzielen mit 90,6 % den höchsten Umsatzanteil, auf Fach- und wissenschaftliche Zeitschriften entfallen die restlichen 9,4 %. Das geschätzte Gesamtvolumen beläuft sich auf 9,224 Mrd. € zu Endverbraucherpreisen (inkl. Fach- und wissenschaftlicher Zeitschriften sowie audiovisueller Medien).

Lösung 1.124
A: Istanbul ist seit 1453 türkisch und trägt seit 1931 nicht mehr den Namen Konstantinopel, den ihm 330 Konstantin der Große (272/73–337) gab.
B: Die russische Stadt St. Petersburg trug 1924 bis 1991, unter sowjetischer Herrschaft, den Namen Leningrad.
C: Das ehemals preußische Königsberg ist seit 1946 russisch und heißt Kaliningrad.
D: Seit 1945 gehört Breslau zu Polen und heißt Wroclaw.

Lösung 1.125
A und B. Bei der Brandrodungswirtschaft handelt es sich um eine flächenextensive Landwechselwirtschaft. Das Land wird aufgrund der schnellen Erschöpfung des Bodens bereits nach wenigen Jahren verlassen und es kommt zu einer neuen Brandrodung. Daher eignet sich diese Wirtschaftsform nicht dazu, die Bedürfnisse einer wachsenden Bevölkerung zu decken. Es muss immer mehr künstlicher Dünger eingesetzt werden, weil die Erholungszeiten des Bodens nicht mehr eingehalten werden können.

Lösung 1.126
A. Das kubistische Gemälde zeigt die folgenden Objekte: im Vordergrund einen leeren Teller mit einem Messer, rechts dahinter sehen wir ein Weinglas und eine Flasche, deren Hals durch die obere Bildkante abgeschnitten ist. Links davon ist eine zweite Flasche zu sehen. Zwischen den Flaschen im Hintergrund liegt eine Zeitung (zu erkennen an der Schrift).

Schwierigkeitsgrad 1 Lösungen

Lösung 1.127

Es ist Salz, das die Schneeränder auf unseren Schuhen verursacht. Allerdings ist nicht einzig und allein das Streusalz auf unseren Straßen schuld. Im Erdboden befinden sich von Natur aus viele lösliche Salze, die durch den Schnee ausgewaschen werden und ihren Teil zu den „Schneerändern“ beitragen. Salzränder sieht man übrigens auch oft nach der Schneeschmelze an gestreuten Gehwegen oder am Auto.

Lösung 1.128

B. Die rhetorische Frage ist ein Stilmittel. Sie ist eine Frage, deren Antwort als selbstverständlich vorausgesetzt wird. Der Fragesatz steht also gewissermaßen an der Stelle eines Aussagesatzes, z. B. „Hast du mir je geholfen, als ich Hilfe brauchte?“

Lösung 1.129

A. Die relative Häufigkeit eines Ereignisses ist gleich der absoluten Häufigkeit des Ereignisses, geteilt durch die Anzahl der Wiederholungen. In der Übung wurde bei sechs Würfen nur ein einziges Mal eine gerade Zahl gewürfelt. Die relative Häufigkeit ist demnach $\frac{1}{6}$.

Lösung 1.130

Das Stadtbild veränderte sich durch die Hausantennen, v. a. aber durch die Fernsehtürme. Dem Zeitgeist entsprechend waren diese nicht nur technische Bauwerke, sondern stellten Monumente des neuen Kommunikationszeitalters dar. Als solche sind sie bis heute Wahrzeichen vieler Städte und beliebte Ausflugsziele.

Lösung 1.131

B. In großer Höhe, oft genau in der Flughöhe großer Passagiermaschinen, befindet sich der Jetstream, eine starke, bandartige Westwindströmung. Der Subtropen-Jetstream zwischen dem 20. und 30. Breitengrad weht am stetigsten. Diese auch Strahlströme genannten Windströmungen erreichen eine Geschwindigkeit von bis zu 500 km/h. Davon kann ein Flugzeug, das Richtung Westen fliegt, profitieren und z. B. Kerosin sparen.

Lösung 1.132

1835 wurde die Eisenbahnstrecke von Nürnberg nach Fürth in Betrieb genommen. Danach entwickelte sich allmählich der Eisenbahnbau in Deutschland. Der Lokomotivbau und der Ausbau des Eisenbahnnetzes kurbelten die Schwerindustrie und den Maschinenbau an, die in Deutschland zur Wachstumsindustrie wurden.

Lösung 1.133

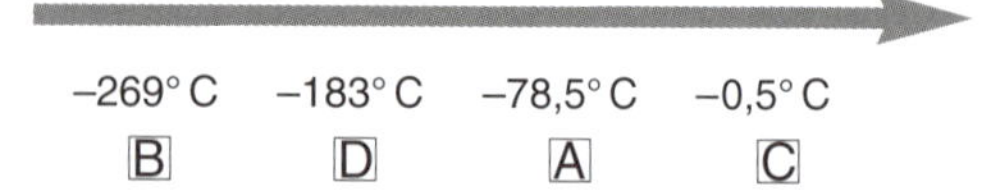

Lösung 1.134

A, C, D und E. Antisprichwörter sind Redewendungen, die Sprichwörtern und Redensarten nachempfunden sind und sie sogar oft abwandeln. Meist sind sie, im Gegensatz zu den tradierten Redensarten, ähnlich wie Graffiti sprachliche Eintagsfliegen.

Lösung 1.135

C.

	Team 4	Team 3	Team 2	Team 1
Team 4		1. Spiel T4 / T3	1. Spiel T4 / T2	1. Spiel T4 / T1
Team 3	2. Spiel T3 / T4		1. Spiel T3 / T2	1. Spiel T3 / T1
Team 2	2. Spiel T2 / T4	2. Spiel T2 / T3		1. Spiel T2 / T1
Team 1	2. Spiel T1 / T4	2. Spiel T1 / T3	2. Spiel T1 / T2	

Abzählen ergibt zwölf Spiele.

Lösung 1.136

Helen und Barbara unterhalten sich zunächst über die Tempel und Paläste der griechischen und römischen Antike. Anschließend geht es um die Architektur der Renaissance und den Architekten Andrea Palladio (1508–80), der in seinen Villenbauten die Prinzipien der Architektur der Antike wieder aufleben ließ. Am Ende des Dialogs spricht Barbara von der postmodernen Architektur des 20. Jh., die auf Elemente und Motive vorangegangener Baustile zurückgreift und sich gegen eine schmucklose, ganz auf die Funktion ausgerichtete Architektur wendet.

Schwierigkeitsgrad 1 Lösungen

Lösung 1.137

1490 bis 1468 v. Chr.	51 bis 30 v. Chr.	1558 bis 1603	1644 bis 1654	1740 bis 1780
C	E	A	B	D

Lösung 1.138
B, C und D. Kaizen lautet die japanische Bezeichnung für das Bemühen der Mitarbeiter eines Unternehmens um kontinuierliche Verbesserung ihrer Arbeit. Dazu gehören die genannten Grundsätze. Mit dieser Arbeitsmentalität hängt auch der sehr geringe Anspruch auf Urlaubstage in Japan zusammen.

Lösung 1.139
A. Die Fallhöhe bestimmt, ob das Butterbrot auf der Butterseite landet oder nicht. Bei einer typischen Tischhöhe von ca. 70 cm kann sich das Butterbrot während des Falls nur um etwa 180° drehen und landet daher fast immer auf der Butterseite. Wären unsere Tische doppelt so hoch, also ca. 1,40 m, dann hätte das Brot genug Zeit, sich während des Falls einmal um sich selbst zu drehen, und würde auf der Brotseite landen.

Lösung 1.140
B. Jedes der 15 Teams muss 14 Spiele bestreiten. Daher ergeben sich $15 \cdot 14 = 210$ Spiele.

Lösung 1.141
D, Kanada. Die Reihenfolge der übrigen Länder lautet: Estland, Italien, Litauen, Island. Haben Sie bemerkt, dass die Anfangs- und Endbuchstaben der Wörter erhalten geblieben sind?

Lösung 1.142
Den Sukzessivkontrast: Das Auge lässt zeitlich nachfolgend zu einer Farbe ihren Komplementärkontrast entstehen. Dieses Phänomen machten sich u. a. die Fauvisten zunutze, die mit reinen, oft komplementären Farben und einfachen, reduzierten Formen arbeiteten. Die Lebendigkeit der Farbwirkung wird so auch durch den Sukzessivkontrast erzeugt.

Lösung 1.143
B. Noch 1940 hielten sich die USA aufgrund der Ozeane, die sie im Osten und Westen umgeben, und der im Norden und Süden lebenden friedlichen Nationen für gut von möglichen Feinden abgeschirmt.

Lösung 1.144

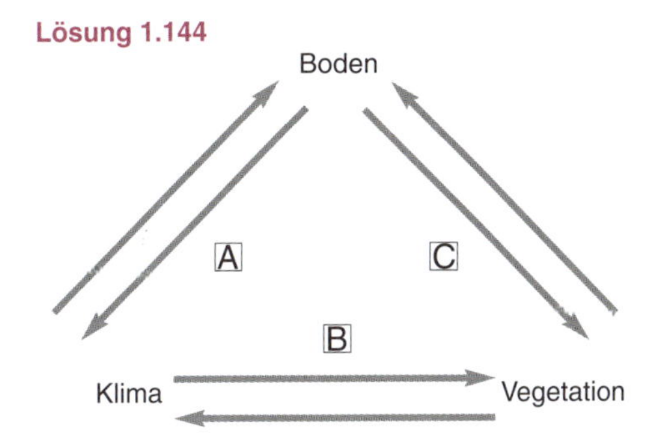

Lösung 1.145
C. Der HI-Virus befällt die für die Immunabwehr nötigen T-Helferzellen und führt im Endstadium einer Infektion zur erworbenen Immunschwächekrankheit AIDS. AIDS bewirkt, dass das Immunsystem des Organismus zusammenbricht und Krankheitserreger nicht mehr abwehren kann.

Lösung 1.146
A.

Lösung 1.147
D. Die Aufzählung beinhaltet Nahrungs- und Würzmittel, die in der Küche verwendet werden. Brot und Butter, Pfeffer und Salz, Essig und Öl sehen wir dem alltäglichen Sprachgebrauch nach als zusammengehörige Wortpaare.

Lösung 2.148
Der rote Kreis wirkt größer. Dieses Phänomen machen sich viele Maler zunutze, um Nähe bzw. Tiefe zu erzeugen. So wird man in einem Landschaftsgemälde in der Regel kalte Farbtöne im Hintergrund und warme Farbtöne im Vordergrund finden.

Lösung 1.149
C. Der neue Staat Belgien wurde von Frankreich und England unterstützt, um die Scheldemündung vor Übergriffen durch eine Großmacht zu bewahren. 1831 erkannten die fünf europäischen Großmächte die Neutralität Belgiens an.

Lösung 1.150
A, B, C, F und G.

Schwierigkeitsgrad 2

2

Übung 2.1: Um das Prinzip des Auftriebs am Flugzeugflügel zu veranschaulichen, kann man ein einfaches Experiment durchführen. Man legt ein Blatt Papier auf zwei Bücher und bläst mit einem Strohhalm unter dem Blatt hindurch. Zeichnen Sie in die Grafik ein, was nun mit dem Papier passiert.

Übung 2.2: Die Population einer Palmenart, die längst als ausgestorben galt, wächst seit ein paar Jahren wieder beständig mit 8 % pro Jahr. Um wie viel Prozent nimmt der Bestand innerhalb von 18 Jahren ungefähr zu?

A 100 %   B 200 %
C 300 %   D 400 %

Übung 2.3: Deutsche Buchverlage produzierten im Jahr 2002 rund 700 Mio. Bücher.

Welches sind eigentlich die drei literarischen Großgattungen?

A Lyrik, Epik, Prosa
B Schauspiel, Epik, Prosa
C Drama, Lyrik und Epik
D Schauspiel, Lyrik, Prosa

Übung 2.4: Tragen Sie die folgenden französischen Bauwerke in die Zeitleiste ein:

A Eiffelturm
B Schloss von Versailles
C Kathedrale von Chartres
D Arc de Triomphe
E Centre Pompidou

um 1150–1260	1661–1716	1806–36	1889	1977
☐	☐	☐	☐	☐

Übung 2.5: Staatsoberhäupter sind nicht selten auch durch markante Sätze in die Geschichte eingegangen, die wesentliche Kennzeichen ihrer Politik auf den Punkt bringen. Können Sie in den folgenden Aussprüchen den zugehörigen Staatsmann erkennen?

A „L'État c'est moi (Der Staat bin ich)."
B „Jeder soll nach seiner Fasson selig werden."

C „Wir wollen mehr Demokratie wagen.“

D „Wir wollen eine Regierung des Volkes, durch das Volk und für das Volk.“

Übung 2.6: Lokale Winde gibt es viele. Für die Bewohner sind sie oft von entscheidender Bedeutung, denn sie bringen lang ersehnten Regen oder auch gefürchtete Temperaturstürze mit sich. Ordnen Sie den genannten Winden die folgenden Eigenschaften richtig zu: trocken-kühl, trocken-heiß, feucht-heiß.

Mistral: ______________________________

Schirokko: ____________________________

Samum: _______________________________

Übung 2.7: Während seines Amerikaurlaubs hört Walter am frühen Morgen im Radio, dass mittags eine Temperatur von ca. 32° F herrschen wird. Nun rätselt er, was er anziehen soll, denn er weiß nicht, welcher Temperatur in ° C das entspricht. Können Sie ihm bei seinem Problem helfen?

A 0° C   B 22° C

C –10° C   D 32° C

Übung 2.8: Der Quotient aus der Summe der beiden Quotienten aus a und b und aus b und a und der Differenz aus den beiden Quotienten aus b und a und aus a und b, also der Doppelbruch $\frac{\frac{a}{b}+\frac{b}{a}}{\frac{b}{a}-\frac{a}{b}}$, ergibt nach Vereinfachung ...

A $\frac{a^2+b^2}{b^2-a^2}$ B -1

C $\frac{b+a}{b-a}$ D $2a$

Übung 2.9: Im Jahr 2003 haben bereits 70 % aller Kinder erste Erfahrungen mit dem Computer gemacht. Die Kinder nutzen ihn am meisten für Spiele: 69 % spielen mindestens einmal pro Woche. 46 % nutzen ihn regelmäßig für die Schule, 44 % mindestens einmal pro Woche für ein Lernprogramm. 30 % surfen mit dieser Häufigkeit im Internet. Ein Drittel der Kinder, die ins Internet gehen, tut dies meist allein, 39 % surfen meist gemeinsam mit den Eltern, 18 % mit Freunden. Übertragen Sie die Aussagen des Textes in eine Grafik Ihrer Wahl.

Übung 2.10: Setzen Sie die folgenden Begriffe in den abgebildeten Grundriss einer gotischen Kathedrale ein: Chorum-

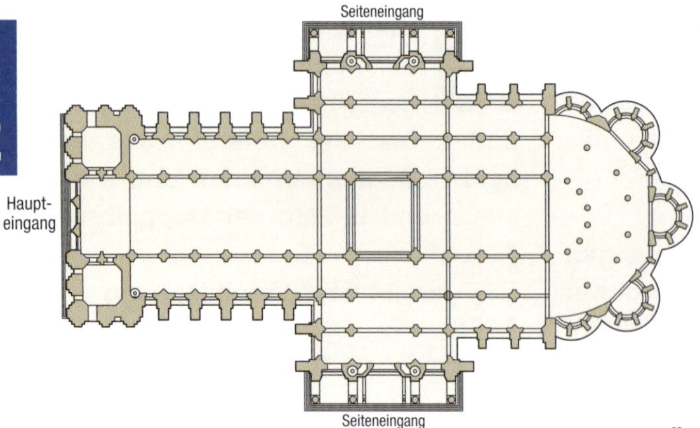

gang, Mittelschiff, Seitenschiff, Vierung, Apsis, Westturm, Westwerk, Chor, Kapellenkranz, Querschiff.

Übung 2.11: Auf welche Herrschergestalt trifft die folgende Kurzbeschreibung zu? Er stammte aus einer hochadligen, mächtigen Familie. Sein Herrschaftsgebiet konnte er aufgrund seiner erfolgreichen Machtpolitik, die ihn nicht überall beliebt machte, immer weiter ausdehnen. Er gründete Dörfer und Städte, darunter eine berühmte deutsche Großstadt. Sein zunächst gutes Verhältnis zu seinem Vetter auf dem deutschen Herrscherthron verkehrte sich schließlich ins Gegenteil, als er dem Kaiser einen Gefallen verweigerte. Ihm wurde der Prozess gemacht und große Herrschaftsgebiete wurden ihm aberkannt. Er emigrierte in die Heimat seiner zweiten Ehefrau und kehrte erst lange Zeit später wieder nach Deutschland zurück, wo er sich mit dem Nachfolger seines Vetters aussöhnte.

____

Übung 2.12: Dieser portugiesische Seefahrer begann die Expedition, der die erste Weltumseglung gelang. Der um 1480 geborene Weltenbummler entdeckte 1521 die philippinischen Inseln. Im selben Jahr wurde er dort von Einheimischen getötet. Von welchem Entdecker ist die Rede?

A Ferdinand Magellan
B Bartolomeu Diaz
C Amerigo Vespucci
D Vasco da Gama

Der gesuchte Seefahrer

Übung 2.13: Magendruck, Völlegefühl und Sodbrennen – es gibt eine große Auswahl an Medikamenten, die bei Magenbeschwerden sofortige Linderung versprechen. Was aber enthalten all diese Mittel, um die „Chemie im Magen“

wieder herzustellen, und wie wirkt dieser Stoff?

____

____

____

Übung 2.14: „Allein von der Mehrwertsteuer könnte ich mir ein Moped kaufen", berichtet Sebastian von einem bayerischen Sportwagen. Die Mutter weiß, dass das Moped 4240 € kostet. Wie viel kostet der Sportwagen mindestens, wenn die Mehrwertsteuer 16 % beträgt?

A 22.300 €
B 26.500 €
C 31.700 €
D 39.900 €

Übung 2.15: Im Sprachgebrauch gibt es ungeschriebene Gesetze und Konventionen und je nach Situation verwenden wir bestimmte Sprachebenen. Unterscheiden Sie in den folgenden Beispielen Ausdrücke der Umgangssprache und der Hochsprache: labern, Stress haben, verlauten lassen, Pommes, Tschüs, schwafeln, bekommen, Pommes frites, gut drauf sein, lallen, kriegen.

Umgangssprache: ______________________________

____

Hochsprache: ______________________________

____

Übung 2.16: Schon in den Kirchen der Romanik finden sich bunte Glasfenster, die Motive aus der Bibel oder Heiligenlegenden zum Thema haben. In der Gotik erlebte die Kunst der Glasmalerei ihren Höhepunkt und übernahm die Rolle der Wandmalerei. Was könnte die Ursache dafür gewesen sein?

____

____

____

Übung 2.17: Im Zeitalter des Imperialismus machten die westlichen Großmächte v. a. Länder im östlichen und südlichen Teil der Erde zu ihren Kolonien. Japan war das einzige Land mit nichtweißer Bevölkerung, das fremde Territorien unter seinen Einfluss

brachte. Was könnten die Voraussetzungen dafür gewesen sein?

A Der Handel mit amerikanischen Kaufleuten hatte die Entwicklung des Landes beschleunigt.

B Die Bevölkerung war durch ein breites Mitspracherecht zu hohem Einsatz für die Entwicklung der Wirtschaft bereit.

C Durch den Sieg im Krieg gegen Russland hatte Japan seine Position in der Region festigen können.

D Der rasche Anstieg der Bevölkerungszahlen erforderte eine territoriale Ausweitung.

E der hohe Entwicklungsstand des Landes (weitgehende Alphabetisierung, ein gut ausgebautes Verkehrssystem und qualifizierte Arbeitskräfte)

Übung 2.18: Bis heute gelingt es den Fachleuten nicht, ein Erdbeben exakt vorherzusagen. So müssen z. B. die Einwohner im Westen Südamerikas weiterhin mit der zerstörerischen Kraft dieser Naturgewalt leben. Erklären Sie, warum diese Region Südamerikas von Erdbeben heimgesucht wird.

___

___

___

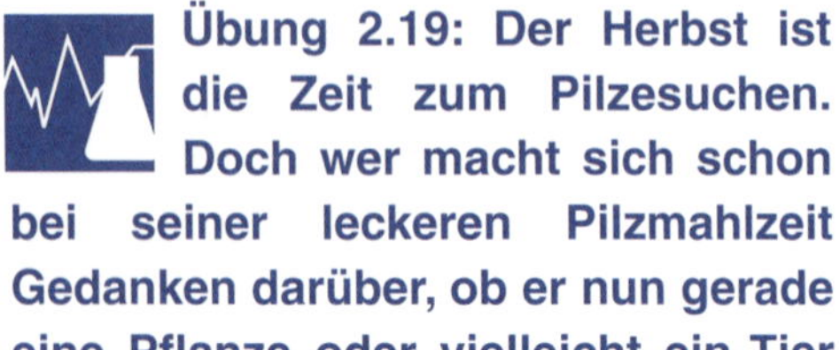

Übung 2.19: Der Herbst ist die Zeit zum Pilzesuchen. Doch wer macht sich schon bei seiner leckeren Pilzmahlzeit Gedanken darüber, ob er nun gerade eine Pflanze oder vielleicht ein Tier verspeist? Zu welcher Gruppe gehören eigentlich die Pilze?

___

Samtfußrübling

Übung 2.20: Ein Dienstwagen wird nach jeder Fahrt vollgetankt. Nach einer Fahrt von 170 km passen 11 l Benzin in den Tank. Wie hoch war der durchschnittliche Verbrauch auf 100 km?

A ca. 6 l B ca. 6,5 l

C ca. 7 l D ca. 7,5 l

Übung 2.21: Johann Wolfgang von Goethe (1749–1832) und Bertolt Brecht (1898–1956)

zählen zu den bekanntesten deutschen Dramatikern. Was sind eigentlich die Kennzeichen eines Dramas?

A Das Drama bzw. die Dramatik ist neben Epik und Lyrik die dritte literarische Kunstform.

B Das Drama entwickelte sich aus kultischen Tänzen und Gesängen, die um Dialog und Monolog erweitert wurden.

C Den Aufbau des Dramas bilden Einführung (Exposition), Entwicklung der Handlung und Katastrophe, d. h. der Ausgang zum Schlimmen oder Guten.

D Der dramatische Konflikt entsteht durch das Gegenspiel verschiedener Mächte und Kräfte.

Johann Wolfgang von Goethe

Bertolt Brecht

Übung 2.22: Vincent van Gogh (1853–90) und Paul Gauguin (1848–1903) bildeten in Arles 1888–89 eine Ateliergemeinschaft. Beide Künstler können als Vorläufer des Expressionismus gelten. Erläutern Sie, warum. Denken Sie neben der Farbwahl an die Pinselführung bei van Gogh und die Gestaltung der Flächen bei Gauguin.

____

____

____

Übung 2.23: Immer mehr Staaten haben sich der Europäischen Union seit deren Gründung 1993 angeschlossen. Weitere stehen bereits in Verhandlungen mit der EU und werden voraussichtlich in den nächsten Jahren aufgenommen. Welche der folgenden Staaten gehören (noch) nicht zur EU?

A Luxemburg

B Bulgarien

C Schweiz

D Finnland

E Norwegen

F Rumänien

G Belgien

Übung 2.24: Verfolgt man die wirtschaftliche Entwicklung sog. Schwellenländer im südostasiatischen Raum, zeigt sich

oft ein typischer Werdegang mit vier Phasen. Tragen Sie die Phasen in der richtigen Reihenfolge in die Grafik ein.

A Export höherwertiger Produkte
B Produktion arbeitsintensiver Güter
C hoher Import von Fertigwaren, Nahrungsmitteln und Rohstoffen
D Selbstversorgung

Beginn der Entwicklung → fortschreitende Zeit

☐ ☐ ☐ ☐

Übung 2.25: Paul vergisst oft, abends in der Küche das Licht auszuschalten. Die 100-Watt-Glühbirne verbraucht dann mindestens acht Stunden lang unnötig Strom. Wie teuer kommt Paul die Nacht zu stehen, wenn ihm künftig die Kosten vom Taschengeld abgezogen werden und 1 kWh (Kilowattstunde) 17,5 ct kostet?

A 10 ct
B 12 ct
C 14 ct
D 18 ct

Übung 2.26: Absinth, ein aromatisch riechender Wermutlikör (ca. 40 Volumenprozent Alkohol), war in Deutschland lange verboten, weil er geringe Mengen des Nervengifts Thujon enthält. Unverdünnt ist Absinth eine klare, grüne Flüssigkeit. Gießt man jedoch etwas Wasser hinzu, so trübt sich der Inhalt und wird milchig. Warum?

____

____

____

Übung 2.27: Sophokles (496 bis 406 v. Chr., z. B. *König Ödipus, Antigone*), Aischylos (um 525–455 v. Chr.) und Euripides (z. B. *Medea*) gelten als die drei großen Tragiker der Antike. Welche der folgenden Aussagen treffen auf eine Tragödie zu?

A Jede Tragödie ist ein Drama.
B Jedes Drama ist eine Tragödie.
C Tragödien entwickelten sich aus kultischen Spielen.
D Ein Tragödie ist ein Trauerspiel.

Übung 2.28: Der 300,51 m hohe Eiffelturm ist nach seinem Erbauer Alexandre Gustave Eiffel (1832–1923) benannt. Er wurde zur Pariser Weltausstellung

im Jahr 1889 erbaut. Welche Funktion hatte er ursprünglich?

A Er wurde als Wahrzeichen von Paris konzipiert.

B Er wurde als reine Demonstration einer Ingenieurleistung auf dem Gebiet der Eisenarchitektur bei der Weltausstellung in Szene gesetzt.

C Die Höhe der Eisenkonstruktion verkörperte eine neue Dimension monumentaler Plastik.

Übung 2.29: Um den Beginn eines neuen Zeitalters deutlich zu markieren, wurde während der Französischen Revolution ab 1793 ein neuer Kalender eingeführt. Er setzte mit dem 22. September ein, dem Tag der Proklamation der Republik. Das Jahr wurde nach gleich langen Monaten eingeteilt, deren Namen nach dem Naturjahr gewählt waren (Nîvoise, „Schneemonat", Floréal, „Blütenmonat"). Auch der Tag sollte nicht mehr 24, sondern 20 Stunden haben und damit einem strengen, gleichförmigen Prinzip folgen. Aus welchen Gründen wurde der Kalender 1806 wieder abgeschafft ?

A Weil Napoleon nun über Frankreich herrschte und die Monarchie wieder eingeführt hatte.

B Weil die Bevölkerung den Kalender nicht annahm.

C Weil die Uhrmacher nicht mit der Herstellung neuer Uhren nachkamen.

D Weil der Kalender inzwischen als irrational galt.

Übung 2.30: Immer wieder werden zwischen europäischen Staaten und Entwicklungsländern wirtschaftliche Partnerverträge abgeschlossen. So geschah es auch 1975. Das Abkommen von Lomé (Hauptstadt der Republik Togo) war bis dahin das umfangreichste Entwicklungshilfeabkommen und umfasste einige der folgenden Punkte. Überlegen Sie, welche das sein könnten.

A Exporterleichterung für landwirtschaftliche Erzeugnisse

B zollfreier Zugang für Industrieprodukte in die EG

C Schuldenerlass für die Entwicklungsländer

Übung 2.31: Im Juli 1969 landeten Neil Armstrong (* 1930) und Edwin Aldrin (* 1930) mit der Landefähre „Eagle" als erste Menschen auf dem Mond. Sie sammelten Mondgestein ein, bauten wis-

senschaftliche Messinstrumente auf und hissten die US-amerikanische Flagge. Wie war diese Fahne zuvor präpariert worden?

A Sie war speziell imprägniert, um den Mondstürmen zu widerstehen.
B Sie war aus Plastik und durch einen Bügel versteift.
C Man hatte sie vakuumverpackt, damit sie nicht austrocknete.
D Sie war aus Seide, um auch bei geringstem Wind zu wehen.

Neil Armstrong

Übung 2.32: Ein 70 kg schwerer Mensch hat durchschnittlich 5 l Blut im Körper. Das Herz schlägt im Ruhezustand etwa 70-mal pro Minute und fördert pro Aktion ca. 70 ml Blut. Wie lange dauert es, bis die gesamte Blutmenge einmal durch den Körper gepumpt und somit ein intravenös verabreichter Wirkstoff verteilt ist?

A ca. 31 Sek. B ca. 61 Sek.
C ca. 3 Min. D ca. 5 Min.

Übung 2.33: Die Struktur von Texten beeinflusst auch ihre Aussagekraft. Können Sie den folgenden Bildern die typischen Strukturen von Roman, Nachrichtentext und Sachtext zuordnen?

Textanfang
Aussagekraft
Textende

Übung 2.34: Tragen Sie die folgenden berühmten italienischen Kunst- und Bauwerke in die Zeitleiste ein:

A Palazzo Pubblico in Siena
B Leonardos *Mona Lisa*
C Petersplatz in Rom
D Kolosseum
E Dom in Florenz

80 1237–1310 1357–1436 1503/05 1656–67

☐ ☐ ☐ ☐ ☐

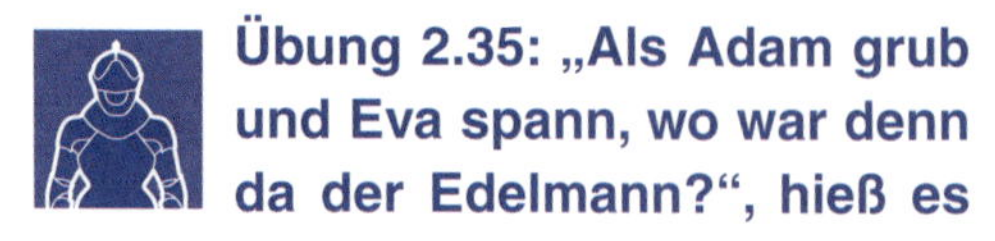

Übung 2.35: „Als Adam grub und Eva spann, wo war denn da der Edelmann?“, hieß es

Gentechnik und ihre Möglichkeiten

Über 300.000 Menschen in Deutschland leiden an Diabetes. Ihr Körper produziert zu wenig von dem Hormon Insulin, das für die Regulation des Zuckerspiegels sorgt. Menschliches Insulin ist das erste Medikament, das gentechnisch hergestellt wurde. Seit mittlerweile 15 Jahren kann das für Zuckerkranke lebenswichtige Hormon produziert werden, ohne dass es aus der Bauchspeicheldrüse von geschlachteten Rindern oder Schweinen gewonnen würde. Mithilfe der Gentechnik wurde der Insulin-Bauplan aus den Zellen eines Menschen isoliert und in Bakterien oder Hefen übertragen. In großen Rührkesseln, sog. Fermentern, vermehren sich die Mikroorganismen und stellen menschliches Insulin her. Gentechnisch hergestelltes Insulin ist daher absolut frei von artfremden Erregern.
Die Gentechnik ist aber auch die Grundlage für das Klonen, ein Verfahren, mit dem es schottischen Wissenschaftlern 1996 gelang, das Schaf Dolly aus der Euterzelle eines sechs Jahre alten Schafs zu erschaffen. Dolly war als genetische „Kopie“ eines anderen Schafs ein Wunderwerk der modernen Wissenschaft, doch ihr früher Tod 1999 war ein deutlicher Hinweis auf die Gefahren des Klonens.

im 15./16. Jh. Was sollte damit zum Ausdruck gebracht werden?

- A die moralische Kritik am Müßiggang des Adelsstandes
- B Martin Luthers Kritik an der Ausbeutung der Bauern
- C der Protest der Bauern gegen die Ausbeutung durch die Grundherren
- D die Argumentation der Bauern, dass der Frondienst keine Grundlage in den Texten der Bibel habe

Übung 2.36: Mit der russischen Taiga verbindet man endlose Wälder, lange Winter und im Sommer mehr Mücken als Menschen. All dies lockt nicht gerade Scharen von Touristen hierher. Welche der folgenden Aussagen treffen außerdem auf die Taiga zu?

- A Die Böden der Taiga sind im Gegensatz zur subpolaren Tundra selten Dauerfrostperioden ausgesetzt.
- B Besonders Nordhänge sind durch den niedrigen Einstrahlungswinkel der Sonne benachteiligt.
- C Es kommt durch Bodenvernässung oft zu Torf- und Moorbildung.

Übung 2.37: Erst die geschlechtliche Fortpflanzung ermöglichte durch die Mechanismen der Evolution eine schnelle Anpassung des Lebens an veränderte Umweltbedingungen. Aber welcher Teil der Zelle spielt bei der Fortpflanzung eigentlich die entscheidende Rolle?

- A Zellkern
- B Mitochondrien
- C Cytoplasma
- D Zellwand

Übung 2.38: Markus will im Urlaub Reiseschecks einlösen und wägt die Angebote zweier Wechselstuben gegeneinander ab: Entweder er zahlt pro Reisescheck eine feste Gebühr von 2 $ oder er zahlt auf die eingetauschte Summe 3 % Provision. Wie sollte er entscheiden?

___

___

___

Übung 2.39: „Es gibt zehn Wortarten, und alle zehn machen Ärger. Ein durchschnittlicher Satz in einer deutschen Zeitung ist eine erhabene, eindrucksvolle Kuriosität; er nimmt ein Viertel einer Spalte ein; er enthält sämtliche zehn Wortarten – nicht in ordentlicher Reihenfolge, sondern durcheinander; er besteht hauptsächlich aus zusammengesetzten Wörtern, die der Verfasser an Ort und Stelle gebildet hat, sodass sie in keinem Wörterbuch zu finden sind – sechs oder sieben Wörter zu einem zusammengepackt, und zwar ohne Gelenk und Naht, d. h. ohne Bindestriche; er behandelt vierzehn oder fünfzehn verschiedene Themen, von denen jedes in seine eigene Parenthese eingeschlossen ist, und jeweils drei oder vier dieser Parenthesen werden hier und dort durch eine zusätzliche Parenthese abermals eingeschlossen, ...; schließlich werden alle diese Parenthesen und Überparenthesen in einer Hauptparenthese zusammengefasst, die in der ersten Zeile des majestätischen Satzes anfängt und in der Mitte seiner letzten Zeile aufhört – und danach kommt das Verb, und man erfährt zum ersten Mal, wovon die ganze Zeit die Rede war.“ Worüber ärgert sich der Verfasser im Einzelnen? Sie können wichtige Passagen unterstreichen. Was ist das Besondere an dieser Darstellung?

___

___

___

Übung 2.40: Nicht nur figürliche Darstellungen, auch Architektur kann eine symbolische Bedeutung besitzen, z. B. eine gotische Kathedrale. Fallen Ihnen zwei architektonische Merkmale ein, denen eine symbolische Bedeutung zugeordnet werden kann? Ein Tipp: Denken Sie an den Grund-

riss und die Höhe gotischer Kathedralen.

Übung 2.41: Immer wieder versetzen Naturkatastrophen Menschen in Angst und Schrecken. Besonders heimtückisch sind Tsunamis, Flutwellen, die eine Höhe von bis zu 30 m erreichen können. Mit einer Geschwindigkeit von oft über 600 km/h jagen sie über den Ozean. Treffen sie auf eine Küste, verwüsten sie Städte und vernichten Menschen und Tiere. Erklären Sie, wie Tsunamis entstehen können.

Übung 2.42: Eines der Ziele des Wiener Kongresses (1814/15) war es, die Vorherrschaft Frankreichs zu beenden und gegen die von dort ausgehenden revolutionären Tendenzen eine Allianz der anderen europäischen Großmächte aufzubauen. Dennoch gelang es Frankreich noch während des Kongresses, seine Position ebenfalls zu der einer Großmacht auszubauen. Was könnten die Gründe dafür gewesen sein?

- A Der französische Außenminister Talleyrand hatte sich mit großem diplomatischem Geschick für sein Land eingesetzt.
- B Die Integration Frankreichs war für das Gleichgewicht der Kräfte unerlässlich.
- C Die territoriale Umverteilung durch Napoleon ließ sich nicht mehr rückgängig machen, weil die neuen Grundbesitzer nicht bereit waren, ihr Land wieder abzugeben.

Übung 2.43: Mitten in Hamburg betreiben Physiker aus aller Welt am „DESY“ (Deutsches Elektronen-Synchrotron), einem Zyklotron, Grundlagenforschung. Aber was ist eigentlich ein Zyklotron?

- A Wettermessstand
- B Teilchenbeschleuniger
- C Gerät zum Erzeugen von Schwingungen
- D kreisförmiger Windkanal

Übung 2.44: In der Pizzeria schlägt Pia ihrem Freund Mark vor, gemeinsam eine

große Pizza mit dem Durchmesser d = 32 cm für 9,50 € zu bestellen. Davon bekommt Mark ein Stück, das mit d = 26 cm so groß ist wie eine kleine Pizza für 5,90 €. Pia nimmt den Rest und zahlt die Preisdifferenz zwischen großer und kleiner Pizza. Ist Pias Pizza vergleichsweise billiger oder teurer als die von Mark?

Übung 2.45: Diagramme stellen auf zeichnerische Art die Verteilung von Größenverhältnissen, Zahlenwerten oder Antwortmöglichkeiten dar. Was mag die Eigenschaft der folgenden unterschiedlichen Darstellungsformen sein und zu welchem Zweck werden sie wohl verwendet: Kreisdiagramm, Kurvendiagramm, Säulendiagramm?

Übung 2.46: Die Architektur des Historismus zeichnet sich dadurch aus, dass sie sich bereits vorhandener, also historischer Baustile bediente und diese miteinander kombinierte. Welche der folgenden Begriffe charakterisieren den Historismus treffend?

- [A] edle Einfalt und stille Größe
- [B] Eklektizismus
- [C] Moderne
- [D] Stilpluralismus

Übung 2.47: Neuseeland ist bekannt für seine flugunfähigen Vögel wie den Kiwi, der auch das Wappentier des Landes ist. Doch heute sind der Kiwi und andere luftscheue Vögel stark vom Aussterben bedroht. Erklären Sie, wie sich diese Tierarten entwickeln konnten und weshalb sie heute vom Aussterben bedroht sind.

Übung 2.48: Die Unabhängigkeit der USA wurde in einer Reihe von Protesten gegen verschiedene Formen europäischer Einmischung schrittweise erreicht. Bringen Sie die folgenden Ereignisse in die chronologisch richtige Reihenfolge.

A Anerkennung der Unabhängigkeit der Vereinigten Staaten durch Großbritannien
B Boston Tea Party
C Stamp Act
D Monroedoktrin

Übung 2.49: Diamant ist reiner Kohlenstoff, wie auch der relativ weiche Grafit oder die seit 1985 bekannten Fullerene (C_{60}). Ordnen Sie den abgebildeten Kohlenstoffformen die richtige Bezeichnung zu und benennen Sie das strukturelle Element, das in allen drei Modifikationen des Kohlenstoffs auftritt.

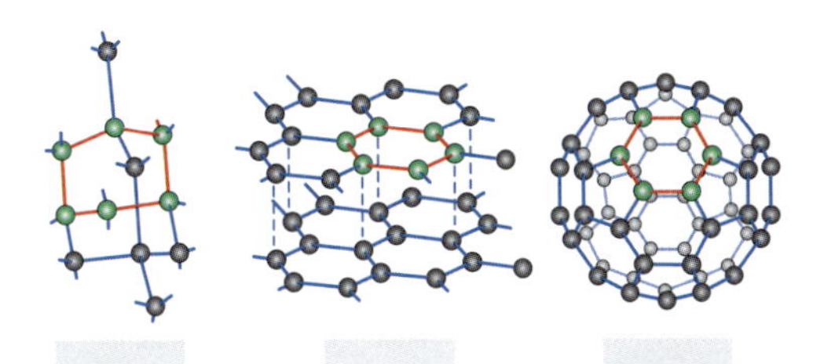

Übung 2.50: In einem Text des Auswärtigen Amtes zur Erweiterung der EU heißt es: „Warum brauchen wir die Erweiterung der Europäischen Union? Die Europäische Union wird nach der Erweiterung vielfältiger. Sie wird komplexer und unterschiedlicher. Die Traditionen Irlands und der Slowakei, Portugals und Estlands, Maltas und Finnlands, Deutschlands und Polens werden nicht in einer europäischen Einheitskultur aufgehen. Sie werden sich mehr noch als in der Vergangenheit ergänzen und bereichern können ...“ Worauf zielt der Autor?

___

___

___

Übung 2.51: Alle Schienen von Guidos neuer Modelleisenbahn sind 12,05 cm lang. Der Radius der Kurvenschienen beträgt 23 cm. Guido plant für eine rechteckige Holzplatte mit 75 cm · 120 cm eine Strecke, die möglichst nah am Plattenrand verläuft. Wie lang ist die gesamte Eisenbahnstrecke?

A 337 cm
B 350 cm
C 373 cm
D 390 cm

Übung 2.52: Der italienische Maler Caravaggio (1571 bis 1610) hat die nachfolgende Künstlergeneration durch seine Malerei maßgeblich beeinflusst. Neben einer realistischen Figurenauffassung zeichnen sich seine Bilder durch eine starke Dramatik aus.

Schwierigkeitsgrad 2

2

Mit welchem Mittel erzielte er diese Dramatik?

A mit starker Farbigkeit
B mit dem effektvollen Einsatz von Hell-Dunkel-Kontrasten
C mit einer schwungvollen Pinselführung

Caravaggio, Die Bekehrung des Saulus *(1601; Rom, S. Maria del Popolo)*

Übung 2.53: Der Imperialismus der Industriestaaten im 19. und beginnenden 20. Jh. erfüllte außer der Ausbeutung der Rohstoffvorkommen auch politische Zwecke. Welche könnten das gewesen sein?

A Die Forderungen der Arbeiter nach höherem Einkommen und Mitspracherecht sollten zumindest teilweise erfüllt werden.
B Eine bessere Integration des wachsenden Mittelstandes sollte erreicht werden.
C Die Auseinandersetzungen zwischen den gesellschaftlichen Klassen sollten gedämpft werden.
D Er sollte als Ventil für den zunehmenden Nationalismus dienen.

Übung 2.54: Wer mit Belgiern parlieren will, hat es nicht ganz leicht. Der kleine Staat an der Nordsee ist sprachlich geteilt. Man spricht dort Niederländisch, Französisch oder Deutsch. Nur ein kleines Gebiet rund um die Hauptstadt ist zweisprachig. Ordnen Sie die Sprachen dem richtigen Landesteil zu.

A Niederländisch (Flämisch) — 1 Nordbelgien
B Deutsch — 2 Ostbelgien
C Französisch — 3 Südbelgien

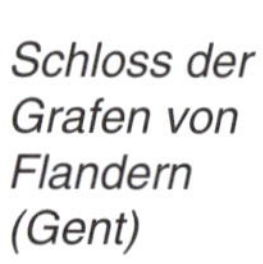

Schloss der Grafen von Flandern (Gent)

Übung 2.55: Wie jeder weiß, der in der Schule einmal Chemieunterricht hatte, besteht gewöhnliches Kochsalz aus reinem Natriumchlorid. Kann man stattdessen auch Kaliumchlorid zum Würzen verwenden?

A Ja, Kaliumchlorid ist als „Diätsalz" bekannt.
B Nein, Kaliumchlorid ist hochgiftig.
C Nein, denn es ist zwar ungiftig, aber geschmacksneutral.
D Nein, Kaliumchlorid ist ein Ätzmittel.

Übung 2.56: Um vom 731 m über NN gelegenen bayerischen Tal aus einen Pass zu überqueren, fährt man 3 km mit durchschnittlich 10 % Steigung. In den Nachrichten wird gemeldet, dass die Schneefallgrenze auf 1000 m gesunken ist. Kommen die norddeutschen Urlauber ohne Winterreifen sicher über die Passstraße?

A ja
B nein

Übung 2.57: Abtönungspartikeln sind Partikeln wie ja, denn, doch, wohl, eigentlich, die v. a. in Dialogen vorkommen und dem Gesagten eine subjektive Tönung geben. Markieren Sie durch Unterstreichen bzw. Einkreisen, in welchen Fällen es sich in der folgenden Gegenüberstellung um nicht abtönenden Gebrauch (z. B. „Der eigentliche Grund dafür ist, …") und um Abtönungspartikeln (z. B. „Wie heißt du eigentlich?") handelt.

A Er ist groß, aber schwach.
Seid ihr aber groß geworden!
B Wo habe ich nur meinen Kopf?
Ich habe doch nur meine Meinung gesagt.
C Das kannst du ruhig machen.
Das Meer ist ruhig.
D Ist der Platz noch frei? Ja!
Das ist ja unerhört!
E Es ist schon fünf Uhr.
Du wirst schon sehen, wohin das führt.
F Das ging eben nicht anders.
Ich habe mir eben ein neues Buch gekauft.

Übung 2.58: Die Stimmung auf den Champs-Elysées, in einer Bar, am Strand – die Impressionisten wollten die Atmosphäre eines flüchtigen Augenblicks in ihren Bildern einfangen. Dazu wählten sie oft einen scheinbar zufälligen Ausschnitt aus einem szenischen Zusammenhang. Wie bauten sie die Figurenkomposition auf?

Schwierigkeitsgrad 2

2

A Die Figuren stehen in Gruppen geordnet im Raum.

B Die Figuren werden jede für sich, kompositorisch voneinander getrennt dargestellt.

C Die Figuren stehen scheinbar ungeordnet gestaffelt im Raum, von vielen ist nur ein unbedeutender Ausschnitt zu sehen.

Auguste Renoir, Die Schaukel *(1876; Paris, Musée d'Orsay)*

Übung 2.59: Auch das russische Zarenreich dehnte zur Zeit des Imperialismus sein Territorium beträchtlich aus. Welchen Besitz könnte es 1867 wieder abgegeben haben?

A das Amurgebiet in Ostasien

B Alaska

C Turkestan

D Bessarabien

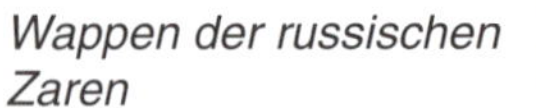

Wappen der russischen Zaren

Übung 2.60: Was könnten die Gründe dafür gewesen sein?

____

____

____

Übung 2.61: Viel Zeit, Muße und einen guten Reiseführer sollte man haben, wenn man die Donau per Schiff bereisen möchte. Denn an den Ufern des zweitlängsten Stroms in Europa präsentieren sich faszinierende Landschaften und sehenswerte Städte. Wählen Sie aus den folgenden Städten und Landschaften jene aus, die an der Donau liegen, und tragen Sie diese in die Grafik ein.

A Passau

B Ingolstadt

C Große Schütt

D Eisernes Tor

E Belgrad

F Wien

Ist π normal?

Die Zahl π (Pi) ist eine der wichtigsten Konstanten der Mathematik und wird seit Jahrhunderten u. a. zur Berechnung von Maßzahlen im Zusammenhang mit regelmäßig krummlinig begrenzten Körpern verwendet. Die Kreisfläche wird z. B. durch die Formel $A = \pi \cdot r^2$ (r: Radius), das Volumen einer Kugel durch $V = \frac{4}{3} \pi \cdot r^3$ berechnet.

π hat unendlich viele Nachkommastellen und ist nicht periodisch. Meist wird der Näherungswert 3,14 verwendet und in der Regel erzielt man mit dieser Näherung ein ausreichend genaues Ergebnis. Soll es genauer sein, können Resultate aus aktuellen Projekten verwendet werden, in denen π mithilfe moderner Supercomputer bereits bis auf 500 Mrd. Nachkommastellen bestimmt wurde.

Noch ist die Frage ungeklärt, ob π normal ist. In diesem Zusammenhang bedeutet „normal" die Eigenschaft, dass alle denkbaren Zahlenkombinationen irgendwo in der Ziffernfolge von π vorkommen. Würden die Zahlen als Buchstaben interpretiert, so bedeutete dies, dass jeder beliebige Text an irgendeiner Stelle der Zahl zu finden wäre – nicht nur der, den Sie gerade lesen, sondern neben der Bibel und sämtlichen bisher erschienenen Tageszeitungen auch alle künftigen Publikationen. Unglücklicherweise ist unbekannt, wo man anfangen müsste, um Nachrichten von morgen bereits heute zu lesen.

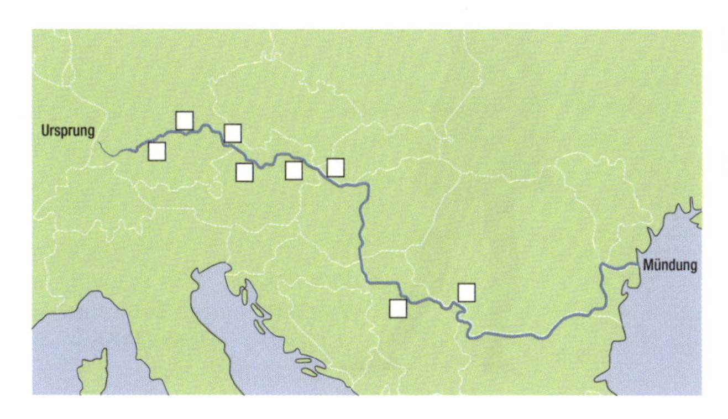

G Donauried
H Odessa
I Linz
J Augsburg

Übung 2.62: Fürs Dampfbügeleisen oder zum Nachfüllen der Autobatterie haben viele destilliertes Wasser zuhause. Aber kann man destilliertes Wasser auch trinken?

A Nein, da destilliertes Wasser keine Ionen enthält, würde man sterben.

B Ja, destilliertes Wasser ist in Maßen getrunken völlig ungiftig.

Übung 2.63: Das Winkelmaß Radiant (rad) gibt einen Winkel im Bogenmaß an. Dies ist die Länge des vom Winkel herausgeschnittenen Bogens im Einheitskreis, wenn der Winkel seinen Scheitel im Mittelpunkt des Kreises hat. Wie groß ist ein 60°-Winkel in rad?

A $\frac{\pi}{6}$ B $\frac{\pi}{4}$ C $\frac{\pi}{3}$ D $\frac{\pi}{2}$

Schwierigkeitsgrad 2

2

Übung 2.64: Wie eine Erhebung des Börsenvereins des Deutschen Buchhandels e. V. zeigte, sank im Jahr 2002 der jährliche Umsatz der Verlage um 2,8 %. Nach einem Spitzenergebnis von 2001 wurde die Titelproduktion reduziert, die Gesamtzahl aller erschienenen Titel sank um 7,3 % auf 78.896 Titel. Damit wurde ungefähr das Niveau der Jahre 1998/99 erreicht. Welche der folgenden Kurven geben diesen Sachverhalt nicht richtig wieder?

Titel in Tausend
100
80
60
40
20
0
A
B
C
1992 1994 1996 1998 2000 2002
Jahr

Übung 2.65: Hier sehen Sie zwei Skulpturen aus dem 19. Jh. Obwohl die Darstellung von Napoleons Schwester Paolina Borghese-Bonaparte (1780 bis 1825) als Venus stilistisch dem Klassizismus und die *Vierzehnjährige Tänzerin* von Edgar Degas (1834 bis 1917) der impressionistischen Plastik zuzurechnen ist, haben beide eine gemeinsame Besonderheit. Welche ist gemeint?

Antonio Canova, Paolina Borghese *(1804–08; Rom, Galleria Borghese)*

Edgar Degas, Vierzehnjährige Tänzerin *(1880/81; Tate Gallery; London)*

___

___

___

Übung 2.66: Familie Feldbaum ist eine radsportbegeisterte Truppe. Dieses Jahr

will sie ihre eigene Tour de France bestreiten. Gestartet wird in Paris, Ziel ist das mondäne Nizza. Doch irgendwie sind die Etappenziele durcheinander geraten. Bringen Sie die Ortsnamen wieder in die richtige Reihenfolge (von Nord nach Süd).

A Orange B Lyon C Orléans
D Avignon E Dijon

Paris (Nord) → Nizza (Süd)

☐ ☐ ☐ ☐ ☐

Blick vom Eiffelturm auf Paris

Übung 2.67: Masse und Gewichtskraft sind zwei Begriffe, die wir im Alltag häufig verwenden. Aber meinen wir wirklich immer genau das, was wir sagen? Erklären Sie in eigenen Worten den Unterschied zwischen Masse und Gewichtskraft.

___

___

___

Übung 2.68: Sie wollen Ihr Bad frisch weißeln und kalkulieren die benötigte Menge an Spezialfarbe. Zwei der vier Wände sind 3 m lang und 2,5 m hoch, die anderen 2,5 m lang. Im Baumarkt gibt es Farbe in 5-l- und 3-l-Eimern im Super-Sonderangebot. Bei der vorgeschlagenen Verdünnung mit 10 % Wasser reicht 1 l für 2 m² Fläche. Wie viele Farbeimer à 5 l bzw. 3 l benötigen Sie mindestens?

A einmal 5 l plus einmal 3 l
B zweimal 5 l plus einmal 3 l
C einmal 5 l plus zweimal 3 l
D zweimal 5 l plus zweimal 3 l

Übung 2.69: Manchmal können unglückliche Formulierungen zu Missverständnissen führen. Welche Deutungen sind bei den folgenden Sätzen möglich? Verändern Sie die Sätze so,

dass Missverständnisse ausgeschlossen sind.

A Können Sie mir sagen, wie ich zum Bahnhof komme?

___

B Darf ich den Anzug im Schaufenster anprobieren?

___

C Hallo, wie geht's?

___

D Als Kritiker möchte ich Sie zur Diskussion einladen.

___

Übung 2.70: Der Schiefe Turm von Pisa (begonnen 1173) ist das bekannteste, zugleich aber auch das kleinste der drei Gebäude im Dombezirk der toskanischen Stadt am Arno. Welche Funktion hatte der Turm?

A Aussichtsturm
B Glockenturm
C Geschlechterturm
D Wasserturm
E Begräbnisstätte

Übung 2.71: Die Interessen Russlands als imperialistische Großmacht im Osten unterschieden sich z. T. von denen anderer Staaten. Welche Beweggründe für die territoriale Ausdehnung könnten für Russland spezifisch gewesen sein?

A Die Entwicklung der Wirtschaft, die durch die Expansion vorangetrieben werden sollte, war eine Möglichkeit die Bevölkerung besser versorgen zu können.
B Russland strebte die freie Durchfahrt durch die Meerengen im Mittelmeer an.
C Russland expandierte v. a. an den unmittelbaren Grenzen des eigenen Landes, auch in der Absicht, diese zu sichern.
D Russland bemühte sich, seine Seewege auszubauen.

Übung 2.72: Man muss nicht gleich in die wilden Karpaten reisen, um ein unberührtes Stück Natur zu erleben. Auch die deutschen Mittelgebirge, die teilweise zu Naturschutzgebieten erklärt wurden, bieten Erholung pur. Wählen Sie aus den genannten Gebirgen jene aus, die in der Karte umrissen sind, und tragen Sie diese in die entsprechenden Kästchen ein.

A Schwäbische Alb B Schwarzwald
C Harz D Thüringer Wald
E Rhön F Bayerischer Wald
G Eifel H Odenwald
I Taunus J Hunsrück

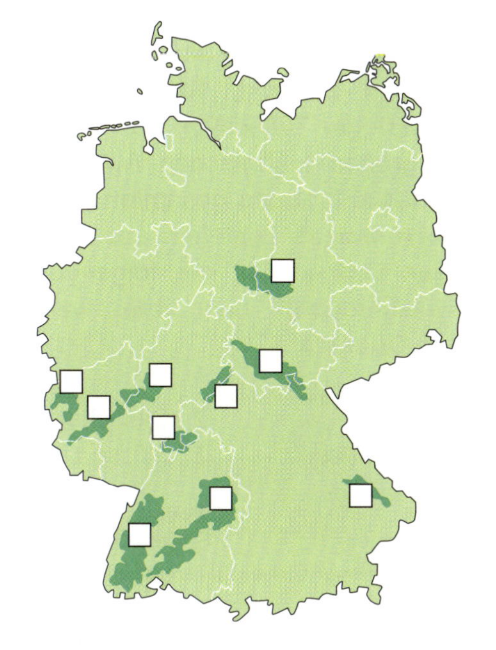

Übung 2.73: Kartoffelknödel gibt es zum Schweinebraten in den verschiedenen Gegenden in unterschiedlichem Design, z. B. kugelrund oder zylinderförmig flach. Bei einem interkulturellen Knödelvergleich werden ein runder und ein flacher Knödel verglichen. Mit 3,5 cm ist der flache nur halb so hoch wie der runde, aber beide sind gleich breit. Haben sie auch das gleiche Volumen? Welche der folgenden Aussagen trifft zu? Der runde Knödel ist ...

A ca. 90 cm^3 größer
B ca. 45 cm^3 größer
C ca. 45 cm^3 kleiner
D ca. 15 cm^3 kleiner
E gleich groß

Übung 2.74: Von 105 der bekannten chemischen Elemente gehören 81 zur Gruppe der Metalle. Viele Metalle finden Verwendung in der Technik und Industrie (z. B. Eisen), andere werden aber auch als Schmuck sehr geschätzt (z. B. Gold). Welche der folgenden Eigenschaften sind für alle Metalle charakteristisch?

A Leitfähigkeit
B metallischer Glanz
C ein hoher Schmelzpunkt
D mechanische Verformbarkeit

Übung 2.75: Sie nehmen an einem Wettlauf teil. Nach kurzer Zeit überholen Sie den Zweiten. An welcher Position befinden Sie sich?

____

Schwierigkeitsgrad 2

Übung 2.76: Tragen Sie die folgenden deutschen Kunst- und Bauwerke in die Zeitleiste ein:

- A Würzburger Residenz
- B Aachener Pfalzkapelle
- C Olympiastadion München
- D Kölner Dom
- E *Selbstporträt im Pelzrock* von Albrecht Dürer

um 800	ab 1248	1500	1720 bis 1744	1972
☐	☐	☐	☐	☐

Übung 2.77: Die Vereinten Nationen, die 1945 zum Schutz des Friedens und zur Förderung der internationalen Zusammenarbeit gegründet wurden, wiesen in mancher Hinsicht Ähnlichkeiten mit dem Völkerbund auf. Der US-amerikanische Präsident Woodrow Wilson (1856–1924) hatte die Gründung eines solchen Bündnisses angeregt, um nach dem Ersten Weltkrieg den Frieden zu sichern. Welchen wichtigen Unterschied, der zur Stabilität des Bündnisses beitrug, gab es 1945 zu 1920?

- A Sicherheitsrat und Vollversammlung waren die wichtigsten Organe.
- B Die UdSSR war Gründungsmitglied der UNO.
- C Jeder Mitgliedsstaat entsandte einen Repräsentanten in die Vollversammlung.

Übung 2.78: Fast 75 % der Erdoberfläche sind von Wasser bedeckt, aber nur ein sehr geringer Teil davon lässt sich ohne großen technischen Aufwand nutzen. Ca. 3 % des gesamten Wasservorkommens bestehen aus Süßwasser. Ordnen Sie die folgenden Süßwasserdepots nach ihrer weltweiten Quantität.

- A Seen
- B Gletscher
- C Grundwasser
- D Flüsse

geringe Süßwassermenge → große Süßwassermenge

☐ ☐ ☐ ☐

Übung 2.79: Wenn sich ein Kontrollzentrum auf der Erde über Funk mit einem Astronauten auf dem Mond unterhält, wie lange ist dann mindestens die Pause, die zwischen einer Anfrage und dem Eintreffen der Antwort verstreicht?

- A 1,27 Sek.
- B 2,5 Sek.
- C 1,27 Min.
- D 2,5 Std.

Übung 2.80: Ein Pizza-Heimservice bietet die folgenden drei Pizzagrößen an: „Single" mit dem Durchmesser d = 19 cm zu 3 €, „Double" mit d = 27 cm zu 5,75 € und „Family" mit d = 37 cm zu 9 €. Bei welcher Pizzagröße bekommt der hungrige Kunde das meiste für sein Geld?

A „Single"
B „Double"
C „Family"
D Bei allen Größen bekommt man gleich viel für sein Geld.

Übung 2.81: Der Vater von Sabine hat fünf Töchter: Lele, Lale, Lulu und Lilo. Wie heißt die fünfte Tochter?

____

Übung 2.82: Dem Baumeister und Bildhauer Filippo Brunelleschi (1377–1446) gelang durch ein innovatives Zwei-Schalen-Modell die Einwölbung der mächtigen Florentiner Domkuppel (ab 1420). Was macht ihn zu einem typischen Vertreter der Renaissance?

A die Erschaffung einer neuen Kuppelform
B der Mut, den Bau überwölbt zu haben
C die Verbindung von Mathematik und Architektur

Übung 2.83: Der Bürgermeister von Palm-City ist sich nicht sicher, ob er jubeln kann oder um sein Amt fürchten muss. Er studiert gerade die neuesten touristischen Daten seiner Stadt. Schwarz auf weiß steht dort geschrieben: 3,9 Mio. Übernachtungen bei einer Bettenkapazität von ca. 21.000. Was sagen diese Zahlen aus?

A Für die Besucher stehen gerade genügend Betten zur Verfügung, die Auslastung im Jahresdurchschnitt ist sehr hoch.
B Der Bürgermeister sollte unbedingt die Werbetrommel rühren, denn die Hotels und Pensionen haben nur eine durchschnittliche Auslastung von rund einem Drittel.
C Die Lage im Hotelsektor könnte besser, aber auch deutlich schlechter sein. Jedes Bett ist statistisch gesehen etwa ein halbes Jahr lang belegt.

Übung 2.84: Die geistige Strömung der Romantik, eine Gegenbewegung zur Aufklä-

rung, weckte auch das Interesse an der Vergangenheit und an der Geschichte neu. Man sammelte Quellen und Chroniken, die Brüder Grimm trugen Volksmärchen, Sagen und Volkslieder zusammen, man erforschte die Entwicklung der eigenen Sprache und betonte den Wert von Natur und Gefühl. Welche politischen Auffassungen entsprachen dieser Zeit?

A Man wollte durch eine Revolution eine ganz neue Staatsform im Geist der Romantik schaffen.

B Durch die Betonung der Besonderheit des eigenen Volkes entwickelte sich ein ausgeprägtes Nationalgefühl.

C Es sollte eine einheitliche Staatsform für alle Länder Europas aufgebaut werden.

D Die geschichtliche Entwicklung sollte organisch und natürlich verlaufen. Revolutionen wurden abgelehnt.

Jacob (links) und Wilhelm Grimm

Übung 2.85: Ein Einkaufszentrum wirbt mit einem „Kinderparadies", in dem einkaufende Eltern ihre Kleinen für die Zeit des Einkaufs betreuen lassen können. Dort gibt es einen Stand, an dem Luftballone mit Helium gefüllt werden. Pro Liter Helium zahlen die Eltern 1 €. Claudia bekommt einen kugelförmigen Ballon für 1 €. Wie groß ist seine Oberfläche?

A ca. 242 cm^2

B ca. 484 cm^2

C ca. 848 cm^2

D ca. 1000 cm^2

Übung 2.86: Wird Claudias kugelförmiger Ballon auf seinen dreifachen Radius aufgepumpt, dann vergrößert sich sein Volumen auf das ...

A Dreifache

B Sechsfache

C Neunfache

D 27fache

Übung 2.87: Warum hat ein Europäer gute Chancen, einen Wettkampf im Trinken von Alkohol gegen einen Japaner zu gewinnen?

A In Japan besitzen viele Menschen einen Gendefekt und werden daher schneller betrunken.

B Europäer sind mehr Alkohol gewohnt.

C In Japan gilt der Genuss von Alkohol als unsittsam.

D Der Verzehr von viel Reis führt zu Alkoholunverträglichkeit.

Adolph Kolping

Adolph Kolping (1813–65) erfuhr als junger Schuhmachergeselle selbst, was es bedeutete, im 19. Jh. als Handwerker seinen Lebensunterhalt verdienen zu müssen. Die Zahl der Handwerksbetriebe war durch die Industrialisierung rückläufig. Viele Gesellen rutschten ins Proletariat ab. Hinzu kamen Entwurzelung und Orientierungslosigkeit der wandernden Gesellen, die in der Anonymität der Städte immer schwerer eine Heimat fanden.

Kolping fühlte sich aus seinem christlichen Glauben heraus berufen, Handwerkern und Arbeitern neue Perspektiven aufzuzeigen. Mit 23 Jahren beschritt er den „zweiten Bildungsweg", um 1845 zum Priester geweiht zu werden. Als Kaplan in Wuppertal, in einer Region, welche die Auswirkungen der Industrialisierung in aller Härte spürte, engagierte er sich in Johann Gregor Breuers Gesellenverein. Kolping griff das Konzept auf und erweiterte es. 1849 gründete er, inzwischen Domvikar in Köln, dort einen „Katholischen Gesellenverein", den ersten von vielen. Seine „Kolpinghäuser" waren Wohnheime und Anlaufstellen für unverheiratete junge Arbeiter und Handwerker. Dort halfen sie sich gegenseitig in praktischen Dingen, fanden Beratung in beruflichen und persönlichen Fragen oder Gelegenheit zu Austausch und Weiterbildung.

1854 gründete Kolping mit den „Rheinischen Volksblättern" eine Wochenzeitung, die schnell zu einem der erfolgreichsten katholischen Presseorgane seiner Zeit wurde. Nach und nach nahm die katholische Kirche Kolpings Anstoß zur Erneuerung der Seelsorge auf. Heute zählt das Kolpingwerk weltweit 450.000 Mitglieder. Papst Johannes Paul II. sprach Adolph Kolping am 27. Oktober 1991 selig.

Übung 2.88: Lesen Sie den folgenden Gebrauchstext. Die Ausdrücke in Klammern ersetzen einen Eigennamen und sind ersatzweise eingefügt. „[Das Mittel] darf nicht angewendet werden bei bekannter Überempfindlichkeit gegenüber einem der Bestandteile sowie bei Patienten mit Schilddrüsenüberfunktion jeglicher Herkunft ... [Das Mittel] darf außerdem nicht angewendet werden bei frischem Herzinfarkt, ..." Um welche Art Text handelt es sich? Welche Informationen erwarten Sie außerdem?

____

____

____

Übung 2.89: Führen Sie sich Bilder der Renaissance vor Ihr inneres Auge und resümieren Sie, was Sie bisher über das Wesen der Renaissancekunst erfahren haben. Welches der folgenden Merkmale wäre schwerlich in einem Gemälde aus dieser Epoche zu finden?

A detailreiche, psychologische Gestaltung des Porträts

B perspektivische Einheit
C Betonung der Fläche
D illusionistische Perspektive

Übung 2.90: Der kleine Stefan verbringt mit seinen Eltern die Schulferien in Schleswig-Holstein. Während eines Ausflugs ins Wattenmeer und eines Besuchs der Hallig Hooge wird er unruhig und zupft am Ärmel seiner Mutter. Er möchte gern wissen, wie eine Hallig entsteht. Wissen Sie's?

A Halligen sind Reste des Marschlandes, die durch Sturmfluten immer weiter verkleinert werden.
B Sie wurden vor ca. 100 Jahren künstlich aufgeschüttet, um als quasinatürlicher Küstenschutz für das Festland zu dienen.
C Sie bestehen aus sehr widerstandsfähigem Grundmoränen-Sediment, das während der Eiszeit von Gletschern abgelagert wurde.
D Sie sind Reste der Sandanhäufungen, die durch die großen Sturmfluten im 14. und 17. Jh. angeschwemmt wurden.

Übung 2.91: Vom Bau der Transsibirischen Eisenbahn (1891–1916), deren Strecke sich auf rund 9300 km zwischen Moskau und Wladiwostok durch das ganze Land zog, erhoffte man sich am Zarenhof, dass sie zum „Wunderheiler für ganz Russland" werden würde. Welches könnten die wichtigsten Vorteile gewesen sein, die durch den Bau der Bahnstrecke erreicht wurden?

A Die lange Bauzeit brachte einen Aufschwung für die Eisen- und Stahlindustrie.
B Durch die Verkehrsanbindung wurde die Erschließung Sibiriens und damit ein Aufschwung in der Landwirtschaft möglich.
C Das Aufblühen des Tourismus brachte dem Land eine neue Einnahmequelle.
D Die Strecke verband Europa mit Asien und sollte auch dazu beitragen, den russischen Einfluss in Ostasien auszubauen.

Übung 2.92: Fritz hat im Physikunterricht gerade Thermodynamik. Aus Spaß führt er ein Experiment, um das es in seiner Hausaufgabe geht, selbst durch und mischt dafür 1 kg Eis mit der Temperatur 0° C und 1 kg siedendes Wasser. Anschließend misst Fritz die Wassertemperatur. Welchen Wert zeigt das Thermometer an, wenn das Eis geschmolzen ist?

A 10° C
B 25° C
C 40° C
D 50° C

Übung 2.93: Werbefachleute versuchen, ein bestimmtes Produkt einer bestimmten Personengruppe, der sog. Zielgruppe, mithilfe sprachlicher Mittel näher zu bringen. Überlegen Sie, welche Zielgruppen mit den folgenden Werbeslogans angesprochen werden sollen. Was soll durch diese Aussagen vermittelt werden?

A Mars macht mobil …
B Fühl dich – TUI!
C Geiz ist geil!
D Drum – Your own Rhythm!
E Dash wäscht so weiß, weißer geht's nicht

Übung 2.94: Ordnen Sie richtig zu: Bei welchen der folgenden berühmten Gebäude handelt es sich um Profanbauten, bei welchen um sakrale Bauten?

A Kolosseum
B Parthenon
C Centre Pompidou
D Petersdom
E Louvre

Übung 2.95: Im 15. und 16. Jh. entdeckten Seefahrer bei ihren Expeditionen bis dahin unbekannte Länder und erweiterten so das Wissen über die Welt. Wer entdeckte den auf der Karte eingezeichneten Seeweg?

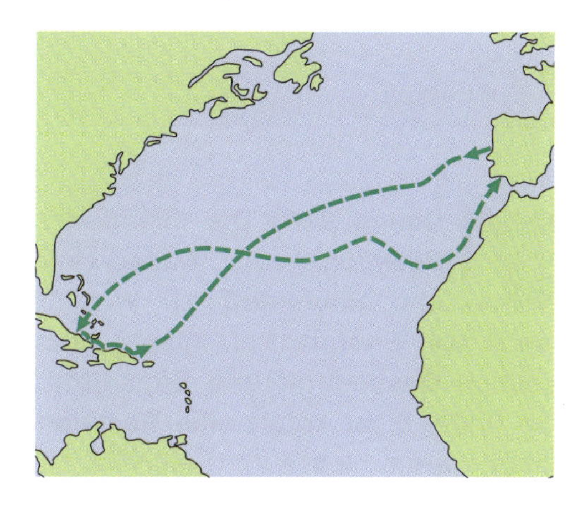

A Christoph Kolumbus
B Ferdinand Magellan
C Francis Drake
D Thomas Cook

Übung 2.96: Rund um Europa gibt es viele schöne kleinere und größere Schiffsrouten zu entdecken. Entweder man schippert gemütlich über das Schwarze Meer, genießt den Golf von Biscaya oder dümpelt auf der Ostsee herum. Wählen Sie aus den folgenden Meeren die richtigen aus und ordnen Sie sie den genannten Schiffsrouten zu: Ostsee,

Kattegat, Schwarzes Meer, Skagerrak, Ägäisches Meer, Tyrrhenisches Meer, Adriatisches Meer.

Schiffsroute	Name des Meeres
Kiel–Stockholm	
Istanbul–Sebastopol	
Rom–Palermo	
Arhus–Varberg	
Rhodos–Athen	

Übung 2.97: Die chemische Reaktion von Wasserstoff und Sauerstoff zu Wasser setzt viel Energie frei. Mischt man jedoch Wasserstoff und Sauerstoff, so findet nicht sofort eine Reaktion statt. Warum nicht?

____

____

____

Übung 2.98: Wie schnell würde sich ein geostationärer Satellit in 36 km Höhe über dem Meeresspiegel bewegen, wenn der Erdumfang mit 40.000 km angenähert wird?

A mit ca. 1.343 km/h
B mit ca. 1.434 km/h
C mit ca. 1.676 km/h
D mit ca. 1.767 km/h

Übung 2.99: Lesen Sie den folgenden Text. „Sie schreiben mir aus der Seele. Wenn ich etwas Wichtiges in einem Geschäft erfragen will und mich konzentrieren muss, dann ist die Berieselung, das ganze Gejaule und Geplärre, die ständigen Werbedurchsagen eine unglaubliche Zumutung. Verkäuferinnen empfinden das genauso. Aber wenn sie etwas dagegen sagen, werden sie sicher bei der nächsten Gelegenheit entlassen. Hier vermisse ich den Schutz der Gewerkschaften, die sich ja sonst bei der Arbeitsplatzgestaltung manchmal ziemlich anstellen.“ Um welche Art Text handelt es sich? Worüber beklagt sich der Autor?

____

____

____

Übung 2.100: Seit wann gibt es das Selbstporträt als autonomen Bildtypus? Ein Tipp: Denken Sie an das Selbstverständnis des Künstlers in den verschiedenen

Epochen und überlegen Sie, wann es entscheidende Veränderungen erfuhr.

___

___

___

Übung 2.101: Seit dem 12. Jh. schlossen sich die Handwerker in Deutschland zu Zünften zusammen, die Ausbildung, Lohn und Arbeitszeit ihrer Mitglieder regelten, auf die Qualität der hergestellten Waren achteten und schließlich auch im Rat der Stadt ihr Mitspracherecht erhielten. Was könnten die Gründe für den Zusammenschluss der Handwerker gewesen sein?

A Durch die allgemeine Regelung der Arbeitsbedingungen sollte Konkurrenz unter den Handwerkern eines Gewerbes vermieden werden.

B Die Handwerker siedelten sich gemeinsam an Orten an, die für ihr Handwerk jeweils die günstigsten Voraussetzungen boten, und halfen sich gegenseitig beim Aufbau.

C Die Zünfte sollten die Position der städtischen Handwerker gegenüber den ländlichen Handwerkern stärken, die ihre Waren ebenfalls auf dem Marktplatz anboten, aber von der Marktpolizei nicht so streng kontrolliert wurden und keine Steuern zu zahlen brauchten.

Übung 2.102: Baden-Württemberg ist nach Bayern und Niedersachsen das drittgrößte deutsche Bundesland. Es entstand 1951 aus dem Zusammenschluss der Länder Württemberg-Baden, Württemberg-Hohenzollern und Süd-Baden. Welche der folgenden Stichwortgruppen treffen auf Baden-Württemberg zu?

A Ministerpräsident ist Erwin Teufel, der höchste Berg heißt Schauinsland, die älteste Universität befindet sich in Heidelberg.

B Die Hauptstadt heißt Stuttgart, der höchste Berg ist der Feldberg, die Albert-Ludwigs-Universität befindet sich in Freiburg i. Br.

C Oberbürgermeister von Stuttgart ist Wolfgang Schuster, das Land hat knapp 11 Mio. Einwohner, Baden-Baden ist eine Kurstadt am nördlichen Schwarzwald.

Übung 2.103: Der deutsche Astronom Johannes Kepler (1571–1630) formulierte in

seinen Gesetzen der Planetenbewegung, dass sich alle Planeten auf elliptischen Bahnen um die Sonne bewegen. Wo befindet sich in der folgenden Grafik die Sonne, wenn der Planet an Punkt A schneller ist als an Punkt B? Zeichnen Sie den Fixstern ein.

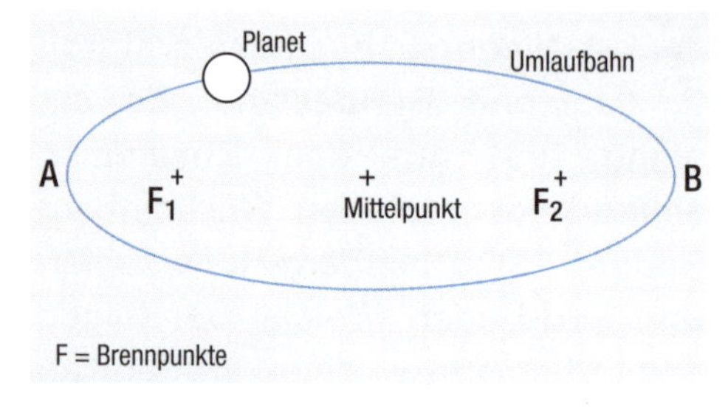

Johannes Kepler

Übung 2.104: Eine Stoffdecke mit 1 m² Größe wird in 1 cm breite Streifen geschnitten. Welche Fläche könnte man eingrenzen, wenn man die Streifen kreisförmig aneinander reihen würde?

- A ca. 261 m^2
- B ca. 368 m^2
- C ca. 795 m^2
- D ca. 1522 m^2

Übung 2.105: Lesen Sie die folgenden Werbeslogans und entscheiden Sie, welche nach dem gleichen Prinzip arbeiten. Um welche Prinzipien handelt es sich?

- A Gut, besser, Paulaner!
- B Ford – die tun was!
- C Test the West!
- D Lucky Strike – sonst nichts!
- E Come to Marlboro Country!

Übung 2.106: Eine wichtige Grundlage der Farbenlehre bildet die Einteilung in Primär-, Sekundär- und Tertiärfarben. Welche der folgenden Farben würden Sie den Primärfarben zuordnen? Wie lautet die Definition von Primärfarben?

- A Schwarz
- B Weiß
- C Violett
- D Grün
- E Gelb

Übung 2.107: Bei der Gründung der Bundesrepublik Deutschland 1949 einigte man sich mit den Alliierten darauf, für die Verfassung des neuen Staates den Begriff „Grundgesetz“ zu verwenden. Was sollte damit ausgedrückt werden?

A Die Rechtsstaatlichkeit der bundesdeutschen Verfassung sollte betont werden.

B Man wollte deutlich machen, dass es sich nur um eine vorläufige Verfassung handelte, die erst mit der Vereinigung beider deutscher Staaten ihre endgültige Form erhalten sollte.

C Es sollte deutlich werden, dass das Grundgesetz nicht an die Weimarer Verfassung anknüpft, sondern eine vollkommen neue Verfassungsform darstellt.

Übung 2.108: Marie und ihre Freundin Laura sind auf einer europaweiten Interrail-Tour. Mit dem Zug fahren Sie kreuz und quer durch Europa, erkunden große Länder, aber auch Zwergstaaten. Welche der folgenden Staaten sind kleiner als Luxemburg?

A San Marino B Monaco
C Andorra D Zypern
E Malta F Liechtenstein

Übung 2.109: Kochsalz, also Natriumchlorid NaCl, besteht aus Chloridanionen und Natriumkationen. In welchem der folgenden Lösungsmittel lässt sich Kochsalz am besten auflösen?

A Wasser B Ethanol
C Pentan D Benzol

Übung 2.110: Betrachten Sie die folgende zweiteilige Grafik. Was wird miteinander verglichen bzw. gegenübergestellt? Was können Sie anhand der Grafik über die EU aussagen?

Welthandel
Einfuhren

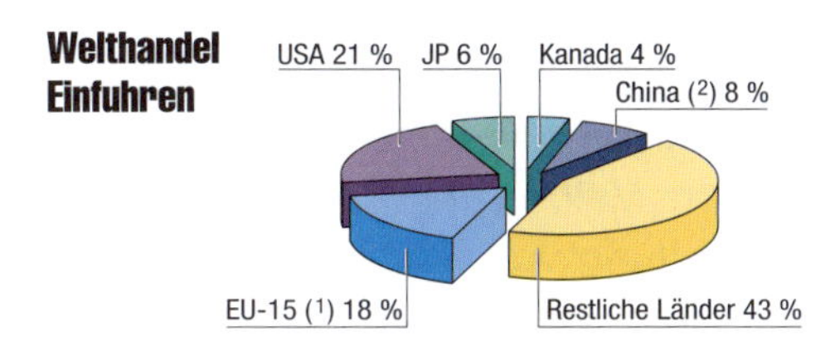

Ausfuhren

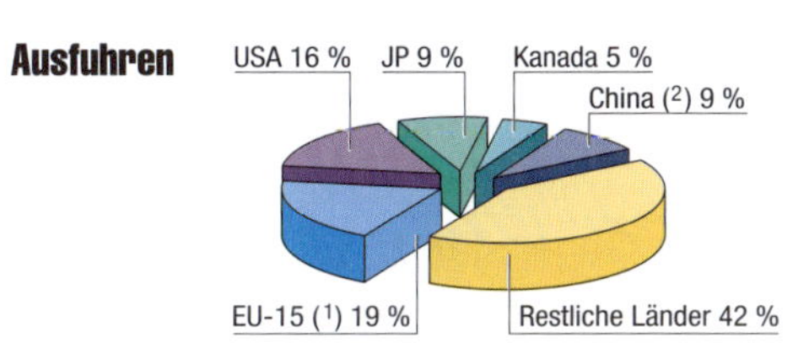

(1) Ohne den Handel zwischen den Mitgliedsstaaten
(2) Einschließlich Hongkong

Übung 2.111: Zur gegenüberliegenden Ecke einer Wiese fährt Heinz mit dem Rad über zwei Feldwege am Wiesenrand, während Conny die direkte Strecke quer über die Wiese wählt. Die Feldwege stehen in einem 90°-Winkel zueinander und sind 300 m und 400 m lang. Wie lang muss Heinz auf Conny war-

ten, wenn sie mit 10 km/h nur halb so schnell fährt wie er?

A	52 Sek.	B	54 Sek.
C	1 Min. 32 Sek.	D	2 Min.

Übung 2.112: Im Stillleben werden unbewegte Gegenstände in einer Komposition arrangiert. Die Zusammenstellung verschiedener Objekte mit unterschiedlicher Oberfläche ermöglichte es den Malern, ihr Können bei der Darstellung von Stofflichkeit zu präsentieren. Doch schon seit dem 17. Jh. verfolgten die Maler mit dem Stillleben einen weiteren Zweck. Welcher könnte das gewesen sein?

A Die Gegenstände auf dem Bild wurden symbolisch aufgewertet.

B Das Stillleben zeigte einen realistischen Ausschnitt aus dem Alltag, der sonst nicht als darstellungswürdig gegolten hätte.

C Die dargestellten Objekte zeigten den Reichtum des jeweiligen Landes.

Willem Claesz Heda, Stillleben *(1631; Dresden, Gemäldegalerie Alte Meister)*

Übung 2.113: Im 19. Jh. forderten die USA, in China eine „Politik der offenen Tür" zu praktizieren. Die Großmächte sollten dort gleichermaßen Rohstoffe und Absatzmärkte nutzen können. Das Land blieb offiziell selbstständig. Nennen Sie einen Grund, den die USA für diese Forderung gehabt haben könnten.

A Sie wollten die Entwicklung der chinesischen Kultur nicht einschränken.

B Es wurde verhindert, dass China unter den Großmächten aufgeteilt wurde oder ein Land die Vorherrschaft in China beanspruchte.

C Die Beziehungen der Großmächte untereinander sollten verbessert werden.

Übung 2.114: Viele afrikanische Staaten sind von immer wiederkehrenden Dürreperioden betroffen. Wer dann Zugang zu trinkbarem Wasser hat, ob Tier oder Mensch, hat großes Glück.

Überlegen Sie, in welchen der folgenden Länder der Anteil der Bevölkerung mit Zugang zu Trinkwasser unter 60 % liegen könnte.

- A Namibia
- B Ruanda
- C Madagaskar
- D Südafrika

Übung 2.115: Neun Planeten umkreisen unsere Sonne. Während die Erde genau ein Jahr für einen Sonnenumlauf braucht, dauert es fast 84 Erdenjahre, bis der Uranus eine Sonnenumkreisung geschafft hat. Aber welcher Planet umkreist die Sonne eigentlich am schnellsten?

Übung 2.116: Ein Maulwurf wirft jede Nacht in einem großen Garten an einer zufällig gewählten Stelle einen Hügel auf. Um ihn bei der Arbeit zu beobachten, installiert Florian eine Webcam, die 9 m² Fläche beobachten kann. Wie groß ist die Chance, dass Florian den Maulwurf in der folgenden Nacht mit seiner Kamera filmen kann?

- A kleiner als 1 %
- B 1 %
- C 10 %
- D größer als 10 %

Übung 2.117: „Trotz knapper Kassen haben sich die Deutschen auch 2003 ihren

Neuseeland oder Aotearoa, das „Land der langen weißen Wolke“

Vor ungefähr 1000 Jahren begann die Besiedlung Neuseelands durch die Maori. Sie nannten ihre neue Heimat Aotearoa, „Land der langen weißen Wolke“. Bis heute ist ungeklärt, woher die Maori kamen. Ihre ostpolynesische Sprache und Kultur lassen die Heimat ihrer Ahnen im Raum Tahiti vermuten.
Einen zentralen Platz im Leben der Maori nimmt bis heute die Kunst ein. Dazu gehören Schnitzereien, Tätowierungen und auch der Tanz. Die Tänze der Maori gestalten sich mal anmutig und geschmeidig, mal wild, laut und kraftstrotzend. Der Taparahi z. B. wurde und wird heute wieder von Frauen und Männern zu den verschiedensten Anlässen aufgeführt. Bei diesem lebhaften Tanz klatschen sich die Beteiligten auf die Schenkel, vollführen akrobatische Sprünge und werden von einem Chor gesanglich begleitet.
Nach einer langen Zeit der Unterdrückung können die Ureinwohner Neuseeland heute wieder im Einklang mit ihrer Kultur leben. Besonders unter der britischen Herrschaft wurde dieses Volk seiner Rechte beraubt. Erst 1995 verabschiedete das neuseeländische Parlament das „Gesetz über eine Entschädigung der Maori“. Außerdem entschuldigte sich die Regierung offiziell für das den Maori von den britischen Einwanderern zugefügte Unrecht.

Urlaub nicht vermiesen lassen. Vor allem wegen der geringen Reisekosten machen 31 % Urlaub im eigenen Land, insbesondere im Norden. Beliebtestes ausländisches Reiseziel ist nach wie vor Spanien (13 %), gefolgt von Italien (9 %), Österreich (8 %), der Türkei (6 %) und Griechenland (4 %).“ Stellen Sie den Inhalt dieses Textes in einem Diagramm Ihrer Wahl dar und begründen Sie Ihre Entscheidung.

Übung 2.118: Ordnen Sie die folgenden berühmten Maler den Lebensdaten auf der Zeitleiste zu:

- A Pablo Picasso
- B Jean-Auguste-Dominique Ingres
- C Matthias Grünewald
- D Auguste Renoir
- E Diego Velázquez

1475/80–1528	1599–1660	1780–1867
☐	☐	☐

1841–1919	1881–1973
☐	☐

Übung 2.119: Nach den heutigen Erkenntnissen entstand die Erde vor ca. 4 Mrd. Jahren. Aber es brauchte noch einige Jahrmillionen, bis Pflanzen und Tiere den Planeten bevölkerten. Betrachtet man die Erdzeitalter, so kann man ihnen jeweils charakteristische Ereignisse zuordnen. Welche der folgenden Aussagen trifft auf die Kreidezeit (vor 135 bis 65 Mio. Jahren) zu?

- A Erste Säugetiere bewohnten den Planeten, Nordamerika und Europa hatten tropisches Klima, es ist die älteste Periode des Erdmittelalters.
- B Erste Blütenpflanzen wuchsen auf der Erde, die Saurier starben aus, die Auffaltung der Alpen begann.
- C In mehreren Eiszeiten starben viele Säugetiere aus, Nord- und Südamerika verbanden sich, der Jetztmensch (Homo sapiens) entwickelte sich.
- D Erste Insekten und Amphibien tauchten auf, baumgroße Farne bildeten erste Wälder, Haie und Fische besiedelten die Meere.

Übung 2.120: Die Tabelle auf der folgenden Seite zeigt die Veränderung der Beschäftigungszahlen in Deutschland zwischen 1800 und 1914 (in Prozent). Wie ist dieser Wandel zu erklären? Nennen Sie mindestens drei Veränderungen, die sich daran ablesen lassen.

Jahr	Land- und Forstwirtschaft (primärer Sektor)	Industrie, Handwerk, Bergbau (sekundärer Sektor)	Dienstleistungen (Handel, Verkehr, Banken, Verwaltung etc.) (tertiärer Sektor)
1800	62	21	17
1825	59	22	19
1850	55	24	21
1875	49	30	21
1900	38	37	25
1914	34	38	28

____

____

Übung 2.121: Klaus ist Architekt und plant ein Haus mit Terrasse. Das Haus soll in Südafrika gebaut werden und daher fragt sich Klaus, wie der Sonnenlauf auf der Südhalbkugel ist. Markieren Sie, in welcher Himmelsrichtung die Sonne morgens, mittags und abends steht. (Das Quadrat steht für das Haus.)

Übung 2.122: Auf dem Jahrmarkt preist der Verkäufer die hohen Gewinnchancen seiner Lose an: Jedes zweite Los gewinnt! Wie hoch ist die Wahrscheinlichkeit, beim Kauf von drei Losen keinen Gewinn zu ziehen, wenn der Verkäufer die Wahrheit sagt?

A 0

B 3 %

C 12,5 %

D 50 %

E 75 %

Übung 2.123: Ordnen Sie den folgenden Äußerungen die Handlungsbedeutungen Aufforderung, Wunsch, Trost, Drohung, Vorwurf, Rat zu. Was fällt Ihnen bei einigen Äußerungen auf?

A Bleib gesund! ______________

B Komm doch mal vorbei! ________

C Lang ruhig zu! ______________

D Das wird schon wieder! ________

E Warum haben Sie das nicht gleich gesagt? ________________

F Der Hund ist bissig! __________

Übung 2.124: Das Denkmal *Die Bürger von Calais* von Auguste Rodin (1840–1917) erinnert an sechs Patrizier, die sich während der Belagerung durch die Engländer 1347 dem Feind auslieferten, um ihre Stadt zu retten. Nach dem Wunsch des Künstlers sollte die Skulptur ebenerdig auf den Marktplatz gestellt werden. Was lässt sich daraus über Rodins Art der Darstellung ableiten?

A Rodin hat die Bürger heroisierend dargestellt.

B Rodin hat mit den *Bürgern* eine realistische Skulptur geschaffen.

C Die Personen sind stark überlebensgroß dargestellt.

Übung 2.125: Kaiser Konstantin I. (272/73–337) stärkte während seiner Regierungszeit (306–37) die Position des Christentums. Im Jahr 313 erwirkte er mit dem Toleranzedikt von Mailand die Glaubensfreiheit für die im Römischen Reich immer wieder verfolgten Christen. 325 berief er das Konzil von Nicäa ein, auf dem wichtige Glaubensfragen geklärt und das christliche Glaubensbekenntnis (das heute noch in dieser Form gesprochen wird) formuliert wurden. Welchen Grund könnte Konstantin gehabt haben, das Konzil einzuberufen?

A Es lag ihm daran, das Christentum durch Klärung der Glaubensfragen zu stärken.

B Er wollte sich über wichtige Glaubensgrundsätze informieren lassen und dadurch die christliche Religion besser kennen lernen.

C Es ging ihm darum, Uneinigkeit unter den Christen in wichtigen Glaubensfragen zu vermeiden, weil das Christentum eine wichtige Stütze der staatlichen Einheit geworden war.

Kaiser Konstantin I.

Übung 2.126: Nach derzeitiger Planung werden am 1. Mai 2004 zu den 15 bestehenden EU-Mitgliedsstaaten zehn weitere hinzukommen. Überlegen Sie, welche der folgenden Länder 2004 voraussichtlich der EU beitreten werden.

A Lettland	B Malta
C Slowenien	D Kroatien
E Ungarn	F Bulgarien
G Finnland	H Litauen
I Schweiz	J Irland
K Albanien	L Island

Übung 2.127: Eigentlich sollte man meinen, dass man all seine Körperorgane und ihre Funktion recht genau kennt. Aber wissen Sie, beim Ausfall welchen Organs der menschliche Körper kein Insulin mehr für die Regulierung seines Kohlenhydratstoffwechsels produzieren kann?

____

Übung 2.128: Im Biergarten passen – wenn's eng wird – bis zu fünf Personen auf eine Bank. Was meinen Sie, wie viele unterschiedliche Kombinationen können sich unter dieser Voraussetzung in der Sitzreihenfolge ergeben?

A 25	B 120
C 125	D 625

Übung 2.129: In der Broschüre einer deutschen Krankenversicherung heißt es: „Bewegung – so viel bringt's! Wussten Sie schon, dass Sie, um einen Hamburger loszuwerden, über zwei Stunden Fahrrad fahren müssen? Vergleichen Sie, welche Bewegung am meisten Kalorien verbraucht: Sport, Treppensteigen, Spazierengehen oder Hausarbeit. Wir sagen Ihnen, was Ihre Bewegung ‚wert' ist. Testen Sie Ihre Gesundheit!" Was ist wohl die Absicht des Verfassers? Wie geht er vor?

____

____

____

Übung 2.130: Die Bewegung des Jugendstils (um 1890 bis 1910) wandte sich gegen die historisierenden Tendenzen in der Kunst. Sie forderte, dass die Formgebung sowohl dem Zweck als auch dem Material gerecht werden müsse. Die Plakatkunst erhielt in diesem Kontext hohen Stellenwert. Welche

Schwierigkeitsgrad 2

2

Gründe könnte es dafür gegeben haben?

- A Die Jugendstilbewegung brachte viele neue Produkte hervor, die beworben werden mussten.
- B Viele Maler verdienten ihr Geld in der Werbebranche.
- C Die Plakatkunst profitierte von den Möglichkeiten der neuen Gestaltungsweise, die ganz dem jeweiligen Zweck angepasst werden konnte.

Henri de Toulouse-Lautrec, Cancan *(um 1880)*

Übung 2.131: Sie und einige Freunde fliegen mit einem Jet über Südamerika, als der Motor zu stottern beginnt. Sie müssen notlanden. Als Sie auf die ersten Einheimischen treffen, fragen Sie, in welchem Land Sie sich befinden. Man sagt Ihnen nur, dass fünf Länder den Staat umgeben, in dem Sie sich befinden. Um welche der folgenden Staaten könnte es sich handeln?

- A Paraguay
- B Peru
- C Bolivien
- D Uruguay

Übung 2.132: Friedrich der Große (1712–86), der seit 1740 Preußen regierte, charakterisierte sein Selbstverständnis mit den Worten „Der Herrscher ist der erste Diener des Staates“. Beschreiben Sie in Grundzügen die Herrschaftsform, die er damit auf eine Formel brachte.

____

____

____

Übung 2.133: Jedes Jahr erfreuen wir uns an den bunten Farben der Silvesterraketen. Aber was ist eigentlich für dieses bunte Schauspiel verantwortlich?

- A Metallsalze wie z. B. Kochsalz
- B organische Farbstoffe wie z. B. Indigo

C anorganische Farbpartikel wie z. B. Titanweiß
D ausgewählte Brennstoffe wie z. B. Schwarzpulver

Übung 2.134: Beim Spiel „Mensch Ärgere dich nicht" muss man anfangs eine Sechs würfeln, damit man ins Spiel kommt. Mit welcher Wahrscheinlichkeit schafft man dies während der ersten drei Versuche?

A ca. 42 %
B ca. 50 %
C ca. 58 %
D ca. 60 %

Übung 2.135: Es gibt Abenteuerromane, Liebesromane, Kriminalromane, Trivialromane ... Wissen Sie, welche der folgenden Werke berühmter deutscher Autoren zur literarischen Gattung des Romans zählen?

A *Der Zauberberg* (1924) von Thomas Mann (1875–1955)
B *Berlin Alexanderplatz* (1929) von Alfred Döblin (1878–1957)
C *Die Blechtrommel* (1959) von Günter Grass (* 1927)
D *Ansichten eines Clowns* (1963) von Heinrich Böll (1917–85)

Thomas Mann

Alfred Döblin

Heinrich Böll

Übung 2.136: Die Kriegsvorbereitungen Deutschlands in den 1930er Jahren hatten deutliche Auswirkungen auf die Wirtschaftspolitik. U. a. wurde die Landwirtschaft stark gefördert. Was könnte der Grund dafür gewesen sein?

A Man wollte Sympathien bei der ländlichen Bevölkerung gewinnen, um ihre Unterstützung im Krieg zu erhalten.
B Man wollte gewährleisten, dass die Soldaten ausreichend verpflegt werden können.
C Man wollte durch den Export von Getreide die Machtposition Deutschlands ausbauen.

D Man wollte damit zur wirtschaftlichen Unabhängigkeit Deutschlands von Importen beitragen.

Übung 2.137: Gustav Courbet (1819–77) stellte während der Pariser Weltausstellung 1855 seine Bilder in einem mit „Le Réalisme“ überschriebenen Pavillon aus. Welche Bildmotive hielt Courbet im Gegensatz zur vorherrschenden bürgerlich-aristokratischen Malerei für darstellungswürdig?

____

____

____

Gustave Courbet, Die Steinklopfer *(1849; zerstört; ehemals Dresden, Gemäldegalerie Neue Meister)*

Übung 2.138: Viele Entwicklungsländer stecken in einem Teufelkreislauf der Armut, den sie nur schwer durchbrechen können. Die Probleme sind meist so vielfältig, dass sie ohne fremde Hilfe nicht unter Kontrolle zu bringen sind. Vervollständigen Sie die Grafik mit den folgenden Begriffen.

A Unter- und Mangelernährung
B geringe Einkommen und geringe Kaufkraft
C keine finanziellen Mittel zum Aufbau eines sozialen Netzes
D hoher Bevölkerungsdruck
E hohe Anzahl von Kindern (Altersversorgung)
F geringe Leistungsfähigkeit der Arbeitskräfte

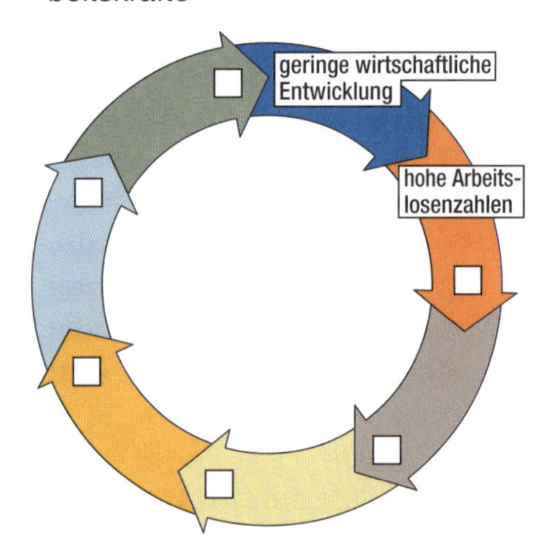

Übung 2.139: Ein schwerkranker 90-jähriger Millionär ohne Kinder will sich klonen lassen, damit er einen Erben hat, der

später seinen Reichtum verwalten kann. Warum rät ihm der Gentechniker davon ab?

A Weil der Klon die Krankheit erben würde.
B Der Klon würde mit 90 ebenfalls krank werden.
C Weil der Millionär als Person doppelt existieren würde.
D Seine Zellen sind dafür zu alt.

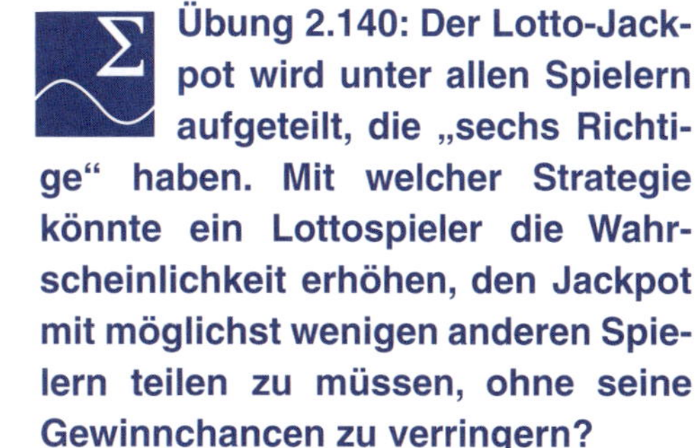

Übung 2.140: Der Lotto-Jackpot wird unter allen Spielern aufgeteilt, die „sechs Richtige“ haben. Mit welcher Strategie könnte ein Lottospieler die Wahrscheinlichkeit erhöhen, den Jackpot mit möglichst wenigen anderen Spielern teilen zu müssen, ohne seine Gewinnchancen zu verringern?

Übung 2.141: Was sind Ihrer Meinung nach die Kennzeichen der Satire?

A Sie drückt sich indirekt durch Nachahmung der Wirklichkeit aus.
B Sie übt Kritik an Personen und Ereignissen.
C Sie bedient sich der Übertreibung, der Ironie und des Spottes.
D Sie prangert bestehende Zustände an.

Übung 2.142: Die Bauhaus-Künstler wollten Funktionalität und Ästhetik vereinen. Gleichzeitig sollten ihre Produkte auch für den Normalverdiener erschwinglich sein. Dazu bedurfte es Innovationen in der Herstellung. An welchem Modell orientierte sich der Bauhaus-Architekt Walter Gropius (1883–1969), um preiswert zu bauen?

A an der industriellen Fließbandproduktion nach Henry Ford
B an der mittelalterlichen Bauhütte
C an der Leichtbauweise der Weltausstellungsarchitektur

Übung 2.143: G. K. Chesterton nannte Amerika eine „Nation mit der Seele einer Kirche“. Auf welche Fakten könnte er sich damit bezogen haben?

A Er spielte damit auf die „Pilgerväter“ an, die ersten europäischen Siedler, die die Überfahrt in den unbekannten Kontinent wagten, um dort frei nach den Grundsätzen ihres Glaubens leben zu können.

B Er charakterisierte damit die Verbindung aus Christentum und der Mission, der Welt Freiheit und Demokratie zu nahe zu bringen, wie sie für die USA typisch ist.

C Er kritisierte damit die Intoleranz der Amerikaner gegenüber Andersgläubigen.

D Er bezog sich darauf, dass die US-amerikanische Außenpolitik immer auch durch ein gewisses Maß an Absonderung gekennzeichnet war.

Übung 2.144: Nach langem Kraxeln steht Peter endlich auf einem steilen Gipfel der Walliser Alpen im Schweizer Kanton Wallis. Der 4478 m hohe, 1865 erstmals bestiegene Berg liegt an der Grenze zu Italien. Am Nordfuß befindet sich der Ort Zermatt. Auf welchem Berggipfel steht der erschöpfte Peter?

A Montblanc

B Jungfrau

C Matterhorn

D Piz Buin

Übung 2.145: Ordnen Sie die folgenden Produkte einer fraktionierten Erdöldestillation den ungefähren Siedepunkten auf der Temperaturskala zu.

A Heizöl

B Schwerbenzin

C Methan

D Schmieröl

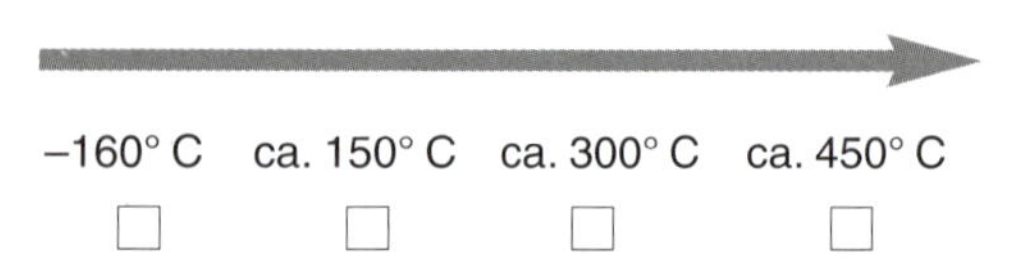

Übung 2.146: Von sieben Überraschungskugeln in einer Lotterietrommel sind vier rot und drei blau. Bei den ersten drei Zügen wird rot – blau – rot gezogen. Die nächsten beiden Kandidaten zeigen ihre gezogenen Farben nicht. Mit welcher Wahrscheinlichkeit zieht der sechste Kandidat eine blaue Kugel?

A 20 % B 30 %

C 40 % D 50 %

Übung 2.147: Die Postmoderne sucht bewusst die Abkehr von reglementierten Darstellungsformen und entwickelt in den Künsten eine nahezu unbegrenzte Vielfalt an Ausdrucksmöglichkeiten. Welches der folgenden Wörter passt nicht zum Begriff der Postmoderne?

A Stilpluralismus
B Transavantgarde
C Kanon
D Individualismus

Übung 2.148: Obwohl seit langem gefordert, erhielten Frauen das Wahlrecht erst nach und nach, im Zuge gesellschaftlicher Veränderungen. In den meisten industrialisierten Ländern gestand man es ihnen erst im 20. Jh. zu. Wann wurde in den folgenden Ländern erstmals das Wahlrecht für Frauen eingeführt? Ordnen Sie die Länder der richtigen Jahreszahl zu.

A Deutschland/England/USA
B Frankreich
C Australien
D Wyoming
E Schweiz

1869	1902	1918	1944	1971
☐	☐	☐	☐	☐

Übung 2.149: Lisa und Jacob wollen die Länder Estland, Lettland und Litauen besuchen. Ihre Autoroute soll sie von Süden nach Norden und durch alle Hauptstädte dieser Staaten führen. Tragen Sie die Länder und Hauptstädte in die Grafik ein.

A Lettland — 1 Vilnius
B Litauen — 2 Riga
C Estland — 3 Tallin

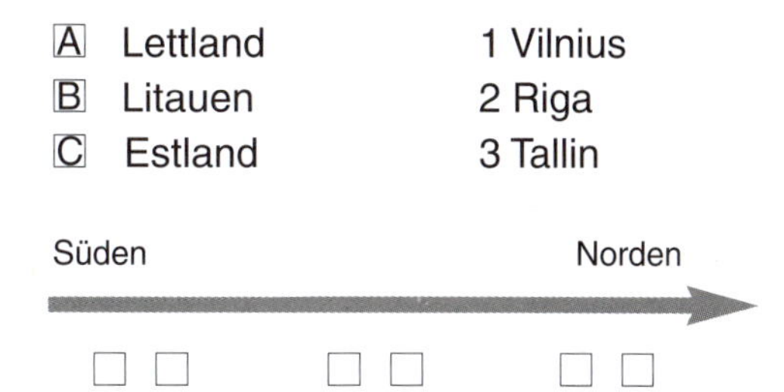

Übung 2.150: Schaubilder eignen sich, um zeitliche Abläufe darzustellen. Welcher Vorschlag zur Verbesserung der Lesetechnik ist hier dargestellt?

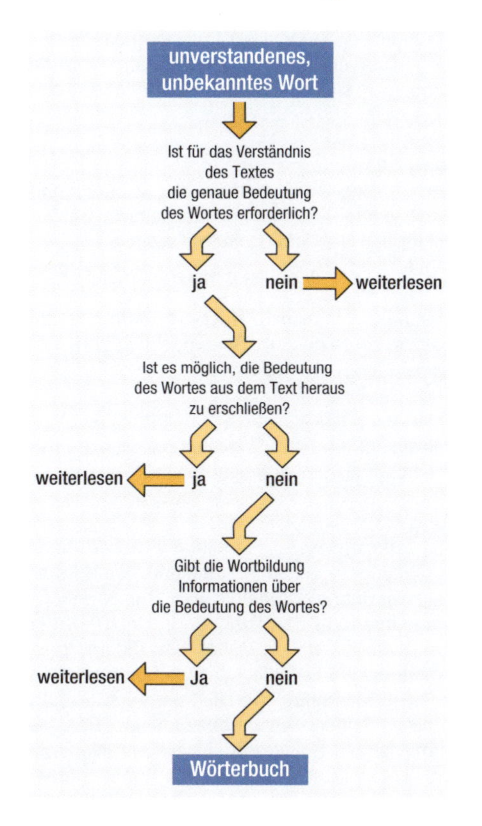

Schwierigkeitsgrad 2 Lösungen

2

Lösung 2.1

Durch die schnell unter dem Papier durchströmende Luft ist der Druck unter dem Blatt geringer als darüber. Das Blatt wird nach unten gesaugt. Bei einem Flugzeug streicht die Luft oberhalb der Flügel schneller vorbei als unterhalb. Daher wird das Flugzeug vom Unterdruck oberhalb der Flügel nach oben gesaugt.

Lösung 2.2

C. Die Lösung kann mithilfe der Zinsrechnung ermittelt werden. Ausgehend von einem Bestand B_0 gilt für den Bestand B_n nach n Jahren:

$B_n = B_0\left(1+\frac{p}{100}\right)^n$. Dabei ist p der Prozentsatz des Wachstums, hier also 8. Nach 18 Jahren ist das Verhältnis des aktuellen Bestands B_{18} zum Ausgangsbestand B_0 vor 18 Jahren:

$\frac{B_{18}}{B_0} = \left(1+\frac{8}{100}\right)^{18} \approx 4$. Damit ist die Population nach 18 Jahren auf rund 400 % gestiegen, also um rund 300 % höher als der Anfangsbestand.

Lösung 2.3

C. Das Drama (griech., „Handlung") ist jene literarische Gattung, in der eine Handlung durch Personen auf der Bühne dargestellt wird. Das Schauspiel ist eine Unterform des Dramas. In der Lyrik (von griech. lyra, „Leier") gestaltet ein Dichter meist Stimmungen und Gefühle. Lyrische Formmittel sind z. B. Reim, Rhythmus, Metrik, Takt, Vers, Strophe. Die Epik (von griech. epos, „das Gesagte, Berichtete") umfasst alle Spielarten fiktiven Erzählens, sei es in Versen oder in Prosa. Als Prosa (latein., „schlichte Rede") bezeichnet man eine Schreib- und Redeweise, die nicht durch formale Mittel gekennzeichnet ist. Dennoch kann sich der Verfasser einer besonderen Wortwahl, eines besonderen Satzbaus oder verschiedener Bilder bedienen.

Lösung 2.4

um 1150–1260	1661–1716	1806–36	1889	1977
C	B	D	A	E

Lösung 2.5

A: „L'État c'est moi", sagte der französische König Ludwig XIV. (1638–1715), der auch „Sonnenkönig" („Roi Soleil") genannt wurde. Als absolutistischer Herrscher schrieb er sich selbst die zentrale Position innerhalb des Staates zu, die er in einer prunkvollen Hofkultur zum Ausdruck brachte. B: Friedrich II., der Große (1712–86), seit 1740 König von Preußen, schrieb diesen Satz 1740 als Randnotiz in eine offizielle Erklärung. Er äußerte damit seine Meinung zur religiösen Toleranz und wandte sich gegen die Abschaffung römisch-katholischer Schulen. C: Willy Brandt (1913–92), der von 1969–74 Bundeskanzler der Bundesrepublik Deutschland war, sagte diesen Satz in seiner Regierungserklärung am 28. Oktober 1969, um zum Ausdruck zu bringen, dass die Demokratie von den Regierenden und dem Volk gemeinsam verwirklicht werden müsse. D: Abraham Lincoln (1809–65), der 16. Präsident der USA (1861–65), setzte sich für Freiheit und Demokratie ein, die allen Bürgern zugute kommen sollten. Am 19. November 1863 bekräftigte er seine Haltung auf dem Schlachtfeld von Gettysburg (Sezessionskrieg) mit diesen berühmt gewordenen Worten.

Lösung 2.6

Der Mistral ist ein trockener und kühler Wind in der Provence. Er entsteht durch ein Hochdruckgebiet über dem Golf von Genua und bringt oft erhebliche Temperaturstürze mit sich. Der Schirokko ist ein heißer, oft feuchter und regnerischer afrikanischer Wüstenwind, der im Frühjahr im Mittelmeergebiet weht. Unter dem Samum versteht man einen trocken-heißen Staubsturm in den Wüsten des Maghreb.

Lösung 2.7

A. Bei der von dem deutschen Physiker Daniel Gabriel Fahrenheit (1686–1736) eingeführten Temperaturskala definiert eine Mischung aus Eis mit Wasser und Salmiak den Nullpunkt, der Gefrierpunkt von Wasser ist auf 32° F festgelegt und der Siedepunkt von Wasser auf 212° F.

Lösung 2.8

A. Die hier hilfreichen „Eselsbrücken" lauten: Durch einen Bruch wird dividiert, indem man mit dem Kehrwert multipliziert. Und: Aus Differenzen und Summen kürzen nur die Dummen. Die einzelnen Schritte sind: Zähler und Nenner jeweils in einen Bruch umformen, dann den Doppelbruch in ein Produkt aus zwei einfachen Brüchen umwandeln und zum Schluss den Ausdruck ab kürzen:

$$\frac{\frac{a}{b}+\frac{b}{a}}{\frac{b}{a}-\frac{a}{b}} = \frac{\frac{a^2+b^2}{ab}}{\frac{b^2-a^2}{ab}} = \frac{a^2+b^2}{ab} \cdot \frac{ab}{b^2-a^2} = \frac{a^2+b^2}{b^2-a^2}$$

Lösung 2.9

Ihre Grafik könnte folgendermaßen aussehen:

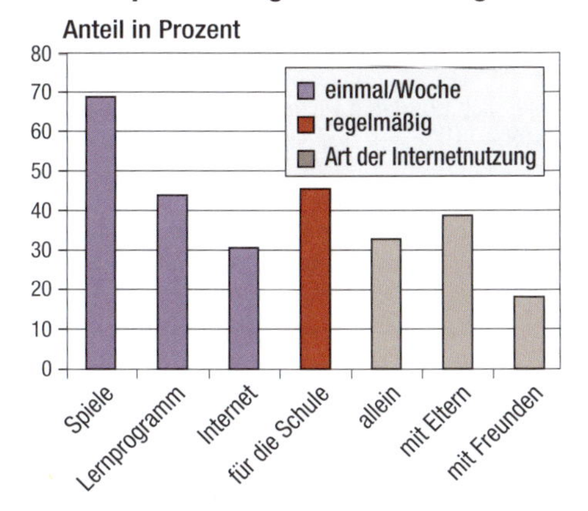

Am einfachsten können Sie das Gelesene mithilfe eines Blockdiagramms verständlich machen. Die Methode, Textaussagen in andere Darstellungsformen zu transferieren (Skizzen, Tabellen, Diagramme, Bilder) ist eine besonders wirksame Arbeit zur Dokumentation und Überprüfung des Verständnisses von Texten.

Lösung 2.10

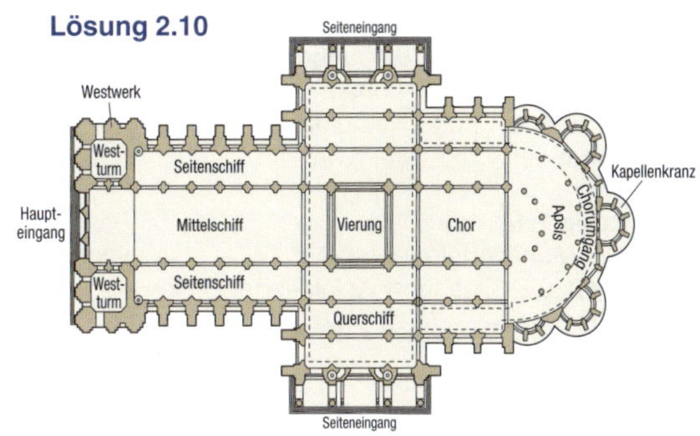

Lösung 2.11

Es handelt sich um Heinrich den Löwen (um 1129/31–95), Herzog von Bayern und Sachsen (1156–80). Er stammte aus dem Geschlecht der Welfen. Seine zielstrebige Machtpolitik war sehr umstritten. Er gründete z. B. die Städte München und Lübeck. Kaiser Friedrich I. „Barbarossa", sein Vetter, schlichtete häufig Auseinandersetzungen Heinrichs mit benachbarten Fürsten. 1176 allerdings entzweiten sich die Vettern, da Heinrich der Löwe nicht bereit war, Friedrich I. militärische Unterstützung gegen Italien gewähren. Er war dazu zwar rechtlich nicht verpflichtet, hatte aber den Kaiser mit seiner Ablehnung sehr enttäuscht. 1178 wurde Heinrich wegen seiner Machtpolitik der Prozess gemacht. Er verlor seine Herzogtümer und ging nach England zu seinem Schwiegervater König Heinrich II. ins Exil. Heinrich söhnte sich erst mit dem Nachfolger Kaiser Barbarossas aus, konnte aber seine Position nicht wieder erreichen.

Lösung 2.12

A. Ferdinand Magellan brach 1519 zur Erkundung einer Route zu den Gewürzinseln auf. 1520 gelang es ihm, die Südspitze Amerikas über eine von ihm entdeckte Meeresstraße zu umsegeln. Diese Meeresstraße wurde ihm zu Ehren Magellan-Straße genannt. Als erster Europäer überquerte er den Pazifik und entdeckte 1521 die Ladroneninseln und die heutigen Philippinen. Dort starb Magellan 1521 bei Kämpfen mit den Einheimischen.

Lösung 2.13

Das beliebte „Bullrich-Salz" enthält Natriumhydrogencarbonat ($NaHCO_3$). Löst man dieses in Wasser auf, so bildet sich eine schwach basische Lösung, welche die überschüssige Säure im Magen neutralisiert. Eine unangenehme Nebenwirkung ist die Entstehung von Kohlendioxidgas, das zu Aufstoßen und Blähungen führen kann. Für Menschen, die unter hohem Blutdruck leiden, stellt außerdem der hohe Natriumanteil des Natrons ein Problem dar.

Lösung 2.14
B. Die Mehrwertsteuer beträgt 16 %, also mindestens 4240 €. Das führt zu folgender Gleichung:
$x \cdot \frac{16}{100} = 4240$ €. Nach x aufgelöst ergibt sich:
$x = 4240 \cdot \frac{100}{16} = 26.500$ €. Der Sportwagen kostet also mindestens 26.500 €.

Lösung 2.15
Umgangssprache: labern, Stress haben, schwafeln, gut drauf sein, Pommes, Tschüs, lallen, kriegen.
Hochsprache: verlauten lassen, Tschüs (als regional anerkannte Form), bekommen, Pommes frites, lallen (wenn es sich auf ein Baby, einen Betrunkenen bezieht).
Die Grenzen zwischen immer durch die Sprache unterschiedlicher Teile der Gesellschaft beeinflusster Umgangssprache und Hochsprache sind fließend. Entscheidend sind jeweils Adressat und Situation.

Lösung 2.16
In den gotischen Kathedralen wurde die Wandfläche immer mehr aufgelöst. Damit förderte die Gotik die Kunst der Glasmalerei, deren Höhepunkt im 13. Jh. anzusetzen ist. Die Fenster in der Kathedrale von Chartres (ab 1194), im Chor der Abteikirche von St. Denis (1140–44) und in der Sainte Chapelle in Paris (geweiht 1246) zählen zu den bedeutendsten Beispielen der Glasmalerei.

Lösung 2.17
A, C , D und E. Japan hatte bereits einen hohen Entwicklungsstandard erreicht. 1854 hatten die USA durch die Entsendung von Kriegsschiffen die Öffnung Japans für den Handel erzwungen. Die Handelsverträge benachteiligten zunächst die Japaner, doch diese nutzten die Herausforderung für die weitere Entwicklung des eigenen Landes zu einem Industriestaat. Die Mehrheit der Bevölkerung hatte allerdings kein politisches Mitspracherecht. Auf der Grundlage eines 1902 geschlossenen Bündnisses mit Großbritannien führte Japan 1904/05 einen siegreichen Krieg gegen Russland, der die japanische Position weiter stärkte. Die Bevölkerung Japans wuchs zwischen 1860 und 1910 um das Doppelte und erforderte eine territoriale Ausweitung.

Lösung 2.18
Etwa 90 % aller Erdbeben sind tektonische Beben, die durch Gesteinsbewegungen im Untergrund infolge plötzlicher Auslösung riesiger Druckspannungen entstehen. Diese Spannungen ergeben sich wiederum aus dem Zusammentreffen verschiedener Platten, die zur Lithosphäre der Erde gehören. Durch den Zusammenstoß der Ostpazifischen Platte mit der Amerikanischen Platte, bei dem sich letztere auffaltete, bildeten sich die Anden, die Gebirgskette im Westen Südamerikas. Da die beiden Platten bis heute nicht zur Ruhe gekommen sind, wird der Westen Südamerikas häufig von Erdbeben heimgesucht.

Lösung 2.19
Pilze wurden lange Zeit den Pflanzen zugeordnet, da sie ihnen in vielen Punkten ähneln. Allerdings besitzen Pilze kein Chlorophyll, das Pflanzen normalerweise für die Photosynthese benötigen, und ihre Zellwände enthalten anstelle von Zellulose Chitin, das sonst eigentlich nur im Tierreich zu finden ist. Daher entschlossen sich die Biologen schließlich dazu, die Pilze als eigenständige Gruppe neben Pflanzen und Tieren anzusehen.

Lösung 2.20
B. Der Durchschnittsverbrauch lässt sich mit dem klassischen Dreisatz berechnen. 170 km entsprechen 11 l. 1 km entspricht dann
$\frac{11 \text{ l}}{170}$. 100 km entsprechen also $\frac{11 \text{ l}}{170} \cdot 100 = 6{,}47$ l.

Lösung 2.21
A, B, C und D. Das Drama stellt eine in sich abgeschlossene Handlung szenisch dar. Wesensmerkmal der Handlung ist ein dramatischer Konflikt, der aus der Anwesenheit gegensätzlicher Kräfte und Willensrichtungen entsteht. Häufiger Typus ist der Kampf des Helden oder der ihm verbundenen Gruppe mit einer Gegenmacht wie Intriganten oder dem Schicksal. Bisweilen spielt sich der Konflikt auch in der Seele des Helden ab, wenn er zwei gänzlich oder scheinbar unvereinbaren sittlichen Anforderungen gegenübersteht. Die Einsicht oder innere Wandlung des Helden führt eine Lösung des Problems herbei. Tragödie, Komödie und Schauspiel stellen die drei großen dramatischen Gattungen dar.

Lösung 2.22
Van Goghs kräftige, geschwungene Pinselführung und seine Wahl starker Kontraste war Vorbild für die Expressionisten. Auch Gauguin bevorzugte leuchtende Farben. Doch er löste die Formen nicht auf, sondern fasste sie in klare, einfache Farbflächen, die er oft mit einer Kontur versah. Die Konturierung der Formen und die Subsumierung zu größeren Farbflächen wurde zu Beginn des 20. Jh. von den Expressionisten übernommen.

Lösung 2.23
B, C, E und F. Bulgarien und Rumänien stehen in Beitrittsverhandlungen mit der EU und sollen 2007 aufgenommen werden.

Lösung 2.24

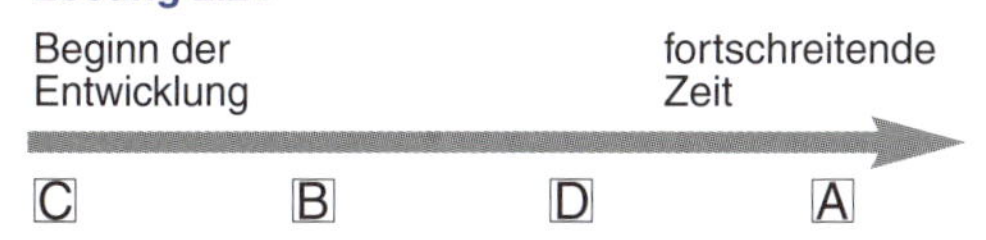

Lösung 2.25
C. Um 1 kWh zu verbrauchen, muss eine 100-Watt-Glühbirne $\frac{1000\,W \cdot 1h}{100\,W} = 10$ h. leuchten. Zehn Stunden kosten also 17,5 ct. Eine Stunde kostet demnach 1,75 ct und acht Stunden 1,75 ct · 8 = 14 ct.

Lösung 2.26
Wie viele andere Kräuterschnäpse erhält Absinth seinen besonderen Geschmack und Geruch durch seinen hohen Anteil an aromatischen Ölen. Diese mischen sich allerdings nicht mit Wasser und im unverdünnten Absinth ist es nur der hohe Alkoholgehalt, der für eine Mischung sorgt. Gibt man nun Wasser hinzu, so gelingt dies nicht mehr und es bildet sich eine Emulsion, wie man sie auch erhält, wenn man versucht, Salatöl und Wasser zu vermischen.

Lösung 2.27
A, C und D. Die Tragödie (von griech. trágos, „Bock“, und odé, „Gesang“) bzw. das tragische Drama oder Trauerspiel ist die älteste und neben der Komödie wichtigste europäische Dramengattung. Ein tragisches Moment bestimmt den Verlauf der Handlung (meist die Verstrickung des Menschen in sein Schicksal). Die Tragödie entwickelte sich aus kultischen Spielen zu Ehren Dionysos', des Gottes des Rausches, des Weins und der Ekstase. Über die Jahrhunderte blieb ihre existenzielle Grundproblematik (die Frage nach Schuld und Sühne, Freiheit und Zwang, Ich und Welt etc.) bestehen. Heute wird der Begriff nahezu ausschließlich auf Theaterstücke bis zum 19. Jh. angewandt. Denn seit die Moderne klare Gattungsbestimmungen sprengte, haben sich immer stärker Mischformen zwischen Tragödie und Komödie herausgebildet.

Lösung 2.28
B. Der Eiffelturm war die Demonstration einer Ingenieurleistung. Bezeichnenderweise sollte er ursprünglich nach Beendigung der Weltausstellung wieder abgebaut werden. Heute ist er das bekannteste Wahrzeichen der französischen Hauptstadt.

Lösung 2.29
B, C und D. Die Bevölkerung hatte den Kalender von Anfang an nicht richtig angenommen, nur die Regierenden hielten sich streng daran, auch Napoleon, der sich auch als Kaiser in die Tradition der Revolution stellte. Die Uhrmacher konnten den Bedarf an neuen Uhren nicht so schnell bewältigen, wie es nötig gewesen wäre, um die Bevölkerung ganz auf die neue Zeit einzustimmen. Am 1. Januar 1806 wurde der Kalender mit der Begründung, er sei irrational, abgeschafft.

Lösung 2.30
A und B. Exporterleichterung für landwirtschaftliche Erzeugnisse und zollfreier Zugang von Industrieprodukten zum Markt der EG (heute EU) waren und sind ein guter Weg, Entwicklungsländern unter die Arme zu greifen. Da die meisten Entwicklungsländer heute jedoch bei den Industrienationen sehr hoch verschuldet sind, gelingt ihnen der Aufschwung nicht so recht. Immer wieder wird bei Treffen der Industrieländer darüber diskutiert, den armen Ländern dieser Welt ihre Schulden zu erlassen. Bis heute ist dies aber, zumindest in großem Umfang, nicht geschehen.

Lösung 2.31
B. Auf dem Mond gibt es keine Atmosphäre und keinen Wind. Damit die Fahne nicht traurig nach unten hing, war sie aus Plastik gefertigt und mit einer Versteifung versehen. Nur so konnten die Astronauten im Fernsehen stolz vor einer scheinbar wehenden US-amerikanischen Fahne salutieren.

Schwierigkeitsgrad 2 Lösungen

Lösung 2.32

B. Bei 70 Schlägen pro Minute beträgt die pro Minute vom Herz geförderte Blutmenge $70\frac{1}{\text{min}} \cdot 0{,}07\,\text{l} = 4{,}9\frac{\text{l}}{\text{min}}$. Für 5 l Blut benötigt das Herz dann die Zeit $t = \frac{5\,\text{l}}{4{,}9\frac{\text{l}}{\text{min}}} = 1{,}02\,\text{min} = 61{,}2\,\text{sec}$.

Lösung 2.33

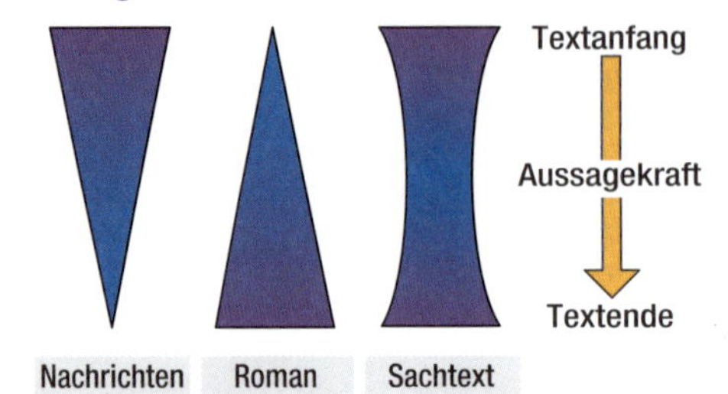

Nachrichten informieren in knapper Form über aktuelle Ereignisse und haben einen strengen Aufbau, der sich stark von literarischen Texten, Erörterungen, Nacherzählungen oder Schulaufsätzen unterscheidet. Bei Nachrichten wird das Wichtigste gleich am Anfang vorweggenommen. Das ist notwendig, um den Lesern die schnelle Orientierung und die Auswahl zu erleichtern. Der Roman erreicht seine höchste Aussagekraft gegen Ende. Um den Leser für einen Sachtext zu interessieren, ist es hilfreich, Wesentliches gleich am Anfang zu erwähnen. Das Niveau sollte im weiteren Verlauf jedoch nicht zu sehr absinken. Die Zusammenfassung am Ende bringt noch einmal einen Höhepunkt.

Lösung 2.34

80	1237–1310	1357–1436	1503/05	1656–67
D	A	E	B	C

Lösung 2.35

C und D. Die Bauern, die gesellschaftlich missachtet und wirtschaftlich ausgebeutet wurden, forderten Gleichberechtigung mit den anderen Ständen unter Berufung auf die Bibel, v. a. auf die Evangelien, in denen es keine Rechtfertigung der Grundherrschaft gibt. Luther hingegen stand nicht auf der Seite der Bauern, sondern wandte sich in mehreren Schriften empört gegen die Aufstände.

Lösung 2.36

B und C. Klimafaktoren der Taiga sind die stark schwankenden Tageslängen und der niedrige Einstrahlungswinkel des Sonnenlichts. Dadurch entsteht eine Bevorteilung der Südhänge im Frühjahr. An Nordhängen befinden sich aufgrund des niedrigen Einstrahlungswinkels der Sonne und des in der Taiga weit verbreiteten Permafrosts oft kalte und nasse Böden. Durch die Bodenvernässung kommt es sehr häufig zu Torf- und Moorbildung.

Lösung 2.37

A. Der Zellkern ist ein membranumhülltes Körperchen im Inneren der Zelle, in dem die DNS-Moleküle zusammen mit Proteinen in den Chromosomen organisiert sind. In Form von Genen, besonderen Abschnitten der DNS, sind dort alle Informationen gespeichert, die zur Entstehung eines funktionsfähigen Abbilds der vorhandenen Zelle erforderlich sind.

Lösung 2.38

Mit dem Ansatz $0{,}03 \cdot x = 2$ bestimmt Markus den Betrag eines Reiseschecks, für den beide Wechselstuben die gleiche Provision verlangen würden. Das wäre ein Reisescheck in Höhe von 66,66 \$. Also tauscht Markus Reiseschecks ab einem Wert von 67 \$ am besten bei der Wechselstube ein, die immer 2 \$ Provision verlangt. Für niedrigere Schecks zahlt er besser bei der anderen die 3 %.

Lösung 2.39

Mark Twain (1835–1910) äußert sich aus der Sicht eines Nichtmuttersprachlers über die deutsche Sprache. Seine Kritikpunkte sind: Deutsche Sätze sind sehr lang, Wortbezüge sind nicht erkennbar, die Bedeutung zusammengesetzter Substantive ist oft nicht zu entschlüsseln, Sätze sind verschachtelt (Einschübe, sog. Parenthesen), das Verb steht im Deutschen am Ende des Satzes. Diese Kritikpunkte sind im Text durch Semikola abgetrennt. Twain benutzt in seiner Darstellung genau jene Formen, die er kritisiert. Der Text, der also eine Art Parodie darstellt, entstammt seiner Abhandlung *Die schreckliche deutsche Sprache*.

Lösung 2.40

Im Grundriss vieler romanischer und gotischer Kirchenbauten deutet sich das griechische Kreuz als Symbol Christi und des Glaubens an. Dort, wo sich Mittelschiff und Querschiff treffen, ist der Mittelpunkt dieses Kreuzes, die Vierung. Die Erfindung des Spitzbogens ermöglichte es, viel höhere Bauten als noch in der Romanik zu errichten. Die monumentalen Kathedralen sind somit einerseits

Ausdruck einer mächtigen Kirche, andererseits aber auch der Hinwendung zum Jenseitigen und damit Symbol einer tiefen Gläubigkeit.

Lösung 2.41
Tsunamis werden durch Vulkanausbrüche, Seebeben und Erdrutsche ausgelöst. Auf offenem Meer sind die Wellen kaum zu erkennen, ihre Höhe beträgt nur wenige Meter. Erst wenn sich die Wellen der Küste nähern und sich die Wassertiefe verringert, türmen sich die Wellen auf und werden erkennbar. Doch dann ist es für die dortigen Bewohner meist zu schon spät. Heute versucht man durch zahlreiche Messstationen rund um den Pazifik den Menschen besser zu schützen.

Lösung 2.42
A, B, und C. Der französische Außenminister Charles Maurice de Talleyrand (1754–1838), der sich auch den politischen Verhältnissen in seinem Land jeweils geschickt anzupassen verstand, konnte mit diplomatischem Geschick und angesichts der Rückkehr der Bourbonen auf den französischen Thron die Gleichberechtigung Frankreichs erreichen. Ihm selbst war das Gleichgewicht der Kräfte in Europa ein wichtiges Anliegen. So konnte er sich durchaus im Sinne der Ziele des Wiener Kongresses für die Integration Frankreichs einsetzen. Hinzu kam, dass die Umverteilung des Landbesitzes durch Napoleon nicht rückgängig gemacht werden konnte, da die neuen Landbesitzer sich nicht von ihrem neu erworbenen Besitz trennen wollten.

Lösung 2.43
B. Ein Zyklotron ist ein Teilchenbeschleuniger, d. h. Elementarteilchen wie z. B. Elektronen oder Protonen werden dort mittels elektrischer Felder nahezu auf Lichtgeschwindigkeit beschleunigt und dann gezielt zur Kollision mit anderen Teilchen gebracht. Aus diesen Experimenten lassen sich wertvolle Hinweise auf den Aufbau der Materie und die Kräfte, die sie zusammenhalten, gewinnen.

Lösung 2.44
Mark zahlt für seinen Anteil, der einer kleinen Pizza mit 26 cm Durchmesser und einer Fläche von 531 cm^2 entspricht, 5,90 € oder 1,11 ct/cm^2. Die große Pizza mit 32 cm Durchmesser hat eine Fläche von 804 cm^2. Pias Pizzastück ist 804 cm^2 – 531 cm^2 = 273 cm^2 groß und kostet 9,5 € – 5,9 € = 3,6 €. Demnach kostet Pias Pizza pro cm^2 1,31 ct und ist relativ teurer als Marks Pizzastück.

Lösung 2.45
Säulendiagramme bieten sich zur Darstellung von Befragungsergebnissen an, wenn die Anzahl der Antworten mehr als 100 % ergibt. Das kann geschehen, wenn auf eine Frage mehrere Antworten möglich sind oder viele kleine Gruppen betrachtet werden. Jede Säule steht quasi für ein eigenes Problem oder eine Antwort. Ein Kurvendiagramm, bei dem mathematische Werte in einem Koordinatensystem dargestellt werden, hilft, Entwicklungen über einen längeren Zeitraum hinweg darzustellen. Kreisdiagramme geben die prozentuale Verteilung von Antworten auf eine einzige Frage oder von Segmenten einer Gesamtzusammensetzung wieder. Die Summe aller Segmente ergibt zwangsläufig 100 %.

Lösung 2.46
B und D. Die Architektur des Historismus bediente sich eklektizistisch bereits gewachsener und abgeschlossener Kunstleistungen. Die Übernahme der Formensprache aus verschiedenen historischen Phasen der Architektur erzeugte einen Stilpluralismus. Mit „edler Einfalt und stiller Größe" charakterisierte einst Johann Joachim Winckelmann (1717–68) die Architektur und Skulptur der Antike. Erst die Moderne mit dem um die Jahrhundertwende einsetzenden Jugendstil löste den Historismus ab und fand zu einer neuen Formensprache.

Lösung 2.47
Der flugunfähige Kiwi und seine „Verwandten" hatten auf Neuseeland keine natürlichen Feinde, bevor der Mensch die Insel betrat. Außer den Fledermäusen gab es dort keine Säugetiere. So konnten sich die Vögel ohne Lebensgefahr auf der Erde bewegen. Doch nachdem der Mensch Katzen, Hunde, Marder und andere Tiere auf die Insel gebracht hatte, war es um den Frieden von Kiwi & Co. geschehen.

Lösung 2.48
C, B, A, D.
C: 1764/65, Protest gegen die erste britische Steuer im „Stamp Act",
B: 1773, Rebellion gegen die britische Teesteuer,
A: 1783, im Frieden von Paris erhalten die USA von Großbritannien die Unabhängigkeit,
D: 1823, Präsident Monroe warnt die europäischen Mächte in der sog. Monroedoktrin vor einer Einmischung in Lateinamerika über die Kolonialansprüche hinaus.

Schwierigkeitsgrad 2 Lösungen

2

Lösung 2.49

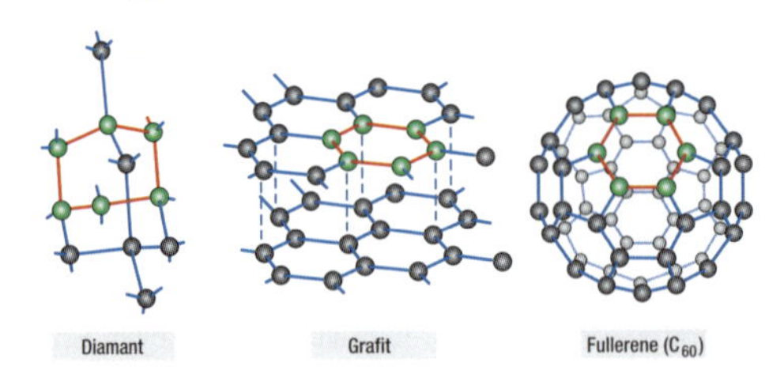

In allen drei Formen sind Kohlenstoff-Sechsringe als Strukturelement zu finden.

Lösung 2.50

Der Autor versucht, Ängste und Befürchtungen zu zerstreuen, die möglicherweise kleinere Länder der EU haben, weil sie sich von den größeren dominiert sehen. Er tritt der Befürchtung entgegen, die Eigenständigkeit verschiedener Traditionen und Kulturen Europas könne einer allgemeinen Nivellierung anheim fallen. Es handelt sich um eine unverbindliche Aussage, die sich nicht auf Fakten bezieht.

Lösung 2.51

A. An jeder Ecke der Holzplatte befindet sich ein Viertelkreis mit Radius r = 23 cm. Für die geraden Strecken auf der Längsseite bleiben 120 cm – 2 · 23 cm = 74 cm. Auf diese Länge passen $\frac{74}{12,5} = 6,14$, also sechs ganze gerade Schienen. Die gerade Strecke auf der Stirnseite ist 75 cm – 2 · 23 cm = 29 cm lang und hat Platz für $\frac{29}{12,5} = 2,41$, also zwei ganze gerade Schienen. Die gesamte Länge des Kurses ist also: ein Vollkreis mit Umfang U = 2 · π · 23 cm = 144,5 cm plus 16 Schienen à 12,05 cm. Das sind insgesamt ca. 337 cm.

Lösung 2.52

B. Caravaggio revolutionierte die Malerei insbesondere dadurch, dass er religiöse und mythologische Themen mit einem realistischen Figurenpersonal bestückte. So wirken die Heiligen in seinen Bildern wie Menschen aus dem Volk. Wichtigstes Merkmal seiner Malerei ist aber die dramatische Inszenierung durch den effektvollen Einsatz von Hell-Dunkel-Kontrasten.

Lösung 2.53

A, B, C und D. Neuer Lebensraum und zusätzliche Nahrungsquellen sollten helfen, die Bedingungen der Arbeiter zu verbessern und Proteste zu verhindern. Dem wachsenden Mittelstand sollte vermittelt werden, dass die Expansion auch seinen Interessen dient. Insgesamt sollten Auseinandersetzungen zwischen den Klassen in den Hintergrund treten, indem die Expansion zu einem gemeinsamen Projekt aller Bevölkerungsschichten wurde. Schließlich förderte auch die nationale Begeisterung den Einsatz in der Kolonie für das eigene Land.

Lösung 2.54

A1, B2, C3.

Lösung 2.55

A. Beim Diätsalz ist das Natrium durch Kalium ersetzt. Der typisch reine „Salzgeschmack" wird dabei allerdings nur annähernd erreicht. Kochsalzersatzmittel werden wegen ihres bitteren, metallischen Bei- und Nachgeschmacks oft abgelehnt. Verwendung finden sie im Rahmen einer kochsalzarmen (natriumarmen) Ernährung und bei der Herstellung natriumarmer und streng natriumarmer Lebensmittel.

Lösung 2.56

B, nein. Auf der Distanz d = 3 km gewinnt man bei der Steigung m = 10 % = 0,1 die Höhe Δh = d · sin [arctan(m)] = 3 km · sin [arctan 0,10] = 0,299 km. Die Passstraße erreicht also insgesamt 1030 m und überschreitet somit die Schneefallgrenze. Winterreifen sind also angesagt.

Lösung 2.57

Nicht abtönender Gebrauch:
A: Er ist groß, aber schwach; B: Ich habe doch nur meine Meinung gesagt; C: Das Meer ist ruhig; D: Ist der Platz noch frei? Ja! E: Es ist schon fünf Uhr; F: Ich habe mir eben ein neues Buch gekauft.
Abtönungspartikeln:
A: Seid ihr aber groß geworden! B: Wo habe ich nur meinen Kopf? C: Das kannst du ruhig machen; D: Das ist ja unerhört! E: Du wirst schon sehen, wohin das führt; F: Das ging eben nicht anders.
Abtönungspartikeln drücken eine Annahme, Erwartung oder innere Einstellung des Sprechers aus. Sie geben dem Gegenüber Informationen darüber, in welchem Zusammenhang ein Satz geäußert wurde, und ermöglichen es ihm, den Satz einzuordnen. Man kann sie als Metakommentar, einen Kommentar über die Äußerung, verstehen.

Lösung 2.58
C. Die Impressionisten verstanden es, durch die scheinbar zufällige Wahl eines Ausschnitts den atmosphärischen Eindruck des Flüchtigen und der Bewegung zu inszenieren. Für die Komposition ist es charakteristisch, dass sich die einzelnen Figuren überschneiden, scheinbar ungeordnet gestaffelt stehen und nur ausschnitthaft zu sehen sind.

Lösung 2.59
B. Das zaristische Russland verkaufte 1867 Alaska für 7,2 Mio. $ an die USA. 1959 wurde Alaska zum 49. Bundesstaat.

Lösung 2.60
Für das russische Zarenreich waren die Verbindungen innerhalb des großen Reiches, z. B. die Eisenbahnlinien, wichtiger als die Seewege. Daher wurde eine Ausdehnung in den asiatischen und pazifischen Raum angestrebt. Die Verpflichtungen gegenüber dem weit entfernten Alaska waren dagegen eher belastend.

Lösung 2.61

Lösung 2.62
B. Es ist ein „populärer Irrtum“, dass destilliertes Wasser den Körper schwer schädigt und wie Gift wirkt. Zwar enthält es keine Salze und Mineralien und wenn man nur destilliertes Wasser tränke, würde es zu einer Verarmung des Körpers an wertvollen Elektrolyten kommen. Aber in geringen Mengen, etwa zur Herstellung von Tee, ist der Genuss von destilliertem Wasser völlig unbedenklich.

Lösung 2.63
C. Ein Vollwinkel (ganzer Kreis) hat 360°. Der Umfang des zugehörigen Kreises (Radius 1) ist $2 \cdot \pi$. Winkel können in Bruchteilen des Vollwinkels in Grad angegeben werden, z.B. $\frac{360°}{4} = 90°$ für einen Viertelkreis, oder im Bogenmaß als $\frac{2\pi}{4} = \frac{\pi}{2}$.

Einen beliebigen Winkel rechnet man von Grad ins Bogenmaß um, indem beide Maße in Beziehung zueinander gesetzt werden: $\frac{\varphi\,[\text{Bogenmaß}]}{2\pi} = \frac{\varphi\,[°]}{360°}$.
Aufgelöst ergibt sich: $\varphi\,[\text{Bogenmaß}] = \frac{\pi \cdot \varphi\,[°]}{180°}$. Ein 60°-Winkel hat also das Bogenmaß $\frac{\pi \cdot 60°}{180°} = \frac{\pi}{3}$.

Lösung 2.64
A und B.

Lösung 2.65
Beide Skulpturen kombinieren herkömmliches Bildhauermaterial (Marmor bzw. Bronze) mit Stoffen, die der tatsächlichen Beschaffenheit der dargestellten Gegenstände entsprechen. Im Falle der Paolina Borghese als Venus ist die Liege aus Holz gefertigt. Die namenlose *Vierzehnjährige Tänzerin* hat Körper und Haare aus Bronze, ihr Rock ist jedoch tatsächlich aus Tüll und ihr Haarband aus Seide. Dieser Bruch zur traditionellen Bronzeskulptur löst selbst beim heutigen Betrachter noch eine Irritation aus.

Lösung 2.66

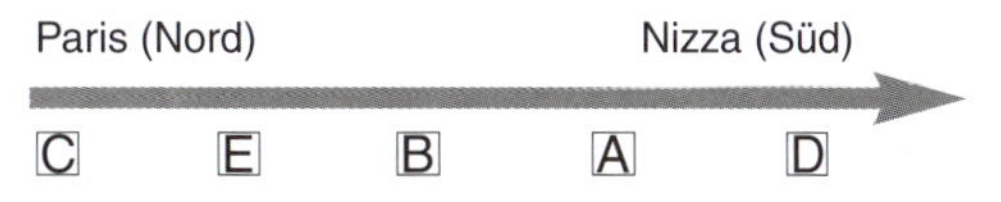

Lösung 2.67
Die Masse ist die Menge an Materie, die ein Körper enthält, und ein Maß für die Trägheit des Körpers. Die Gewichtskraft ist ein Maß für die Gravitationskraft, die auf einen Körper einwirkt. Sie lässt sich im einfachsten Fall mit einer Feder bestimmen. Ein Mensch wiegt z. B. auf dem Mond nur ein Sechstel dessen, was er auf der Erde wiegt. Seine Masse ändert sich dabei aber nicht.

Lösung 2.68
D. Wand- und Deckenfläche ergeben zusammen 35 m^2. Dafür benötigen Sie $\frac{35\,m^2}{2\,\frac{m^2}{l}} = 17{,}5$ l Farbe.
Mit Verdünnung erhalten Sie aus einem 5-l-Eimer 5,5 l Farbe und 3,3 l aus einem 3-l-Eimer. Die kleinste Menge Restfarbe bleibt beim Kauf von zwei Eimern à 5 l und zwei Eimern à 3 l.

Lösung 2.69
A: Als Antwort auf die Entscheidungsfrage reicht prinzipiell ein „Ja“ oder „Nein“. Der Fragende erwar-

Schwierigkeitsgrad 2 Lösungen

2

tet aber sicher eine Auskunft („Bitte, wie komme ich zum Bahnhof?").

B: Vermutlich ist hier der Anzug „aus dem Schaufenster" gemeint. Eine Anprobe im Schaufenster dürfte vermutlich als unpassend empfunden werden („Darf ich den Anzug aus dem Schaufenster anprobieren?").

C: Ist diese Frage als Gruß gemeint, so ist der Sprecher möglicherweise nicht an einem ausführlichen Bericht über die Befindlichkeit des Angesprochenen interessiert („Hallo, grüß' dich!").

D: Unklar bleibt, ob sich der Einladende oder der Eingeladene kritisch geäußert hat („Ich lade Sie zur Diskussion ein, weil Sie sich kritisch geäußert haben").

So manche unglückliche Formulierung führt bisweilen zu einem ungewollten Lacherfolg. Oft werden Menschen nach ihrer Sprache beurteilt. Weil Vorurteile nicht augenblicklich beseitigt werden können, ist es wichtig, im öffentlichen Leben auf die eigene Sprache zu achten, Fehler im alltäglichen Sprachgebrauch zu kennen und zu vermeiden.

Lösung 2.70

B. Der Schiefe Turm ist der Glockenturm der Kathedrale. In den meisten norditalienischen Kirchenbauten wurde der Turm nicht in den Bau selbst integriert, sondern stand neben der Kirche. Man nennt diese Form des Glockenturms Campanile. Auf den meisten Touristenfotos und Postkarten nicht zu sehen: die Kathedrale (1118 geweiht) und das Baptisterium (Baubeginn 1153). Mittelalterliche Geschlechtertürme waren einst Zeichen der mächtigen Bürger norditalienischer Städte und prägen heute u. a. noch in San Gimignano das Stadtbild.

Lösung 2.71

A, B und C. Die Lage der Bauern war schlecht und die Landwirtschaft allein konnte die Bevölkerung nicht ernähren. Die Wirtschaft sollte also durch den Imperialismus gestärkt und revolutionäre Tendenzen in die imperialistische Ideologie abgelenkt werden. Um die freie Durchfahrt durch die Meerengen gab es immer wieder Konflikte mit England und Österreich. Ostasien und das Osmanische Reich waren daher die wichtigsten Expansionsziele Russlands, die nicht nur für den Zugang zu den Meerengen, sondern auch für die Absicherung der russischen Grenzen wichtig waren.

Lösung 2.72

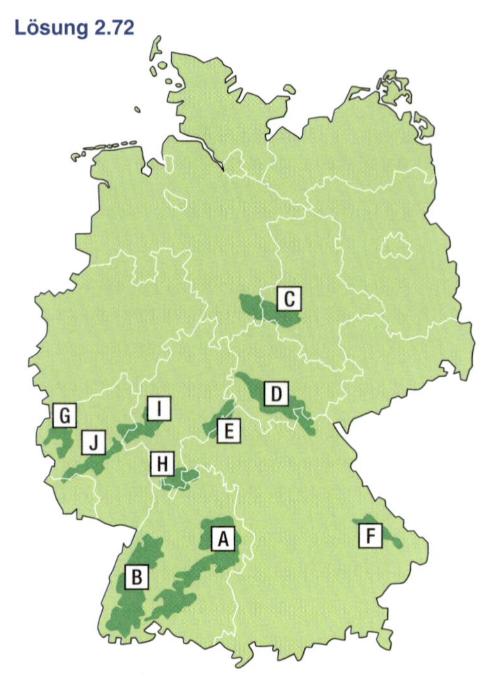

Lösung 2.73

B. Die Größe des runden Knödels lässt sich mithilfe der Volumenformel für Kugeln bestimmen: $V_{Kugel} = \frac{4}{3}\pi \cdot r^3$. Der flache Knödel gleicht einem Zylinder mit dem Volumen: $V_{Zylinder} = \pi \cdot r^2 \cdot h$. In den Formeln ist mit r der Radius der Kugel bzw. der Radius der Grundfläche des Zylinders gemeint. Da der flache Knödel mit 3,5 cm halb so hoch ist wie die Kugel, beträgt der Kugelradius 3,5 cm. Weil beide Knödel gleich breit sind, beträgt der Radius der Flachknödelgrundfläche ebenfalls 3,5 cm. Nach Einsetzen in die Formeln erhält man für den Kugelknödel ein Volumen von ca. 180 cm^3 und für den flachen Knödel ca. 135 cm^3. Die Volumendifferenz beträgt also ca. 45 cm^3.

Lösung 2.74

A, B und D. Obwohl wir im Alltag meist nur mit Metallen zu tun haben, die relativ hohe Schmelzpunkte aufweisen (z. B. schmilzt reines Eisen erst bei 1535° C), gibt es doch genug bekannte Metalle, die z. T. bereits bei sehr niedrigen Temperaturen flüssig werden. Wie jeder vom Bleigießen an Silvester wissen dürfte, kann man Blei bereits über einer Kerze zum Schmelzen bringen. Quecksilber ist bereits bei Raumtemperatur eine Flüssigkeit, aber chemisch eindeutig ein Metall. In der Tat ist es aber so, dass alle Metalle elektrisch leitend sind, in reiner Form einen metallischen Glanz aufweisen und durch mechanische Einflüsse verformt werden können.

Lösung 2.75

Sie befinden sich an zweiter Position, denn Sie haben den zweiten Läufer überholt und befinden sich selbst an dessen Position. Vor Ihnen ist immer noch ein Läufer.

Lösung 2.76

um 800	ab 1248	1500	1720 bis 1744	1972
B	D	E	A	C

Lösung 2.77

B. Die Sowjetunion hatte nicht an der Friedenskonferenz nach dem Ersten Weltkrieg und auch nicht an der Gründung des Völkerbundes teilgenommen, sondern trat diesem erst 1934 bei. Bolschewistische Propaganda gegen die Großmächte hatte einen früheren Beitritt verhindert. Dadurch war eine der wichtigsten Großmächte nicht an der Neuordnung Europas beteiligt gewesen.

Lösung 2.78

geringe Süßwassermenge → große Süßwassermenge

D	A	C	B

Von den 3 % Süßwasser sind ca. 2,3 % in Gletschern gefroren, 0,6 % gehören zum Grundwasser, 0,01 % befinden sich in Seen und nur 0,001 % fließen in den Flüssen dieser Welt.

Lösung 2.79

B. Der Mond ist etwa 380.000 km von der Erde entfernt. Da sich Funksignale mit Lichtgeschwindigkeit bewegen und diese ca. 300.000 km/s beträgt, benötigt der Funkspruch etwa 1,27 Sek., um den Mond zu erreichen. Selbst wenn die Antwort prompt erfolgte, würde sie erst nach weiteren 1,27 Sek. auf der Erde empfangen.

Lösung 2.80

C. Man berechnet für alle Größen den Preis pro Quadratzentimeter Pizza und vergleicht, wo der günstigste Quadratzentimeterpreis erzielt wird. Die Fläche einer Pizza ergibt sich aus der Formel zur Berechnung einer Kreisfläche: $A = \pi \cdot r^2$. Als Radius r setzt man den halben Durchmesser ein. Damit ergeben sich die Quadratzentimeterpreise

$p = \frac{\text{Pizzapreis}}{2 \cdot \pi \cdot r^2}$: „Single“: $p = 0{,}53$ ct/cm²
„Double“: $p = 0{,}50$ ct/cm²
„Family“: $p = 0{,}41$ ct/cm².

Lösung 2.81

Wenn Sie Lili, Lala o. Ä. für den Namen der fünften Tochter halten, liegen Sie falsch, denn es ist ausdrücklich vom Vater von Sabine die Rede. Die fünfte Tochter heißt demnach Sabine.

Lösung 2.82

C. Die Verbindung von Wissenschaft und Kunst ist ein Hauptmerkmal der Renaissance. Der Baumeister Brunelleschi vertraute Erkenntnissen der Mathematik und setzte diese in eine neue Bauweise um. Die Kuppel des Petersdoms in Rom nach dem Plan von Michelangelo (Ausführung ab 1588) greift das Zwei-Schalen-Modell von Brunelleschi auf.

Lösung 2.83

C. Der Bürgermeister kann zufrieden sein, aber etwas Werbung könnte nicht schaden. Dividiert man die 3,9 Mio. Übernachtungen durch die Bettenkapazität von 21.000, ergibt sich eine durchschnittliche Übernachtungszahl pro Bett von ca. 186. Das bedeutet, dass ein Bett im Durchschnitt etwa ein halbes Jahr lang belegt ist.

Lösung 2.84

B und D. Jede Art von Revolution wurde abgelehnt. Als Ideal galt die organische Entwicklung der eigenen nationalen Besonderheit, die v. a. im Volksgut zu finden sei.

Lösung 2.85

B. Die Oberfläche O_K einer Kugel berechnet man mit der Formel $O_K = 4\pi \cdot r^2$. Der Radius lässt sich mithilfe der Formel für das Volumen V_K einer Kugel bestimmen: $V_K = \frac{4}{3}\pi \cdot r^2$. Daraus ergibt sich für den Radius: $\sqrt[3]{\frac{3 \cdot V_K}{4\pi}}$. V_K wird allerdings nicht in Litern, sondern in Kubikzentimetern angegeben:

Schwierigkeitsgrad 2 Lösungen

2

1 l = 1000 cm^3. So ergibt sich für die Oberfläche:

$$O_K = 4\pi \cdot \left(\sqrt[3]{\frac{3 \cdot 1000\,cm^3}{4\pi}}\right)^2 \approx 483{,}59\ cm^2.$$

Lösung 2.86
D. Da das Volumen proportional zur dritten Potenz des Radius ist, vergrößert es sich bei verdreifachtem Radius auf das 3^3-, also 27fache.

Lösung 2.87
A. Ethylalkohol wird in der Leber zu Acetaldehyd und danach zu Essigsäure abgebaut. In Japan leidet aber ungefähr jeder zweite Mensch an einem angeborenen Gendefekt, der den Abbau des Acetaldehyds zu Essigsäure verhindert. Somit entsteht bei Japanern besonders viel zellschädigendes Acetaldehyd und sie werden schneller und länger anhaltend betrunken.

Lösung 2.88
Der vorliegende Text entstammt dem Beipackzettel eines Medikaments und behandelt den Punkt „Gegenanzeigen". Es müssten vorangestellt werden oder folgen: z. B. Aussagen über Zusammensetzung, Darreichungsformen, Nebenwirkungen des Arzneimittels, Dosierung und Wechselwirkungen mit anderen Mitteln.

Lösung 2.89
C. Durch die Entdeckung der Zentralperspektive wurde die Bildfläche gewissermaßen aus der Zwei- in die Dreidimensionalität verlagert. Durch eine illusionistische Perspektive wurde die Raumtiefe absichtlich stark betont. Die Einheit der Perspektive war durch die strikte Anwendung der optisch-wissenschaftlichen Erkenntnisse gegeben. Das Porträt – auch hierin zeigt sich das Wesen der Renaissance – wurde individueller, d. h. der psychologische Aspekt kam hinzu.

Lösung 2.90
A. Halligen sind uneingedeichte Inseln im Wattenmeer vor Schleswig-Holstein. Sie gelten als natürlicher Küstenschutz für das im Hinterland des Wattenmeers befindliche Festland. Als Ferienort spielen besonders Hooge, Langeneß und Oland eine Rolle. Auf der Hallig Hooge leben mehr als 150 Menschen.

Lösung 2.91
A, B und D.

Lösung 2.92
A. Schuld an dieser scheinbar dem gesunden Menschenverstand widersprechenden Beobachtung ist die Tatsache, dass ein großer Teil der Wärmeenergie des heißen Wassers zum Schmelzen des Eises benötigt wird. Dadurch wird das Eis gewissermaßen nur in Wasser mit einer Temperatur von 0° C umgewandelt. Der noch verbleibende Teil der Wärmeenergie des Wassers erwärmt die Mischung dann nur noch auf ca. 10° C.

Lösung 2.93
A: Aktive Menschen. Es wird suggeriert, der Schokoriegel steigere die Aktivität.
B: Menschen, die einen Erholungsurlaub planen, sich entspannen wollen oder gern aktiv sind; Studienreisende sind vermutlich eher nicht angesprochen. Gleichzeitig kann der Ausdruck „TUI" als künstliches Adjektiv betrachtet werden, das nahe legt, die Reise mit besagtem Anbieter vermittle ein besonderes Gefühl, ein „TUI-Gefühl".
C: Konsumenten, die auf den Preis achten, weil es zeitgemäß und durchaus kein Makel ist, zu sparen.
D: Junge Leute, die auf Individualität und Einzigartigkeit setzen.
E: Hausfrauen. Es wird suggeriert, das Waschmittel besitze die größte Reinigungskraft.
Werbebotschaften kommen in unterschiedlichem Satzbau daher: im Telegrammstil, als Provokation, im Imperativ (Befehlsform), als Fragesatz oder in einer persönlichen Anrede.

Lösung 2.94
Der Petersdom (D) in Rom und der Parthenon (B) als der Athene geweihter Tempel auf der Akropolis sind sakrale Bauten. Das Kolosseum (A) in Rom als Amphitheater, das Pariser Centre Pompidou (C) als moderne Kultur- und Kunststätte und der Louvre (E) als ehemaliges Königschloss (seit 1793 Museum) sind Profanbauten.

Lösung 2.95
A. Die Karte zeigt die Wege der Reisen, die der genuesische Seefahrer Christoph Kolumbus (1451 bis 1506) unternahm. Er hatte nach einer Erdkarte des Florentiners Toscanelli berechnet, dass der Seeweg nach Indien kürzer sein müsse als der Landweg. Von der spanischen Königin Isabella erhielt er schließlich die Erlaubnis, am 3. August 1492 mit drei Schiffen von dem Hafen von Palos aus in Richtung Westen aufzubrechen. Am 12. Oktober desselben Jahres erreichte er mit seiner

Mannschaft eine Bahamainsel, die er für einen Teil Japans hielt. Auch nach seinen weiteren Expeditionen und Entdeckungen glaubte Kolumbus nach wie vor, „westindische Inseln" gefunden zu haben. Erst weitere Entdecker nach ihm fanden heraus, dass Kolumbus nicht nach Indien, sondern zu einem fremden Kontinent gelangt war.

Lösung 2.96

Schiffsroute	Name des Meeres
Kiel–Stockholm	Ostsee
Istanbul–Sebastopol	Schwarzes Meer
Rom–Palermo	Thyrrhenisches Meer
Arhus–Varberg	Kattegat
Rhodos–Athen	Ägäisches Meer

Lösung 2.97

Erst ab Temperaturen von über 400° C reagieren Wasserstoff und Sauerstoff messbar zu Wasser, ab etwa 600° C verläuft die Reaktion explosiv. Bei Raumtemperatur hingegen verläuft die Reaktion unmessbar langsam und so könnte man ein Gemisch aus Wasserstoff und Sauerstoff viele tausend Jahre lang aufbewahren, ohne dass es zu einer merklichen Bildung von Wasser käme.

Lösung 2.98

C. Geostationäre Satelliten „stehen" konstant über einem Punkt der Erdoberfläche und legen somit die gesamte Umlaufbahn innerhalb von 24 Std. zurück. Um die Länge der Umlaufbahn zu errechnen, bestimmt man erst den Radius
R = Erdradius + 36 km. Der Erdradius r beträgt $\frac{40.000 \text{ km}}{2 \cdot \pi} \approx 6.366$ km. Somit ergibt sich für die Umlaufbahn $U = 2 \cdot \pi \cdot 6.402 \text{ km} \approx 40.224{,}95 \text{ km}$. Diesen Weg legt der Satellit in 24 Std. zurück, also mit der Geschwindigkeit
$v = \frac{40.224{,}95 \text{ km}}{24\text{h}} = 1.676 \frac{\text{km}}{\text{h}}$.

Lösung 2.99

Beim vorliegenden Text handelt es sich um einen Leserbrief. Der Verfasser fühlt sich offensichtlich durch den ständigen Geräusch- und Lärmpegel in Kaufhäusern und Geschäften, hervorgerufen durch eine stete Berieselung mit Musik, Werbeansagen etc. belästigt, weil sie ihn daran hindern, seine Verkaufsgespräche in Ruhe zu führen.

Lösung 2.100

Schon in der Antike soll es Selbstbildnisse gegeben haben, von denen jedoch keines erhalten ist. Im Mittelalter war die Selbstdarstellung von Künstlern selten und wurde aufgrund der typisierenden Darstellungsweise durch Attribute oder Inschriften kenntlich gemacht. Als Bildgattung gibt es das Selbstporträt seit der Renaissance. Sie erhob den Kunstschaffenden aus dem Status des Handwerkers in den des individuellen, schöpferischen Menschen.

Lösung 2.101

A und C.

Lösung 2.102

B und C. Antwort A kommt nicht in Frage, denn auch wenn der Ministerpräsident Erwin Teufel heißt und sich die älteste Universität Baden-Württembergs in Heidelberg befindet, ist der höchste Berg des Bundeslandes der 1493 m hohe Feldberg.

Lösung 2.103

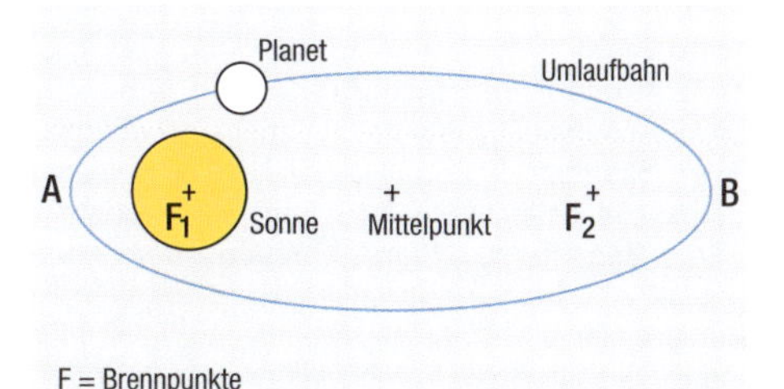

Laut Kepler befindet sich in einem der beiden Brennpunkte der elliptischen Planetenbahnen die Sonne. Wenn sich unser Planet an Punkt A schneller bewegt als an B, dann muss er sich an diesem Punkt näher an der Sonne befinden, da er nun die stärkere Gravitation des Fixsterns verspürt.

Lösung 2.104

C. Wird eine 1 m^2 große Fläche in 1 cm breite Streifen geschnitten, dann ergibt das Streifen mit einer Gesamtlänge von 100 m. So lang wäre der Umfang U des Kreises. Zur Flächenberechnung wird nun der Radius r dieses Kreises berechnet. Es gilt: $U = 2 \cdot \pi \cdot r$. Nach r aufgelöst erhält man:
$r = \frac{100 \text{ m}}{2 \cdot \pi} = 15{,}92 \text{ m}$. Ein Kreis mit diesem Radius hat die Fläche $A = \pi \cdot r^2 \approx 3{,}14 \cdot (15{,}92 \text{ m})^2 \approx 795{,}82 \text{ m}^2$.

Schwierigkeitsgrad 2 Lösungen

2

Lösung 2.105
A, B und D verwenden den Telegrammstil, C und E den Imperativ (Befehlsform).

Lösung 2.106
E. Neben Rot und Blau bildet Gelb die dritte Primärfarbe. Diese Farben werden auch Grundfarben genannt und zeichnen sich dadurch aus, dass sie nicht aus anderen Farben gemischt werden können.

Lösung 2.107
A und B. Das Grundgesetz ist die Verfassung eines sozialen Rechtsstaats. Es trat am 24. Mai 1949 in Kraft. Der Begriff „Grundgesetz" anstelle von „Verfassung" sollte zum Ausdruck bringen, dass es sich um ein Provisorium handelte, das für eine Übergangszeit gelten sollte, bis eine gesamtdeutsche Verfassung für das wieder vereinigte Deutschland geschaffen würde (Artikel 146). Das Grundgesetz wurde jedoch nach der Wiedervereinigung Deutschlands durch den Beitritt des DDR-Gebietes am 3. Oktober 1990 als Verfassung für das vereinte Deutschland beibehalten.

Lösung 2.108
A, B, C, E und F. Luxemburg hat eine Fläche von 2586 km^2. Außer Zypern (9251 km^2) sind alle genannten Staaten deutlich kleiner als Luxemburg: Andorra 468 km^2, Malta 316 km^2, Liechtenstein 160 km^2, San Marino 61 km^2, Monaco 2 km^2.

Lösung 2.109
A und B. Salze trennen sich beim Lösen in ihre ionischen Bestandteile auf. Daher lösen sie sich besonders gut in polaren Lösungsmitteln auf, Stoffen, deren Moleküle selbst eine ungleichmäßige Ladungsverteilung aufweisen. Wasser und Ethanol sind polar.

Lösung 2.110
Die beiden Grafiken geben den Anteil von Ländern und Regionen am Welthandel in Prozent wieder und stellen Einfuhren und Ausfuhren gegenüber. Die Europäische Union mit ihren derzeit noch 15 Mitgliedsstaaten ist neben den USA weltweit der wichtigste Handelspartner.

Lösung 2.111
B. Conny hat gemäß Pythagoras die Strecke $s = \sqrt{(300\,m)^2 + (400\,m)^2} = 500$ m zurückzulegen, für die sie mit der Geschwindigkeit 10 km/h die Zeit $t_c = \frac{0{,}5\,km}{10\,\frac{km}{h}} = 0{,}05$ h = 3 min benötigt. Heinz fährt doppelt so schnell und braucht daher für die insgesamt 700 m lange Strecke die Zeit $t_H = \frac{0{,}7\,km}{20\,\frac{km}{h}} = 0{,}035$ h = 2,1 min.
Also muss er 0,9 Min. bzw. 54 Sek. warten, bis Conny ankommt.

Lösung 2.112
A. Im 17. Jh., dem Zeitalter des Barock, erfuhren nahezu alle künstlerischen Äußerungen eine Verknüpfung mit symbolischem Inhalt. So wurde auch das Stillleben nur vordergründig als die Darstellung der „nature morte", also bewegungsloser Gegenstände, gesehen. Den Zeitgenossen war die symbolische Bedeutung der dargestellten Objekte vertraut: Welkende Blumen, reife Früchte, Stundengläser und Totenschädel waren z. B. deutliche Symbole des Hauptthemas des Barock, der Vergänglichkeit („Vanitas").

Lösung 2.113
B. Das chinesische Kaiserreich war seit der Mitte des 19. Jh. militärisch geschwächt und innenpolitisch uneins und lief daher Gefahr, unter den Industriestaaten aufgeteilt zu werden. Die USA forderten, China dürfe nicht von einzelnen Staaten annektiert werden, sondern die Rohstoffe und Absatzmärkte sollten gemeinsam von allen Industriestaaten genutzt werden. China blieb damit offiziell unabhängig, musste aber Verträge abschließen, die es imperialistischen Mächten gegenüber zu Zugeständnissen zwang.

Lösung 2.114
B und C. In Ruanda hatten im Jahr 2000 nur 41 % der Bevölkerung Zugang zu Trinkwasser. In Madagaskar lag der Anteil nur geringfügig höher. In Südafrika lag der Prozentsatz im Jahr 2000 bei 86 %, in Namibia bei 77 %.

Lösung 2.115
Merkur, der innerste Planet des Sonnensystems, erreicht eine mittlere Umlaufgeschwindigkeit von 47,9 km/s, während sich die Erde z. B. mit nur noch 29,8 km/s im Mittel um die Sonne bewegt. Die Ursache für diese hohe Bahngeschwindigkeit des Merkur ist seine große Nähe zur Sonne und die damit verbundene hohe Anziehung durch unser Zentralgestirn.

Schwierigkeitsgrad 2 Lösungen

Lösung 2.116

B. Da dieser Maulwurf seine Maulwurfhügel zufällig aufwirft, ist die Wahrscheinlichkeit p, dass er auf den beobachteten 9 m^2 erscheint, so groß wie das Verhältnis der beobachteten Fläche zur Gesamtfläche: $p = \frac{9\,m^2}{900\,m^2} = 0{,}01 = 1\%$.

Lösung 2.117

Der Text gibt die prozentuale Verteilung in Bezug auf eine einzige Frage wieder: Wohin sind die Deutschen gereist? Daher bietet sich ein Kreisdiagramm als angemessene Darstellungsform an. Ihr Diagramm könnte wie folgt aussehen:

Reiseziele der Deutschen 2003

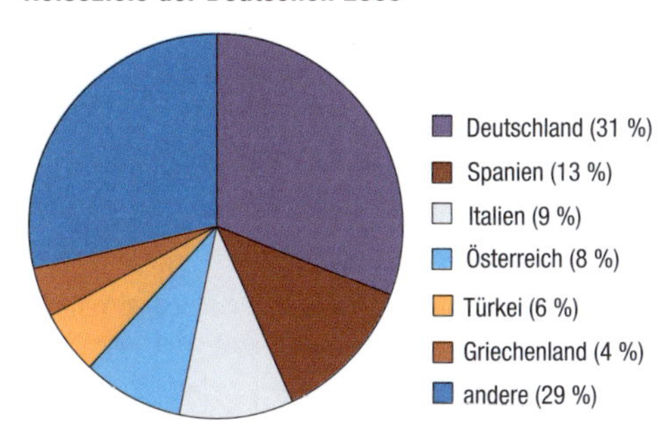

Lösung 2.118

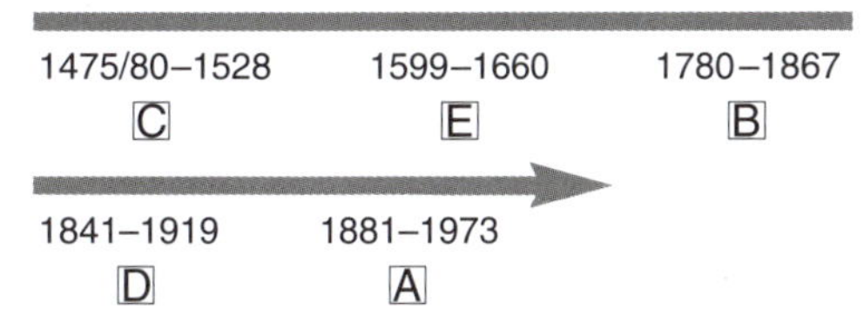

Lösung 2.119

B. Die Kreidezeit folgte auf den Jura und gehört zum Mesozoikum (Erdmittelalter).

Lösung 2.120

Während zu Beginn des 19. Jh. etwa zwei Drittel der Erwerbstätigen in der Landwirtschaft beschäftigt waren, wurden seit etwa 1850 Industrie und Handel immer wichtiger. Die Zahl der Beschäftigten in der Landwirtschaft nahm ab (1900 waren es nur noch knapp 40 %), dafür arbeiteten mehr Menschen in Industrie, Handel und Verwaltung. Erfindungen und Entdeckungen hatten in der sog. industriellen Revolution die Lebensbedingungen verändert. Es waren neue Verkehrsmittel wie Dampfschiff und Lokomotive entstanden. Ihre Herstellung und der Ausbau der Eisenbahnlinien führten zu einem Aufschwung der Industrie. V. a. Kohleförderung und Eisenerzeugung stiegen gewaltig an. Auch in der Landwirtschaft wurden Maschinen eingesetzt. Man konnte Personal sparen und trotz massiver Landflucht der Bevölkerung in die Großstädte die landwirtschaftlichen Erträge steigern. Das Wachsen der Großstädte brachte eine Ausweitung des Dienstleistungssektors mit sich, wodurch viele neue Arbeitsplätze entstanden.

Lösung 2.121

Auch auf der südlichen Erdhälfte geht die Sonne im Osten auf und im Westen unter. Denn an der Drehrichtung der Erde ändert sich selbstverständlich nichts, wenn wir uns auf der Südhalbkugel befinden. Allerdings baut man dort seine Sonnenterrasse zur Nordseite hin, denn hier steht die Sonne zur Mittagszeit in Richtung Norden.

Lösung 2.122

C. Wenn der Losverkäufer damit Recht hat, dass jedes zweite Los gewinnt, beträgt die Gewinnwahrscheinlichkeit 50 % (0,5). Die Nietenwahrscheinlichkeit ist somit 1 – Gewinnwahrscheinlichkeit, also $1 - 0{,}5 = 0{,}5$. Für drei Nieten hintereinander ergibt sich daher die Gesamtwahrscheinlichkeit P(dreimal Niete) $= 0{,}5 \cdot 0{,}5 \cdot 0{,}5 = 0{,}125$, also 12,5%.

Lösung 2.123

A: Rat, Wunsch; B: Aufforderung; C: Aufforderung; D: Trost, E: Vorwurf; F: Drohung. In einigen Fällen lässt sich die Äußerung je nach Kontext verschieden interpretieren.

Lösung 2.124

B. Keine Heroisierung, sondern die Angst der Opfer vor dem Tod spricht aus den Gesten, Gesichtern und Haltungen der sechs Bürger. Der Realismus in der Darstellung der Freiwilligen entsetzte damals die echten Bürger von Calais. Die Stadt ließ es nicht zu, dass die Skulptur ohne Sockel aufgestellt wurde. Erst 1924 wurde der Sockel entfernt, wodurch der Betrachter Teil der Gruppe wird, wenn er um das Denkmal herumschreitet.

Lösung 2.125

C. Konstantin stärkte die Position des Christentums und bekannte sich auch selbst zur christlichen Religion. Die Einigkeit der christlichen Bischöfe in wichtigen Glaubensfragen war ihm auch deshalb wichtig, weil das Christentum inzwischen wesentlich zur Stabilität des riesigen Reiches beitrug.

Lösung 2.126
A, B, C, E und H. Die restlichen fünf Länder, die voraussichtlich 2004 der EU beitreten werden, sind: Estland, Polen, Slowakische Republik, Tschechische Republik, Zypern.

Lösung 2.127
Insulin wird in den Langerhans'schen Inseln der Bauchspeicheldrüse produziert.

Lösung 2.128
B. Die Anzahl unterschiedlicher Kombinationen ist 5! (fünf Fakultät). Der erste kommt und hat fünf Plätze zur Auswahl, der nächste noch vier etc. Insgesamt ergeben sich also $5 \cdot 4 \cdot 3 \cdot 2 \cdot 1 = 5! = 120$ mögliche Kombinationen.

Lösung 2.129
Der Verfasser versucht, beim Leser das Bewusstsein für eine gesündere Ernährung zu wecken. Zunächst appelliert er an das (schlechte) Gewissen des Lesers, dann fordert er ihn auf, aktiv zu werden, die eigenen Essgewohnheiten zu überprüfen und herauszufinden, wie er selbst für ausreichende Bewegung sorgen kann.

Lösung 2.130
C. Insbesondere die Gebrauchskunst profitierte von der neuen Bewegung. Denn hier kam deren Prämisse, die Form dem Zweck anzupassen, besonders zur Geltung. Die Plakatkunst und die Buchillustration wurden als der Malerei ebenbürtige Aufgaben anerkannt. Durch den Verzicht auf die perspektivische Raumauffassung wurde die Komposition auf die grafischen Konstanten der Fläche und der Linie zurückgeführt. Diese wirkungsvolle Vereinfachung brachte eine neue Qualität in der Gebrauchsgrafik hervor.

Lösung 2.131
B und C.

Lösung 2.132
Friedrich der Große beschreibt in diesem Satz sein Verständnis des „aufgeklärten Absolutismus“. Der Herrscher regiert das Volk weiterhin allein mit absolutem Machtanspruch, allerdings im Sinne der Aufklärung, um das Wohl des Volkes und des Staates zu erreichen. Dabei sind für ihn die Prinzipien der Vernunft und Toleranz maßgeblich sowie ein geregeltes Rechts- und Sozialsystem zur Wahrung von Gerechtigkeit und Stabilität.

Lösung 2.133
A. Die Farbe des Leuchtsatzes hängt von der Wellenlänge des emittierten Lichts ab. So erhält man gelbes Licht durch die Anwesenheit von Natriumsalzen, Strontiumionen sorgen für rotes Licht, einen grünen Farbton erreicht man meist durch Bariumsalze und blaues Licht geht auf Kupfersalze zurück. Für das Leuchten dieser Salze reicht die Energie aus, die beim Abbrennen des Zündsatzes freigesetzt wird.

Lösung 2.134
A. Man findet die Lösung über das Gegenereignis: dreimal hintereinander keine Sechs. Die Wahrscheinlichkeit, keine Sechs zu würfeln, beträgt $\frac{5}{6}$. Dreimal hintereinander schafft man das mit der Wahrscheinlichkeit $p(\text{keine sechs}) = \left(\frac{5}{6}\right)^3$. Also ist die Wahrscheinlichkeit, bei den ersten drei Würfen mindestens eine Sechs zu erhalten:
$p(\text{mindestens eine Sechs}) = 1-\left(\frac{5}{6}\right)^3 = \frac{91}{216} \cong 42\,\%$.

Lösung 2.135
A, B, C und D.

Lösung 2.136
D. Deutschland sollte wirtschaftlich autark bleiben. Neben der Förderung der Landwirtschaft wurden Produktion und Arbeitskräfte staatlich gelenkt und ein „Vierjahresplan” aufgestellt. Dennoch kam es durch die Aufrüstung zur Inflation und einem Mangel an Rohstoffen.

Lösung 2.137
Courbet prägte mit dem Titel seines Pavillons auf dem Gelände der Pariser Weltausstellung den Stilbegriff „Realismus“. Im Gegensatz zu einer Malerei, die das Historienbild als die höchste Gattung in der Bildkunst ansah, stellte er das Alltagsleben von Arbeitern und Bauern realistisch dar. Er verzichtete dabei bewusst auf Pathos oder eine beschönigende Darstellung. Courbet gilt als Mitbegründer des Realismus.

Lösung 2.138

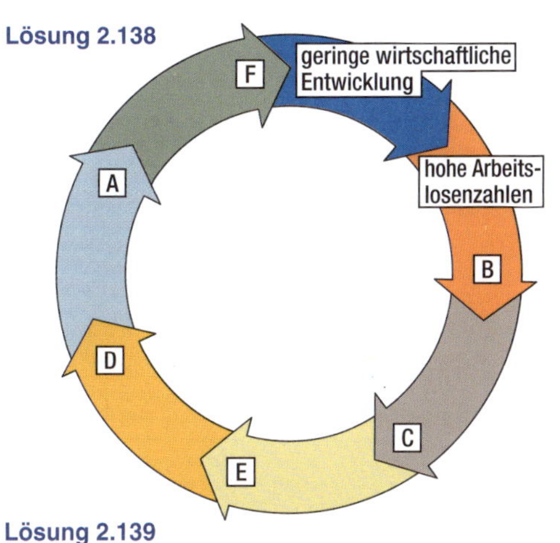

Lösung 2.139

D. Jede Körperzelle eines Lebewesen besitzt in ihren Genen eine Art „Lebensuhr“. Würde man einem alten Menschen Zellen entnehmen und daraus einen Klon erzeugen, so wären die Zellen dieses Menschen scheinbar bereits sehr „alt“ und er würde sehr jung sterben.

Lösung 2.140

Jede(!) Kombination „6 aus 49“ wird mit der gleichen Wahrscheinlichkeit ausgespielt. Um den Jackpot mit wenigen Mitspielern teilen zu müssen, könnte man Zahlenkombinationen tippen, die z. B. nicht die gängigen Geburtsdaten enthalten.

Lösung 2.141

A, B, C und D. Die Satire (von latein. satura, „bunt gemischte Früchteschale“) ist eine in allen literarischen Gattungen mögliche Darstellungsform.

Lösung 2.142

A.

Lösung 2.143

A und B. Aus dem Sendungsbewusstsein der ersten Siedler, die mit ihrer strengen Glaubensform ein Beispiel für die Welt geben wollten, wurde das Sendungsbewusstsein einer Nation, die sich selbst für ausersehen hält, Freiheit und Demokratie zu verbreiten.

Lösung 2.144

C.

Lösung 2.145

–160° C	ca. 150° C	ca. 300° C	ca. 450° C
C	B	A	D

Lösung 2.146

D. Die ersten drei (bekannten) Züge müssen nicht berücksichtigt werden, wenn man von der aktuellen Situation mit zwei (r) roten und zwei blauen (b) Kugeln ausgeht. Damit Kandidat sechs nach den beiden unbekannten Zügen eine blaue Kugel zieht, sind folgende Verläufe möglich: (r, r, b), (r, b, b) und (b, r, b). Die Einzelwahrscheinlichkeiten P ergeben sich dann zu:

$P(r,r,b) = \frac{2}{4} \cdot \frac{1}{3} \cdot 1 = \frac{1}{6}$; $P(r,b,b) = \frac{2}{4} \cdot \frac{2}{3} \cdot \frac{1}{2} = \frac{1}{6}$;
$P(b,r,b) = \frac{2}{4} \cdot \frac{2}{3} \cdot \frac{1}{2} = \frac{1}{6}$. Die Gesamtwahrscheinlichkeit ist dann die Summe: $P_{ges} = \frac{3}{6} = \frac{1}{2} = 50\ \%$.

Lösung 2.147

C. Der nichtkanonische Umgang mit Kunst ist der kleinste gemeinsame Nenner der Postmoderne. Damit unterscheidet sie sich von der Klassischen Moderne, die eine immer neue Selbstdefinition suchte.

Lösung 2.148

1869	1902	1918	1944	1971
D	C	A	B	E

Lösung 2.149

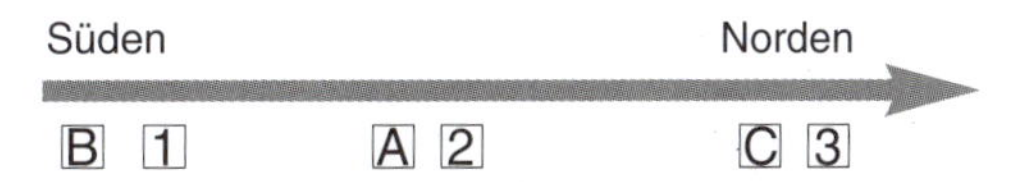

Lösung 2.150

Ein guter Leser lässt sich nicht im Lesefluss unterbrechen. Das Schaubild zeigt, wie man trotz der notwendigen Klärung einer Wortbedeutung bald mit dem Lesen fortfahren kann, ohne sofort zu einem Nachschlagewerk greifen zu müssen. Manchmal lässt sich aus dem Textzusammenhang ableiten, wie ein Wort zu verstehen ist. Handelt es sich um ein zusammengesetztes Wort, kann es hilfreich sein, das Wort in seine Bestandteile zu zerlegen oder zu überlegen, aus welchem verwandten Wort es abgeleitet sein mag.

Schwierigkeitsgrad 3

3

Übung 3.1: Der zehnjährige Kurt betrachtet mit seinem neuen Teleskop nachts gern die Sterne oder die anderen Planeten unseres Sonnensystems. Können Sie ihm bei der Beantwortung der Frage helfen, welche Werte die Waage, die Kurts Gewicht auf der Erde mit 50 kg angibt, auf den folgenden Himmelskörpern anzeigen würde?

A Mond
B Venus
C Jupiter
D Mars

8,3 kg	19 kg	45 kg	127 kg
☐	☐	☐	☐

„Großer Roter Fleck" auf dem Jupiter

Übung 3.2: E-Mails werden oft per Massenverteiler weitergeleitet. Immer öfter hört man von wirtschaftlichem Schaden, wenn bedeutungslose Informationen oder Falschmeldungen in Unternehmen verbreitet werden und Arbeitszeit binden. Eine dieser E-Mails wird an zehn Kollegen oder Bekannte weitergeleitet und von diesen wiederum an je zehn Personen etc. und all das fünfmal. Wie viel Zeit geht verloren, wenn jeder Empfänger jeweils fünf Minuten lang mit der E-Mail beschäftigt ist? Fertigen Sie eine Tabelle an, um die Lösung zu bestimmen.

A ca. 13 Std.
B ca. 100 Std.
C ca. 38 Tage
D ca. 1 Jahr

Übung 3.3: Ein wichtiges Element der Außenpolitik Otto von Bismarcks (1815–98) war sein Bündnissystem, mit dessen Hilfe er den Frieden in Europa sichern wollte. Das Deutsche Reich, Großbritannien, Österreich, Russland, Italien und Frankreich waren im Dreikaiserabkommen (Deutschland–Österreich–Russland), im Zweibund (Deutschland–Österreich), im Dreibund (Deutschland–Österreich–Italien), im Rückversicherungsvertrag (Deutschland–Russland) und im Mittelmeerabkommen (England–Österreich–Ungarn–Italien) untereinander verbunden. Stellen Sie die Beziehungen in einer Skizze dar.

Übung 3.4: In Frankreich und Nordspanien finden sich romanische Kirchenportale aus dem 11. Jh., die große stilistische Gemeinsamkeiten aufweisen. Was förderte den Austausch zwischen diesen Regionen, die durch die Pyrenäen voneinander getrennt waren? Ein Tipp: Denken Sie an eine religiöse Bewegung.

Übung 3.5: Hier sehen Sie zwei verschieden geformte Gläser. In diese Gläser wird jeweils gleichmäßig Wasser eingefüllt. Welcher der Grafen gehört zu welchem Glas?

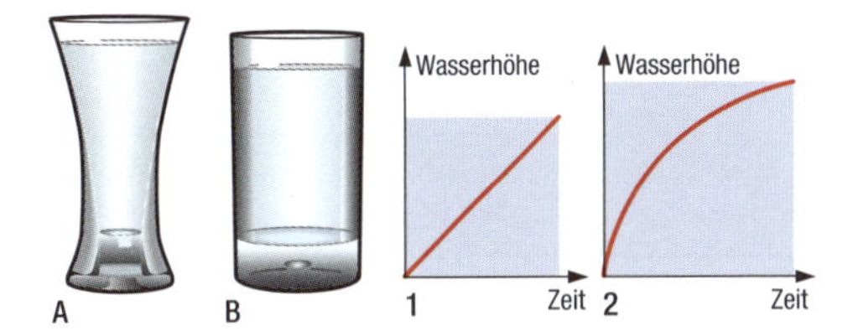

Übung 3.6: Die boreale und die polare Zone, die Tropen und auch die Subtropen zählen zu den Ökozonen der Erde. Für die Einteilung in Zonen werden Faktoren wie Gewässer, Relief, Böden, Vegetation und auch Klima herangezogen. Erklären Sie das folgende Klimadiagramm und ordnen Sie es einer Landschaftszone dieser Erde zu.

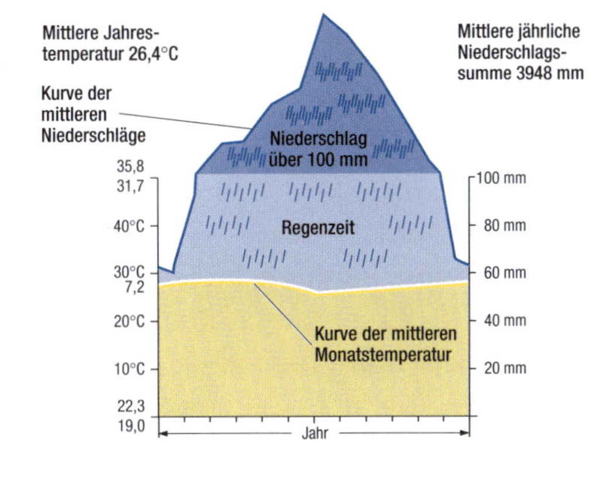

Übung 3.7: Die „umgekehrte Pyramidenform“ ist charakteristisch für den „harten“ Nachrichtenstil. Der erste Satz enthält den Kern der Nachricht (bei längeren Nachrichten der erste Absatz), der in den folgenden Sätzen und Absätzen erweitert wird. Was meinen Sie, aus welchen Gründen greifen Journalisten bei ihrer Berichterstattung meist auf diese Form zurück?

A Man spart Zeit beim Abfassen der Nachricht.
B Die Nachricht lässt sich besser kürzen.
C Das ist journalistische Tradition.
D Der Aufbau erleichtert dem Leser die Orientierung und die Auswahl der Nachrichten.

Übung 3.8: Tierische und pflanzliche Zellen unterscheiden sich in einigen wesentlichen Punkten in ihrem Aufbau. In der Darstellung unten ist aber leider etwas durcheinander geraten. Markieren Sie alle Zellbestandteile, die so nicht in einer tierischen Zelle zu finden sind.

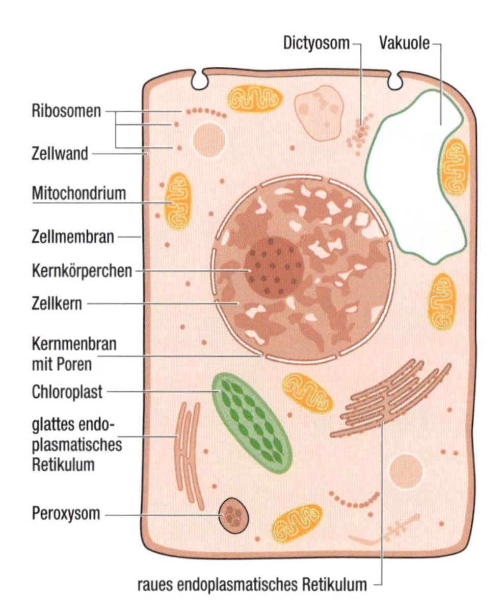

Übung 3.9: 80 % aller Schwarzfahrer behaupten, sie hätten eine Fahrkarte gekauft, könnten sie nur gerade nicht finden, und im Schnitt 2 % der kontrollierten Fahrgäste haben keine gültige Fahrkarte. Wie viele von 1000 kontrollierten Fahrgästen haben keine gültige Fahrkarte und erzählen dem Kontrolleur nicht die Geschichte von der verlorenen Fahrkarte?

A 2
B 4
C 16

Übung 3.10: Das Museum als kulturelle Institution ist aus der heutigen Zeit nicht mehr wegzudenken. Doch seit wann gibt es überhaupt öffentliche Museen? Überlegen Sie, wo im Mittelalter und den folgenden Epochen Kunstwerke aufbewahrt wurden.

____

____

____

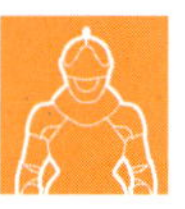

Übung 3.11: Können Sie anhand der folgenden Grafik erklären, warum der Adel im

Lehnsstaat der Stand war, der die meisten Freiheiten hatte?

___

___

___

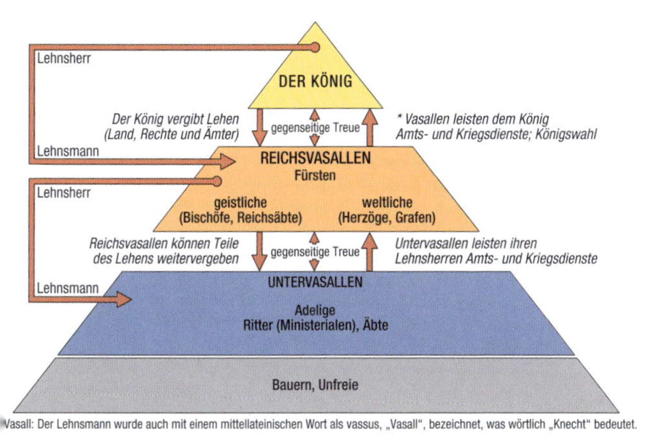

Vasall: Der Lehnsmann wurde auch mit einem mittellateinischen Wort als vassus, „Vasall", bezeichnet, was wörtlich „Knecht" bedeutet.

Übung 3.12: Ordnen Sie die folgenden Völker der richtigen Region zu.

A Ovambo	B Shan
C Maori	D Mestizen
E Hutu	F Papuas

1 Afrika	2 Südamerika
3 Asien	4 Ozeanien

Übung 3.13: Immer mehr Verbrechen werden heute durch die Analyse von Genmaterial, das am Tatort gefunden wurde, aufgeklärt. Die DNS eines Menschen wird bei der Zeugung festgelegt. Nennen Sie einen Fall, der tatsächlich gar nicht so selten auftritt, bei dem die DNS nicht für einen einzelnen Menschen charakteristisch ist.

___

___

Übung 3.14: Pressluftflaschen für Sporttaucher werden durch einen Kompressor mit normaler Umgebungsluft gefüllt. Der Druck in einer gefüllten Pressluftflasche beträgt im Normalfall 200 bar. Gängige Größen sind 10-l oder 12-l-Flaschen. Wegen eines nicht ganz geschlossenen Ventils entweichen aus einer gefüllten Flasche (10 l, 200 bar) ca. 4 l Luft pro Minute. Nachdem das Ventil geschlossen worden ist, zeigt der Druckmesser an der Flasche noch 180 bar an. Wie lange ist näherungsweise unbemerkt Luft entwichen? (Hinweis: 1 bar = 10^5 N/m^2.)

A ca. 50 Min.	B ca. 80 Min.
C ca. 500 Min.	D ca. 800 Min.

Schwierigkeitsgrad 3

3

Übung 3.15: Immer mehr Unternehmen nutzen die englische Sprache, um Zielgruppen emotional anzusprechen und ihre Produkte zu positionieren. Wie eine Studie zeigte, werden Werbeslogans allerdings häufig gar nicht oder kaum verstanden. Was meinen Sie, aus welchen Gründen wird dennoch auf englischsprachige Werbeslogans, sog. Claims wie beispielsweise „Drive alive", „Be inspired", „Powered by emotion", „O2 can do" oder „One group, multi utilities", zurückgegriffen?

A Unternehmen wollen Internationalität suggerieren.

B Englisch ist die Sprache des Marketings selbst.

C Englisch gilt als modern.

D Unternehmen orientieren sich an „global players".

Übung 3.16: Im Dezember 1972 unterzeichneten die Bundesrepublik Deutschland unter der Regierung Brandt und die DDR einen Grundlagenvertrag, der den Staatscharakter der DDR anerkannte und ihre Souveränität bestätigte. Er sollte zur Verbesserung des deutsch-deutschen Umgangs beitragen und „menschliche Erleichterungen" ermöglichen. Welche Konsequenzen ergaben sich für die DDR noch daraus?

A Die Einwohner der DDR erhielten die Staatsbürgerschaft.

B Die Anerkennung war die Voraussetzung für die spätere Aufnahme der DDR in die Vereinten Nationen.

C Die DDR erlebte einen wirtschaftlichen Aufschwung durch den Ausbau der Handelsbeziehungen mit dem Westen.

D Mehr DDR-Bürger durften in den Westen reisen.

Willy Brandt

Übung 3.17: Ergänzen Sie den folgenden Text zum Thema Impressionismus. Die Bewegung erhielt ihren Namen von dem ____________ *Impression, Sonnenaufgang* Claude __________ (1840 bis 1926), das dieser 1874 im ____________ Salon ausstellte. Die Maltechnik der Impressionisten bestand darin, ___________ in reinen ______________ nebeneinander zu setzen. Dadurch erreichte ihre Malerei eine große ________________ __________________.

Übung 3.18: Ein typisches Wetterphänomen der nordseitigen Alpenländer ist der Föhn. Damit verbunden ist ein auffälliger Temperaturanstieg von bis zu 20° C. Besonders in der kalten Jahreszeit werden die Menschen in dieser Region dann von unerwarteten Frühlingstagen und klarem Himmel überrascht. Erklären Sie in Stichworten das Phänomen „Föhn".

____

____

____

Übung 3.19: Nehmen wir einmal an, Reinhold Messner (*1944) hätte sich bei seiner Alleinbesteigung des Mount Everest 1980 ohne Sauerstoffgerät am Gipfel in einer Höhe von ca. 8840 m ein hartgekochtes Ei machen wollen. Als er nach zwölf Minuten das Ei aus dem kochenden Wasser holte, erlebte er eine Überraschung. Welche?

- A Es war gerade erst lauwarm.
- B Es war zwar gekocht, aber innen noch vollkommen flüssig.
- C Es war hoffnungslos verkocht.
- D Es hatte das Ei förmlich in Stücke gerissen.

Übung 3.20: 1000 € werden zehn Jahre lang einer 3-prozentigen Inflation unterworfen, anschließend für zehn Jahre mit 3 % Zinsen angelegt. Wie hoch ist der Endbetrag? Wie lässt sich das Ergebnis begründen?

- A 1001,33 €
- B 1000,– €
- C 991,04 €
- D 962,17 €

Übung 3.21: Welches Berliner Bauwerk beschreibt der folgende Text? „Stilistisch ist das Werk des Architekten C. G. Langhans dem deutschen ‚graecisierenden Klassizismus' zuzuordnen. Es wird von einer Quadriga mit einer Siegesgöttin bekrönt. Vorbilder finden sich in der französischen Revolutionsarchitektur."

____

Übung 3.22: Das folgende Zitat stammt aus dem Vertragstext eines europäischen Abkommens. Können Sie erkennen, um welchen Vertrag es sich handelt? „Die Türkei wird, da sie durch die Verträge als Hüterin der Meerengen eingesetzt ist, weder einen Teil ihrer Souveränitätsrechte abzutreten in der Lage sein, noch ihre Autorität in

Kleinasien einer anderen Macht übertragen können."

A Maastrichter Vertrag von 1992
B Mittelmeerabkommen von 1887
C Wiener Kongress 1814/15
D Römische Verträge von 1957

Übung 3.23: Wissen Sie, was der Unterschied zwischen einem Drama und einer Tragödie ist? Gibt es überhaupt einen? Begründen Sie Ihre Antwort.

Übung 3.24: Vulkane sind faszinierende Gebilde, die für die Entstehung verschiedener Gesteinsarten verantwortlich sind. Geologen unterscheiden vulkanische und plutonische Gesteine. Deren sehr unterschiedliche Struktur hängt mit dem Ort zusammen, an dem sich das Magma abkühlt. Erklären Sie, wann aus Magma plutonisches und wann vulkanisches Gestein entsteht.

Übung 3.25: Es ist Juli und unerträglich heiß. Kurt brütet schwitzend über seinen Hausaufgaben zur Thermodynamik und überlegt, wie er sich jetzt am besten Abkühlung verschafft. Ist es effektiver, 1 l eiskalte Limonade zu trinken, oder ist es besser, sich 1 l kaltes Wasser über den Kopf zu schütten?

Übung 3.26: Eva plant, Getränke für ihre Silvesterparty einzukaufen. Es soll doppelt so viel Orangensaft wie Sekt geben. Alles zusammen darf nicht mehr als 25 € kosten. Wie viele Flaschen Orangensaft kann Eva kaufen, wenn der Sekt 3,75 € und der Saft 1,25 € pro Flasche kostet?

A 2 B 4
C 6 D 8

Übung 3.27: Roman und Novelle sind Gattungen der erzählenden Literatur. Aber worin unterscheiden Sie sich? Versuchen Sie eine grobe Charakterisierung, indem Sie „ja“ und „nein“ in die freien Felder der Tabelle eintragen.

Merkmal	Roman	Novelle
Ausrichtung der Handlung auf ein besonderes, krisenhaftes Ereignis		
keine Beschränkung der Handlung auf ein bestimmtes Ereignis		
meist keine Einmischung des Erzählers		
häufige Kommentare des Erzählers		
straffe, meist einsträngige Handlungsführung		
meist Verwendung bestimmter Vordeutungstechniken (Leitmotive, Dingsymbole)		
Gestaltung von Zusammenhängen statt von Einzelereignissen		

Übung 3.28: In Zeitschriften, Zeitungen, Hörfunk, Fernsehen und im Internet werden Ausstellungen rezensiert, Kunstprojekte vorgestellt und kunstpolitische Entwicklungen verfolgt. All diese Themen lassen sich unter das Stichwort „Kunstkritik“ fassen. Aber in welcher Epoche begann die neuzeitliche Kunstkritik?

A Barock

B Renaissance

C Aufklärung

D Romantik

Übung 3.29: Nach der ökonomisch orientierten Imperialismustheorie von John A. Hobson (1858–1940) aus dem Jahr 1902 ist die Einschränkung der Kaufkraft der Bevölkerung durch die ungleiche Verteilung des Sozialprodukts die Ursache für den Imperialismus, da sie die Kapitaleigner zwinge, neue Möglichkeiten zur Investition zu erschließen. In welchen Punkten ist die Theorie ergänzungsbedürftig?

A Die Theorie konzentriert sich zu stark auf den Export von Kapital und vernachlässigt andere mögliche Motive und Exportgüter.

B Das Interesse an der Expansion wird in erster Linie den Kapitaleignern zugeschrieben, obwohl auch andere Gruppen Vorteile davon hatten.

C Die Theorie rechtfertigt die imperialistische Politik.

Schwierigkeitsgrad 3

Übung 3.30: Wer in dieses tropische Land reist, sollte auf jeden Fall Tamales probieren, Teigstücke aus Maismehl, die mit verschieden Füllungen serviert werden. Verlockend ist auch das exotische Essen in der karibischen Provinz Limón. Wer mehr auf Abenteuer aus ist, schaut, was die Stadt Montezuma zu bieten hat. In welchem Land befinden wir uns?

A Haiti
B Jamaika
C Costa Rica
D Venezuela

Übung 3.31: Welche der folgenden Funktionsgleichungen kann zu dem Grafen gehören?

A $f(x) = \dfrac{\cos\left(x - \frac{3\pi}{2}\right)}{x - 1}$

B $f(x) = -0{,}5x^3 + x^2 + 2{,}5x - 3$

C $f(x) = x^3 - 2x^2 - 5x + 6$

D $f(x) = (-2x - 1)^2$

Übung 3.32: Ein Raumfahrer wird auf dem Planeten Merkur wegen gefährlichen Verhaltens im Raumverkehr vor Gericht gestellt. Der Richter stellt ihn vor die Wahl: Wenn er sofort gesteht, muss er nur drei Merkur-Tage im Gefängnis verbringen, während er ansonsten für ein Merkur-Jahr hinter Gitter muss. Warum verweigert der Raumfahrer trotzdem ein Geständnis?

___

___

___

Übung 3.33: Die Werbesprache bedient sich verschiedener Wörter, Begriffe und Sprachstile. Was könnten die folgenden Sprachstile Ihrer Meinung nach vermitteln?

Modewörter, Szenesprache:

___

Wissenschaftliche Begriffe, Abkürzungen: ___

Wörter der Umgangssprache: ______________________________ ______________________________

Ungewöhnliche oder neu erfundene Wörter: ______________________ ______________________________

Anglizismen: ______________________

Sprachspiele: ______________________

Übung 3.34: Viele Menschen träumen von einer Reise durch die Südsee. Simone und Thomas haben sich diesen Wunsch erfüllt und sind von einer Südseeinsel zur anderen gesegelt. Ihr Ausgangshafen lag auf den Marshallinseln, der erste Stopp erfolgte auf den Salomoninseln und Endstation war Neukaledonien. Welcher Himmelsrichtung sind die beiden auf ihrem Törn gefolgt?

A Osten B Süden
C Norden D Westen

Übung 3.35: Der Holzstich war die bevorzugte druckgrafische Technik der Expressionisten. Erläutern Sie, welche Eigenschaften dieser Technik dem expressionistischen Stil besonders entgegenkamen.

____

Übung 3.36: Nach dem Zweiten Weltkrieg sprach man in Deutschland von der „Stunde Null“. Deutschland gab es weder als staatliche noch als politische oder geografische Einheit. Wodurch waren diese drei staatsbildenden Einheiten aufgehoben worden?

____

____

____

Übung 3.37: Welche Zahl gehört an die Stelle des Fragezeichens?

3 3 6 18 72 ?

A 75
B 108
C 360

Übung 3.38: Warum können eigentlich Fische in einem See überleben, der von einer

Schwierigkeitsgrad 3

3

Wort und Wirkung: rhetorische Mittel

Rhetorische Mittel entfalten ihre Wirkung in vier Bereichen der Sprache. Manche Stilmittel können zu mehr als einer Gruppe gehören.

a) Sinn- oder Gedankenfiguren beziehen sich auf Textteile oder ganze Texte. Sie ordnen den Gedankengang. Beispiele sind: Ironie (Unterschied zwischen Gesagtem und Gemeintem), Parenthese (Einschub), Antithese (Gegenüberstellung entgegengesetzter Begriffe wie in „heiß geliebt und kalt getrunken").

b) Satzfiguren beziehen sich auf den Satzbau und weichen meist vom syntaktisch korrekten Sprachgebrauch oder der korrekten Satzstellung ab. Beispiele sind: Ellipse (Auslassung eines Wortes oder Satzteils wie in „Du auch?"), Chiasmus (Kreuzstellung wie in „Die Kunst ist lang und kurz ist unser Leben").

c) Wortfiguren beziehen sich auf den Sinn und die Bedeutung von Einzelwörtern oder Wortfolgen, die wiederholt oder variiert werden. Beispiele sind: Akkumulation (Wiederholung wie in „Er kam, er sah, er siegte"), Klimax (Steigerung wie in „Gut, besser, am besten").

d) Klangfiguren beziehen sich auf die Lautgestalt eines Wortes oder eines ganzen Satzes. Beispiele sind: Alliteration (Stabreim, Wiederholung des Anlauts wie in „bei Nacht und Nebel), Reim.

fast geschlossenen Eisschicht bedeckt ist? Markieren Sie in der Darstellung unten die Region des Sees mit der höchsten Wassertemperatur und geben Sie ungefähr an, wie sich die Wassertemperatur zum Grund hin verändert.

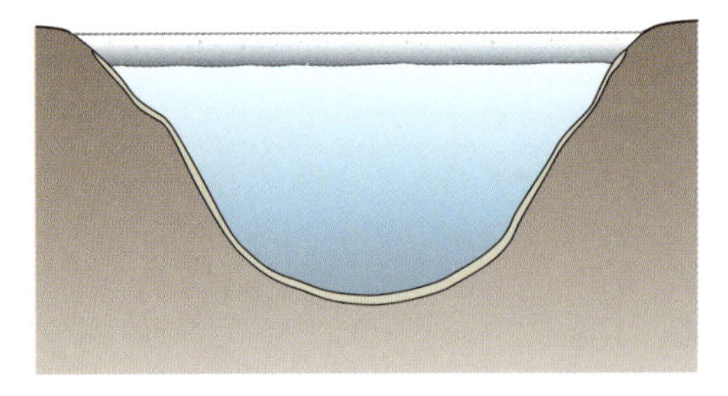

statt sich kurz zu fassen, in einem Gespräch einen Sachverhalt übermäßig detailreich darstellt. „Episch" ist das Adjektiv zum Substantiv „Epik". Diese ist wiederum …

A eine Sammelbezeichnung für jede Art erzählender Dichtung

B eine breit angelegte Verserzählung und die früheste erzählerische Großform

C der Schlussteil einer Rede oder des Nachwortes eines literarischen Werks

Übung 3.39: Vielleicht kennen Sie den Ausdruck „in epischer Breite erzählen", den man verwendet, wenn jemand,

Übung 3.40: Um welche Stilepoche geht es in dem folgenden Lexikoneintrag? Können Sie die Lücken schließen?

„_______________, *das*, europäische _______________ um 1720–80, übernimmt die im _______________ vorherrschenden mächtigen, geschwungenen Formen und setzt sie in einer eleganten, spielerischen Weise um. In der _______________ Tendenz zu hellen, zarten Farben und lasziv-galanten Bildthemen.“

Übung 3.41: Die weltweiten Agrarwirtschafträume finden ihre Grenzen in den Anbaumöglichkeiten der einzelnen Kulturpflanzen. Es gibt Pflanzen, die nur in der Nähe des Äquators angebaut werden können, andere mit größerer Resistenz gegenüber rauem, kaltem Klima gedeihen noch jenseits des 60. Grades nördlicher Breite. Überlegen Sie, welche der folgenden Kulturpflanzen unter natürlichen Bedingungen bis in welche Region angebaut werden kann.

- [A] Kartoffel
- [B] Kakao
- [C] Zuckerrohr
- [D] Kokospalme
- [E] Körnermais

Äquator → nördliche Breite

15°	22°	40°	55°	70°
☐	☐	☐	☐	☐

Übung 3.42: Nach der Entlassung Bismarcks (1815–98) im Jahr 1890 wollte Kaiser Wilhelm II. (1859–1941) die deutsche Außenpolitik auf einen „Neuen Kurs“ bringen. In welcher Hinsicht war das neue politische Handeln, verglichen mit der Außenpolitik Bismarcks, eher ungeschickt?

- [A] Die Kolonialpolitik präsentierte sich ohne Rücksicht auf europäische Interessen als Ausbau der eigenen Machtposition.
- [B] Die eigene militärische Macht wurde hoch eingeschätzt und der Waffeneinsatz als Mittel der Diplomatie betrachtet.
- [C] Unklare Haltung und diplomatisch ungeschicktes Verhalten gegenüber Russland und England verhinderten eine Kooperation mit diesen Großmächten.
- [D] Deutschland erwarb Kolonien, die keinen großen wirtschaftlichen Wert besaßen.

Otto von Bismarck

Übung 3.43: „Der Lotse geht von Bord“ ist der Titel einer Karikatur zur Entlassung Bis-

marcks 1890 in der englischen Zeitschrift „Punch“. Auf welche politischen Veränderungen spielt dieser Satz an?

A Auf die Chance für einen politischen Neubeginn, der durch die Entschlussfreudigkeit des jungen Kaisers Wilhelm II. Auftrieb erhielt.

B Auf die Vernachlässigung der umsichtigen Bündnispolitik, mit der Bismarck das Gleichgewicht der europäischen Großmächte unter schwierigen Bedingungen gesteuert hatte.

C Auf die Gefahr, dass sich die Beziehungen zwischen England und Deutschland verschlechtern könnten, da die Bismarck'sche Rücksicht auf englische Interessen aufgegeben wurde.

D Auf die Bemühungen Deutschlands, die eigene Flotte auszubauen und der englischen entgegenzustellen.

Übung 3.44: So manche Hausfrau weiß, wie's geht, aber auch wer sich schon einmal mit dem Transportweg von Bananen beschäftigt hat, wird die Lösung kennen. Mit welchem Trick kann man unreifes Obst im Haushalt auf natürliche Art und Weise schneller reifen lassen?

A Man packt es zusammen mit reifen Früchten unter eine Glashaube.

B Indem man es an einen sehr gut belüfteten Ort legt.

C Man muss es möglichst kühl lagern.

D Indem man es täglich mit Wasser besprüht.

Übung 3.45: Die Ableitung einer Funktion gibt deren Steigung an. Welches ist die Ableitung der folgenden Funktion?

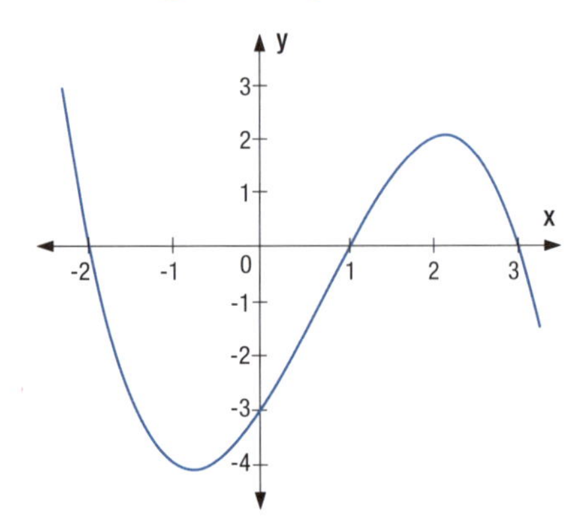

Ableitungen:

A

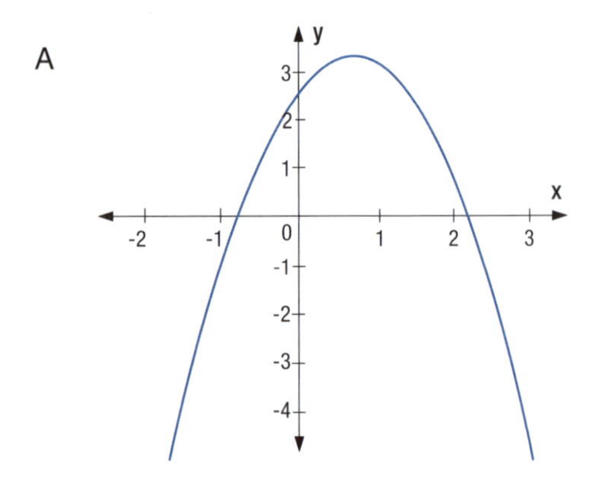

B

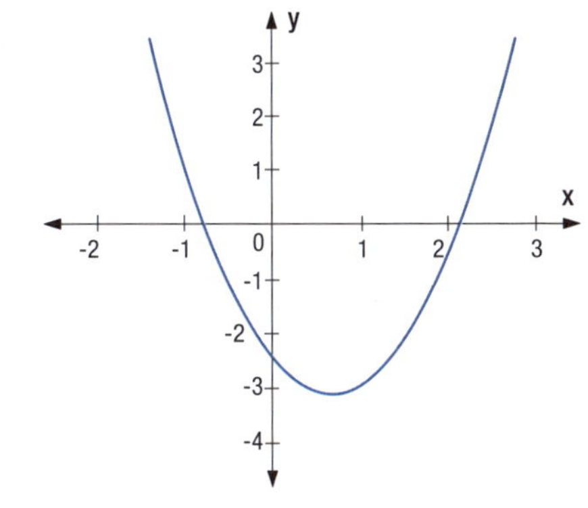

C

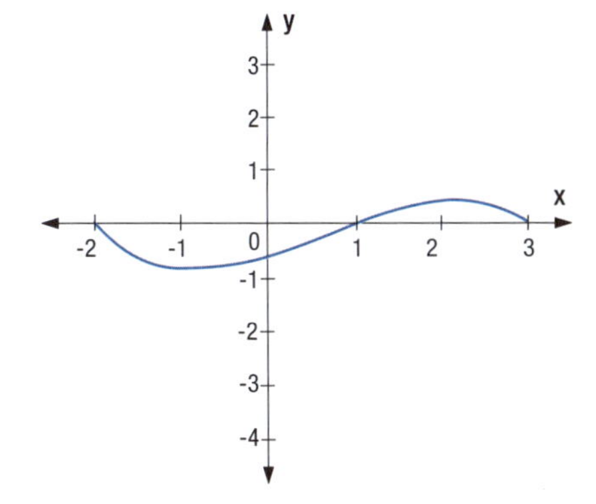

Übung 3.46: Die Interpretation eines Diagramms umfasst verschiedene Aufgaben. Können Sie die folgenden Schritte in die richtige Reihenfolge bringen? Man muss bei der Interpretation …

[A] die Form der Darstellung, die Aufbereitung der Fakten kritisch beurteilen (Manipulationsproblem).

[B] selbst Schlüsse aus den Informationen des Diagramms ziehen und Konsequenzen ableiten.

[C] die im Schaubild vorgenommene Auswahl der Daten und Fakten beurteilen.

Übung 3.47: Charakteristisch war für die Renaissance das Interesse an der diesseitigen Welt, in deren Zentrum der Mensch stand. In der Kunst drückt sich das nicht nur durch eine stärkere Individualisierung der Personen aus, es spiegelt sich auch in der Einführung der Zentralperspektive wider. Können Sie diesen Zusammenhang erklären?

____

____

____

Übung 3.48: Mitte 2003 lebten ca. 6,3 Mrd. Menschen auf der Erde. Nach der jüngsten UN-Bevölkerungsprognose wird die Weltbevölkerung auch in den nächsten 50 Jahren weiter wachsen. Welche Aussagen über die Bevölkerungsentwicklung treffen aller Voraussicht nach zu?

[A] Im Jahr 2050 wird jeder fünfte Erdenbürger 60 Jahre oder älter sein.

B Ab 2007 werden erstmals mehr Menschen in Städten als auf dem Land leben.

C Um 2050 wird die Zahl der über 60-Jährigen die der Kinder (0–14 Jahre) übersteigen.

Übung 3.49: Wenn man sich eine Muschel dicht ans Ohr hält, hört man ein leises Rauschen. Aber was ist die Ursache dafür? Das Meer wird es kaum sein, was hört man wirklich?

A das Rauschen des Blutes im Ohr

B durch Resonanz verstärkte Umweltgeräusche

C leichte Vibrationen des Trommelfells

D das Rauschen der Luft in den Nebenhöhlen

Übung 3.50: Die Oberfläche einer Kugel vergrößert sich bei verdreifachtem Radius auf das ...

A Dreifache B Sechsfache

C Neunfache D 27fache

Übung 3.51: Die Romantik beschrieb die Sehnsucht des Menschen nach Vollkommenheit und Ganzheit. Dabei verkörperten die Natur und das Mittelalter Ideale, die aber als unwiederbringlich verloren galten. Die Architektur der Romantik griff auf gotisierende Formen zurück, in der Malerei wurde die Darstellung der wild-romantischen Landschaft bevorzugt. Was meinen Sie, wie könnte eine Skulptur der Romantik ausgesehen haben?

____

____

____

Übung 3.52: In den Jahren 1933–35 wurden Ministerialerlasse des deutschen Reichsministers für Wissenschaft, Erziehung und Volksbildung beschlossen, die Richtlinien für die Behandlung der Schüler nach Maßstäben der Rasse und des Gruppenverhaltens gaben. Inwieweit wurde damit ein Beitrag zur Ausgrenzung jüdischer Schüler geleistet?

A Die Erlasse dienten der NS-Propaganda in Form scheinbar objektiver Mitteilungen.

B Sie verpflichteten als Gesetzestexte die Lehrer zu einem bestimmten Umgang mit den Schülern.

C Sie schrieben als normative Texte ein bestimmtes Verhalten im Sinne der NS-Ideologie vor.

D Sie dienten der Verbreitung der NS-Ideologie in der Gesellschaft, indem sie die gesellschaftlich prägende Kraft der Schulen ausnutzten.

Übung 3.53: Sehen Sie sich die folgende Grafik an:

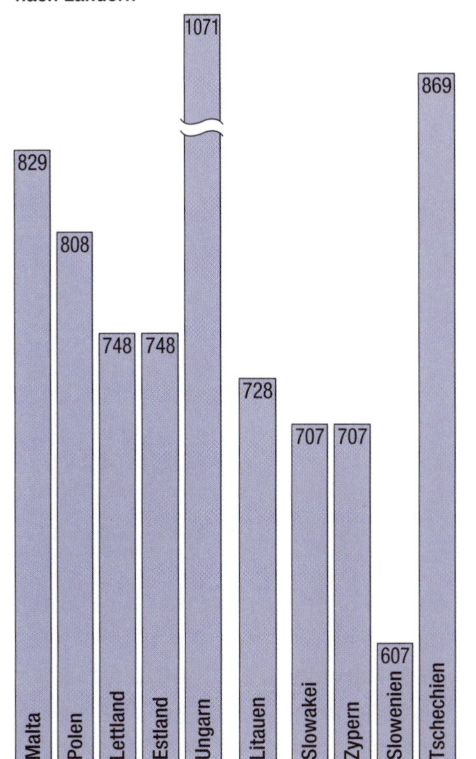

Halten Sie die Unterschiede in der Zustimmung zum EU-Beitritt von Lettland, Estland, Litauen, Zypern, der Slowakei und Slowenien wirklich für so gravierend? Begründen Sie Ihre Meinung.

___

___

___

Übung 3.54: Beim Versuch, möglichst hohe landwirtschaftliche Erträge zu erzielen, wurden und werden die unterschiedlichsten Anbauformen verwendet. Ordnen Sie den folgenden historischen Anbauformen die richtige Erklärung zu.

A Schiffelwirtschaft

B Haubergswirtschaft

C Reutbergwirtschaft

1 Bei der einst im Nahe- und Siegerland verbreiteten Wirtschaftsform wechseln Niederwald, Feld- und Weidewirtschaft. Hauptziel ist die Gewinnung der Gerberlohe durch Schälen der Jungstämme.

2 Bei der früher praktizierten westdeutschen Anbauform dienten die Flurteile nach mehreren Jahren der

Weidenutzung einige Jahre lang als Ackerland.

3 Bei der einst im Schwarzwald angesiedelten Wirtschaftsform handelte es sich um eine Feld-Wald-Wechselwirtschaft.

Übung 3.55: Die Frage mag trivial erscheinen, aber denken Sie doch einmal darüber nach, warum der Nachthimmel dunkel und nicht taghell ist – bei den fast unendlich vielen Sternen, die in jeder erdenklichen Richtung zu finden sind. Was könnte die Ursache dafür sein?

____

____

____

Übung 3.56: Wie hoch muss ein flacher Knödel im Vergleich zu einem runden Exemplar sein, wenn er genauso breit ist wie der runde, damit man mit dem flachen nicht schlechter wegkommt?

A $\frac{2}{3}$ B $\frac{3}{4}$

C $\frac{4}{5}$ D $\frac{5}{6}$

Übung 3.57: Manchmal sind es nicht Verständnisprobleme, die das Lesen eines Textes erschweren, sondern äußere Faktoren, welche die Aufmerksamkeit herabsetzen. Können Sie drei solcher Störungen benennen?

____

Übung 3.58: Tragen Sie in die Karte Frankreichs die folgenden Städte ein: Strasbourg, Amiens, Chartres, Paris, Rouen. Welche wichtigen Bauwerke befinden sich dort?

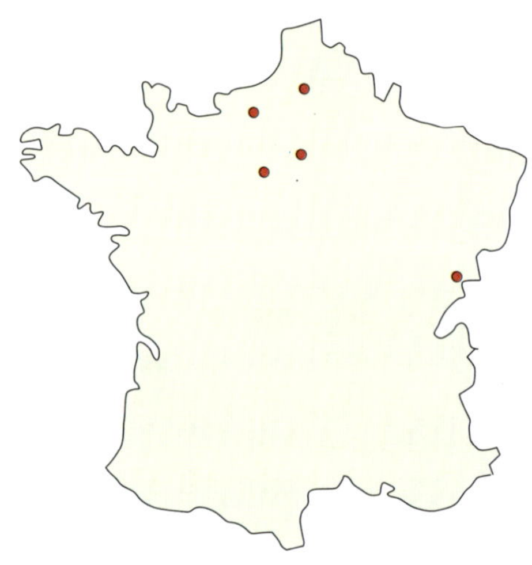

Übung 3.59: Die unterschiedlichen Haltungen zum griechischen Freiheitskampf (1821–29) gegen die Herrschaft der

Der „Teilchenzoo“ der Physik

Jeder weiß, dass sich Atome aus Elektronen in der Hülle sowie Protonen und Neutronen im Kern zusammensetzen. Neben diesen Bausteinen der Materie sind heute jedoch noch mehrere hundert weitere Elementarteilchen experimentell bekannt. Außerdem werden die Kräfte, die zwischen den Teilchen wirken, auf eine weitere Klasse von Teilchen zurückgeführt, die sog. Austauschteilchen. Es ist deshalb nicht verwunderlich, dass man in der Physik längst von einem wahren „Teilchenzoo“ spricht.

Fast alle Elementarteilchen lassen sich aber auf einfachere Bausteine zurückführen, die sog. Quarks. Heutige Theorien gehen von der Existenz sechs verschiedener Quarks aus, die allerdings niemals allein auftreten können. Es bilden immer zwei oder drei Quarks mit $\frac{1}{3}$ oder $\frac{2}{3}$ e (Elementarladung) im Verbund ein Elementarteilchen.

Zu allen bekannten Elementarteilchen existieren außerdem Antiteilchen, die immer die entgegengesetzte elektrische Ladung tragen, die Bausteine der Antimaterie. Am Genfer CERN (Conseil Européen pour la Recherche Nucléaire) gelang es Wissenschaftlern 1995, kurzzeitig ein Atom Antiwasserstoff herzustellen: ein positiv geladenes Positron (Antielektron), das ein negativ geladenes Antiproton als Atomkern umkreist.

Türken führten zu Meinungsverschiedenheiten der europäischen Großmächte, die sich in der Heiligen Allianz zusammengeschlossen hatten, und schließlich zur Auflösung der Allianz. Aus welchen Gründen unterstützten so viele Europäer die Sache der Griechen?

A England und Frankreich waren an der Schwächung der Türkei interessiert, da sie auf die Kontrolle der Meerengen zielten.

B Im Freiheitskampf der Griechen sah man ein Beispiel für nationale Selbstbestimmung und freiheitlichen Geist.

C Die Griechen galten als Hüter antiker Ideale, die neue Wertschätzung erfuhren.

D Eine Schwächung der Türkei bedeutete für Russland eine Stärkung seiner Position nach Süden und Osten hin.

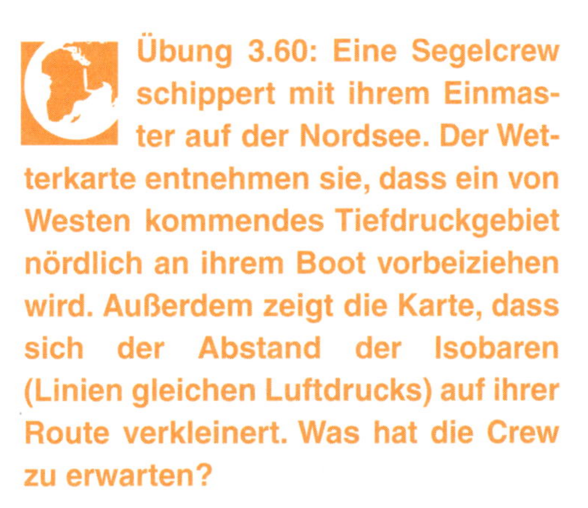

Übung 3.60: Eine Segelcrew schippert mit ihrem Einmaster auf der Nordsee. Der Wetterkarte entnehmen sie, dass ein von Westen kommendes Tiefdruckgebiet nördlich an ihrem Boot vorbeiziehen wird. Außerdem zeigt die Karte, dass sich der Abstand der Isobaren (Linien gleichen Luftdrucks) auf ihrer Route verkleinert. Was hat die Crew zu erwarten?

A Der Wind dreht nach links und weht stärker.

B Es wird windstill und der Wind dreht nach links.

C Die Windstärke bleibt gleich und der Wind kommt aus unterschiedlichen Richtungen.

D Der Wind dreht nach rechts und nimmt an Stärke zu.

Übung 3.61: Es gibt mehrere Theorien, wie sich die Artenvielfalt des Lebens auf der Erde entwickelt hat. Die meisten Naturforscher folgen heute mehr oder weniger den Überlegungen von Charles Darwin (1809–82), der davon ausging, dass sich die heutigen Tiere und Pflanzen im Laufe der Jahrmillionen durch Evolution entwickelt haben. Wann traten die folgenden Tiere das erste Mal auf?

A Dinosaurier

B Pferde

C Menschenaffen

D Vögel

vor 210	vor 150	vor 57	vor 30 Mio. Jahren
☐	☐	☐	☐

Schimpanse mit Jungtier

Übung 3.62: Bis die unterste der 21 Stufen einer Rolltreppe oben angekommen ist, vergehen 31,5 Sek. Wenn die Rolltreppe außer Betrieb ist, geht Beate gemütlich in 42 Sek. nach oben. Wie viel Zeit verliert sie, wenn die Rolltreppe außer Betrieb ist, im Vergleich zur schnellsten Variante?

A 12 Sek.

B 16 Sek.

C 20 Sek.

D 24 Sek.

Übung 3.63: Den gesetzlichen Vorschriften entsprechend zeichnen Fahrtenschreiber die Fahrtinformationen von Bussen und Lkws auf: Lenkzeit, gefahrene Geschwindigkeit und zurückgelegte Strecke. Versuchen Sie, die Geschwindigkeit der folgenden Autofahrt grafisch darzustellen. Überlegen Sie genau, auf welche Weise dies möglich ist.

Ein Autofahrer, der sich um 8.00 Uhr auf den Weg zu seiner 20 km entfernten Arbeitsstelle macht, durchfährt zunächst für zehn Minuten eine 30-km-Zone, um dann wie jeden Morgen für drei Minuten an einer Ampel zu halten, bevor er auf eine Schnellstraße einbiegt, auf der er 110 km/h fahren darf. Danach befährt er ein Indus-

triegebiet und erreicht nach fünf Minuten den Parkplatz seiner Firma.

Übung 3.64: Obwohl es für Frauen schwieriger war, eine künstlerische Ausbildung zu erlangen, hat es immer Künstlerinnen gegeben, die in dem männlich dominierten Bereich allgemeine Hochschätzung erfuhren. So erwähnt bereits Giorgio Vasari (1511–74) in seinen *Viten* aus dem Jahr 1550 kunstschaffende Frauen. Warum gerieten jedoch viele Künstlerinnen in Vergessenheit?

A Die Künstlerinnen durften nur in Angliederung an eine größere Werkstatt arbeiten und blieben namenlos, da es nur ihren Meistern gestattet war, Bilder zu signieren.

B In der im 19. Jh. einsetzenden Kunstgeschichtsschreibung wurden Künstlerinnen schlichtweg ignoriert, da ihre Tätigkeit nicht zur Rolle der treusorgenden Gattin und Mutter passte.

C Die Werke der Künstlerinnen waren von minderer Qualität.

Giorgio Vasari

Übung 3.65: Besonders Großstädter kennen die sog. Inversion als ungenehme Wetterlage. Es kommt dabei nicht mehr zum vertikalen Luftaustausch und in Ballungszentren kann durch die rapide Zunahme von Schadstoffen Smog entstehen. Erklären Sie, wie eine Inversionswetterlage zustande kommt.

____

____

____

Übung 3.66: Während der Weltwirtschaftskrise, in den Jahren 1929–33, führte der US-amerikanische Präsident Franklin D. Roosevelt (1882–1945) mit dem „New Deal" eine Reihe wirtschaftlicher und politischer Reformen durch (etwa ein Programm zur Arbeitslosenunterstützung, Sozialversicherung, Arbeitsbeschaffungsprogramme, eine strenge Regelung des Bankwesens und des Wettbewerbs in der Industrie). Sie waren nur z. T. erfolgreich, prägten jedoch das politische Denken in den USA. Welche nachhaltigen Konsequenzen könnten die Reformen gehabt haben?

A Der Machtbereich der Bundesbehörden wurde erheblich erweitert.

B Die Situation von Frauen und Schwarzen wurde verbessert.

C Das Modell einer liberalen Regierung, die regulierend in die Wirtschaft des Landes eingreift, entstand.

D Die Situation der Arbeiter in der Landwirtschaft wurde verbessert.

E Die Reformen trugen zur Entwicklung des modernen Sozialstaats bei.

Franklin D. Roosevelt

Übung 3.67: Jeder von uns kennt Magnete aus Eisen oder speziellen Legierungen. Was aber passiert, wenn man Aluminium in ein starkes Magnetfeld bringt?

A Es wird angezogen, weil Aluminium paramagnetisch ist.

B Es wird abgestoßen, weil Aluminium diamagnetisch ist.

C Da Aluminium nicht ferromagnetisch ist, passiert nichts.

D Es wird nicht angezogen, erhitzt sich aber sehr stark.

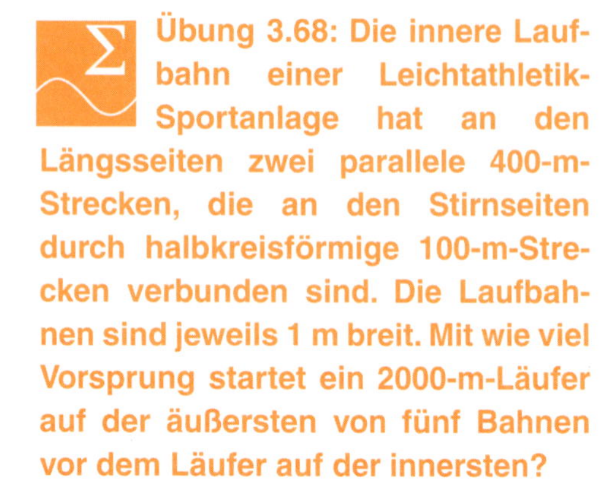

Übung 3.68: Die innere Laufbahn einer Leichtathletik-Sportanlage hat an den Längsseiten zwei parallele 400-m-Strecken, die an den Stirnseiten durch halbkreisförmige 100-m-Strecken verbunden sind. Die Laufbahnen sind jeweils 1 m breit. Mit wie viel Vorsprung startet ein 2000-m-Läufer auf der äußersten von fünf Bahnen vor dem Läufer auf der innersten?

A 40,24 m

B 45,25 m

C 50,26 m

D 55,27 m

Übung 3.69: Durch das „Ermächtigungsgesetz“, das 1933 verabschiedet wurde, gelang es Hitler, auf legalem Wege die Weimarer Republik in eine Diktatur umzuwandeln. Welche entscheidende Veränderung war nicht durch das Gesetz bedingt?

A Das Parlament gab der Regierung die Möglichkeit, Notverordnungen und -gesetze zu erlassen.

B Die Gewaltenteilung wurde aufgehoben.

C Ein Vertreter der Regierung wurde zum Führer des Staates bestimmt.

D Der Reichstag und das Parlament wurden aufgelöst.

Adolf Hitler

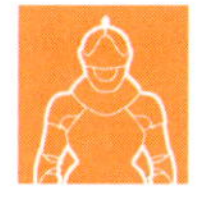

Übung 3.70: Aus welchen Gründen sah die Weimarer Verfassung ein derartiges Gesetz vor, wenn seine Anwendung diese Entwicklung nehmen konnte?

A Es sollte in Krisenzeiten die Möglichkeit zu schnellem Handeln geben.

B Das Gesetz sollte nur für eine begrenzte Zeit und bestimmte Sachfragen gelten.

C Man erwartete nicht, dass Verfassungsfeinde das Gesetz zur Schaffung einer Diktatur gebrauchen könnten, sondern ging davon aus, dass der demokratische Konsens im Parlament bestehen bliebe.

D Man hätte den Missbrauch jederzeit durch ein Misstrauensvotum aufhalten können.

Übung 3.71: Vervollständigen Sie die Tabelle unten. Fällt Ihnen zu jedem Maler ein weiteres Bild ein?

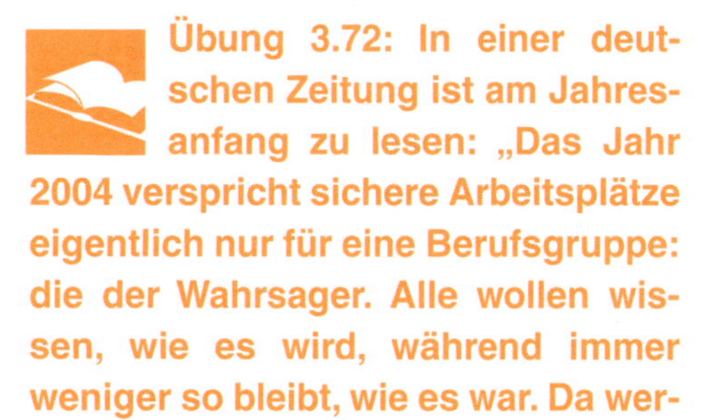

Übung 3.72: In einer deutschen Zeitung ist am Jahresanfang zu lesen: „Das Jahr 2004 verspricht sichere Arbeitsplätze eigentlich nur für eine Berufsgruppe: die der Wahrsager. Alle wollen wissen, wie es wird, während immer weniger so bleibt, wie es war. Da wer-

Künstler	Lebensdaten	Land	Epoche	Werk	weiteres Werk
Claude Monet	1840–1926			*Bahnhof St. Lazare* (Serie), 1876–77	
Albrecht Altdorfer	um 1480–1538			*Donaulandschaft*, nach 1520	
Leonardo da Vinci	1452–1519			*Das letzte Abendmahl*, um 1496	
El Greco	1541–1614			*Anbetung der Hirten*, um 1613	

den Arztpraxen zu Mauthäuschen für Patienten, künftige Soldaten und Zivis frohlocken schon über das Aus für die Wehrpflicht und Semi-Prominente werden von RTL in den Dschungel geschickt." Was mag die Intention des Verfassers sein? Begründen Sie Ihre Antwort.

Übung 3.73: Bei einem quadratischen Mosaik aus Steinplättchen ist jeweils ein blaues von acht weißen umgeben. Beispielsweise benötigt man auf einer Fläche von sieben mal sieben Plättchen neun blaue und 40 weiße. Wie

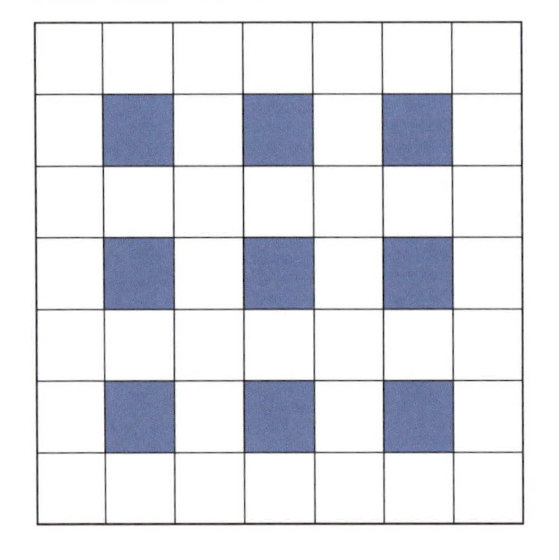

lautet die Formel für die Anzahl weißer Plättchen, die für ein $n \cdot n$ großes Mosaik benötigt werden?

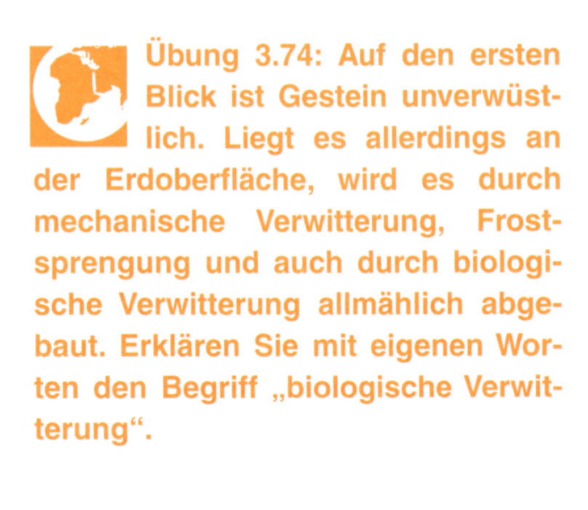

Übung 3.74: Auf den ersten Blick ist Gestein unverwüstlich. Liegt es allerdings an der Erdoberfläche, wird es durch mechanische Verwitterung, Frostsprengung und auch durch biologische Verwitterung allmählich abgebaut. Erklären Sie mit eigenen Worten den Begriff „biologische Verwitterung".

Übung 3.75: Henri Rousseau (1844–1910) bezeichnete in einem Brief an Pablo Picasso (1881–1973) aus dem Jahr 1908 dessen Malweise als „ägyptischen Stil". Welche Eigenschaft in Picassos Malerei kann ihn zu diesem Ausdruck bewogen haben? Ein Tipp: Überlegen Sie, in welcher Stilphase sich Picasso zu diesem Zeitpunkt befand.

Übung 3.76: Hier können Sie Ihre Lesefähigkeit überprüfen. Kreuzen Sie in der folgenden Tabelle nach Ihrer Zustimmung oder Ablehnung an.

Aussage	ja	nein
A: Um etwas besser zu verstehen, ist es eine gute Technik, im Text zurückzugehen oder zurückzublättern.		
B: Bei einem Lehrwerk sollte man mit dem ersten Wort anfangen.		
C: Es ist nicht gut, Abschnitte oder Seiten zu überspringen.		
D: Unklare und unverständliche Wörter sollte man sofort im Wörterbuch nachschlagen.		
E: Je schneller man liest, umso schlechter behält man etwas.		
F: Es ist wichtig, ein Wort nach dem anderen zu lesen.		

Übung 3.77: Sichtbares Licht stellt nur einen winzigen Ausschnitt aus dem Spektrum der elektromagnetischen Strahlung dar. Mit steigender Frequenz wächst auch der Energiegehalt der Strahlung. Tragen Sie die folgenden Beispiele richtig in die Skala ein.

A sichtbares Licht
B Radiowellen
C Mikrowellen
D Gammastrahlung

niedrige Frequenz → hohe Frequenz

☐ ☐ ☐ ☐

Übung 3.78: Die verschiedenen Ökosysteme der Erde produzieren sehr unterschiedliche Mengen an Biomasse. Ein Teil dieser Biomasse kommt durch die Photosynthese grüner Pflanzen zustande. Überlegen Sie, wie viel Biomasse die folgenden Ökosysteme hervorbringen.

A Tundren
B Hochsee
C Taiga
D Flachmeere
E Korallenriffe
F Wüsten

wenig Biomasse → viel Biomasse

☐ ☐ ☐ ☐ ☐ ☐

Schwierigkeitsgrad 3

3

Übung 3.79: Chemische Moleküle werden als „chiral“ bezeichnet, wenn sie nicht mit ihrem Spiegelbild zur Deckung zu bringen sind. Ein gutes Beispiel für Chiralität sind die Hände des Menschen. Welches der folgenden drei organischen Moleküle ist chiral, also nicht mit seinem Spiegelbild identisch?

Cl
H
H_3C
Br

A

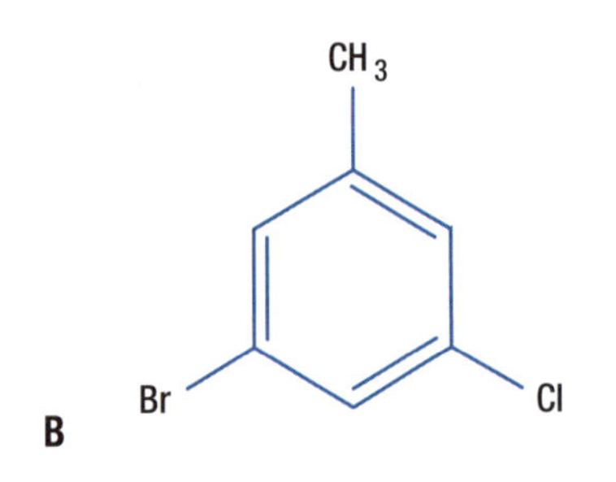

B

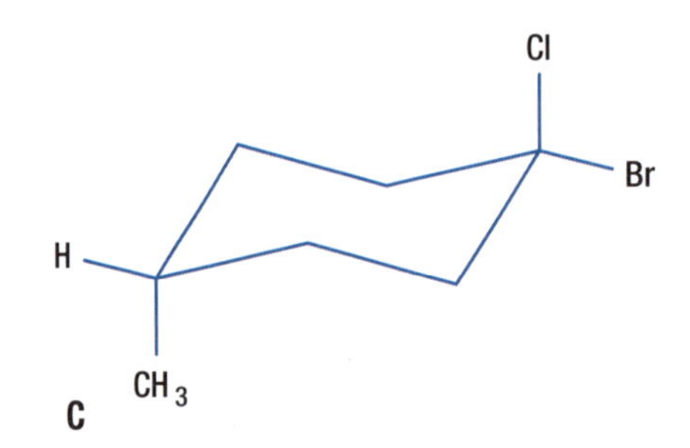

C

Übung 3.80: Im ersten Jahr beträgt der Gewinn eines Unternehmens 1000 € und verdreifacht sich in jedem weiteren Jahr. In welchem Jahr erwirtschaftet das Unternehmen erstmals mehr als 100.000 €?

A viertes Jahr
B fünftes Jahr
C sechstes Jahr
D siebtes Jahr

Übung 3.81: Grammatik, Rhetorik, Dialektik, Arithmetik, Geometrie, Musik und Astrologie sind die sieben „artes liberales“ des Altertums, also die freien Künste. Aus welchem Grund sprach man von „freien“ Künsten?

A Weil es sich um Kenntnisse handelt, über die ein freier Mann im Gegensatz zu einem Sklaven verfügen sollte.
B Weil es sich um Kenntnisse handelt, die mit materiellen Dingen nichts zu tun haben.
C Weil Kenntnisse auf diesen Gebieten zu einer Freiheit des Geistes führen.

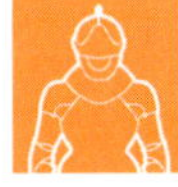

Übung 3.82: Die antike Polis war eine selbst verwaltete, wirtschaftlich unabhängige Gemeinschaft der Bürger eines Gemeinwesens. Von grundlegender Bedeutung für das politische Leben

war ein allen erreichbarer Mittelpunkt (Agora), an dem sich die Bürger regelmäßig trafen. Hier tauschten sie sich unmittelbar miteinander und mit den Amtsträgern über politische und gesellschaftliche Fragen aus. In welchem späteren Gemeinwesen findet man eine ähnliche Struktur des öffentlichen Lebens?

____

____

____

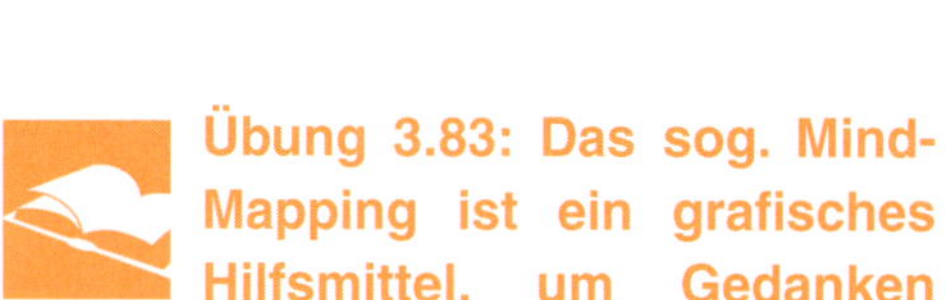

Übung 3.83: Das sog. Mind-Mapping ist ein grafisches Hilfsmittel, um Gedanken festzuhalten oder Notizen anzufertigen. Dazu tragen Sie in die Mitte eines Blattes Papier einen zentralen Begriff ein, an den Sie mithilfe von Linien oder Pfeilen Schlüsselbegriffe anhängen, daran wiederum Unterbegriffe, Fragen oder Stichwörter. Versuchen Sie doch einmal, die Mind-Map zum Thema „Jobsuche" unten zu erweitern.

Übung 3.84: Holger hört gespannt seiner Lehrerin zu, die über die Pflanzen dieser Welt spricht. Er erfährt von meterhohen Farnen, Moosen und Gewächsen, die durch Anpassung fast kein Wasser benötigen. Nun möchte die Lehrerin von ihm wissen, welche Aussagen auf dürreresistente Pflanzen zutreffen. Helfen Sie ihm.

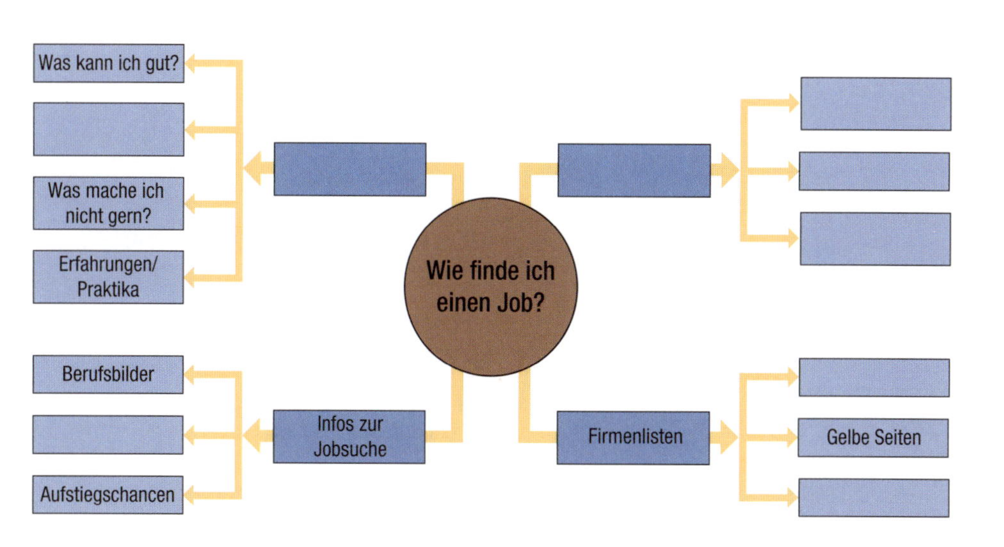

A Dürreresistente Pflanzen können eine dichte Behaarung besitzen.
B Hartlaubgewächse wie Lorbeer oder Myrte sind sehr gut an Trockenheit angepasste Pflanzen.
C Viele Pflanzen überstehen Trockenheit, weil sie mit großen und dünnen Blättern ausgestattet sind.
D Fast alle Pflanzen in trockenen Regionen speichern Wasser in ihren Wurzeln.

Übung 3.85: Christine zahlt jeweils am Jahresanfang 100 € auf ein Sparplankonto ein. Ihr Guthaben wird jährlich mit 3 % verzinst. Wie hoch ist ihr Guthaben nach drei Jahren?

A 309,– €
B 318,36 €
C 331,01 €
D 336,18 €

Übung 3.86: Kurz vor der Rückkehr in die Luftschleuse bleibt ein Astronaut an einer scharfen Kante hängen und die Luft seines Raumanzugs entweicht langsam in das Vakuum des Weltraums. Was passiert mit dem Astronauten?

A Aufgrund des rapiden Druckabfalls explodiert sein Körper.
B Nach wenigen Sekunden wird der Astronaut bewusstlos, aber wenn er innerhalb einer Minute wieder Luft bekommt, wird er überleben.

Übung 3.87: Manchmal ist es nötig, den Inhalt eines Werks schnell herauszufinden. Dazu stehen Ihnen mehrere Möglichkeiten zur Verfügung. Zu jeweils welchem Zweck? Verbinden Sie die zusammengehörigen Kästchen unten.

im Werk enthaltene Hilfsmittel	Der Autor oder eine andere Person macht Angaben zum Ziel der Veröffentlichung.
Nachwort, Schluss, Zusammenfassung	Sach- und Stichwortverzeichnisse sowie Inhaltsverzeichnisse helfen bei der Orientierung.
Titel	Bei der Information über aktuelle Themen helfen neueste Quellen.
Vorwort und Einleitung	Sie enthalten die Schlussfolgerungen eines Buches oder das Fazit des Autors.
Datum der Veröffentlichung	Er gibt erste Informationen über den Inhalt.

Schwierigkeitsgrad 3

Übung 3.88: Um 1720 entwickelte sich von England aus ein neuer Gartenstil, dem die natürliche Landschaft als Vorbild diente. Er stand im Gegensatz zu den bis dahin streng geometrisch angelegten barocken Gartenanlagen. Welche geistige und politische Strömung drückt sich in diesem Wandel aus?

Übung 3.89: Durch welche Veränderungen wurde die Wiedervereinigung Deutschlands, seit 1949 im Grundgesetz der Bundesrepublik als Ziel festgeschrieben (Art. 146), im Jahr 1990 möglich?

Übung 3.90: Warum löst sich edles Kupfer in konzentrierter Salpetersäure schon nach kurzem auf, während unedles Aluminium kaum angegriffen wird?

Übung 3.91: Tragen Sie die US-Bundesstaaten in die Karte ein.

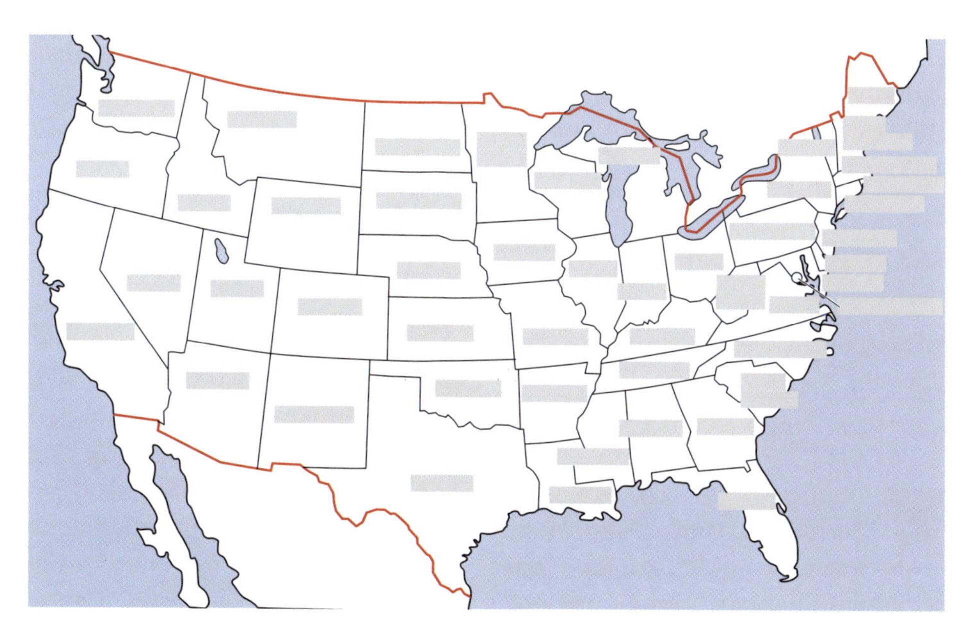

Schwierigkeitsgrad 3

3

Übung 3.92: Der Kommentar ist eine Form der Meinungsäußerung. Was sind seine Kennzeichen?

A Er ordnet Nachrichten in Zusammenhänge ein.
B Er begleitet Berichte oder Nachrichten als Stellungnahme.
C Er versucht, Hintergründe zu beleuchten.
D Er stellt größere Zusammenhänge dar.

Übung 3.93: Die Urlaubsbekannten Vera und Stefan wohnen in verschiedenen Bundesländern und planen ein Urlaubsnachtreffen in München. Wie können sie berechnen, wann jeder mit dem Auto losfahren muss, um zur vereinbarten Zeit Z am Treffpunkt zu sein?

____

____

____

Übung 3.94: Zu welchem Zweck könnte Peter Paul Rubens (1577–1640) das Doppelbildnis oben gemalt haben? Schauen Sie es sich genau an. Welche Symbolik können Sie erkennen?

Peter Paul Rubens, In der Geißblattlaube *(1609/10; Alte Pinakothek, München)*

____

____

____

Übung 3.95: Obwohl die Weimarer Republik eine demokratische Verfassung hatte, konnte Hitler sie über ihre eigenen Gesetze in eine Diktatur umwandeln. Welche Bestimmungen im Grundgesetz der Bundesrepublik Deutsch-

Byzanz – multikulturelles Reich des Mittelalters

Der römische Kaiser Konstantin der Große (272/73–337) hatte im Jahr 330 seinen Herrschersitz in das griechische Konstantinopel (vormals Byzantion) verlegt. So wurde dieses mit der Teilung des Römischen Reiches im Jahr 395 als Ostrom die Hauptstadt eines neuen, mehr als 1000 Jahre bestehenden Weltreichs, das so unterschiedliche Völker wie Griechen, Ägypter, Armenier, Juden, Syrer, Illyrer und Slawen unter einer Kaiserkrone vereinte. Der Erhalt des Reiches erforderte immer wieder Kämpfe um die Territorien. Im Inneren kamen Debatten um religiöse Fragen hinzu, deren bedeutendste der Bilderstreit (Ikonoklasmus), die Auseinandersetzung um die Verehrung der Ikonen, war.
Unter Kaiser Justinian (482–565) gelang es, eine gewisse Stabilität des Reiches zu erhalten und die Einheit zu stärken. Sie gründete auf römischem Recht, griechischer Sprache und christlich-orthodoxem Glauben. Wirtschaft, Rechtswesen und Kriegstechnik waren in Byzanz hoch entwickelt und brachten dem Reich die Vorherrschaft in ganz Europa ein. Sowohl der lateinische Westen als auch der islamische Osten standen unter dem Einfluss der glanzvollen byzantinischen Kultur. Das orthodoxe Christentum verbreitete sich in Osteuropa. Noch lange galten byzantinische Kunst und Bildung als Ausweis verfeinerter Lebensart und Eleganz.
Als das Reich Ende des 12. Jh. erneut von verschiedenen Seiten angegriffen wurde, bat der Kaiser den Westen um Hilfe. Es kam zu den ersten Kreuzzügen, in deren Folge 1204 Konstantinopel erobert und aufgeteilt wurde. 1453 fiel Konstantinopel an die Osmanen und wurde muslimisch.

land sollen verhindern, dass es auf indirektem Weg außer Kraft gesetzt werden kann?

A Die Wahrung der Grund- und Menschenrechte steht über allen anderen Bestimmungen, sie bleiben immer gültig und sind für alle drei staatlichen Gewalten bindend.

B Das Bundesverfassungsgericht wacht darüber, dass alle Entscheidungen verfassungsgetreu sind.

C Die Rechte des Bundespräsidenten wurden gegenüber denen des Reichspräsidenten der Weimarer Republik stark eingeschränkt.

D Der Bundesrat hat weniger Mitspracherecht.

E Der Bundeskanzler kann nur dann abgesetzt werden, wenn der gegnerische Kandidat die Mehrheit der Stimmen des Bundestags erhält.

Übung 3.96: In dem zentralasiatischen Land Usbekistan leben ca. 25,6 Mio. Menschen, meist Usbeken, aber auch Russen und Tadschiken. Überlegen Sie, welche der folgenden Stichwortgruppen auf Usbekistan zutreffen.

A ca. dreimal so groß wie Tadschikistan, etwa 88 % Muslime

B Fläche 143.100 km^2, ca. 44 Einwohner je Quadratkilometer

C Unabhängigkeit 1993, die Ostküste grenzt an das Kaspische Meer

D Fläche 447.400 km², ca. 57 Einwohner je Quadratkilometer, Nachbarland von Kasachstan

Baumwollproduktion in Usbekistan

Übung 3.97: Die Revolution von 1911 beendete in China die Herrschaft der Ch'ing-Dynastie und die Monarchie. Sie hob damit auch den Zusammenhalt des riesigen Reiches auf, der zwei Jahrtausende lang durch einen mächtigen Staatsapparat und das Festhalten an den Idealen des Konfuzianismus gewährleistet worden war. Der mächtige gebildete Beamtenapparat hatte seinen Einfluss verloren. An seine Stelle waren die Militärführer getreten, die nun die politische Macht übernahmen. An welche Situation in der europäischen Geschichte erinnert dies?

____

Übung 3.98: Zum Auslösen chemischer Reaktionen muss oft erst Aktivierungsenergie aufgebracht werden. Im Energiediagramm wird dies dadurch ausgedrückt, dass erst ein „Energieberg“ überwunden werden muss. Zeichnen Sie in das folgende Diagramm ein, wie sich der Reaktionsverlauf durch den Einsatz eines Katalysators ändert.

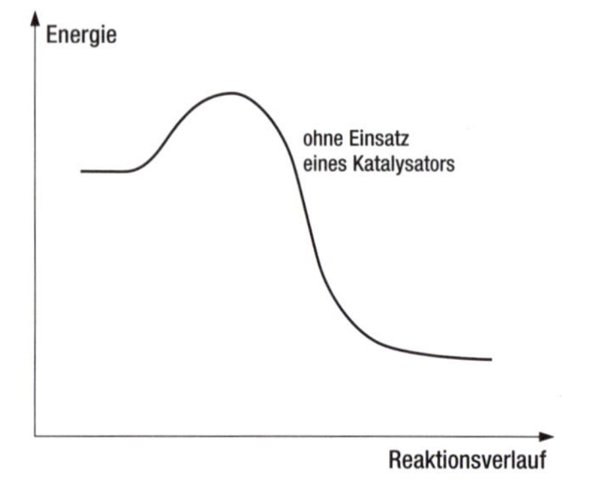

Übung 3.99: Die Summe aller Innenwinkel im Dreieck beträgt 180°. Aber wie hängt die Summe der Innenwinkel im n-Eck von der Zahl der Ecken ab?

____

____

____

Übung 3.100: Der Entwicklungsstand eines Landes hängt von sehr vielen Fakto-

ren ab. Deshalb benötigt man für einen Vergleich zwischen Staaten aussagekräftige Indikatoren. Welche der folgenden Punkte kommen dafür in Frage?

- A Fläche in Quadratkilometern
- B Anzahl der verfügbaren Krankenhausbetten
- C Bruttosozialprodukt pro Kopf
- D Anzahl der Hafenstädte
- E Anzahl der Ärzte pro 1000 Einwohner
- F Zahl der Erwerbstätigen in der Landwirtschaft

Übung 3.101: Wir stellen auf zwei identische Herdplatten einen Topf mit Wasser und einen mit Öl. Welche Flüssigkeit erwärmt sich schneller?

- A das Wasser
- B das Öl
- C Beide Flüssigkeiten erwärmen sich gleich schnell.
- D Das hängt vom Luftdruck ab.

Übung 3.102: Im Jahr 2002 erschienen auf dem deutschen Buchmarkt insgesamt 59.916 Erstauflagen. Die meisten davon wurden in den Verlagshäusern der deutschen Großstädte produziert. Sehen Sie sich dazu das folgende Diagramm an.

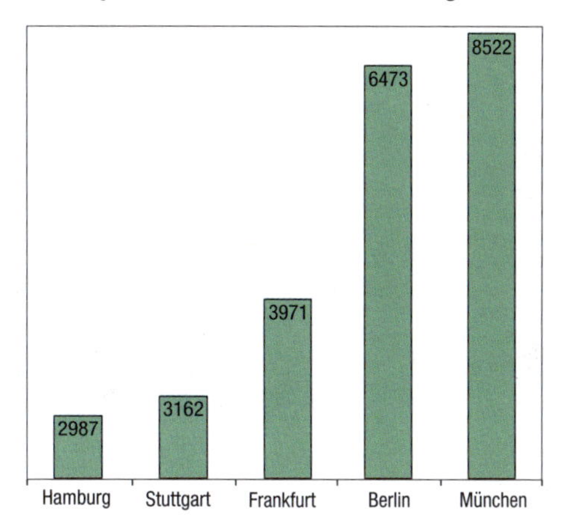

Was erschwert die Interpretation dieses Diagramms?

____

____

____

Übung 3.103: Welches das Hauptsujet von Giovanni Antonio Canal, genannt Canaletto (1697–1768) gewesen ist, lässt sich leicht merken: Er malte hauptsächlich die Kanäle und Architekturen von Venedig. Wie lautet aber der fachlich korrekte Begriff für die wirklichkeitsgetreue Darstellung von Stadtansichten und Landschaften?

A Vedute
B Vanitas
C Verismus
D Vesperbild

Canaletto, Himmelfahrtstag in Venedig *(um 1760; Mailand, Sammlung Crespi)*

Übung 3.104: In der Neujahrsnacht hat der Winterdienst Splitt auf den Gehweg gestreut. Conny findet heraus, dass im Durchschnitt auf jedem Quadratzentimeter ein Splittstein liegt, der ca. $\frac{1}{8}$ cm³ Volumen hat. Der Weg ist 1,5 m breit und ungefähr 1,5 km lang. Wie viele 5-l-Eimer mit Rollsplitt wurden gestreut?

A 54
B 102,5
C 142
D 187,5

Übung 3.105: Lesen Sie die folgenden Auszug aus einer Einladung, in dem das Thema einer politischen Diskussionsveranstaltung vorgestellt wird: „Die Globalisierung und ihre Machtkonzentrationen stellen eine Herausforderung für unser Konzept des Föderalismus dar. Im Land sind politische Kompetenzen breit verteilt. Allerdings muss sich auch der Föderalismus dem Wandel von neuen nationalen und internationalen Rahmenbedingungen anpassen, wenn er nicht versteinern und wirkungslos werden soll. Eine solche neue Rahmenbedingung ist die Globalisierung.“ Was mag das Thema sein? An welchen Personenkreis wird sich die Einladung richten? Warum?

____

____

____

Übung 3.106: Die Anfänge des Manierismus liegen im Italien des 16. Jh. Der neue Stil breitete sich jedoch rasch im übrigen Europa aus. Eine Ursache dafür war die rege Reisetätigkeit der Künstler. Welcher Umstand kann außerdem die Verbreitung des Stils gefördert haben?

A Die jüngere Künstlergeneration wollte sich von den einengenden strengen Regeln der Renaissancekunst lösen.

B Die manieristischen Bilder wurden durch Druckgrafiken in ganz Europa verbreitet.

C Die Malerei passte sich einer bewegteren Architektur an.

Übung 3.107: Böden in städtischen Ballungsräumen weisen im Vergleich zu natürlich entwickelten Böden stark veränderte Merkmale auf. Dazu zählen die Versiegelung der Oberflächen und der Bau einer Kanalisation. Welche Folgen haben diese vom Menschen geschaffenen Veränderungen?

A Verminderung des Hochwasserabflusses in den natürlichen Gewässern

B Verminderung der Grundwasserneubildung

C Belastung durch oft hohen Salzeintrag im Winter

D höhere Verdunstung des Regenwassers

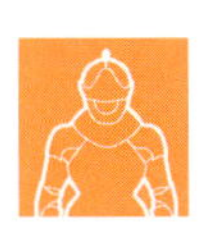

Übung 3.108: „Ein Land, das von Profitdenken beherrscht wird, ist unweigerlich dem Untergang geweiht", sagt der moderne chinesische Konfuzianist Manh Tu. Viele ostasiatische Länder haben dennoch eine gut funktionierende Marktwirtschaft entwickelt. Welche Besonderheiten sind darin möglicherweise auf den Konfuzianismus zurückzuführen?

A das Festhalten an alten Herstellungsmethoden als Würdigung der Tradition

B Fleiß und jede Art von Arbeit werden hoch geschätzt.

C Der Einsatz für ein Gemeinwesen anstelle persönlichen Gewinnstrebens verstärkt das Engagement der Arbeitnehmer und ihre Loyalität der Firma gegenüber.

D Die Bereitschaft zum lebenslangen Lernen führt zu einem hohen Bildungsstandard.

Übung 3.109: Jedes Auto hat heutzutage einen Katalysator und die meisten wissen auch, dass dieses Gerät für saubere Abgase sorgt. Aber was macht der Katalysator im Auto eigentlich genau?

A Er filtert die Abgase und entfernt viele Giftstoffe.

B Er sorgt für eine sauberere Verbrennung im Motor.

C Er reinigt den Treibstoff.

D Er wandelt schädliche Bestandteile der Abgase in harmlose Stoffe um.

Schwierigkeitsgrad 3

Übung 3.110: Bei einem Wettbewerb muss jedes Team zweimal gegen jedes andere antreten, wobei das Gewinnerteam jeweils einen Punkt erhält, das Verliererteam dagegen leer ausgeht. Um künftig auch bei Anmeldungen in letzter Minute einen Spielplan aufstellen zu können, fordert der Spielmanager einen allgemeinen Ansatz, mit dem er die Anzahl der Spiele für n Teams (n ist eine positive ganze Zahl) bestimmen kann. Wissen Sie die Lösung?

Übung 3.111: Gute Texte zeichnen sich durch eine hohe Lesefreundlichkeit aus. Aber wodurch lässt sich diese steigern? Streichen Sie aus der folgenden Liste jene Mittel, die nicht geeignet sind, die Lesbarkeit zu erhöhen, weil sie keinen Beitrag zur Verständlichkeit eines Textes leisten.

Satzklammern
direkte Ausdrucksweise
Objekt vor Subjekt
passivisch gebrauchte Verben
abstrakte Begriffe
aktivisch gebrauchte Verben
überflüssige Fremdwörter
häufige Synonyme
Subjekt vor Objekt
maßvoller Gebrauch von Fremdwörtern
Reihenbildungen
konkrete Begriffe

Übung 3.112: Ikonologie und Ikonografie sind zwei grundlegende Begriffe der Kunsttheorie. Ordnen Sie ihnen die richtige Definition zu.

A Ikonologie
B Ikonografie

1 Lehre von Sinn, Symbolik und Inhalt bildlicher Darstellungen
2 kunsthistorische Interpretations- und Forschungsmethode, die nach soziokulturellen Zusammenhängen fragt

Übung 3.113: Aristoteles (384 bis 322 v. Chr.) unterschied verschiedene Arten der Verfassung eines Gemeinwesens danach, ob einer oder mehrere herrschten und ob sie es gut (im Sinne des Gemeinwohls) oder schlecht (zum Eigennutz) taten. Ordnen Sie die folgenden Begriffe richtig zu: Aristokratie, Basileia, Demokratie, Oligarchie, Politie, Tyrannis. Bedenken Sie, dass manche Begriffe heute eine etwas andere Bedeutung haben können.

„Aufwärmen“ vor dem Lernen

Sportler wie z. B. Fußball- oder Squashspieler bereiten sich auf ein wichtiges Spiel gründlich vor. Sie müssen sich warm spielen. Genauso ist es bei Menschen, die eine geistige Leistung vollbringen wollen. Deshalb sollten Sie mit einfachen Aufgaben beginnen, die im besten Fall auch noch Spaß bereiten. Mit jedem Erfolg wächst das Selbstvertrauen und auch die Chance, schwierigere Aufgaben problemlos zu lösen.
Nach etwa einer halben Stunde sollten Sie eine Kurzpause von fünf Minuten einlegen und nach eineinhalb Stunden intensiven Lernens ist eine Unterbrechung von 20 Minuten zur Entspannung dringend angeraten.
Stehen größere Prüfungen und damit umfangreicher Lernstoff auf dem Programm, ist es sinnvoll, einen Zeitplan zu erstellen. Dabei dürfen Ruhepausen und auch sportlicher Ausgleich nicht zu kurz kommen. Lernen Sie lieber jeden Tag drei bis vier Stunden als sich an einem Tag mit einem Lernmarathon von sechs bis acht Stunden zu überfordern.

Einer herrscht: ____________________

Wenige herrschen: ____________________

Alle herrschen: ____________________

Aristoteles

Übung 3.114: Über die Welt sind tausende von Inseln verstreut. Manche sind bewohnt, andere nicht größer als ein Fußballplatz und für eine Besiedlung unattraktiv. Ordnen Sie den folgenden Ländern die richtige Anzahl der zugehörigen Inseln zu.

A	Indonesien	1	ca. 240
B	Philippinen	2	ca. 3000
C	Japan	3	ca. 7100
D	Palau	4	ca. 13.600

Übung 3.115: Die grundlegende Annahme der Homöopathie besteht darin, dass Stoffe, die ähnliche Symptome wie eine Krankheit bewirken, in sehr starken Verdünnungen als Heilmittel dienen können. Je stärker die Verdünnung, umso höher die Wirkung der homöopathischen Mittel (Potenzierung). Warum haben viele Wissenschaftler Vorbehalte gegenüber dieser Heilmethode?

____

____

____

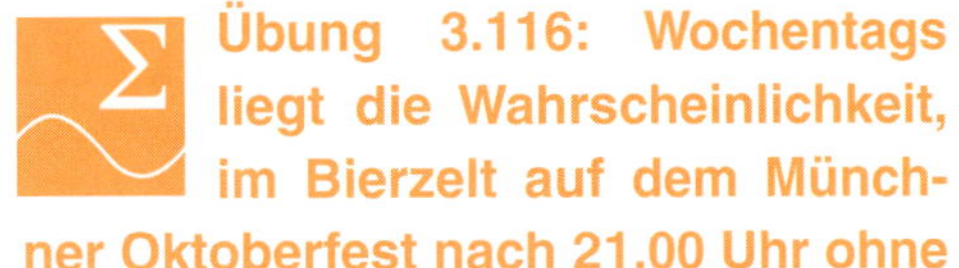

Übung 3.116: Wochentags liegt die Wahrscheinlichkeit, im Bierzelt auf dem Münchner Oktoberfest nach 21.00 Uhr ohne

Schwierigkeitsgrad 3

3

Reservierung einen Platz zu finden, pro Biertisch bei ca. 15 % für Singles. Für jede weitere Person verringert sie sich um 30 %. Welche Chance hat eine fünfköpfige Gruppe in einem Zelt mit 100 Tischen?

A 63,21 %
B 97,4 %

A Der Autor nennt keine Zahlen, um seiner Forderung mehr Gewicht zu verleihen.
B Er schreibt nicht das, was er vermutlich sagen will.
C Er mischt eine Tatsache mit seiner persönlichen Meinung.
D Er macht nicht deutlich, welche Intention er hat.

Übung 3.117: In einer Zeitung könnte Folgendes zu lesen sein: „Die Unfälle mit getöteten Personen haben im letzten Jahr insbesondere auf den Fußgängerüberwegen wieder zugenommen. Die Politik muss handeln!“ Was ist an diesem Text problematisch?

Übung 3.118: Wo befinden sich die folgenden Bauwerke? Ordnen Sie die Bauten den Punkten auf der Landkarte unten zu und benennen Sie den jeweiligen Standort: Hagia Sophia, Spanische Treppe, Sanssouci, Invalidendom, Escorial.

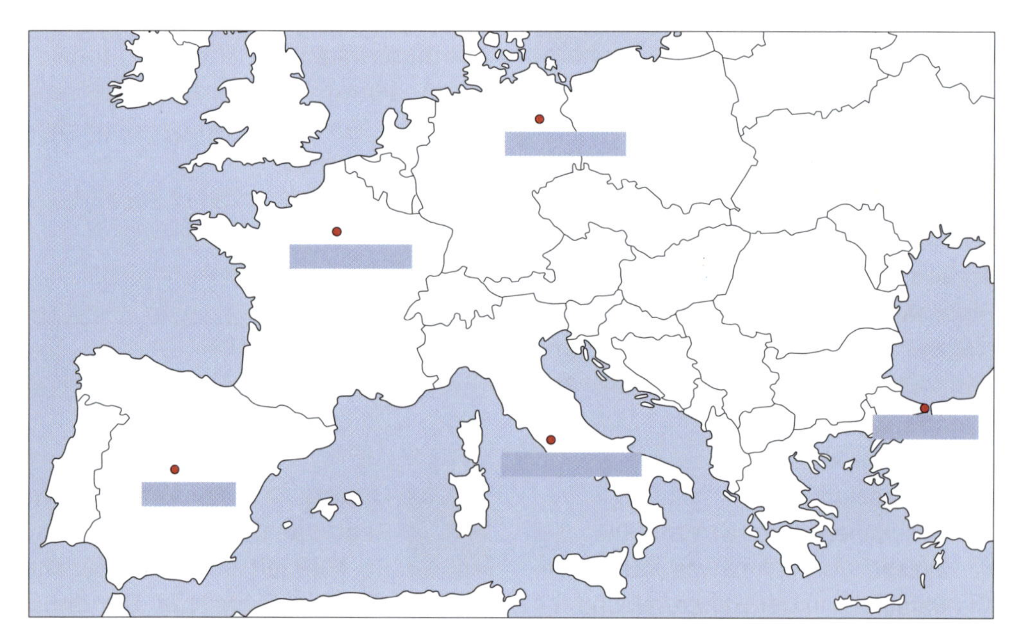

Übung 3.119: Welche Richtung der Geschichtswissenschaft wird sich für welche Gegenstände interessieren?

A die Dokumentation der Situation schollengebundener Bauern des Lehnsstaats in Verzeichnissen über die Höhe der Naturalabgaben
B einen romantischen Briefwechsel aus dem 19. Jh.
C die Integration antiker Traditionen in den Lebensstil des Adels im Mittelalter
D die Regierungszeiten der römischen Kaiser

1 politische Geschichte
2 Mentalitätsgeschichte
3 Kultur- und Geistesgeschichte
4 Sozial- und Wirtschaftsgeschichte

Übung 3.120: Namib, Atacama, Gobi oder Sahara sind Namen bekannter Wüsten dieser Erde. Die Sahara ist das ausgedehnteste aller Trockengebiete. Unterschiede gibt es bei den Entstehungsgründen dieser Wüsten. Wissen Sie, warum die Sahara so trocken ist?

A Der kalte Benguelastrom vor der Westküste Afrikas verhindert Niederschlag in der Sahararegion.
B Aufsteigende warme Luft sorgt für Wolkenauflösung und dadurch für sehr hohe Sonneneinstrahlung.
C Für die Trockenheit der Sahara sind in erster Linie die Passate verantwortlich.

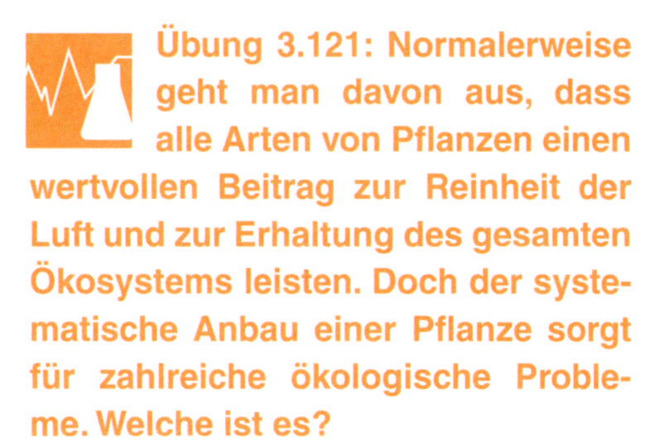

Übung 3.121: Normalerweise geht man davon aus, dass alle Arten von Pflanzen einen wertvollen Beitrag zur Reinheit der Luft und zur Erhaltung des gesamten Ökosystems leisten. Doch der systematische Anbau einer Pflanze sorgt für zahlreiche ökologische Probleme. Welche ist es?

A Kartoffel
B Reis
C Blumenkohl
D Weizen

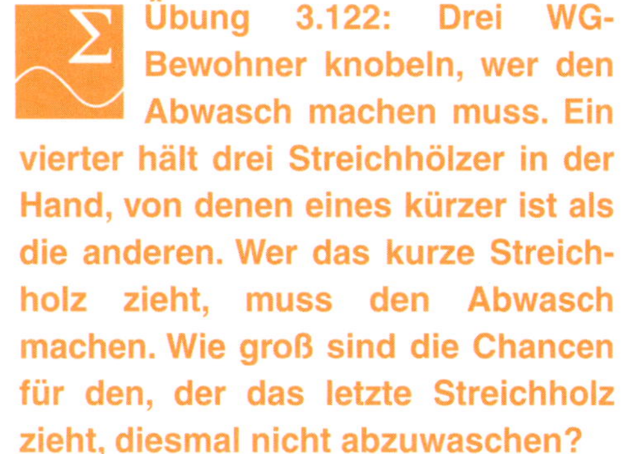

Übung 3.122: Drei WG-Bewohner knobeln, wer den Abwasch machen muss. Ein vierter hält drei Streichhölzer in der Hand, von denen eines kürzer ist als die anderen. Wer das kurze Streichholz zieht, muss den Abwasch machen. Wie groß sind die Chancen für den, der das letzte Streichholz zieht, diesmal nicht abzuwaschen?

A $\frac{1}{3}$ B $\frac{1}{2}$ C $\frac{2}{3}$

Schwierigkeitsgrad 3

Übung 3.123: Was ist an den folgenden Sätzen missverständlich? Was haben sie gemeinsam?

A Der August 2003 war der heißeste seit 100 Jahren.

B Der Bewerber verfügt über eine ausreichende Erfahrung, zuletzt seit 2003 als Leiter der Abteilung.

C Der Polizei ist bei der Suche nach den Tätern ein erster Fahndungserfolg gelungen.

Übung 3.124: Der goldene Deckel des *Evangeliars Ottos III.* (980–1002, Kaiser des Heiligen Römischen Reiches deutscher Nation seit 996) entstand im Kloster Reichenau. In den kostbaren, mit Edelsteinen verzierten Buchdeckel ist ein byzantinisches Marienrelief aus Elfenbein eingearbeitet. Inwiefern vereint dieser Kunstgegenstand zwei wichtige Pole der frühmittelalterlichen Welt?

Hl. Lukas, *Illustration aus dem* Evangeliar Ottos III. *(um 1000; München, Bayerische Staatsbibliothek)*

Übung 3.125: Eine literarische Form, über den idealen Staat oder die Konsequenzen einer politischen Entwicklung nachzudenken, ist die Utopie. Die Darstellung des Utopia (wörtl. „Nicht-Ort“, griech. ou-topos) ist ein Gegenentwurf zur Wirklichkeit, unabhängig davon, ob er verwirklicht werden

kann oder nicht. Er stellt der Wirklichkeit entweder ein Ideal gegenüber oder zeigt mögliche verheerende Konsequenzen einer Entwicklung. Nennen Sie mindestens drei politische Utopien.

____

____

____

Übung 3.126: Hochmoore sind heute nur noch vereinzelt im Nordwesten Deutschlands zu finden, denn die meisten Hochmoore wurden ausgetrocknet und für die Landwirtschaft nutzbar gemacht. Welche der folgenden Punkte treffen auf Hochmoore zu?

A Nährstoffversorgung nur durch Regenwasser
B kein Kontakt zum Grundwasser
C sehr nährstoffreich
D kaum wasserhaltefähig

Übung 3.127: Bei der Suche nach Regeln für ein Würfelspiel meint Doris: Beim Würfeln mit zwei Würfeln sind folgende Ereignisse gleich wahrscheinlich: A: Die Augensumme ist kleiner oder gleich sechs. B: Die Augensumme ist gerade. Hat Doris Recht?

A ja B nein

Übung 3.128: Bei einem Versuch zerfällt ein Element in einem starken magnetischen Feld und sendet radioaktive Strahlung aus. Durch eine Nebelkammer und Filmmaterial werden später die Spuren der Strahlung sichtbar. Ordnen Sie den beobachteten Spuren die natürlichen Strahlungsarten zu (α-, β- und γ-Strahlung).

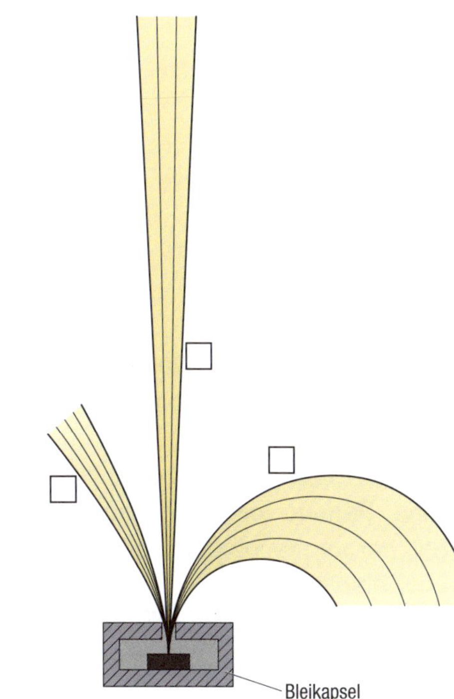

Schwierigkeitsgrad 3

Übung 3.129: Je präziser ein Text ist, umso verständlicher ist er. Was zeichnet Ihrer Meinung nach einen präzisen Text aus? Streichen Sie aus der folgenden Liste jene Begriffe, die Präzision verhindern.

Redundanz klarer Textaufbau
Superlative gemäßigte Wortwahl
Abtönungspartikeln
eindeutige Satzbezüge
keine klare Informationshierarchie
straffe Ausdrucksweise
treffende Wortwahl

Übung 3.130: Der Begriff „Klassizismus“ bezeichnet eine Stilepoche im 18. und 19. Jh. Wie kommt es, dass Pablo Picasso (1881–1973) als Maler des 20. Jh. klassizistische Figuren gemalt hat?

A Er wollte durch die Nachahmung klassizistischer Bildwerke die Antike rezipieren.

B Bei ihm bezeichnet die klassizistische Periode einen individuellen Stil, der an monumental-klassische Bildwerke erinnert.

C Der Klassizismus war in Frankreich noch bis weit ins 20. Jh. hinein verbreitet.

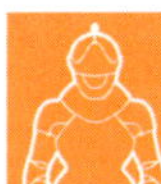

Übung 3.131: Bei der Gründung der UNO hatte der Sicherheitsrat 11 Mitglieder (heute sind es 15) und die Vollversammlung wurde durch 51 Staaten vertreten. Auf Betreiben der Russen bekam der Sicherheitsrat im Vergleich zum Rat des Völkerbundes von 1920 mehr Vollmachten. Welche Erklärungen gibt es für dieses Interesse der Russen?

A Das Machtverhältnis beider Organe sollte ausgeglichener sein.

B Die Russen fürchteten aufgrund der Loyalität lateinamerikanischer Satellitenstaaten gegenüber den USA, in der Vollversammlung immer überstimmt zu werden.

C Die Großmächte sollten mehr Einfluss auf die Entscheidungen erhalten.

Übung 3.132: Im Lauf der Erdgeschichte haben sich zahlreiche Gebirge gebildet. Die Alpen, der Harz sowie die Gebirge in Schottland und Irland beispielsweise stammen jedoch aus ganz unterschiedlichen Erdzeitaltern. Ordnen Sie richtig zu.

A Alpen

B Harz

C Gebirge in Schottland und Irland

1 Kambrium bis Silur
2 Devon bis Perm
3 Kreide bis Tertiär

Alpen

Übung 3.133: Heutzutage weiß jeder, dass die Erde eine Kugel ist und sich einmal am Tag um sich selber dreht. Aber mit welchem der folgenden Versuche ließ sich schon früher sehr eindrucksvoll die Drehung der Erde nachweisen?

A Foucault'sches Pendel
B Newtons Fallversuche
C Skinnerbox
D Millikan'scher Öltröpfchenversuch

Die Erde

Übung 3.134: Beim Knobelspiel „Schere–Stein–Papier" formen zwei Spieler mit ihren Händen gleichzeitig jeweils eines der Symbole Schere, Stein oder Papier. Dabei gilt: Schere schneidet (gewinnt gegen) Papier, Stein wird umhüllt von (verliert gegen) Papier, Stein zerstört (gewinnt gegen) die Schere. Gleiche Symbolwahl bedeutet unentschieden. Ein Spieler wählt jedesmal rein zufällig ein Symbol aus. Kann der zweite durch eine Strategie seine Gewinnchancen erhöhen? Zur Hilfe können Sie die Tabelle ausfüllen.

Spieler 2 / **Spieler 1**	Schere	Stein	Papier
Schere			
Stein			
Papier			

Übung 3.135: Das Bild *Toilette der Venus* (1751) von François Boucher (1703–70) zeigt Madame de Pompadour (1721–64), die Mätresse des Königs, in einem kostbar ausgestatteten privaten Interieur. Was kann an diesem Sujet als spezifisch für das Rokoko bezeichnet werden?

A Die allegorische Darstellung wird zu

einem erotisch-lasziven Porträt umgeformt.

B Die Mätresse des Königs wird darstellungswürdig.

C Die Liebesgöttin wird in einem realistischen Ambiente gezeigt.

Übung 3.136: Das folgende Diagramm gibt eine Übersicht über die Ozonbelastung in Deutschland. Es zeigt, wie oft der Grenzwert von 180 µg Ozon pro Kubikmeter Luft (Schwellenwert für die Unterrichtung der Bevölkerung) überschritten wurde.
Warum stellen sich die Kurven so unterschiedlich dar? Womit könnte man die Abweichungen der oberen Kurve erklären? Woran könnte es liegen, dass die Kurve zum Jahr 2003 hin fällt und dann rapide ansteigt?

Ozonbelastung in Deutschland seit 1990

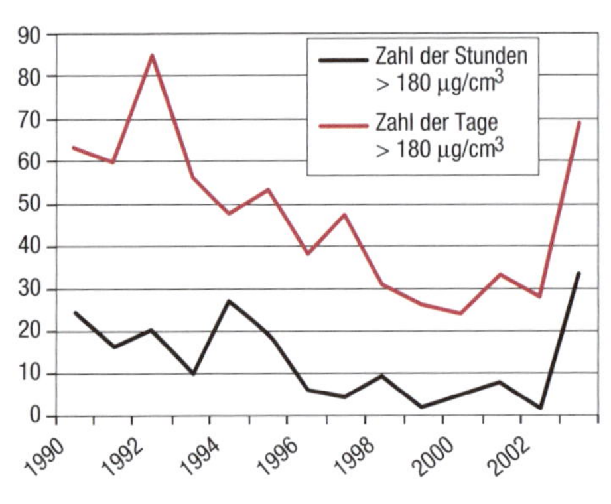

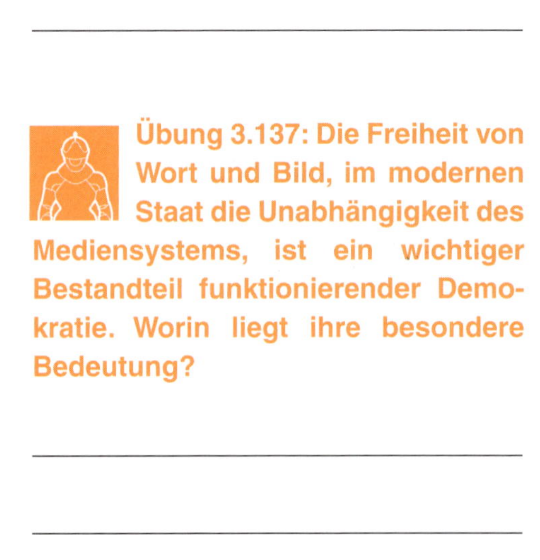

Übung 3.137: Die Freiheit von Wort und Bild, im modernen Staat die Unabhängigkeit des Mediensystems, ist ein wichtiger Bestandteil funktionierender Demokratie. Worin liegt ihre besondere Bedeutung?

Übung 3.138: Als Urlaubsziel kennt sie jeder, die Boddenküste von Mecklenburg-Vorpommern. Flache Buchten und kleine Seebäder laden den Urlauber zum Verweilen ein. Sie waren sicherlich schon einmal dort, aber können Sie erklären, wie die Boddenlandschaft entstanden ist?

Der erste Kunsthistoriker: Giorgio Vasari (1511–74)

Der 1511 in Arezzo geborene Giorgio Vasari porträtierte in seiner 1550 erstmals veröffentlichten Schrift *Lebensläufe der berühmtesten Maler, Bildhauer und Architekten* (Originaltitel: *Le vite de' più eccelenti Architetti, Pittori e Scultori*) die bedeutendsten italienischen Künstler vom 13. bis zur Mitte des 16. Jh. Seine *Viten* enthalten sowohl Anekdoten als auch wichtige Informationen über Arbeitsweise, Aufträge und Werke der beschriebenen Personen und stellen bis heute eine der wichtigsten literarischen Quellen über die Kunst der Renaissance in Italien dar.
Vasari kam als junger Mann nach Florenz, wo er durch Vermittlung seines Vaters im Hause der Medici umfassend ausgebildet wurde. Zusätzlich erwarb er in den Werkstätten von Andrea del Sarto (1486–1530) und Baccio Bandinelli (1488–1560) eine Ausbildung als Maler. Auf seinen Reisen als Maler der Olivetanermönche konnte er in ganz Italien Informationen über die Kunstwerke zusammentragen, die er später in den *Viten* verarbeitete. 1555 wurde er an den florentinischen Hof zurückgeholt, wo er bis zu seinem Tod im Jahr 1574 als Hofkünstler und Berater in hoher gesellschaftlicher Stellung tätig war.

Übung 3.139: Bei einem internationalen Treffen nehmen die neun Landesvertreter an einem runden Tisch Platz. Wie viele unterschiedliche Sitzanordnungen sind möglich?

A 1399 B 21.542
C 40.320 D 44.388

Übung 3.140: Die Elektronegativität eines Elements beschreibt seine Tendenz, Elektronen aufzunehmen, um so im Idealfall eine energetisch günstigere Elektronenkonfiguration zu erreichen. Dabei ist zu beachten, dass Metalle eher die Tendenz aufweisen, Elektronen abzugeben. Ordnen Sie die folgenden Elemente nach steigender Elektronegativität.

A Fluor B Kohlenstoff
C Lithium D Sauerstoff

geringe Elektronegativität → hohe Elektronegativität

☐ ☐ ☐ ☐

Übung 3.141: In einem Werbetext heißt es: „Möglicherweise überlegen Sie jetzt, ob unser Mitarbeiter in dieser Situation ein guter Gesprächspartner für Sie wäre? Dann rufen Sie uns doch gleich an oder senden Sie uns eine E-Mail, um Fragen zu beantworten oder einen Termin zu vereinbaren.“ Finden Sie diese Passage in sich schlüssig? Warum?

____

Übung 3.142: Der belgische Surrealist René Magritte (1898–1967) betitelte eines seiner Gemälde, das eine Pfeife zeigt, mit dem einfachen, aber irritierenden Satz: *Çeci n'est pas une pipe* (Dies ist keine Pfeife). Worauf wollte der Maler den Betrachter damit aufmerksam machen?

Übung 3.143: Der Begriff „Dritte Welt" wird heute für Länder gebraucht, deren Wirtschaft nach den Maßstäben der Industrienationen stark unterentwickelt ist. In den späten 1940er Jahren bezeichnete man die wachsende Zahl jener Länder als „Dritte Welt", die sich keinem der beiden Machtblöcke verpflichtet fühlten und daher eine Alternative für eine neutrale Politik zum Abbau von Spannungen darstellten. Welche Entwicklung führte zur heutigen Bedeutung des Begriffs?

- A Der Zusammenschluss mehrerer Staaten im südöstlichen Raum, die wirtschaftlich stark unterentwickelt waren.
- B Die Entkolonialisierung v. a. afrikanischer und asiatischer Staaten in den 1950er Jahren, die große Gebiete umfasste und daher gewaltige wirtschaftliche Umstrukturierungen nötig machte.
- C Der Abbau der Spannungen zwischen den Machtblöcken nach dem Kalten Krieg, der die wirtschaftlichen Probleme der unabhängigen Staaten wieder stärker in den Vordergrund treten ließ.

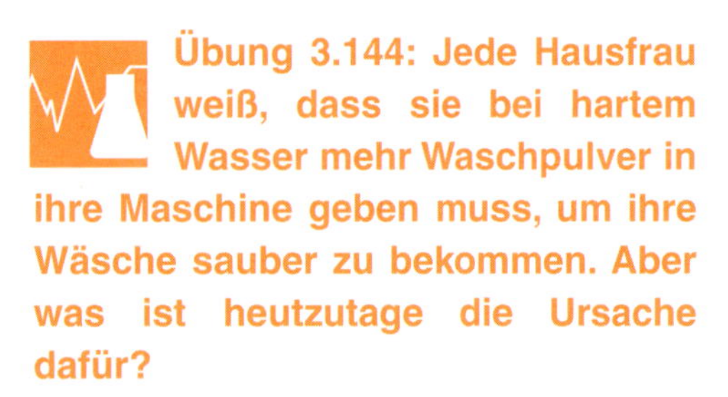

Übung 3.144: Jede Hausfrau weiß, dass sie bei hartem Wasser mehr Waschpulver in ihre Maschine geben muss, um ihre Wäsche sauber zu bekommen. Aber was ist heutzutage die Ursache dafür?

- A Der Kalk im Wasser zerstört das Gewebe.
- B Kalk bindet Schmutz.
- C Hartes Wasser nimmt keinen Schmutz auf.
- D Hartes Wasser bindet Waschmittel, das dann keine Wirkung mehr hat.

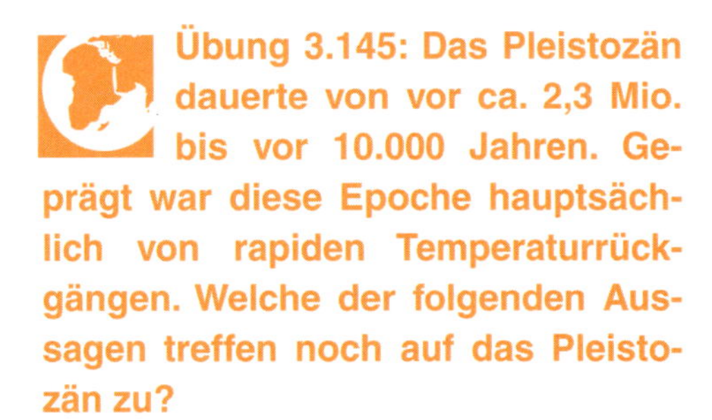

Übung 3.145: Das Pleistozän dauerte von vor ca. 2,3 Mio. bis vor 10.000 Jahren. Geprägt war diese Epoche hauptsächlich von rapiden Temperaturrückgängen. Welche der folgenden Aussagen treffen noch auf das Pleistozän zu?

- A Die Alpen und ihr Vorland waren mindestens viermal vereist.
- B Der Meeresspiegel des Weltmeers lag mindestens 90 m höher als heute.
- C Die Anden blieben im Gegensatz zu den Alpen von einer Vergletscherung verschont.
- D Die Lösssedimente der norddeutschen Börden sind pleistozänen Ursprungs.

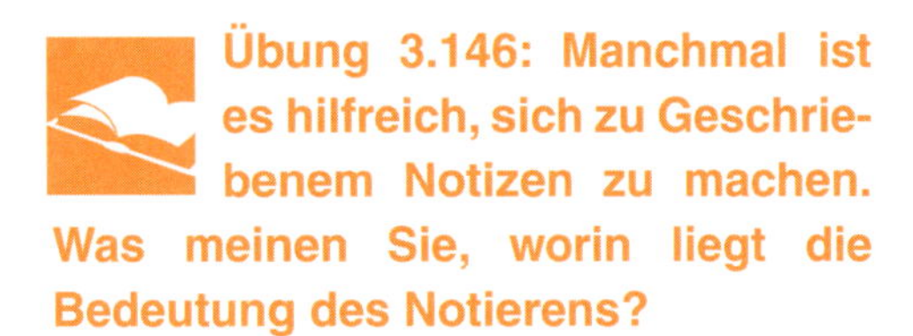

Übung 3.146: Manchmal ist es hilfreich, sich zu Geschriebenem Notizen zu machen. Was meinen Sie, worin liegt die Bedeutung des Notierens?

- A Notizen verbessern die Gedankenstruktur des Gelesenen.
- B Informationen werden umso besser behalten, je mehr sie bearbeitet werden.
- C Notizen helfen, die Wirkung des Gelesenen zu erhöhen.
- D Notieren entlastet das Gehirn.

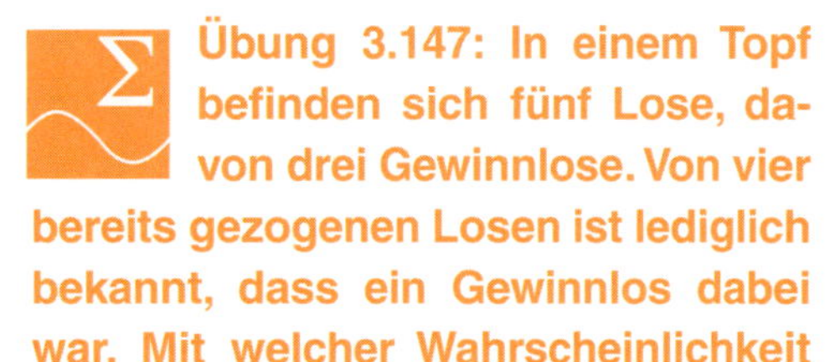

Übung 3.147: In einem Topf befinden sich fünf Lose, davon drei Gewinnlose. Von vier bereits gezogenen Losen ist lediglich bekannt, dass ein Gewinnlos dabei war. Mit welcher Wahrscheinlichkeit ist das letzte Los ein Gewinn?

A $\frac{3}{5}$ B $\frac{1}{3}$ C $\frac{1}{4}$ D $\frac{1}{6}$

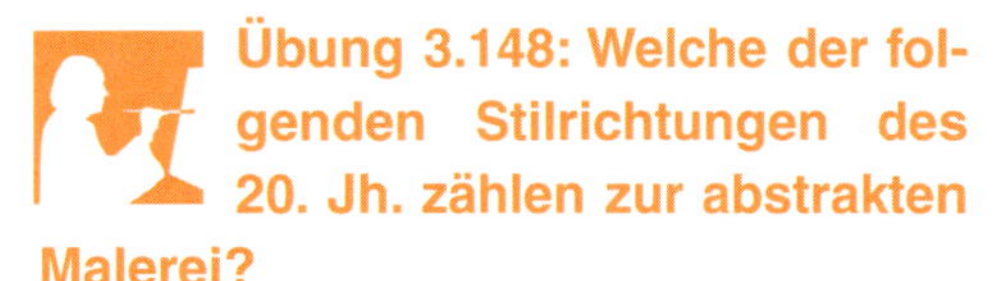

Übung 3.148: Welche der folgenden Stilrichtungen des 20. Jh. zählen zur abstrakten Malerei?

- A Konstruktivismus
- B Kubismus
- C Op-Art
- D Pop-Art
- E konkrete Kunst

Übung 3.149: Im Gemeinwesen der griechischen Polis gab es keine schriftlich fixierte Verfassung, sondern nur Gesetzessammlungen mit Beispielfällen und die Sammlung der Regeln des Althergebrachten (mos maiorum). Welchen Unterschied wies die Polis im Vergleich zu späteren bürgerlichen Gesellschaften auf, die sich z. T. eine Verfassung erkämpft hatten, um sich vor der Übermacht des Staates zu schützen?

Schwierigkeitsgrad 3

3

A Durch den kleinen Siedlungsraum der Polis waren weniger komplexe Strukturen vorhanden, die keiner ausgefeilten Regelung bedurften.

B Die Polis war stärker von philosophischen Erkenntnissen geprägt, sodass man auf ein ausgewogenes Gleichgewicht der Kräfte achtete.

C Es gab keinen Unterschied zwischen Staat und Gesellschaft. Das Kollektiv übte selbst eine starke Kontrolle über den Einzelnen aus.

Übung 3.150: Die Erde ist von einer Gashülle umgeben, der Atmosphäre. Ohne diese schützende Hülle wäre ein Leben auf der Erde unmöglich. Die Atmosphäre ist in fünf Hauptschichten eingeteilt. Ordnen Sie diesen die richtigen Eigenschaften zu.

A Thermosphäre
B Mesosphäre
C Troposphäre
D Stratosphäre
E Exosphäre

1 Diese Schicht erstreckt sich von ca. 12–50 km Höhe. Hier findet sich die Ozonschicht.

2 Diese Schicht reicht nur bis 12 km Höhe, enthält aber 75 % der gesamten Gasmenge der Atmosphäre sowie riesige Wasser- und Staubmengen.

3 Diese Schicht endet bei ca. 80 km Höhe. Die Temperaturen liegen hier bei 0° C im unteren Bereich und bei –90° C im oberen Bereich der Schicht.

4 Diese äußerste Schicht beginnt bei ca. 600 km Höhe und besitzt keine feste Grenze zum Weltraum hin.

5 Diese Schicht reicht bis ca. 600 km Höhe. An ihrem oberen Ende steigt die Temperatur durch die Absorption ultravioletten Lichts auf über 1000° C an.

Schwierigkeitsgrad 3 Lösungen

Lösung 3.1

8,3 kg	19 kg	45 kg	127 kg
A	D	B	C

Natürlich würde sich Kurts Masse (50 kg) auf den genannten Himmelskörpern nicht ändern, denn die Masse ist eine ortsunabhängige physikalische Größe. Anders jedoch die Gewichtskraft, also die Kraft, mit der ein Körper vom Schwerefeld eines Himmelskörpers angezogen wird. Sie ist eine ortsabhängige Größe. So hat Kurt auf der Erde eine Gewichtskraft von 500 N, auf dem Mond jedoch nur ein Sechstel davon (83,3 N). Da die Waage Kurts Gewichtskraft misst, aber auf Masse geeicht ist, würde sie auf Mond, Venus, Jupiter und Mars diese „falschen" Werte anzeigen.

Lösung 3.2

D. Aus der Spalte „gesamt" der Tabelle geht hervor, dass nach der fünften Runde 111.111 Personen die Mail erhalten haben. Zum Lesen benötigen sie 9.293,3 Std. bzw. 1,059 Jahre.

	Personen		Zeit			
Nr.	neu	gesamt	Min.	Std.	Tage	Jahre
0	1	1	5	0,0	0,0	0,000
1	10	11	55	0,9	0,0	0,000
2	100	111	555	9,3	0,4	0,001
3	1000	1.111	5.555	92,6	3,9	0,010
4	10000	11.111	55.555	925,9	38,6	0,106
5	100000	111.111	555.555	9.259,3	385,8	1,059

Lösung 3.3

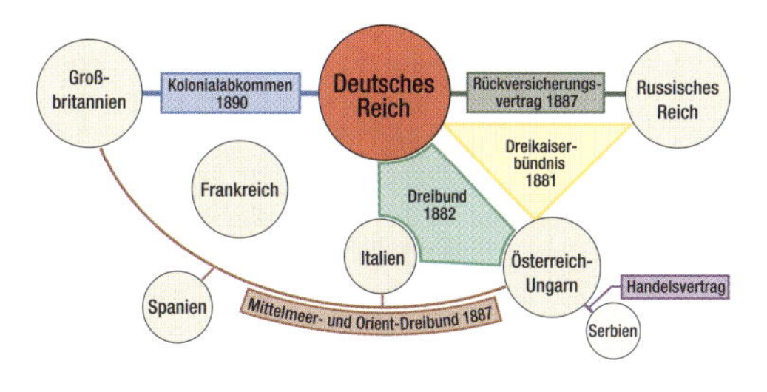

Lösung 3.4

Der Jakobsweg, der über ganz Frankreich nach Santiago de Compostela führte, gewann im ausgehenden 11. Jh. eine große Bedeutung. Nach der Rückeroberung von Toledo (1085) und anderen wichtigen Städten aus der maurischen Herrschaft durch die Reconquista wurde Santiago als Ort der Grablege des Heiligen Jakob, des Patrons der Reconquista, neben Rom die wichtigste Pilgerstätte. Entlang des Jakobswegs entstanden auf spanischer Seite neue Wallfahrtskirchen, die den romanischen Stil der Kirchen jenseits der Pyrenäen aufnahmen.

Lösung 3.5

A2, B1.

Lösung 3.6

Das Diagramm zeigt die Klimastruktur von Douala, einer Stadt im tropischen Tiefland Kameruns (13 m über dem Meeresspiegel). Aus dem Diagramm kann man ablesen, dass die Temperatur im Jahresgang kaum schwankt (untere Temperaturkurve). Dies ist ein wichtiges Charakteristikum für das Tropenklima. Auch die hohe Niederschlagsmenge von knapp 4000 mm im Jahresmittel und die hohe mittlere Jahrestemperatur lassen auf die Tropen schließen.

Lösung 3.7

A, B, C und D. Der Kern einer Nachricht wird in den folgenden Sätzen so erweitert, dass sich der Text bei Bedarf von unten nach oben kürzen lässt, ohne unverständlich zu werden. Der entscheidende Grund hierfür ist: Man spart Zeit sowohl bei der Abfassung und Verarbeitung als auch beim Hören, Lesen und Sehen von Nachrichten. Dieser Nachrichtenstil entwickelte sich während des amerikanischen Bürgerkriegs. Weil die Telegrafie als neue Technik störanfällig war, übertrug man den wichtigsten Teil einer Nachricht zuerst. Als die Nachrichtenübermittlung technisch problemlos geworden war, behielt man diese Standardisierung der Nachrichten bei, weil sie sich allgemein durchgesetzt hatte.

Lösung 3.8

Ein Unterschied zwischen pflanzlichen und tierischen Zellen ist, dass pflanzliche Zellen große Vakuolen besitzen, mit Flüssigkeit gefüllte Hohlräume, die der intrazellulären Verdauung und der Speicherung von Stoffen dienen. Außerdem besitzen pflanzliche Zellen Chloroplasten, die den grünen Blattfarbstoff (Chlorophyll) enthalten. Und schließlich haben Pflanzen keine Knochen und benötigen daher Zellwände für die Stabilität.

Schwierigkeitsgrad 3 Lösungen

3

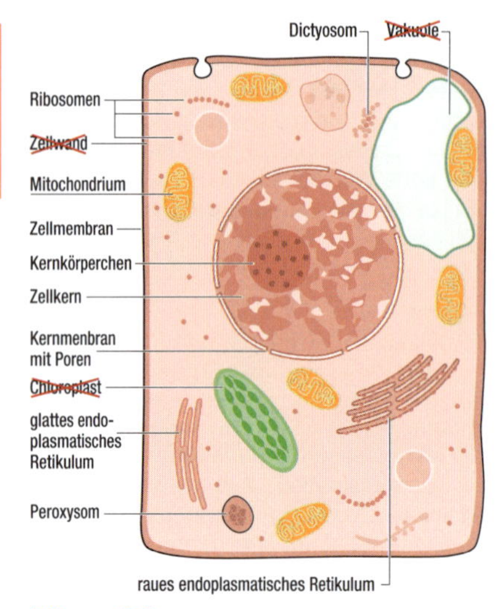

Lösung 3.9

B. 2 % Schwarzfahrer von 1000 sind 20. 80 % davon erzählen die Geschichte der verlorenen Fahrkarte. Das sind 16. Also erzählen vier die Geschichte nicht.

Lösung 3.10

Im Mittelalter verwalteten Kirchen und Klöster, in den folgenden Epochen die Monarchen und Landesherren Kunstwerke und andere Kostbarkeiten. Mit Beginn der Aufklärung, also in der zweiten Hälfte des 18. Jh., wurden die bis dahin nur Adligen und Gelehrten zugänglichen „Kunst- und Wunderkammern" der Fürsten nach und nach für das Publikum geöffnet. Zunächst blieben die Sammlungen weiterhin in die Schlösser eingegliedert. Mit dem Fridericianum in Kassel (Baubeginn 1769) entstand der erste eigenständige Museumsbau. Weitere folgten: 1819 der Prado in Madrid, 1828 das Alte Museum in Berlin, 1836 die Alte Pinakothek in München.

Lösung 3.11

Die Macht im Lehnsstaat gründete sich auf den Grundbesitz und das Recht, diesen zu verleihen. Der Adel war zwar dem König gegenüber zur Vasallentreue verpflichtet, konnte diese aber verweigern, wenn er sich ungerecht behandelt fühlte. Der Adel konnte seinerseits Lehen an Untervasallen weitergeben, die wiederum ihm gegenüber zu Diensten verpflichtet waren. Der Adel allein hatte das Recht zur Königswahl. Der König war verpflichtet, sich vom Adel beraten zu lassen. Den Grundbesitz, die Grundlage seiner Freiheit und Macht, konnte der Adel durch Heirat, Umwandlung in Eigenbesitz oder indem er ihn erblich erhielt erweitern. Daher strebte der Adel nach Ausweitung seines Grundbesitzes und seiner Gefolgschaft. Der Adel stand also zwischen dem König, der die größte Macht innehatte, und den schollengebundenen Bauern und Unfreien, die von den Adeligen abhängig waren.

Lösung 3.12

AE1, D2, B3, CF4.

Lösung 3.13

Eineiige Zwillinge besitzen in der Tat (fast) die gleiche DNS, da sie sich aus einer einzigen Eizelle, die sich erst nach der Befruchtung in zwei Teile aufspaltete, entwickelt haben. Sie haben die gleichen Erbanlagen und deshalb immer das gleiche Geschlecht sowie die gleiche Blutgruppe und sie ähneln einander sehr stark. Zweieiige Zwillinge können auch unterschiedlichen Geschlechts sein und ähneln sich nicht stärker als „normale" Geschwister.

Lösung 3.14

A. Näherungsweise gilt: Komprimiertes Volumen · Inhaltsdruck = Normalvolumen. Wie lange Luft ausgeströmt ist, kann wie folgt berechnet werden: $\text{Dauer [min]} = \frac{\text{Volumen [l]}}{\text{Abgabemenge } \left[\frac{\text{l}}{\text{min}}\right]}$. Bei 20 bar Druckminderung ist daher ein Volumen von $V = 10\,\text{l} \cdot 20 = 200\,\text{l}$ entwichen. Bei ca. 4 l Luft pro Minute ergibt sich näherungsweise die Dauer $\text{[min]} = \frac{200\,\text{l}}{4\,\text{l/min}} = 50\,\text{min}$.

Lösung 3.15

A, B, C und D. Die Globalisierung der Welt führt auch zu einer Globalisierung des Marketings. Englisch gilt als modern und international. Nach Aussagen von Werbefachleuten orientieren sich selbst mittelständische Unternehmen an den Großen, indem sie bewusst einen englischsprachigen Slogan verlangen. Allerdings können auch unbewusste Gründe zur Inflation englischer Begriffe und Werbesätze führen: Die „Marketingmacher" entfernen sich von der Sprachrealität ihrer Zielgruppen und verwenden Englisch als die Sprache des Marketings selbst.

Lösung 3.16

B und D. Mit dem umstrittenen Vertrag wurden der Staatscharakter und die staatsrechtliche Souveränität der DDR von der Bundesrepublik bestätigt, um das Verhältnis der beiden deutschen Staaten zu formalisieren. Beide Seiten vereinbarten „menschliche Erleichterungen", zu denen eine Besuchsregelung gehörte, durch die mehr Menschen von der DDR aus in die Bundesrepublik reisen durften. Diese erkannte die DDR jedoch völkerrechtlich nicht an und weigerte sich auch, eine DDR-Staatsbürgerschaft zu akzeptieren. Dennoch wurde es durch die Vereinbarung des Grundlagenvertrags möglich, dass die DDR durch die westlichen Staaten völkerrechtlich anerkannt und 1973 ebenso wie die Bundesrepublik Mitglied der Vereinten Nationen wurde.

Lösung 3.17
So lautet der Text vollständig: Die Bewegung erhielt ihren Namen von dem *Gemälde Impression, Sonnenaufgang* Claude *Monets* (1840–1926), das dieser 1874 im *Pariser* Salon ausstellte. Die Maltechnik der Impressionisten bestand darin, *Pinselstriche* in reinen Farben nebeneinander zu setzen. Dadurch erreichte ihre Malerei eine große *Leuchtkraft*.

Lösung 3.18
Der als warmer und trockener Fallwind bezeichnete Föhn entsteht, wenn eine Luftmasse durch ein Gebirge zum Auf- und Absteigen gezwungen wird. Die Abkühlung während des Aufstiegs führt zu ergiebigen Niederschlägen. Beim anschließenden Abstieg kommt es zu einer enormen Erwärmung und Austrocknung der Luft. Durch den oft sehr schnellen Wetterumschwung bei Föhn leiden empfindliche Menschen unter Migräne, Schlafstörungen oder Mattigkeit.

Lösung 3.19
B. Es war eine besondere Leistung von Reinhold Messner, den Mount Everest ohne Sauerstoffgerät zu besteigen, weil in einer Höhe von 8800 m über dem Meeresspiegel der Luftdruck bereits sehr niedrig ist. Aufgrund dieser Tatsache siedet Wasser in dieser Höhe auch bereits bei einer Temperatur von ca. 70° C. Da zum Kochen von Eiern mindestens 60° C nötig sind, dauert es aber sehr viel länger, bis man ein hartgekochtes Ei erhält.

Lösung 3.20
C. Nach zehnjähriger Inflation sind aus 1000 € $1000 \cdot \left(1 - \frac{0{,}03}{100}\right)^{10} = 737{,}42$ € geworden. Wird das Kapital anschließend für zehn Jahre mit 3 % verzinst, ergibt sich nach Ablauf: $737{,}42 \cdot \left(1 + \frac{0{,}03}{1000}\right)^{10} = 991{,}04$ €.
Inflation und Verzinsung in einem Term ergeben das Kapital:

$$K = 1000 \cdot \left(1 - \frac{p}{100}\right)^{10} \cdot \left(1 + \frac{p}{100}\right)^{10} = 1000 \cdot \left[\left(1 - \frac{p}{100}\right)\left(1 + \frac{p}{100}\right)\right]^{10}$$

p ist dabei der Prozentsatz der Inflation bzw. Verzinsung. Mit der dritten binomischen Formel ergibt sich:
$K = 1000 \left[1^2 - \left(\frac{p}{100}\right)^2\right]^{10}$. Man kann erkennen, dass der Ausdruck in den eckigen Klammern zwischen Null und Eins liegt und sich somit durch das Potenzieren (10 Jahre) weiter verkleinert.

Lösung 3.21
Gemeint ist das Brandenburger Tor (1788–91), das von dem Architekten Carl Gotthard Langhans d. Ä. (1732–1808) geschaffen wurde. Die Quadriga (Viergespann) mit der Victoria stammt von dem Bildhauer Johann Gottfried Schadow (1764–1850) und wurde erst 1794 fertig gestellt. Bei seinem Einmarsch in Berlin ließ Napoleon I. (1769–1821) die Quadriga abnehmen und nach Paris bringen. Sie wurde erst 1814 wieder an ihrem ursprünglichen Ort aufgestellt.

Lösung 3.22
B. Das Mittelmeerabkommen von 1887 zwischen England, Österreich-Ungarn und Italien war ein geheim gehaltener Bestandteil des Bismarck'schen Bündnissystem zur Sicherung des Friedens in Europa. Bismarck hatte sich dafür eingesetzt, um die Unabhängigkeit der Türkei zu erhalten und auch die übrigen Gebiete am Schwarzen Meer und am Mittelmeer gegen das russische Expansionsbestreben zu stärken.

Lösung 3.23
Jede Tragödie ist ein Drama, aber umgekehrt ist nicht jedes Drama zwangsläufig eine Tragödie. Die Tragödie bildet zusammen mit der Komödie die Unterformen des Dramas. Das Drama wiederum ist neben Epik und Lyrik die wichtigste literarische Großform. Im Drama der Gegenwart ist die Tragödie aber weitgehend verdrängt, Tragikomödie, Groteske oder das absurde Theater sind an ihre Stelle getreten. Wesentliches Merkmal der Tragik ist, dass dem Menschen im Widerstreit gegensätzlicher Kräfte, Verpflichtungen und innerer Antriebe kein Ausweg und keine Lösungsmöglichkeit erscheint.

Schwierigkeitsgrad 3 Lösungen

3

Lösung 3.24

Plutonische Gesteine entstehen, wenn sich die Gesteinsschmelze in der Tiefe abkühlt. Vulkanische Gesteine entstehen bei der Abkühlung des Magmas an der Erdoberfläche. Vergleicht man plutonische mit vulkanischen Gesteinen, stellt man fest, dass sie nicht aus den gleichen Mineralen bestehen und nicht die gleiche Struktur aufweisen. Deshalb lassen sie sich auch sehr gut auseinander halten.

Lösung 3.25

Es ist viel erfrischender, sich 1 l kaltes Wasser über den Kopf zu schütten. Denn selbst wenn man es trotz grummelnden Magens schafft, einen ganzen Liter kalte Limonade zu trinken, sinkt dadurch die Körpertemperatur nur um ca. 1,5° C ab. Die Abkühlung durch Schwitzen, also durch Verdunstung von Wasser auf der Haut, ist viel effektiver und wird durch das Trinken warmer Getränke begünstigt.

Lösung 3.26

D. Unbekannte Größen sind die Anzahl der Flaschen Sekt (x) und Orangensaft (y). Die beiden Bedingungen lauten:

1. maximal 25 € für x Flaschen Sekt und y Flaschen Orangensaft: ($3{,}75x + 1{,}25y \leq 25$) und 2. doppelt so viel Orangensaft wie Sekt ($y = 2x$). Nach Einsetzen der zweiten Bedingung in die erste erhält man die Gleichung: $3{,}75x + 1{,}25 \cdot 2x \leq 25$. Nach x aufgelöst ergibt sich die Anzahl der Sektflaschen: $x \leq \frac{25}{6{,}25} = 4$. Durch Einsetzen in Bedingung 2 erhält man die Anzahl der Orangensaftflaschen: $y = 2x = 2 \cdot 4 = 8$.

Lösung 3.27

Ihre Tabelle sollte folgendermaßen aussehen:

Merkmal	Roman	Novelle
Ausrichtung der Handlung auf ein besonderes, krisenhaftes Ereignis	nein	ja
keine Beschränkung der Handlung auf ein bestimmtes Ereignis	ja	nein
meist keine Einmischung des Erzählers	nein	ja
häufige Kommentare des Erzählers	ja	nein
straffe, meist einsträngige Handlungsführung	nein	ja
meist Verwendung bestimmter Vordeutungstechniken (Leitmotive, Dingsymbole)	nein	ja
Gestaltung von Zusammenhängen statt von Einzelereignissen	ja	nein

Lösung 3.28

B. Die berühmte Schrift des Gelehrten und Künstlers Giorgio Vasari (1511–74) *Lebensbeschreibungen der ausgezeichnetesten Maler, Bildhauer und Architekten* (1550) kann als Meilenstein der Kunstkritik bezeichnet werden. Heute stellen die sog. *Viten* Vasaris eine der wichtigsten Quellen für die Renaissancekunst dar. In der Zeit der Aufklärung entwickelte sich im Zuge der Pariser Salon-Ausstellungen die Kunstkritik im heutigen Sinn.

Lösung 3.29

A und B. Obwohl häufig wirtschaftliche Gründe als Hauptantrieb der imperialistischen Politik angegeben wurden, waren tatsächlich noch andere Motive entscheidend, wie etwa das Streben nach Prestige durch die Erweiterung des eigenen Territoriums, die Sicherung der Grenzen oder das Gefühl der Überlegenheit über andere Kulturen. So hatten auch ganz verschiedene Bevölkerungsgruppen ein Interesse an der Expansion, etwa weil sie sich eine Verbesserung ihrer Lebensbedingungen oder gesellschaftlichen Aufstieg erhofften. Hobsons Theorie rechtfertigt allerdings den Imperialismus nicht, sondern schlägt eine Veränderung der Verteilungsstruktur im eigenen Land vor, die den Imperialismus unnötig macht.

Lösung 3.30

C. Costa Rica mit seinen ca. 3,3 Mio. Einwohnern liegt in Zentralamerika. Tropische Küstenregionen und vulkanische Gebirge prägen das Land. Tamales sind rechteckige Teigstücke aus gemahlenem Mais, der mit Fett und Gewürzen gemischt wird. Dieses Gericht stammt von den Azteken und wird noch heute in ganz Mittelamerika gegessen. In der karibischen Provinz Limón liegt der Tortuguero-

Nationalpark, in dem sich der wichtigste karibische Brutplatz der Suppenschildkröte befindet.

Lösung 3.31

B. Man kann erkennen, dass der Funktionsgraf drei Nullstellen hat, also vermutet man ein Polynom dritten Grades (Lösung B oder C). Da der Graf von links oben nach rechts unten verläuft, muss der Koeffizient der höchsten x-Potenz negativ sein. Lösung A kann es nicht sein, da diese an der Stelle $x = 1$ eine Polstelle besitzt. Lösung D scheidet aus, da eine Funktion zweiten Grades maximal zwei Nullstellen besitzt.

Lösung 3.32

Der Tag-Nacht-Wechsel erfolgt auf dem Merkur sehr viel langsamer als bei uns, 88 Erdentage lang steht die Sonne dort über dem Horizont. Auf dem Merkur ist der Tag deshalb länger als das Jahr, denn von einem Sonnenaufgang zum nächsten läuft der Merkur zweimal um die Sonne. Paul müsste also sechsmal so lange in Haft bleiben, wenn er sich für drei Merkur-Tage Gefängnis entscheiden würde.

Lösung 3.33

Modewörter, Szenesprache: Modernität, Dynamik
Wissenschaftliche Begriffe, Abkürzungen: Kompetenz
Wörter der Umgangssprache: Traditionsbewusstsein, Bodenständigkeit
Ungewöhnliche oder neu erfundene Wörter: Humor
Anglizismen: Modernität, Dynamik, Weltoffenheit
Sprachspiele: Humor, Authentizität

Lösung 3.34

B. Die Marshallinseln liegen auf ca. 10° nördlicher Breite. Auf dem Weg zu den Salomonen haben die Segler den Äquator überquert und sind schließlich auf Neukaledonien gelandet, das sich auf ca. 20° südlicher Breite befindet. Eingerahmt werden diese Inselgruppen ungefähr vom 160. und 170. östlichen Längengrad.

Lösung 3.35

Die Expressionisten bevorzugten den Holzstich aufgrund seiner effektvollen Schwarz-Weiß-Kontraste, der scharfen linearen Abgrenzung und der flächenhaften Wirkung. Gleichzeitig nutzten sie die Sprödigkeit des Materials und rissen spitze, keilförmige Formen in den Holzstock, um eine ausdrucksstarke, aggressive Wirkung zu erzielen. Dabei ließen sie bewusst kleine Holzstege in den ausgehobenen Flächen stehen, die ihnen als eine Art unregelmäßiger Schraffur dienten.

Lösung 3.36

Deutschland war in Besatzungszonen geteilt und daher keine staatliche Einheit mehr. Da Alliierte das Land regierten, gab es keine politische Einheit und die Grenzen waren verändert, sodass die geografische Einheit dessen, was vorher Deutschland war, nicht mehr existierte.

Lösung 3.37

C. Die Zahl „?“ ergibt sich aus der Anzahl der bisherigen Zahlen, multipliziert mit der letzten bekannten Zahl. Also: $Z_{n+1} = n \cdot Z_n$.

Lösung 3.38

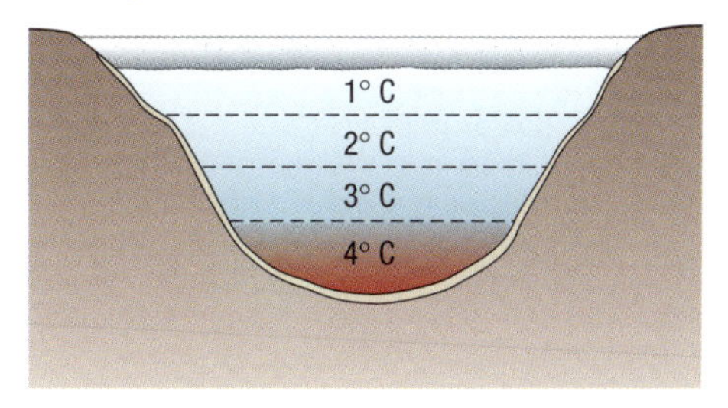

Wasser weist bei 4° C seine größte Dichte auf (sog. Anomalie des Wassers). So sammelt sich Wasser mit dieser Temperatur am tiefsten Punkt eines Sees und die Temperatur des Gewässers steigt zum Grund hin an. Obwohl die Oberfläche des Sees mit einer festen Eisschicht bedeckt ist, können Fische und andere Wasserlebewesen am Grund des Sees überleben und laufen nicht Gefahr, durch Eis eingeschlossen zu werden und zu ersticken. Außerdem wirkt die Eisschicht isolierend, d. h. sie reduziert den Wärmeverlust des Wassers.

Lösung 3.39

A. Epik (von griech. epikós, „zum Epos gehörig“) ist eine Sammelbezeichnung für jede Art erzählender Dichtung in Versen oder Prosa und neben Lyrik und Dramatik die dritte große literarische Grundform. Zur sog. Großepik zählen Epos, Saga und Roman, zur sog. Klein- oder Kurzepik z. B. Novelle, Kurzgeschichte, Erzählung, Fabel, Anekdote, Satire. Der Schlussteil einer Rede oder eines Werks heißt Epilog (von griech. epilogos, „Schluss, Nachrede“), eine groß angelegte Erzählung in gleichartig gebauten Versen oder Strophen heißt Epos (griech., „Wort, Lied, Gedicht").

Lösung 3.40

Der Lexikoneintrag lautet vollständig: „*Rokoko, das*, europäische *Stilepoche* um 1720–80, übernimmt die im *Barock* vorherrschenden mächtigen, geschwungenen Formen und setzt sie in einer eleganten, spielerischen Weise um. In der *Malerei* Tendenz zu hellen, zarten Farben und lasziv-galanten Bildthemen."

Lösung 3.41

Äquator → nördliche Breite

15°	22°	40°	55°	70°
D	B	C	E	A

Lösung 3.42

A, B und C. Kaiser Wilhelm wollte das Deutsche Reich zu einer imperialen Weltmacht machen. Man vertraute auf die eigene militärische Macht und rüstete die Flotte auf. Anstelle der Bündnisdiplomatie Bismarcks drohte Wilhelm II. mit Waffeneinsatz. Auf das Bündnissystem legte er keinen Wert mehr. Der Rückversicherungsvertrag z. B. wurde nicht erneuert, obwohl Russland darauf drängte. Russland wurde zudem durch die Unterstützung der österreichisch-ungarischen Balkanpolitik verärgert und England durch den Flottenausbau provoziert. Diplomatisch ungeschicktes Verhalten (etwa durch das „Krüger-Telegramm") belasteten die Beziehungen zu den früheren Bündnispartnern. Insgesamt war das Verhältnis zu Russland und England unklar und wurde immer wieder durch brüskierendes Verhalten des Deutschen Reiches belastet. Der Erwerb von wirtschaftlich nicht einträglichen Kolonien war kein Kennzeichen des „Neuen Kurses", sondern eher ein Charakteristikum des Imperialismus sämtlicher Großmächte.

Lösung 3.43

B und C. Zwar kam der junge Kaiser Wilhelm II. mit seiner Entschlussfreudigkeit beim deutschen Volk gut an, aus der Sicht des englischen Karikaturisten ist seine Abwendung vom politischen Kurs Bismarcks jedoch mit Sorge zu betrachten. Das deutsche Staatsschiff entlässt seinen Lotsen, der es mit diplomatischem Geschick durch schwierige Gewässer gesteuert hat. Bismarck hatte eine Politik des Gleichgewichts der europäischen Mächte gesucht und weitgehend Rücksicht auf die Interessen der Bündnispartner genommen. Gerade England fühlte sich nun durch den geänderten Kurs der deutschen Politik immer wieder brüskiert. Bündnisse wurden vernachlässigt und diplomatische Beziehungen nicht mehr gepflegt. Auf den Ausbau der deutschen Flotte, der England zusätzlich provozierte, spielt die Karikatur jedoch nicht an.

Lösung 3.44

A. Jede Hausfrau weiß, dass man überreifes Obst immer aussortieren und nie zusammen mit anderen Früchten lagern sollte. Schuld daran ist das Gas Ethylen, das nicht nur zum Schweißen benutzt wird, sondern auch die Reifung von Obst steuert. Reife Früchte geben viel Ethylen an ihre Umgebung ab und deshalb erreicht man eine schnellere Reifung, wenn man unreifes Obst zusammen mit reifen Früchten unter einer möglichst luftdichten Haube aufbewahrt.

Lösung 3.45

A. Man kann erkennen, dass der Funktionsgraf in den Intervallen]-1;0[und]2;3[jeweils ein Extremum mit Steigung null hat. In der Ableitung führt dies jeweils zu einer Nullstelle. Links vom Minimum und rechts vom Maximum hat der Graf eine negative Steigung. In diesen Bereichen muss die Ableitung unterhalb der Abszisse (x-Achse) verlaufen. Zwischen beiden Extremwerten steigt der Funktionsgraf an. Dort muss die Ableitung oberhalb der Abszisse verlaufen.

Lösung 3.46

C, A, B. Die Analyse eines Schaubildes verläuft grob in drei Schritten: Basisinformationen sammeln, die dargebotenen Informationen beschreiben, die Informationen des Schaubildes interpretieren. Abschließend ist es noch möglich, die Faktenauswahl und die Form der Darstellung kritisch zu beurteilen, um weitere Schlüsse aus den Aussagen des Schaubildes zu ziehen.

Lösung 3.47

Bei der Zentralperspektive wird die Darstellung von einem einzelnen Punkt aus eingefangen, man könnte auch sagen: aus der Perspektive eines imaginären Betrachters. Auf diese Weise bildet sie die natürliche Seherfahrung des Menschen ab und reflektiert somit das wahrnehmende Subjekt.

Lösung 3.48
A, B und C. Die Weltbevölkerung wird nach neuesten Prognosen in den nächsten 50 Jahren trotz sinkender Geburtenraten auf fast 9 Mrd. Menschen anwachsen. Selbst die verheerende Wirkung von HIV/Aids macht sich in der Bevölkerungsentwicklung kaum bemerkbar.

Lösung 3.49
B. In der Schnecke der Muschel befindet sich eine Luftsäule, die durch normalerweise kaum wahrgenommene Umweltgeräusche zum Schwingen angeregt wird und die Töne verstärkt, die ihrer Eigenfrequenz entsprechen. Darum „rauscht" auch jede Muschel in einer etwas anderen Tonhöhe. Dieses Phänomen, das bei jedem kleinen Hohlkörper auftritt, kann man übrigens sogar mit einem Mikrofon aufnehmen.

Lösung 3.50
C. Weil die Oberfläche proportional zum Quadrat des Radius ist, vergrößert sich die Oberfläche bei verdreifachtem Radius auf das 3^2-, also Neunfache.

Lösung 3.51
Der Begriff „romantische Plastik" wird gemeinhin als ein Widerspruch in sich verstanden. Auch wenn einzelne Werke die Unvollkommenheit, die Sehnsucht nach Ganzheit (z. B. in der Kombination einer Skulptur mit schroffem Naturstein oder der Belassung als Fragment) auszudrücken suchten, blieb die Romantik in der Bildhauerei weitgehend motivisch bestimmt. Die dreidimensionale Plastik, in Stein gemeißelt oder in Bronze gegossen, scheint als Medium im Gegensatz zu einer Kunst der Gefühle und Sehnsüchte zu stehen.

Lösung 3.52
A, C und D. Ministerialerlasse sind zwar keine Gesetze, aber dennoch normative Texte, die ein Gesetz zur Anwendung bringen und ein Verhalten verbindlich vorschreiben. Wer die Erlasse nicht beachtete, musste mit Sanktionen rechnen. Gleichzeitig wurde über den scheinbar objektiven Sprachstil verdeckt die NS-Propaganda transportiert und die Schule wurde als gesellschaftsprägende Einrichtung benutzt, um die NS-Ideologie zu verbreiten und die Auslesemethoden praktisch anzuwenden.

Lösung 3.53
Die Unterschiede in der Zustimmung zum Beitritt der genannten Länder sind wesentlich geringer, als diese Grafik glauben machen will. Der Unterschied zwischen Lettland, Estland und Litauen beträgt lediglich ca. 1 %, zwischen Litauen, Zypern und der Slowakei ebenfalls. Die Zahlen entstammen einer Befragung von 2021 EU-Bürgern über 15 Jahren in Deutschland. Nach Prozenten lautet die Verteilung wie folgt: Ungarn (53 %), Tschechische Republik (43 %), Malta (41 %), Polen (40 %), Lettland (37 %), Estland (37 %), Litauen (36 %), Zypern (35 %), Slowakei (35 %), Slowenien (30 %).

Lösung 3.54
A2, B1 und C3.

Lösung 3.55
Diese Frage hat schon viele Astronomen beschäftigt. Sagt man nur, „weil die Sonne untergegangen ist", so vergisst man, dass es neben unserer Sonne im Universum noch andere Sonnen gibt, die zwar viel weiter entfernt sind, deren Anzahl dafür aber gewaltig ist. Die Lösung des Rätsels: Die Lebenszeit von Sternen ist begrenzt und aufgrund der Endlichkeit der Lichtgeschwindigkeit können wir nicht unendlich viele Sterne sehen.

Lösung 3.56
A. Setzt man die Formeln für die Volumina beider Körper gleich (statt r setzt man besser den halben Durchmesser $\frac{d}{2}$ ein), also $\pi\left(\frac{d}{2}\right)^2 \cdot h = \frac{4}{3} \cdot \pi\left(\frac{d}{2}\right)^3$, und löst nach der Höhe des Zylinders auf, dann ergibt sich: $h = \frac{2}{3}d$.

Lösung 3.57
Es gibt viele Faktoren, die das Lesen stören können. Meist sind es äußere Einflüsse, manches kommt aber auch aus unserem Inneren. Äußere Störfaktoren sind z. B. spiegelnde Flächen im Gesichtsfeld, kontrastreiche Flächen im Raum, Lärm. Sie lenken ab. Bewegungen im Hintergrund lösen reflektorische Augen- und Kopfbewegungen aus. Unzureichendes Licht lässt die Augen ermüden. Zu einem inneren Störfaktor kann z. B. Hintergrundmusik werden, weil der Rhythmus eines Musikstücks Sprachrhythmus und Satzmelodie überlagert.

Schwierigkeitsgrad 3 Lösungen

3

Lösung 3.58
In den markierten Städten befinden sich bedeutende gotische Kathedralen.

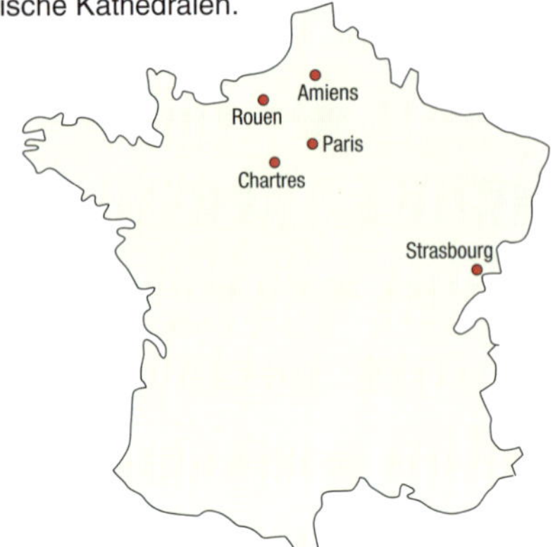

Lösung 3.59
A, B und D. Metternich konnte sich mit seiner Parteinahme für den Sultan und der Ablehnung einer Revolution nicht durchsetzen. Wer in Europa liberal oder national gesinnt war, stand auf der Seite der Griechen, die in dieser Situation eher wegen des Ideals der nationalen Unabhängigkeit als aufgrund ihrer antiken Kulturleistungen Sympathien sammelten. Hinzu kam, dass Russland (wie auch England und Frankreich) daran interessiert war, die türkische Position zu schwächen und so Einfluss auf die Meerengen zu gewinnen.

Lösung 3.60
D. Wenn ein Tiefdruckgebiet hingegen südlich am Boot vorbeizieht, dreht der Wind nach links. Auch die Isobaren sind für den Segler sehr wichtig und man sollte nicht vergessen, sie in die Bordwetterkarte einzutragen. Je geringer ihr Abstand ist, desto stärker wird der aufkommende Wind sein.

Lösung 3.61

vor 210	vor 150	vor 57	vor 30 Mio. Jahren
A	D	B	C

Lösung 3.62
D. Am schnellsten geht es, wenn Beate auf der laufenden Rolltreppe nach oben geht. Die Rolltreppe schafft $\frac{21}{31{,}5} = \frac{2}{3}$ Stufen pro Sekunde. Beate schafft im Gehen $\frac{21}{42} = \frac{1}{2}$ Stufe pro Sekunde. Zusammen schaffen sie $\frac{2}{3} + \frac{1}{2} = \frac{7}{6}$ Stufen pro Sekunde und benötigen für die 21 Stufen $\frac{21}{\frac{7}{6}} = 21 \cdot \frac{6}{7} = 18$ Sek.

Wenn die Rolltreppe nicht in Betrieb ist, benötigt Beate also 24 Sek. länger.

Lösung 3.63
Ein genaues Fahrtenschreiberbild mit der tatsächlich zu jedem Zeitpunkt gefahrenen Geschwindigkeit können Sie nicht wiedergeben. In einer nur groben Skizze kann die Geschwindigkeit einmal gegen die Zeit und einmal gegen die Entfernung aufgetragen werden. Ihre Kurvendiagramme könnten demnach folgendermaßen aussehen:

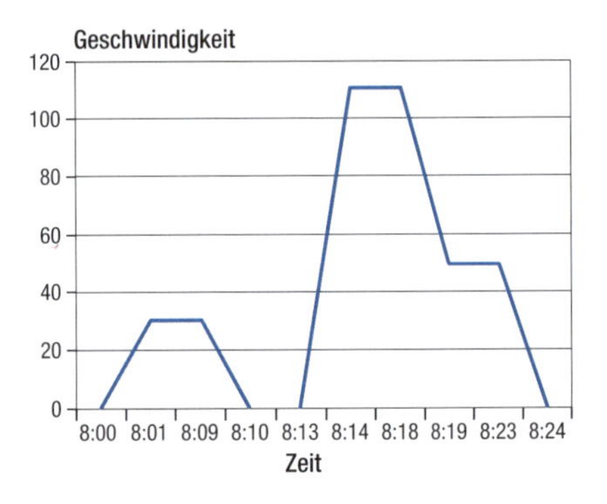

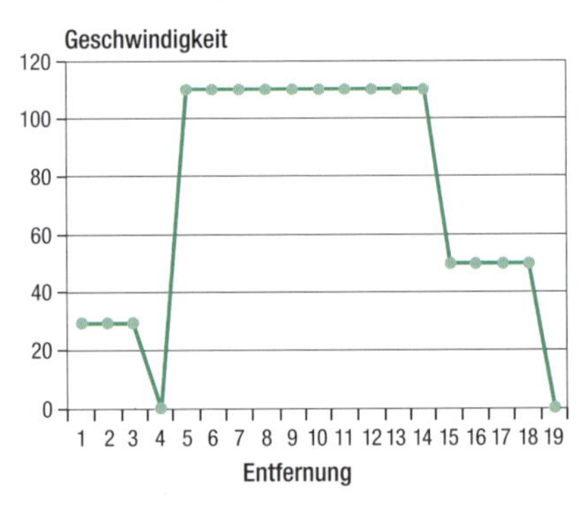

Lösung 3.64
B. Es ist der Fehler der Kunstgeschichtsschreibung, dass viele Künstlerinnen in Vergessenheit gerieten. So u. a. die am spanischen Hof tätige ita-

lienische Renaissancemalerin Sofonisba Anguissola (um 1530–1625), ihre Landsfrau Artemisia Gentileschi (1593–1652), die niederländische Malerin Judith Leyster (1606–60) und die Rokokomalerin Angelica Kauffmann (1741–1807). Auch wenn sich die Forschung seit den 1970er Jahren um eine Aufarbeitung bemüht, sind uns noch heute die Namen großer Meisterinnen weniger geläufig als die ihrer männlichen Zeitgenossen.

Lösung 3.65

Bei einer Inversion oder Temperaturumkehr wird die Luft in größerer Höhe wärmer. Der umgekehrte Fall ist der Normalzustand. Inversionen entstehen durch das horizontale Übereinanderführen verschiedener Luftmassen, z. B. wenn zwei Wetterfronten aufeinander treffen. Dabei schiebt sich die wärmere Luft unter die kältere und es bildet sich eine oft tagelang anhaltende Hochnebeldecke in einigen hundert Metern Höhe. In Ballungsgebieten vermischt sich dieser Nebel mit Staub, Rauch und Abgasen und so entwickelt sich der gesundheitsgefährdende Smog.

Lösung 3.66

A, C, D und E. Durch die Eingriffe der Regierung zur Rettung der Wirtschaft wurde der Machtbereich der Bundesbehörden erweitert wie nie zuvor. Mit dem Einsatz der Bundesregierung (die die Öffentlichkeit repräsentiert) für das Wohlergehen aller wurde ein grundlegendes Prinzip des modernen Sozialstaats eingeführt. Durch die soziale Absicherung wurde auch die Situation der Landarbeiter verbessert. Frauen und Schwarze wurden jedoch von den Reformen kaum berücksichtigt und profitierten nicht von den Programmen.

Lösung 3.67

A. Paramagnetische Stoffe (wie z. B. Platin, Aluminium oder molekularer Sauerstoff) werden von einem Magneten angezogen. Der Paramagnetismus ist allerdings in seiner Wirkung sehr schwach. Deshalb wird z. B. eine Münze aus Aluminium von einem normalen Haushaltsmagneten nicht angezogen. Das Experiment funktioniert nur mit einem wirklich starken Magneten.

Lösung 3.68

C. Radius und Umfang einer Kreisbahn werden größer, je weiter außen sie sich befindet. Damit auf einer äußeren Umlaufbahn keine längere Strecke gelaufen werden muss, startet der Läufer dort mit Vorsprung. Die halbkreisförmigen 100-m-Strecken haben den Radius $r_i = \frac{U_{innen}}{2\pi} = \frac{200\text{ m}}{2\pi} \approx 31{,}83$ m (U_{innen}: Umfang des Innenbahn-Kreises). Die äußere der fünf Bahnen hat den Radius $r_a = 31{,}83\text{ m} + 4\text{ m} = 35{,}83$ m, der zugehörige Kreis also den Umfang $U_{außen} = 2\pi \cdot r_a = 2\pi \cdot 35{,}83\text{ m} \approx 225{,}13$ m. Also ist die Außenbahn um ca. 25,13 m länger. Auf einer 2000-m-Strecke werden zwei Runden gelaufen. Der Läufer auf der äußeren Bahn startet also mit 50,26 m vor dem auf der inneren.

Lösung 3.69

C. Durch das „Ermächtigungsgesetz“ erhielten die Nationalsozialisten die Vollmacht, mit Notverordnungen zu regieren. Weil das Parlament damit die Regierungsgewalt einer einzigen Macht im Staat übertrug, wurde die Gewaltenteilung aufgehoben. Reichstag und Parlament konnten dadurch aufgelöst werden (vom Reichspräsidenten), wie es in diesem Fall geschah. Der Reichspräsident durfte die Grundrechte außer Kraft setzen. Dagegen war der Führergedanke ein Bestandteil der NS-Ideologie und setzte gegen das parlamentarische Prinzip einen politischen Führer an die Spitze einer hierarchischen Ordnung, die seinem Befehl zu gehorchen hatte.

Lösung 3.70

A, B und C. Das Gesetz sollte lediglich eine Ausnahme in Notsituationen darstellen und schnelles Handeln zu deren Abhilfe ermöglichen (wie von Stresemann 1923 durchgeführt). Man ging von einem Konsens aus, dass das Gesetz auf eine bestimmte Zeit und bestimmte Sachfragen begrenzt bliebe und die Vertreter des Staates seine demokratische Struktur bewahrten. Den Missbrauch durch Verfassungsfeinde wie die Nationalsozialisten hatte man nicht in Betracht gezogen. Ein Misstrauensvotum konnte das Parlament nur solange gegen den Reichskanzler beantragen, wie der Reichstag noch nicht aufgelöst war.

Schwierigkeitsgrad 3 Lösungen

3

Lösung 3.71

Künstler	Lebensdaten	Land	Epoche	Werk	weiteres Werk
Claude Monet	1840–1926	Frankreich	Impressionismus	*Bahnhof St. Lazare* (Serie), 1876–77	*Kathedrale von Rouen* (Serie), 1892–94
Albrecht Altdorfer	um 1480–1538	Deutschland	Renaissance	*Donaulandschaft*, nach 1520	*Die Alexanderschlacht*, 15,29
Leonardo da Vinci	1452–1519	Italien	Renaissance	*Das letzte Abendmahl*, um 1496	*Mona Lisa*, um 1503/05
El Greco	1541–1614	Spanien	Manierismus	*Anbetung der Hirten*, um 1614	*Das Begräbnis des Grafen Orgaz*, um 1586–88

Lösung 3.72

Beim genannten Text handelt sich um einen Kommentar. Der Verfasser karikiert die wirtschaftliche Situation in Deutschland. Er gibt keine Informationen, sondern wertet und interpretiert. Insbesondere bedient er sich der Ironie und des Spottes.

Lösung 3.73

Das $n \cdot n$ Mosaik besteht aus insgesamt $M = n^2$ Mosaikplättchen, wobei n eine ungerade Zahl sein muss. Für die Anzahl der blauen Plättchen M_B gilt: $M_B = \left(\frac{n-1}{2}\right)^2$. Die Anzahl der weißen ist dann entsprechend $M_W = M - M_B = n^2 - \left(\frac{n-1}{2}\right)^2$.

Lösung 3.74

Biologische Verwitterung ist der Abbau von Gestein durch tierische oder pflanzliche Lebewesen. Baumwurzeln können z. B. das umgebende Gestein aufbrechen und Tiere können durch Graben Risse erweitern. Außerdem spielen verwesende Organismen und die dadurch freigesetzten Säuren bei der biologischen Verwitterung eine wichtige Rolle.

Lösung 3.75

Picasso stand zu dieser Zeit am Beginn seiner kubistischen Periode. Rousseau zieht einen Vergleich zu den Figurendarstellungen der ägyptischen Kunst, die Frontal- und Seitenansicht kombinierten, und betont damit die Eigenschaft der kubistischen Malerei, die Gegenstände gleichzeitig aus mehreren Blickwinkeln wiederzugeben.

Lösung 3.76

A: Nein. Im Text zurückzugehen ist oft unnütz und stört obendrein den Lesefluss.

B: Nein. Es ist effektiver, Inhaltsverzeichnis, Kapitelüberschriften oder Titel zu überfliegen, um die gewünschten Informationen zu finden.

C: Ja und nein. Bei der Analyse eines Textes ist es sicher notwendig, ihn komplett zu lesen. Wenn Sie sich einen Überblick verschaffen möchten, können Sie sich damit begnügen, ausgewählte Passagen zu lesen.

D: Nein. Oft lassen sich unbekannte Wörter aus dem Textzusammenhang erklären. Zudem kann es hilfreich sein, den betreffenden Abschnitt zu Ende zu lesen, weil die Wörter später noch erklärt werden könnten.

E: Nein. Zum einen hat jeder Leser seine eigene Lesegeschwindigkeit, zum anderen sind schnellere Leser geübter im Behalten des Gelesenen. Beides lässt sich aber jederzeit trainieren.

F: Nein. Unser Gesichtsfeld ermöglicht es, beim Lesen mehrere Wörter auf einmal aufzunehmen und trotzdem effektiv zu lesen.

Lösung 3.77

niedrige Frequenz → hohe Frequenz

B C A D

Lösung 3.78

wenig Biomasse → viel Biomasse

F A B D C E

Lösung 3.79

A. Nur diese Verbindung, das 1,1-Brom, Chlor-Ethan ist chiral.

Schwierigkeitsgrad 3 Lösungen

Lösung 3.80

C. Der Gewinn g(n) im n-ten Jahr lässt sich mit der Formel $g(n) = 1000 \cdot 3^{n-1}$ bestimmen. Um zu berechnen, in welchem Jahr erstmals die 100.000-€-Grenze überschritten wird, muss die Gleichung $1000 \cdot 3^{n-1} \geq 100.000$ nach n aufgelöst werden: $3^{n-1} \geq 100 \Leftrightarrow \ln(3^{n-1}) \geq \ln 100 \Leftrightarrow (n-1) \cdot \ln 3 \geq \ln 100$ $\Leftrightarrow n - 1 \geq \frac{\ln 100}{\ln 3} = 4{,}19 \Leftrightarrow n \geq 5{,}19$.

Im sechsten Jahr nach Unternehmensgründung würde also erstmals die 100.000-€-Grenze überschritten und am Jahresende der Gewinn von $g(6) = 1000 \cdot 3^5 = 243.000$ € ausgewiesen.

Lösung 3.81

A. Der Unterschied ist ein sozialer: Über diese Kenntnisse sollte ein freier Mann verfügen. In der Kunst wurden die „artes liberales" oft in Form weiblicher allegorischer Figuren dargestellt, wobei ihnen bestimmte Attribute zugeordnet werden können: Grammatik – Rute; Rhetorik – Tafel, Griffel; Dialektik – wirres Haar, Skorpion, Schlange; Arithmetik – Rechenbrett; Geometrie – Zirkel; Musik – Instrument; Astrologie – Astrolabium.

Lösung 3.82

Ähnlich wie im Stadtstaat der antiken Polis war auch das Gemeinwesen in den italienischen Stadtstaaten des 14. Jh. eine wirtschaftlich und politisch unabhängige Bürgerschaft, auch wenn andere Kriterien über die Zugehörigkeit zum Bürgertum entschieden. Wie in der antiken Polis die Agora oder später in Rom das Forum, war in den spätmittelalterlichen Stadtstaaten Italiens der Marktplatz mit dem Rathaus und dem Palazzo Publico allgemeiner Bezugspunkt und Mittelpunkt des Gemeinwesens, an dem durch Beratung und Austausch der Bürger untereinander eine Meinungsbildung stattfand.

Lösung 3.83

Ihre Mind-Map zum Thema „Jobsuche" könnte wie folgt aussehen:

Lösung 3.84

A und B. Dürreresistente Pflanzen werden Xerophyten genannt. Durch ihre Anpassung können sie zeitweiligen oder auch dauernden Wassermangel überstehen. Um den Wasserverlust durch Verdunstung einzuschränken, besitzen einige dieser Arten eine dichte Behaarung. Andere haben verdickte oder mit Wachs überzogene Blätter. Als Transpirationsschutz dient auch die Verkleinerung oder das Fehlen von Blättern. Außerdem speichern manche Gewächse Feuchtigkeit, allerdings selten in den Wurzeln, sondern eher in den Blättern oder im Stamm.

Lösung 3.85

B. Nach dem ersten Jahr hat Christine $100 \cdot \left(1 + \frac{3}{100}\right) = 103$ € auf dem Sparbuch. Zu Beginn des zweiten Jahres zahlt sie 100 € ein, sodass im zweiten Jahr ein Guthaben von 203 € verzinst wird. Am Ende des zweiten Jahres hat sie dann $203 \cdot \left(1 + \frac{3}{100}\right) = 209{,}09$ € auf dem Konto. Nachdem sie zu Beginn des dritten Jahres wieder 100 € eingezahlt hat, verfügt sie am Jahresende über $309{,}09 \cdot 1{,}03 = 318{,}36$ €.

Lösung 3.86

B. Wenn der Astronaut innerhalb einer Minute wieder in eine lebensfreundlichere Umgebung zurückgebracht wird, hat er eine gute Chance, den Unfall ohne bleibende Schäden zu überleben. Man weiß dies, da es bei der NASA beim Test von Raumanzügen bereits zu solchen Notfällen gekommen ist. Dauert der Aufenthalt im Vakuum zu lang, stirbt der Astronaut an Ersticken oder Herzstillstand. Auf Dauer wird er zu einer gefriergetrockneten Mumie.

Schwierigkeitsgrad 3 Lösungen

3

Lösung 3.87

im Werk enthaltene Hilfsmittel	Sach- und Stichwortverzeichnisse sowie Inhaltsverzeichnisse helfen bei der Orientierung.
Nachwort, Schluss, Zusammenfassung	Sie enthalten die Schlussfolgerungen eines Buches oder das Fazit des Autors.
Titel	Er gibt erste Informationen über den Inhalt.
Vorwort und Einleitung	Der Autor oder eine andere Person macht Angaben zum Ziel der Veröffentlichung.
Datum der Veröffentlichung	Bei der Information über aktuelle Themen helfen neueste Quellen.

Lösung 3.88

Mit der Aufklärung, die in England ihren Anfang nahm, wurde die langsame Ablösung des Absolutismus durch die parlamentarische Staatsform auch auf dem Kontinent eingeleitet. Analog dazu begann der Wandel zum natürlichen Gartenstil und wies hin auf ein neues Verhältnis von Mensch und Natur, das sich aus der Aufwertung des Individuums im bürgerlich-aufgeklärten Weltbild ergab.

Lösung 3.89

Die Grenze zwischen der Bundesrepublik und der DDR war gleichzeitig die Grenze zwischen den großen Machtblöcken NATO und Warschauer Pakt. Die Fronten zwischen diesen Blöcken waren hart, eine Annäherung war nicht abzusehen. Zudem erhob die Bundesrepublik den Alleinvertretungsanspruch für Deutschland, während die DDR auf ihren „sozialistischen Errungenschaften" bestand. Dort wurde jede Form des Bürgerprotests mit brutaler Gewalt unterbunden. Der Wunsch der Bürger Ostdeutschlands nach Wiedervereinigung ließ sich jedoch immer weniger unterdrücken. Hinzu kam die Reformpolitik Michail Gorbatschows (* 1931), der 1985 Generalsekretär der KPdSU wurde und mit ersten Reformen (Glasnost) den Weg zur Demokratisierung der Sowjetunion ebnete. Er gab die sowjetische Vormachtstellung im Ostblock auf und bemühte sich um stärkere Zusammenarbeit mit dem Westen. Auch in Polen und Ungarn setzten demokratische Entwicklungen ein. Gruppen von DDR-Bürgern besetzten die Ständige Vertretung der Bundesrepublik in Ost-Berlin und flohen in die bundesdeutschen Botschaften in Warschau, Prag und Budapest, die zum westlichen Territorium gehörten. Da sich die Aufmerksamkeit der ganzen Welt auf sie richtete, konnten die DDR-Machthaber die Ausreise der Flüchtlinge nicht verweigern. Am 11. September 1989 wurde die ungarische Grenze geöffnet. Der Druck der Bürgerproteste auf das DDR-Regime wurde immer stärker, die Möglichkeiten der Einflussnahme des Staats auf das Volk immer geringer. Gorbatschow signalisierte bei seinem Besuch anlässlich der Feiern zum 40. Jahrestag der DDR-Gründung, dass sich die Sowjetunion nicht in die deutschen Angelegenheiten einmischen werde. Die Rufe nach Reformen wurde immer lauter, die Menge der Demonstrierenden immer größer. Am 18. Oktober 1989 trat Staats- und Parteichef Erich Honecker zurück, am 8. November 1989 das gesamte Politbüro der SED. Am 9. November 1989 wurde die Berliner Mauer geöffnet. Damit war der Weg zur Wiedervereinigung Deutschlands frei.

Lösung 3.90

Salpetersäure ist ein starkes Oxidationsmittel, deshalb bildet sich auf der Oberfläche des Aluminiums sofort eine unlösliche Schutzschicht aus Aluminiumoxid und es kommt zu keiner weiteren zersetzenden Reaktion. Beim Kupfer zeigt sich die oxidierende Wirkung der Salpetersäure ganz anders: Es löst sich unter Bildung von Stickoxiden vollständig auf und nach einer Redoxreaktion bleibt eine blaue Lösung von Kupfernitrat übrig.

Schwierigkeitsgrad 3 Lösungen

Lösung 3.91

Lösung 3.92

A, B und C. Kommentare beziehen sich meist auf tagesaktuelle Themen. Meinungen oder persönliche Einschätzungen erscheinen als Kommentar, Glosse, Kritik, Leitartikel oder Kolumne. Der Kommentar vermittelt eine Meinung und bezieht dadurch kritisch Position zu einem Thema. Weil Kommentare grundsätzlich eine subjektive Sichtweise wiedergeben, kann man von ihnen oft auf das politische Profil einer Zeitung schließen. In seriösen Medien wird die Trennung von Information und Kommentar strikt eingehalten. Kommentare, Leitartikel etc. sind meist als solche gekennzeichnet.

Lösung 3.93

Zur Berechnung werden die Wegstrecke s des jeweiligen Wohnorts vom Treffpunkt und die durchschnittliche Geschwindigkeit v benötigt. Eine Formel aus der Kinematik liefert den Zusammenhang zwischen s, v und der Fahrzeit t: $s = v \cdot t$. Nach t aufgelöst ($t = \frac{s}{v}$) kann nun der Startzeitpunkt X bestimmt werden, wenn man zum Zeitpunkt Z am Ziel sein möchte: $X = Z - \frac{s}{v}$.

Lösung 3.94

Hier hat sich der Maler selbst mit seiner späteren Ehefrau Isabella Brant dargestellt. Trotz der Intimität, die gezeigt wird, hat das Bildnis einen repräsentativen Charakter. Einen Hinweis darauf gibt die prächtige Kleidung der Dargestellten. Außerdem wirbt Rubens mit den Eigenschaften der Treue und Fürsorge, zu ersehen an seiner erhobenen Position, der Haltung der Hände und am Geißblattstrauch, einem Symbol für eheliche Liebe und Beständigkeit. Wahrscheinlich war das Bild ein Geschenk an die Eltern Isabella Brants und diente somit als Brautwerbung.

Lösung 3.95

A, B, C und E. Der Bundespräsident kann z. B. nicht mehr, wie der Reichspräsident der Weimarer Republik, die Grundrechte außer Kraft setzen. Die Position des Bundeskanzlers ist ebenfalls gestärkt worden. Er kann nur durch ein konstruktives Misstrauensvotum gestürzt werden, also wenn der Kandidat der Gegenpartei die Mehrheit der Stimmen im Bundestag erhält (Art. 67). Staatskrisen sollen so weitgehend verhindert werden. Auch der Bundesrat, die Vertretung der Länder, hat im Vergleich zur Weimarer Verfassung eine stärkere Position bekommen. Er kann Einspruch gegen Gesetze erheben, darin aber vom Bundestag überstimmt werden. Jede Länderregierung entsendet Vertreter in den Bundesrat.

Lösung 3.96

A und D. Usbekistan ist mit einer Fläche von 447.400 km^2 etwa dreimal so groß wie Tadschikistan. Bei ca. 25,6 Mio. Einwohnern ergibt sich eine

Schwierigkeitsgrad 3 Lösungen

3

Bevölkerungsdichte von rund 57 Einwohnern je Quadratkilometer. Wie Kasachstan und Turkmenistan wurde Usbekistan 1990/91 ein unabhängiger Staat. Im Gegensatz zu diesen Nachbarstaaten grenzt Usbekistan jedoch nicht an das Kaspische Meer.

Lösung 3.97

Eine ähnliche Situation ergab sich gegen Ende des Römischen Reichs, als der Einfluss der gebildeten Beamten schwand und „Soldatenkaiser“ an die Macht kamen, die von Militärführern ernannt wurden. Sie sollten v. a. Stärke und Durchsetzungsvermögen zeigen und militärisch geschickt handeln.

Lösung 3.98

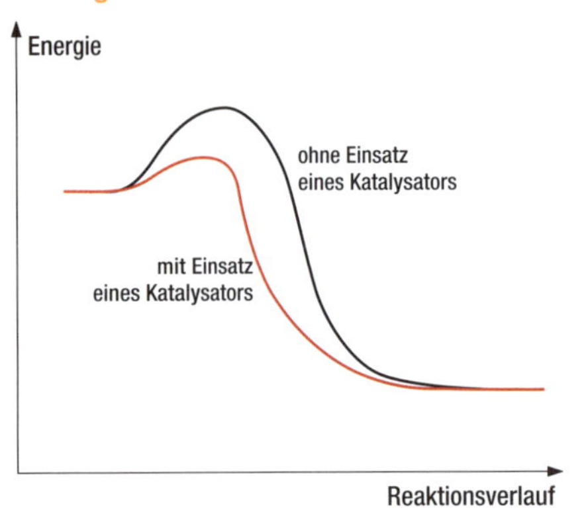

Durch den Einsatz eines Katalysators wird die für den Start der Reaktion notwendige Aktivierungsenergie abgesenkt, der „Energieberg“, der zunächst überwunden werden muss, wird also deutlich kleiner und die Reaktion läuft „leichter“ ab.

Lösung 3.99

Ein Dreieck hat bekanntlich die Winkelsumme 180°. Für jede zusätzliche Ecke kommt ein weiteres Dreieck hinzu. Ein n-Eck kann demnach aus $n - 2$ Dreiecken zusammengesetzt werden, von denen jedes 180° Winkelsumme beisteuert. Die Summe aller Innenwinkel eines n-Ecks ist daher $(n-2) \cdot 180°$.

Lösung 3.100

C und E. Das Bruttosozialprodukt pro Kopf und die Anzahl der Ärzte pro 1000 Einwohner sind brauchbare Indikatoren für einen Ländervergleich, da es sich dabei um Durchschnittswerte handelt. Die Anzahl der verfügbaren Krankenhausbetten ist nicht brauchbar, da sie nicht mit der Bevölkerungsanzahl in Relation gebracht wird. Um die Zahl der Erwerbstätigen in der Landwirtschaft besser einordnen und vergleichen zu können, benötigt man zusätzlich Informationen über die Beschäftigungsanteile im Industrie- und Dienstleistungssektor.

Lösung 3.101

B. Die Temperatur steigt beim Öl schneller an als beim Wasser. Die Wärmekapazität von Wasser ist größer als die von Öl und deshalb ist mehr Wärmeenergie nötig, um 1 l Wasser auf z. B. 50° C zu erwärmen, als es bei 1 l Öl der Fall ist. Umgekehrt ist Wasser auch ein sehr guter Wärmespeicher und so frieren viele kleinere Seen nur in sehr harten Wintern vollständig zu.

Lösung 3.102

Für eine korrekte grafische Darstellung ist es erforderlich, nicht nur auf der waagerechten Achse die Städte einzutragen (Bezeichnung an der unteren Seite der Balken), sondern auch eine senkrechte Achse links oder rechts davon anzulegen (absolute Zahlen oder Prozentangaben), die einen Vergleich ermöglicht. Eine andere Möglichkeit besteht darin, die Längen der Balken so zu zeichnen, dass sie den tatsächlichen Zahlen proportional sind. Das ist hier nicht der Fall.

Lösung 3.103

A. Die Vedutenmalerei gilt als Gattung der Landschaftsmalerei. Sie gibt streng sachlich und wirklichkeitsgetreu eine Landschaft oder Stadt wieder. Im Italien des 18. Jh. erreicht die Vedutenmalerei ihren Höhepunkt. Auch fachfremde Bereiche profitierten von der Kunst Canalettos und seiner Zeitgenossen: Dank ihrer Genauigkeit konnten Meteorologen die Stadtansichten als Zeitdokumente verwenden und die historischen Pegelstände in Venedig rekonstruieren.

Lösung 3.104

D. Die Straßenfläche beträgt $150 \text{ cm} \cdot 50.000 \text{ cm} = 7.500.000 \text{ cm}^2$. Mit einem $0{,}125 \text{ cm}^3$ großen Splittstein pro Quadratzentimeter ergibt sich ein Gesamtvolumen von $7.500.000 \cdot 0{,}125 \text{ cm}^3 = 937.500 \text{ cm}^3 = 937{,}5 \text{ l}$. Berücksichtigt man die Zwischenräume zwischen den Splittsteinen in den Eimern nicht, so muss mindestens der Inhalt von $\frac{937{,}5 \text{ l}}{5 \text{ l}} = 187{,}5$ 5-l-Eimern gestreut worden sein.

Schwierigkeitsgrad 3 Lösungen

Lösung 3.105
Offensichtlich soll in der Veranstaltung darüber diskutiert werden, ob und wie sich der Föderalismus auf die Globalisierung einstellen kann. Die Einladung richtet sich vermutlich an ein Fachpublikum. Für ein breiteres Publikum ist eine solche Einladung wenig „einladend". Sie verwendet abstrakte Begriffe, die nur mit Vorkenntnissen zu entschlüsseln sind und die möglicherweise viele Leser vom Besuch der Veranstaltung abhalten. Die Anhäufung von Fachbegriffen führt zu einem Fachjargon, der stets leserfeindlich ist. Ist Fachjargon unvermeidlich, sollten dem Leser zusätzlich erläuternde Informationen geboten werden.

Lösung 3.106
B. Die Reproduktion von Bildern durch Druckgrafiken ist schon seit Anfang des 16. Jh. ein verbreitetes Phänomen. In der zweiten Jahrhunderthälfte entstand ein reger Handel mit Reproduktionen wichtiger Kunstwerke. Somit wurde die Druckgrafik maßgeblich für die Verbreitung der italienischen Kunst im übrigen Europa und die Ausbreitung des Manierismus.

Lösung 3.107
A und C.

Lösung 3.108
B, C und D. Selbstgenügsamkeit und Besitzlosigkeit sind im Konfuzianismus höher angesehen als Gewinnstreben. Lange Zeit arbeiteten daher die Kleinbauern unter harten Bedingungen und für geringe Löhne auf dem Land. Die westlich orientierten Länder Ostasiens (Japan, Südkorea, Singapur) erreichten durch die Einführung der Marktwirtschaft hohe Wachstumsraten und gehören heute zu den führenden Industriestaaten. Dies ist wiederum z. T. durch den Einfluss der konfuzianischen Ethik auf die Mitarbeiter in asiatischen Betrieben zu erklären.

Lösung 3.109
D. Der Katalysator ist ein Teil der Abgasanlage und wandelt Schadstoffe wie z. B. Kohlenmonoxid (CO) und unverbrannte Kohlenwasserstoffe durch Oxidation mit Luftsauerstoff in Kohlendioxid (CO_2) und Wasser (H_2O) um. Die ebenfalls vorhandenen Stickoxide (NO_x) hingegen müssen durch Reduktion zerlegt werden. Um dies zu erreichen, ist eine genaue Regelung des Sauerstoffgehalts im Abgas nötig (Lambda-Sonde).

Lösung 3.110
Jedes der n Teams spielt gegen n–1 Gegner. Somit kann man allgemein die Anzahl Z der Spiele bestimmen mit $Z = n \cdot (n-1)$.

Lösung 3.111
Zu streichen sind: Satzklammern, Objekt vor Subjekt (missverständliche Wortstellung), passivisch gebrauchte Verben, abstrakte Begriffe, überflüssige Fremdwörter, häufige Synonyme, Reihenbildungen.
Lesefreundlich sind: direkte Ausdrucksweise, aktivisch gebrauchte Verben, Subjekt vor Objekt (übersichtliche Wortstellung), maßvoller Gebrauch von Fremdwörtern, konkrete Begriffe.
Als Leser können wir lernen, gute von schlechten Texten zu unterscheiden. Hat sich der Autor nicht um Lesefreundlichkeit bemüht, wird der Leser dem Text wenig Aufmerksamkeit schenken. Im schlimmsten Fall wird er den Text beiseite legen.

Lösung 3.112
A2 und B1.

Lösung 3.113
Einer herrscht: Basileia/Tyrannis
Wenige herrschen: Aristokratie/Oligarchie
Alle herrschen: Politie/Demokratie
Für Aristoteles richtet sich die Qualität einer Herrschaftsform nach der Kompetenz der Herrschenden und danach, ob sie im Interesse des gesamten Gemeinwohls entscheiden oder zu ihrem eigenen Nutzen. Die Basileia (Monarchie) zeichnet sich durch einen König aus, der tugendhaft ist und zum Wohl seiner Untertanen herrscht. Die Regierten stimmen seiner Herrschaft freiwillig zu. Dagegen vergisst der Tyrann seine Tugend, sucht seinen materiellen Vorteil und eignet sich unrechtmäßig die Macht an. Die Aristokratie ist die Herrschaft einer besonders gebildeten Schicht, in der Oligarchie herrschen dagegen die Reichen im eigenen Interesse. Die Demokratie wird als Verfallsform des geordneten Gemeinwesens der Politie verstanden, wenn sie eine radikale Massendemokratie ist, bei der die ungebildete städtische Masse allein durch Abstimmung Entscheidungen zu ihrem eigenen Nutzen und nicht für das Gemeinwohl trifft.

Lösung 3.114
A4, B3, C2 und D1.

Schwierigkeitsgrad 3 Lösungen

Lösung 3.115

Das Potenzierungsverfahren führt oft genug dazu, dass Lösungen zur Therapie eingesetzt werden, die rein rechnerisch kein einziges Wirkstoffmolekül mehr enthalten.

Lösung 3.116

B. Die Wahrscheinlichkeit, dass die fünfköpfige Gruppe an einem beliebigen Tisch Platz findet, beträgt $0{,}15 \cdot (0{,}7)^4 = 0{,}036 = 3{,}6\,\%$. Mit 96,4-prozentiger Wahrscheinlichkeit ist der Tisch also besetzt. Die Wahrscheinlichkeit, dass dies an allen 100 Tischen so ist, wäre dann $(0{,}964)^{100} = 0{,}026 = 2{,}6\%$. Damit ist die Wahrscheinlichkeit, auch zu fünft noch Plätze zu bekommen, $1 - 0{,}026 = 0{,}974 = 97{,}4\%$. Also nicht verzagen ...

Lösung 3.117

B. Dem Text ist zu entnehmen, dass die Unfälle mit getöteten Personen, also solchen, die bereits vor dem Unfall getötet wurden, zugenommen haben. Vermutlich soll die Aussage sein, dass – leider – immer mehr (lebendige) Menschen bei Unfällen auf Fußgängerüberwegen zu Tode kommen. Das Problem des Textes ist: Er hinkt. „Hinkende" Texte, die eine etwas andere als die beabsichtigte Aussage haben, werden vom Leser meist bewusst oder unbewusst korrigiert – oder beiseite gelegt.

Lösung 3.118

Die Hagia Sophia war die Hauptkirche des byzantinischen Reichs und wurde 532–37 erbaut. Damals hieß Istanbul noch Konstantinopel. Die Spanische Treppe (1721–26) stammt aus der Zeit des Rokoko. Sanssouci (1745–47), das Lustschloss Friedrichs des Großen (1740–86), wurde ebenfalls im Rokokostil erbaut. Der Invalidendom (1675–1706) ist ein Werk des Barock und beherbergt heute das Napoleon-Mausoleum. Der Escorial (ab 1563) im gleichnamigen Ort bei Madrid war Refugium Philipps II. (1556–98) und Kloster zugleich.

Lösung 3.119

A4, B2, C3 und D1.

Lösung 3.120

C. Die Sahara befindet sich in der subtropischen Trocken- und Passatzone. Für die Ausbildung des dortigen Trockenklimas sind in erster Linie die Passate verwantwortlich, die sich auf den Ostseiten der Kontinente abgeregnet haben. Von großer Bedeutung ist aber oft auch absteigende Luft, die für Wolkenauflösung und dadurch für sehr hohe Sonneneinstrahlung sorgt.

Lösung 3.121

B. Reisfelder sind neben Großtierfarmen die wichtigsten Produzenten von Methangas. Methan ist neben Kohlendioxid das zweitwichtigste Treibhausgas und zu 20 % für die globale Erwärmung verantwortlich. 10 % der globalen Methanproduktion stammen aus der Reisherstellung. Reis benötigt extrem feuchte, entweder regenwassergespeiste oder künstlich überflutete Böden und ist für die Hälfte der Erdbevölkerung das wichtigste Grundnahrungsmittel.

Lösung 3.122

C. Der dritte muss abwaschen, wenn die ersten beiden gezogenen Streichhölzer lang sind. Die Wahrscheinlichkeit dafür ist: p(lang, lang) = $\frac{2}{3} \cdot \frac{1}{2} = \frac{1}{3}$. Er muss also mit der Wahrscheinlichkeit $\bar{p} = 1 - \frac{1}{3} = \frac{2}{3}$ nicht abwaschen.

Lösung 3.123

A: Durch das Fehlen eines Vergleichsnomens ergibt sich die widersinnige Aussage, dass der August 2003 der heißeste August 2003 seit 100 Jahren war. Besser: Der

August 2003 war der heißeste August seit 100 Jahren. Oder, mit einem Komperativ anstelle des Superlativs: Seit 100 Jahren war kein August heißer als der im Jahr 2003.
B: Die zweite Satzhälfte besagt, dass der Bewerber zuletzt seit 2003 über eine ausreichende Erfahrung verfügt. Das ist Unsinn. Besser: Er verfügt über eine ausreichende Erfahrung, seit 2003 ist er Leiter der Abteilung.
C: Kann ein Erfolg gelingen? Also auch misslingen? Nein. Besser: Die Polizei war erfolgreich und hat einen Täter gefasst.
Alle Sätze sind leserfeindlich, denn bei allen sind Korrekturen des Lesers nötig, damit sie verständlich werden. Die Verfasser haben nicht das ausgedrückt, was sie vermutlich schreiben wollten.

Lösung 3.124

Die byzantinische Kunst führte in Mosaiken, kleinen Kunstgegenständen, der Buchmalerei sowie der Ikonenmalerei die Kunst der Antike fort. Der Einfluss der byzantinischen Kunst im weströmischen Reich war enorm groß. Durch die Einbettung des byzantinischen Elfenbeinreliefs in das Evangeliar des Kaisers Otto III. zeigt sich sowohl der kulturelle Einfluss von Byzanz, dessen Kern Konstantinopel bildete, als auch der durch das Papsttum immer stärker werdende westliche Kulturbereich mit Rom als geistigem Zentrum.

Lösung 3.125

Berühmte Utopien sind z. B.: Platons (427–347 v. Chr.) *Politeia* (um 387–376 v. Chr.); Thomas Morus' (1477–1535) *Utopia* (1516); Jonathan Swifts (1667–1745) *Gulliver's Travels* (1726); Aldous Huxleys (1894–1963) *Brave New World* (1932); George Orwells (1903–1950) *1984* (1949).

Lösung 3.126

A und B. Hochmoore sind extrem nährstoffarme Moore. Sie wachsen im Lauf ihrer Entwicklung über den Grundwasserspiegel hinaus. Hochmoore sind ohne Kontakt zum Grundwasser und werden nur vom Regenwasser gespeist. Sie sind außerdem sehr wasserhaltefähig.

Lösung 3.127

B, nein. Bei zwei Würfeln gibt es 36 mögliche Kombinationen. Bei der Hälfte davon ist die Augensumme gerade, während nur 15 Kombinationen eine Augensumme kleiner oder gleich sechs ergeben. Damit ist die Wahrscheinlichkeit, dass die Augensumme gerade ist, größer, als die, dass sie kleiner oder gleich sechs ist. Also ist es wahrscheinlicher, eine gerade Augensumme zu würfeln.

Lösung 3.128

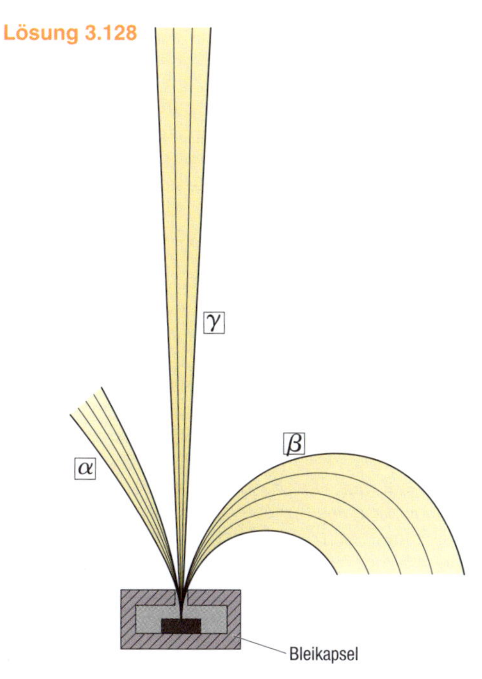

Lösung 3.129

Präzision verhindern: Redundanz, (ungerechtfertigte) Superlative, Abtönungspartikeln, keine klare Informationshierarchie (Unwichtiges vor Wichtigem).
Präzision schaffen: klarer Textaufbau, gemäßigte Wortwahl, eindeutige Satzbezüge, straffe Ausdrucksweise, treffende Wortwahl.
Je präziser ein Text ist, umso wirksamer ist er. Bringt ein Text einen Sachverhalt auf den Punkt, ist es einfacher, sich mit dem Inhalt auseinander zu setzen.

Lösung 3.130

B. Wie alle anderen Epochenbegriffe kann „Klassizismus" auch einen (Individual-)Stil definieren, der unabhängig vom Epochenbegriff auftritt – wie im Beispiel Picassos, der um 1920 Frauenfiguren malte, die ein statuenhaftes Aussehen haben. Diese Phase seines Schaffens wird als klassizistische Periode bezeichnet.

Schwierigkeitsgrad 3 Lösungen

3

Lösung 3.131
A und B. Die Großmächte waren ohnehin in beiden Gremien vertreten.

Lösung 3.132
A3, B2 und C1. Die Alpen entstanden während der alpidischen Gebirgsbildung. Der Harz entstand wie auch das Rheinische Schiefergebirge und das Erzgebirge während der variskischen Gebirgsbildung. Der älteste Faltungsprozess wird als kaledonische Gebirgsbildung bezeichnet. Reste dieser Faltengebirge sind in Schottland, Irland, Mittel- und Südengland, Grönland etc. erhalten geblieben.

Lösung 3.133
A. Das Foucault'sche Pendel, benannt nach Jean Bernard Léon Foucault (1819–68), ist ein frei aufgehängtes Pendel, das die Drehung der Erde anzeigt. Die Ebene des schwingenden Pendels bleibt relativ zur Erdoberfläche nicht unverändert, da infolge der Erdrotation die Corioliskraft quer zur Schwingungsrichtung auf das Pendel wirkt. Das führt auf der Nordhalbkugel der Erde zu einer Abweichung des Pendels nach rechts, auf der Südhalbkugel nach links. Nur am Äquator wirkt die Corioliskraft nicht auf das Pendel.

Lösung 3.134

Spieler 2 / **Spieler 1**	Schere	Stein	Papier
Schere		verliert	gewinnt
Stein	gewinnt		verliert
Papier	verliert	gewinnt	

Man kann erkennen, dass jedes Symbol gegen genau eines gewinnt und gegen ein anderes verliert. Wenn Spieler 1 seine Symbole rein zufällig auswählt, gibt es also keine Strategie, um den Spielverlauf zu beeinflussen.

Lösung 3.135
A. Die galante Umformung eines allegorischen oder mythologischen Bildthemas mit gleichzeitiger Betonung des Intimen anstelle des Höfisch-Repräsentativen wie noch im Barock ist für das Rokoko bezeichnend. In der *Toilette der Venus* huldigt Boucher seiner Gönnerin Madame de Pompadour, die als offizielle Mätresse Ludwigs XV. (1710–74) großen Einfluss ausübte, auf zweifache Weise: in Anerkennung ihrer Schönheit, aber auch ihrer Position am Hof.

Lösung 3.136
Der untere Graf stellt die Zahl der Stunden, der obere die Zahl der Tage dar. Wenn auch nur an wenigen Stunden verschiedener Tage die Ozonkonzentration ansteigt, fließt dies in die Werte des oberen Grafen ein. Die Ozonkonzentration hat in Deutschland zwischen 1990 und 1999 deutlich abgenommen, was nicht auf meteorologische Einflüsse, sondern auf die erhebliche Reduzierung der Vorläufer (Stickstoffoxide und flüchtige organische Verbindungen) zurückzuführen ist. Das Jahr 2003 weicht bezüglich der Häufigkeit des Auftretens und der Dauer von Schwellenwertüberschreitungen deutlich von den letzten acht Jahren ab. V. a. vom 1. bis zum 14. August 2003 herrschten lang anhaltend günstige Bedingungen für die Ozonbildung. Es konnte sich quasi ein Sockel an Ozon anreichern, auf den sich die Spitzen mit Schwellenwertüberschreitungen aufsetzten.

Lösung 3.137
Schon in der Antike war die politische Öffentlichkeit die Voraussetzung für die Meinungsbildung, die dann in die politische Entscheidung einging. Auf der Agora oder dem Marktplatz beriet man sich über politische Fragen. Heute bilden Publizistik und Medien weitgehend diese Öffentlichkeit. Ein unabhängiges Mediensystem kann zudem, ebenso wie eine unabhängige Justiz, die Umwandlung einer Demokratie in ein autoritäres System verhindern bzw. den Alleinherrschaftsanspruch Einzelner abwehren. Auch wenn die Kommunikation in den Massenmedien anonym und indirekt ist, so ist sie immer noch eine Voraussetzung für die Wahrung der Meinungsfreiheit, Willensbildung und Mitbestimmung. Information, Aufklärung und Bildung sind unerlässliche Voraussetzungen für die demokratische Mitwirkung aller Bürger an der Regierungsbildung.

Lösung 3.138
Die Boddenlandschaft entstand beim Rückzug des skandinavischen Inlandeises während der letzten Eiszeit vor rund 15.000 Jahren. Dabei blieben abgetrennte Eismassenreste zurück, die z. T. von Moränenmaterial verschüttet wurden. Als dann dieses Toteis abschmolz, blieben flache Bodensenken zurück, in die Meerwasser eindrang.

Lösung 3.139

geringe Elektronegativität → hohe Elektronegativität

C B D A

Lösung 3.140

C. Stellt man sich neun Plätze in einer Reihe vor, hat der erste neun Wahlmöglichkeiten, der zweite acht, der dritte sieben etc. Für den letzten bleibt dann noch ein Platz übrig. Insgesamt ergibt das $9 \cdot 8 \cdot \ldots \cdot 2 \cdot 1 = 9!$ Möglichkeiten. Da die Gäste an einem runden Tisch Platz nehmen, können alle im Kreis jeweils neunmal weiter rücken, ohne dass neue Sitzanordnungen entstehen. Insgesamt ergeben sich dann $\frac{9!}{9} = 8! = 40.320$ unterschiedliche Sitzanordnungen.

Lösung 3.141

Viele Autoren unterlassen es in der Eile des Schreibens, ihre Gedanken vollständig zu Papier zu bringen – offensichtlich auch der Verfasser dieses Textes. Er hat zwei Gedanken unterschlagen (Gedankensprünge). Der im zweiten Satz geäußerte Gedanke („Dann rufen Sie uns doch an“) knüpft nicht an den ersten („Sie überlegen jetzt“) an. Es fehlt ein klärender Zusatz, etwa im Sinne von „Wenn Sie ein Gespräch, eine Beratung wünschen ...“. Zudem ist es laut Text der Kunde, der Fragen zu beantworten hat, denn es heißt: „Rufen Sie uns an, um Fragen zu beantworten“.

Lösung 3.142

Magritte thematisierte in seinen Bildern den Unterschied zwischen wirklichem Gegenstand und Abbild bzw. das illusionistische Wesen des Mediums Malerei, durch das sich der Betrachter bereitwillig täuschen lässt. Er verstärkte diese Wirkung durch eine kühle, detailgenaue Darstellung der Objekte und ironisierte damit die Sehgewohnheiten des Betrachters.

Lösung 3.143

C.

Lösung 3.144

A.

Lösung 3.145

A und D. Im Pleistozän führten mehrfache Klimaschwankungen zu einem ständigen Wechsel von Warm- und Kaltzeiten, die teilweise ausgesprochene Eiszeiten waren. Die Alpen, die Anden, der Ural sowie einzelne Erhebungen der deutschen Mittelgebirge waren, neben vielen anderen Teilen der Erde, von Eis bedeckt. Im Mittelmeerraum herrschte ein gemäßigtes Klima und Nordafrika erlebte eine regenreiche Zeit. Der Meeresspiegel lag aufgrund der großen Eismassen teilweise bis zu 90 m tiefer als heute.

Lösung 3.146

B und D. Allerdings ist es wenig hilfreich, sich während des Lesens umfangreiche Notizen zu machen. Es ist besser, einen Absatz oder ein Kapitel bis zum Ende durchzulesen. Dadurch vermeidet man, allzu viele Details zu notieren.

Lösung 3.147

A. Das vierte Los gewinnt, wenn Gewinne (g) und Nieten (n) in einer der folgenden Kombinationen gezogen werden: (g,n,n), (n,g,n), (n,n,g) oder (n,g,g,g), (g,n,g,g), (g,g,n,g). Die Wahrscheinlichkeit für die ersten drei Ereignisse ist jeweils $\frac{1}{10}$, für die letzten drei ebenso. In der Summe ergibt sich also $\frac{6}{10}$ oder $\frac{3}{5}$.

Lösung 3.148

A, C und E. Der Konstruktivismus entwickelt Werke auf der Basis geometrisch-abstrakter Formen. In der Op-Art erzielen geometrische Strukturen durch die Anordnung von Farbe und Form optische (Täuschungs-)Effekte. Der Ausdruck „konkrete Kunst“ bezieht sich auf Bildwerke, die allein aus den bildgenuinen Mitteln Farbe, Fläche und Form gestaltet und weder symbolisch noch abbildend zu verstehen sind.

Lösung 3.149

C. Die Gesetzessammlungen und die „Sitte der Vorfahren“ (mos maiorum) waren die Grundlagen der staatlichen Ordnung. Eine Notwendigkeit, die Macht des Staates, etwa durch Gewaltenteilung oder Bürgerrechte, einzuschränken, sah man nicht, denn bürgerliche Selbstbestimmung und staatliche Kontrolle waren eng verbunden. Staat und Gesellschaft waren nicht getrennt, da das Kollektiv die Kontrolle über den Einzelnen hatte.

Lösung 3.150

A5, B3, C2, D1 und E4.

Abschlusstest

A

Übung A.1: Bei einem Fallversuch wird eine Messingkugel in einem hohlen Turm aus einer Höhe von 50 m fallen gelassen. Eine Messapparatur registriert dabei in regelmäßigen Abständen die Position der Kugel. Zeichnen Sie in das Diagramm (unter Vernachlässigung der Luftreibung) die Geschwindigkeit der Kugel während ihres Falls ein.

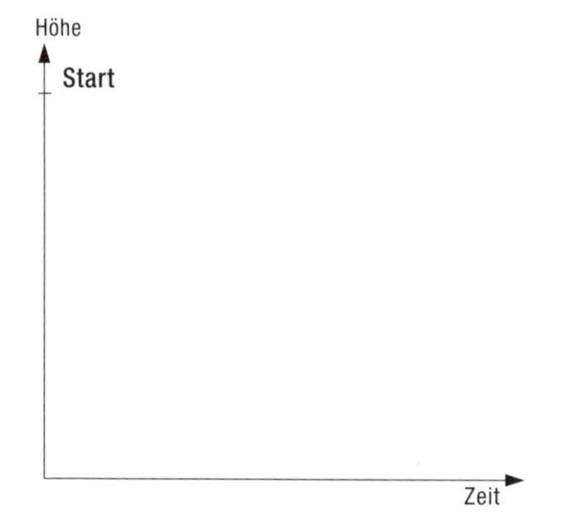

Übung A.2: Im Einkaufskorb liegen verschiedene Käsestücke für 2,36 €, 1,50 €, 99 ct und 2,49 €. Um einen Überblick über den Gesamtpreis zu bekommen, schätzt Esther die Summe, indem sie die Einzelpreise mathematisch korrekt auf ganze Euro rundet und addiert. Esther schätzt den Gesamtpreis auf ...

A 6 €

B 7 €

C 8 €

D 9 €

Übung A.3: Im Lauf der Geschichte haben zahlreiche Denker Theorien zum Aufbau des Gemeinwesens entwickelt. Können Sie die folgenden Schriften den Theoretikern zuordnen, von denen sie stammen?

A *Vom Gottesstaat*

B *Politeia*

C *Der Gesellschaftsvertrag*

D *Leviathan*

E *Das Kapital*

F *Über den Reichtum der Nationen*

1 Platon

2 Jean-Jacques Rousseau

3 Augustinus

4 Thomas Hobbes

5 Adam Smith

6 Karl Marx

Übung A.4: Ende 2002 lebten 7,3 Mio. ausländische Mitbürger in Deutschland, darunter Griechen, Spanier, Vietnamesen, US-Amerikaner und viele andere Menschen der verschiedensten Nationalitäten. Ordnen Sie den folgenden Nationalitäten die richtige Zahl zu.

A Polen

B Russen

C Türken

D Chinesen

E Italiener
F Franzosen

72.000	112.000	155.000
☐	☐	☐
317.000	609.000	1,9 Mio. Mitbürger
☐	☐	☐

Übung A.5: Welche der folgenden Mittel kann ein Maler einsetzen, um ein Gemälde dynamisch erscheinen zu lassen?

A horizontale und vertikale Parallelen
B Diagonalen
C Überschneidungen anstelle nebeneinander angeordneter Elemente

Übung A.6: Obwohl es ausreicht, eine Quittung formlos und handschriftlich auszustellen, werden aus Zeitgründen meist Quittungsvordrucke verwendet. Die folgenden Informationen stehen im Zusammenhang mit dem Kauf einer Kamera: Der Fotograf Peter Müller erwirbt im „Photoshop“ in Bergtal für 464 € die Nexus 6.0, eine hochmoderne Digitalkamera, die wegen ihres schwenkbaren Objektivs und zahlreicher manueller Einstellmöglichkeiten auch professionellen Ansprüchen gerecht wird. Er weiß, dass die Garantiezeit am 10. Januar 2006 abläuft. Wie mag der Händler den folgenden Quittungsvordruck wohl ausgefüllt haben?

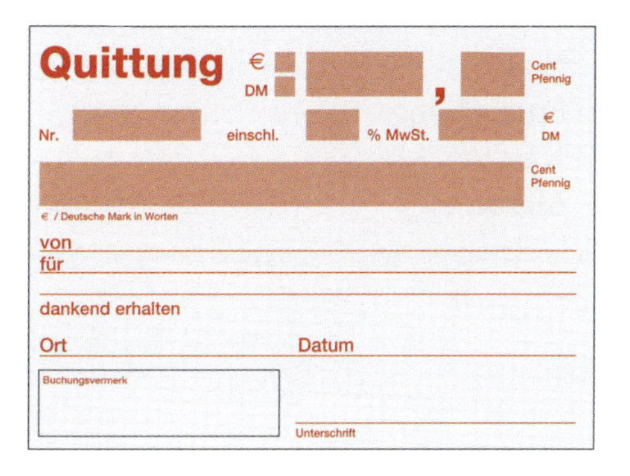
Quittung € DM , Cent Pfennig
Nr. einschl. % MwSt. € DM
Cent Pfennig
€ / Deutsche Mark in Worten
von
für
dankend erhalten
Ort Datum
Buchungsvermerk
Unterschrift

Übung A.7: Das 600-g-Glas Nuss-Nougat-Creme wird im Supermarkt für 2,25 € angeboten. Wie teuer wäre ein 1000-g-Glas, wenn der Preis direkt proportional zur Menge steigt?

A 3,25 €
B 3,50 €
C 3,75 €
D 4,00 €

Übung A.8: Die Chromosomen sind die Träger der Erbsubstanz bei allen Pflanzen, Pilzen und Tieren. Die Erbinformationen sind auf den Chromosomen in zahlreichen Abschnitten, den Genen, organisiert. Die Anzahl der Chromo-

Abschlusstest

somen im Zellkern ist jedoch nicht bei allen Lebewesen gleich. Ordnen Sie den folgenden Arten die richtige Chromosomenzahl zu.

A Hund
B Fruchtfliege
C Karpfen
D Mensch

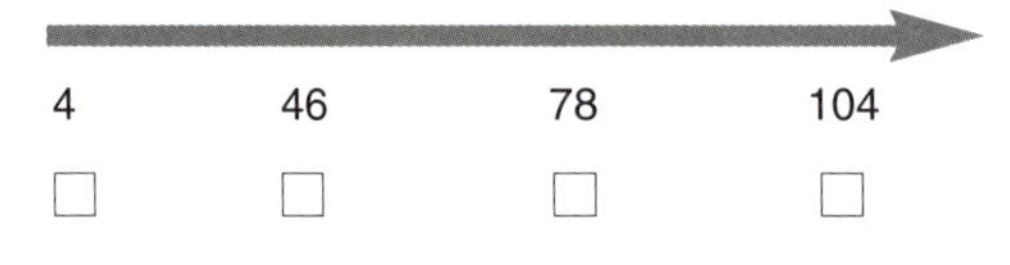

4	46	78	104
☐	☐	☐	☐

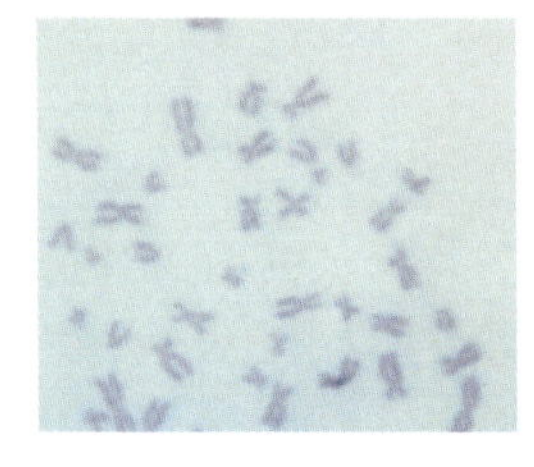

Chromosomen eines Säugetiers

Übung A.9: Ein sog. Wortfeld (auch Begriffsfeld, Sachfeld) ist eine Gruppe benachbarter oder sinnverwandter Wörter. Fallen Ihnen zur Gruppe redebezogener Verben außer sagen, sprechen, reden auch solche ein, mit denen Sie die Art des Sprechens beschreiben können? Nennen Sie mindestens zehn.

____

____

____

Übung A.10: Die holländische Künstlergruppe De Stijl (gegründet 1917) hatte in der Malerei zum Ziel, mittels vertikaler und horizontaler Linien, der Grundfarben sowie Schwarz und Weiß eine perfekte Harmonie zu erzeugen. Diese Prinzipien übertrug sie auch auf die Bereiche Architektur und Design. Welcher der folgenden Begriffe passt nicht zur De-Stijl-Philosophie?

A Funktionalismus
B Individualismus
C Reduktion
D Farbpurismus
E Konstruktivismus

Übung A.11: An der Spitze des Römischen Reiches stand 60 v. Chr. und 43 v. Chr. jeweils ein Bündnis dreier mächtiger Männer, die untereinander vereinbart hatten, das Reich gemeinsam zu regieren. Wie wurde dieser Zusammenschluss genannt?

A Imperium Romanum
B Prinzipat
C Triumvirat
D Dreibund
E Tetrarchie

Übung A.12: Der Tourismus in Tunesien beschränkt sich im Wesentlichen auf die Küstenregionen und Inseln wie Djerba. Aber auch einige Städte im Landesinneren wie Tozeur ziehen viele Fremde an. Beschreiben Sie die saisonale Verteilung der Besucher innerhalb eines Jahres auf Djerba und in Tozeur und vergleichen Sie die Ergebnisse.

____

____

____

Übung A.13: Wer früh genug aufsteht, kann manchmal ein wunderbares Morgenrot genießen. Aber der Zauber ist meist sehr schnell wieder vorbei und dann ist der wolkenlose Himmel wieder blau. Aber warum ausgerechnet blau?

- A Die blaue Farbe ist eine Spiegelung der Ozeane.
- B Weil blaues Licht stärker als rotes in der Luft gestreut wird.
- C Weil die Ozonmoleküle blau sind.
- D Unsere Sonne strahlt v. a. blaues Licht aus.

Übung A.14: Für den Weg zwischen seiner Wohnung und seinem Arbeitsplatz benötigt Herr Meier mit dem Zug im Schnitt 45 Min. Wie viele Stunden verbringt er in einem Jahr mit 210 Arbeitstagen im Zug?

- A 120
- B 215
- C 270
- D 315

Übung A.15: Was mag die Kernaussage des folgenden Schachtelsatzes sein? Sie können ihn verständlicher machen, indem Sie ihn in kürzere Sätze umwandeln. „Obwohl die EU, die nach der Erweiterung am 1. Mai 2004 nicht nur vielfältiger, sondern auch komplexer und unterschiedlicher wird, die Traditionen also gerade nicht in einer Einheitskultur aufgehen werden, eine Angleichung der Lebensverhältnisse auf hohem Niveau anstrebt, wird es auch in Zukunft größere Unterschiede im Wohlstandsniveau, in der Versorgung der Menschen mit öffentlichen Leistungen und im Pro-Kopf-Einkommen geben."

____

____

____

Abschlusstest

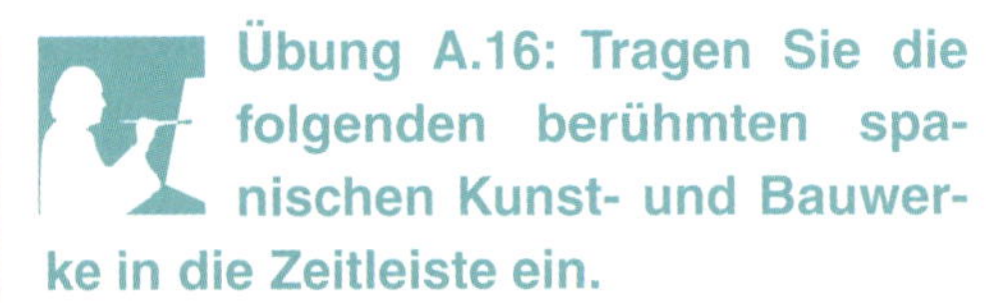

Übung A.16: Tragen Sie die folgenden berühmten spanischen Kunst- und Bauwerke in die Zeitleiste ein.

- A *Las Meninas* von Diego Velázquez
- B Kathedrale von Burgos
- C Sagrada Familia in Barcelona
- D *Die nackte Maja* von Francisco José de Goya
- E die Alhambra in Granada

ab 1221	ab 1319	1656	um 1797	ab 1882
☐	☐	☐	☐	☐

Diego Velázquez, Las Meninas *(Madrid, Prado)*

Übung A.17: Das urprünglich griechische Byzanz, das Kaiser Konstantin I. (316/17–40) im Jahr 330 in Konstantinopel umbenannt hatte, hieß auch Ostrom. Was sollte dieser Name zum Ausdruck bringen?

- A Ostrom wurde als zweiter, östlicher Herrschersitz des Weltreichs Westrom gleichgestellt.
- B Mit der Ausdehnung des Römischen Reichs sollte im Osten ein zweites kulturelles Zentrum nach dem Vorbild des ersten Rom errichtet werden.
- C Der Name sollte deutlich machen, dass sich der römische Einfluss jetzt auch bis in das byzantinische Reich erstreckte.
- D Der Herrschersitz sollte nach Ostrom verlegt werden, weil der byzantinische Kaiser die Herrschaft über das gesamte Reich innehatte.

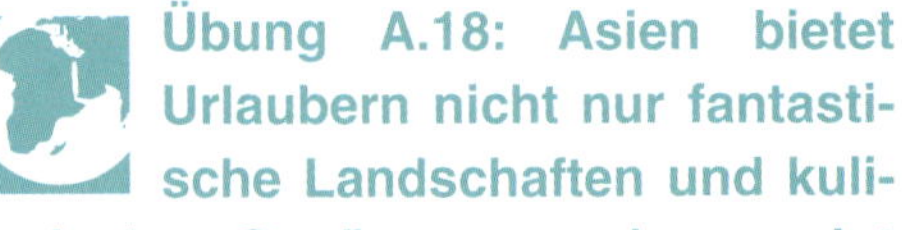

Übung A.18: Asien bietet Urlaubern nicht nur fantastische Landschaften und kulinarische Genüsse, sondern zeigt sich auch in kulturellen und religiösen Dingen sehr facettenreich. Wählen Sie aus den folgenden Ländern die in Asien liegenden aus und ordnen Sie ihnen die jeweils vorherrschende Religionsgruppe zu.

- A Philippinen
- B Madagaskar
- C Malawi
- D Thailand

E Indonesien
F Indien
G Nepal

1 Katholiken
2 Muslime
3 Buddhisten
4 Hindus

Hindus bei dem rituellen Bad im Ganges

Übung A.19: Die Regenwahrscheinlichkeit für ein Gebiet wird mit 15 % angegeben. Mit welcher Wahrscheinlichkeit hat man einen sonnigen, wolkenlosen Tag?

Übung A.20: Im Periodensystem der chemischen Elemente sind die Symbole der Elemente zeilenweise in der Reihenfolge ihrer Ordnungszahlen aufgelistet. Dabei gibt die Position die chemischen und physikalischen Eigenschaften der Elemente wider, da sich diese periodisch ähneln. Ordnen Sie die folgenden Elemente nach steigender Ordnungszahl.

A Wasserstoff
B Blei
C Sauerstoff
D Chlor

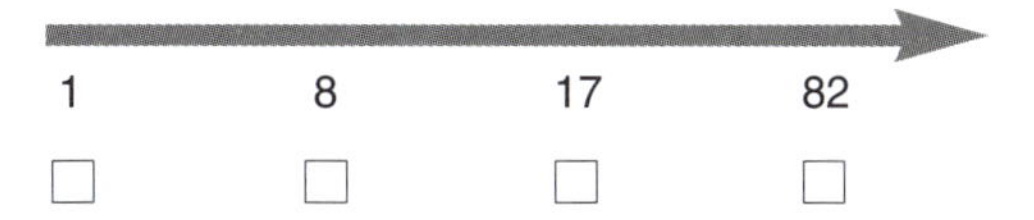

1	8	17	82
☐	☐	☐	☐

Übung A.21: Wie eine Untersuchung zeigte, wurden 2000 im Internet nach wie vor am häufigsten Bücher gekauft. Der deutsche Online-Buchhandel steigerte seine Umsätze im Vergleich zum Vorjahr um 130 % auf 378 Mio. DM, gemessen am Gesamtumsatz mit Büchern von 18 Mrd. DM machte der Online-Buchhandel einen Anteil von 2,3 % aus. Selbst Buchhandlungen, die nebenbei auch im Internet vertreten sind, erwirtschaften dort nur 1–5 % ihres Gesamtumsatzes. Welche der folgenden Aussagen können Sie aus dem Text ableiten?

A Die Deutschen kaufen ihre Bücher vorwiegend im Buchladen.
B Die Deutschen kaufen ihre Bücher am häufigsten im Internet.

C 2000 haben die Deutschen mehr Bücher gekauft als 1999.

D Im Internet kaufen die Deutschen am häufigsten Bücher.

Übung A.22: Architekten müssen erfinderisch sein. Das ausführende Architekturbüro ließ sich bei der Zeltdachkonstruktion des Olympiaparks in München von der Oberflächenspannung von Seifenblasen inspirieren. In dem Modell für seinen Entwurf aber setzte es ein Material ein, das dehnbar ist und sich wie das reale Stahlnetz über die tragenden Masten spannt. Was meinen Sie, welchen Gebrauchsgegenstand mögen die erfinderischen Baumeister wohl umfunktioniert haben?

A Orangennetz

B Damenstrumpfhose

C Bademütze

D Gummiboot

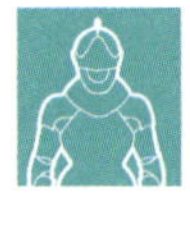

Übung A.23: Wer oder was ist mit den folgenden Umschreibungen gemeint?

A der Eiserne Kanzler

B der Eiserne Vorhang

C das Eiserne Kreuz

D die Eiserne Lady

Übung A.24: In den tropischen Gezeitenzonen, gut geschützt von Buchten oder Lagunen, findet man die salzresistenten Mangrovengewächse. Welche der folgenden Aussagen trifft auf Mangroven zu?

A Durch die Stelzwurzeln der Mangroven werden Ebbe und Flut gebremst und es kann zur Küstenbildung kommen.

B Die Vegetation der Mangroven besteht wie die Marschen aus krautigen Pflanzen, Büschen und Bäumen.

C Aufgrund ihrer geringen Wurzeltiefe werden Mangrovengewächse maximal 5 m hoch.

Übung A.25: Die Schallgeschwindigkeit ist die Geschwindigkeit, mit der sich Schallwellen in einem Medium wie Luft oder Wasser ausbreiten. In der Luft beträgt sie ca. 340 m/s, in 3 Sek. legt der Schall also ca. 1 km zurück. Aber wie hoch ist die Schallgeschwindigkeit in einem dichteren Medium wie Wasser?

A ca. 114 m/s

B ca. 234 m/s

C ca. 340 m/s

D ca. 1400 m/s

Fuzzy-logisch

Logik ist exakte Mathematik. Unseren Alltag meistern wir aber auch, ohne dass wir unsere Aktionen ständig exakt „berechnen". Wir handeln nach Gefühl und Erfahrung, mit vollkommen ausreichender (Un-)Genauigkeit.
Das tut die von Zadeh entwickelte Fuzzy-Logik auch. Ihr großer Vorteil: Sie ist einfach anzuwenden, kostengünstig und flexibel. In einer Vielzahl industrieller Anwendungen prüfen Fuzzy-Logik-basierte Programme mit ausgefeilter Sensortechnik eine Situation und leitet dann eine entsprechende Aktion ein – ähnlich wie der Mensch.
In der klassischen Mengenlehre kann ein Element nur entweder einer Menge angehören oder nicht. Will man den Begriff „angenehme Raumtemperatur" beschreiben, so definiert man die Menge angenehmer Raumtemperaturen. In der klassischen Mengenlehre kann dies nur durch die Definition eines scharf abgegrenzten Intervalls geschehen, z. B. die Temperaturen zwischen 19 und 24° C. Eine Temperatur von 18,9° C würde somit als nicht angenehm eingestuft.
Dieser scharfe Übergang von angenehm zu nicht angenehm entspricht aber nicht dem menschliche Empfinden. Im Gegensatz zur dieser klassischen Definition können Elemente fuzzy-logisch auch nur bis zu einem bestimmten Grad einer Menge angehören. Dieser Zugehörigkeitsgrad wird durch eine Zahl aus dem Intervall [0;1] beschrieben. Dabei bedeutet Grad 1 volle Zugehörigkeit zur Menge und Grad 0 keine Zugehörigkeit.

Übung A.26: Einem Kreis mit dem Radius $r = 10$ soll ein Quadrat ein- und umbeschrieben werden. Die Eckpunkte des einbeschriebenen Quadrats liegen auf der Kreislinie, die Kreislinie wiederum berührt alle Seiten des umbeschriebenen Quadrats. Vervollständigen Sie die Darstellung.

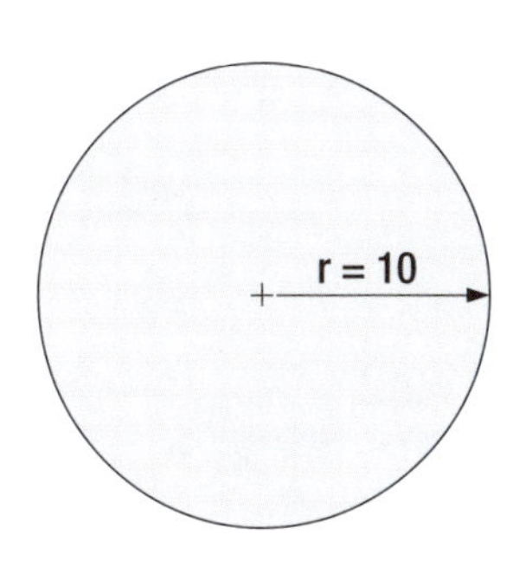

Übung A.27: Manchmal sind Texte schwer verständlich, weil sie viele Substantive in umständlichen Konstruktionen enthalten. Dieser sog. Nominalstil macht die Texte schwerfällig. Ersetzen Sie die folgenden Konstruktionen durch ein Verb (z. B. Besuche durchführen = besuchen).

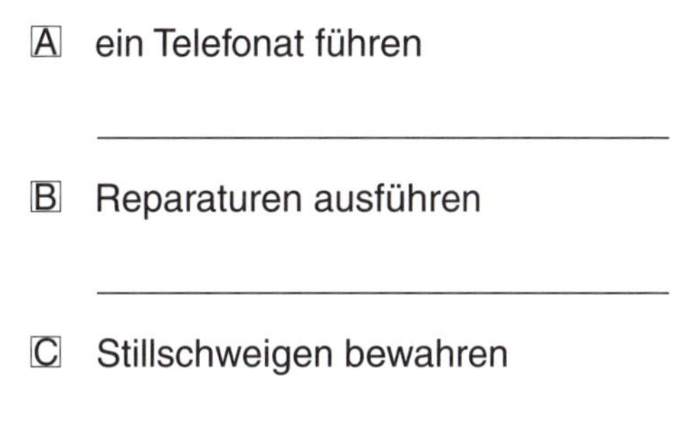

A ein Telefonat führen

____

B Reparaturen ausführen

____

C Stillschweigen bewahren

____

Abschlusstest

D den Beweis antreten

____

E Unterricht abhalten

____

F eine Beobachtung durchführen

____

G einen Beschluss fassen

____

H in Erwägung ziehen

____

I eine Einigung erzielen

____

J eine Anstrengung vollbringen

____

Übung A.28: Die Fotografie wird, im Gegensatz zur Malerei, allgemein als ein Medium begriffen, das die Realität authentisch wiedergibt. Doch gerade in jüngster Zeit wurde der Realitätsgehalt der Fotografie wieder hinterfragt. Welche technische Entwicklung könnte dazu Anlass gegeben haben?

____

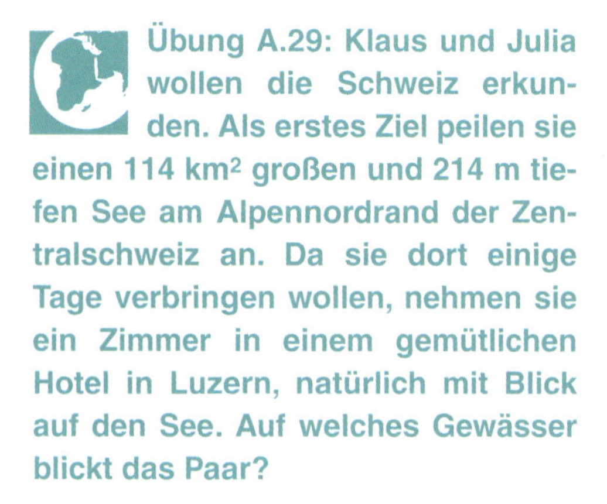

Übung A.29: Klaus und Julia wollen die Schweiz erkunden. Als erstes Ziel peilen sie einen 114 km^2 großen und 214 m tiefen See am Alpennordrand der Zentralschweiz an. Da sie dort einige Tage verbringen wollen, nehmen sie ein Zimmer in einem gemütlichen Hotel in Luzern, natürlich mit Blick auf den See. Auf welches Gewässer blickt das Paar?

____

Übung A.30: Als 1869 der Suezkanal fertig gestellt war, der das Rote Meer mit dem Mittelmeer verband, wurde damit die Entfernung zwischen den Häfen in Europa und Asien um mehr als 7000 km verkürzt. Welchen Vorteil brachte dieser neue Seeweg dadurch wohl für Europa mit sich?

____

____

____

Übung A.31: Im Werkstofflager herrscht Unordnung und Martin muss aufräumen. Er findet vier verschiedene Metalle,

weiß aber nicht auf Anhieb, um welche Metalle es sich handelt. Um es sich leichter zu machen, bestimmt er jeweils den Schmelzpunkt und versucht dann die Metalle den Schmelzpunkten zuzuordnen. Helfen Sie ihm.

A Ga, Gallium
B Os, Osmium
C Fe, Eisen
D Pb, Blei

Übung A.32: Vor dem nächsten Kaktus-Umtopfen möchte Eva allgemein gültige Formeln zur Herstellung eines Erde-Sand-Gemisches speziell für Kakteen finden. Die Formeln sollen angeben, wie viel Sand und wie viel Erde benötigt wird, um eine beliebige Anzahl an 5-l-Töpfen zu füllen. Der Anteil von Sand soll variabel sein. Wie lauten die Formeln?

Übung A.33: Welche der folgenden Sätze und Wendungen könnten ironisch gemeint sein?

A Das ist nicht übel!
B Das hast du ja toll gemacht!
C Soso!
D Du bist mir ein schöner Freund!
E Das ist mir nicht unbekannt!
F Hört, hört!

Übung A.34: Die Bilder des britischen Marine- und Landschaftsmalers William Turner (1775–1851) zeigen eine sehr genaue Naturbeobachtung, insbesondere der atmosphärischen Erscheinungen. Turner gilt als Vorläufer einer Künstlerbewegung, die ihren Mittelpunkt in Paris hatte. Welche Künstlergruppe ist gemeint?

A die Kubisten
B die Impressionisten
C die Fauves
D die Dadaisten

William Turner, Regen, Dampf und Geschwindigkeit – die große Eisenbahn nach Westen *(1844; London, National Gallery)*

Abschlusstest

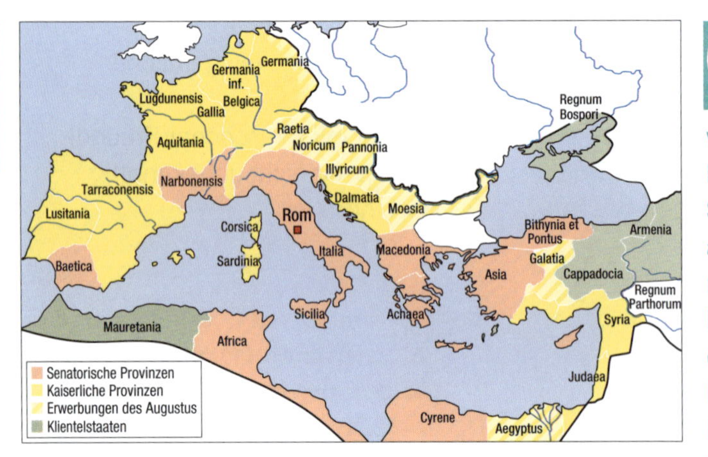

Übung A.35: Die Karte oben zeigt die Ausdehnung des Römischen Reichs zur Zeit des Augustus. Seit dem 8. Jh. n. Chr. war die vorher politisch und religiös geeinte Mittelmeerwelt in drei große Bereiche geteilt. Welche Bereiche waren das?

____

Übung A.36: Das Rote Kreuz ruft mit dem Slogan „Blutspenden rettet Leben" dazu auf, Blut zu spenden. Durch den Einsatzes von Blutkonserven können jährlich viele Menschenleben gerettet werden. Aber wie viele Liter Blut hat eigentlich normalerweise ein erwachsener Mensch?

A 1–2 l   B 2–4 l   C 4–6 l

Übung A.37: In der kalten Jahreszeit erleben wir schneebedeckten Berge, Blitzeis auf der Straße, Raureif oder auch bizarre Eisblumen an Fensterscheiben. Doch wie kommt es zu den unterschiedlichen winterlichen Phänomenen? Tragen Sie die folgenden Begriffe richtig in den Lückentext ein: Eisblumen, Raureif, Reif.

__________ bildet/bilden sich erst bei Temperaturen unter –6 bis –8° C.

__________ bildet/bilden sich nach Unterschreiten des Gefrierpunkts in Bodennähe bei feuchter Luft.

________ bildet/bilden sich aus gefrierendem Tau an kalten Oberflächen.

Übung A.38: Mathematisch-formale Darstellungen ermöglichen es, Sachverhalte eindeutig darzustellen. Wie sind folgende Formalismen zu interpretieren?

A $\frac{5}{3}$ B $\sqrt[3]{5}$ C [3; 5]

D $\sum_{i=1}^{5} i$ E $R \setminus \{3; 5\}$

F $\int_{1}^{5} 3dx$ G $\prod_{i=1}^{5} i$

Übung A.39: Karl der Große (747–814), seit 768 König der Franken und später der erste deutsche Kaiser des Mittelalters, hatte sein Reich nach außen stark erweitert und sich im Inneren besonders für Einheit und Bildung eingesetzt. Sein fränkisches Herrschaftsgebiet umfasste den größten Teil Europas. Tragen Sie die folgenden Gebiete richtig in die Schriftfelder ein: Awaren, Alamannien, Aquitanien, Austrien, Bayern, Burgund, Friaul, Neustrien, Sachsen.

Übung A.40: Wer könnte den folgenden Broschürentext veröffentlicht haben? „Fairer Handel – Konsum gegen Armut! Der faire Handel ist wirkungsvolle Entwicklungszusammenarbeit. (…) Er bietet den Entwicklungsländern Hilfe zur Selbsthilfe. Kleinbauern und Produzenten (…) erhalten mehr Geld für ihre Produkte als auf dem Weltmarkt und zusätzlich einen Fair-Trade-Aufschlag. Dadurch können sie in ihre wirtschaftliche und soziale Existenz investieren.“

A Lebensmittelindustrie

B Bundesministerium für Verbraucherschutz, Ernährung und Landwirtschaft

C Forschungsinstitut für Lebensmittel

D Verbraucherinitiative

Übung A.41: In vielen afrikanischen Ländern stellt die Desertifikation ein Problem dar. Darunter versteht man die Ausbreitung wüstenhafter Bedingungen als Folge unsachgemäßer Eingriffe des Menschen. Es kommt zu starker Erosion und Fortwehen des ausgetrockneten Bodens durch Wind. Nennen Sie drei Ursachen für die geschilderten Probleme.

Übung A.42: Führen Sie sich ein kubistisches Gemälde vor Ihr inneres Auge. Was könnte man als das grundlegende

Merkmal kubistischer Malerei bezeichnen? Ein Tipp: Denken Sie an die Wahl der Perspektive.

____

Übung A.43: Thomas ist umweltbewusst und plant, Solarzellen auf sein Haus zu bauen. Den Kosten von 12.320 € für Kauf und Einbau steht die Möglichkeit gegenüber, pro Jahr ca. 2200 kWh ins öffentliche Stromnetz einzuspeisen. Pro kWh erhält Thomas 56 ct. Wie viele Jahre muss er die Anlage betreiben, damit sie sich rechnet? Wir nehmen an, dass keine Wartungskosten anfallen.

- A ca. 8 Jahre
- B ca. 10 Jahre
- C ca. 12 Jahre
- D ca. 14 Jahre

Übung A.44: Der Naturforscher Robert Boyle (1627–91) zählt zu den Begründern der modernen Physik und Chemie sowie der auf detailliert veröffentlichten Experimenten beruhenden Naturwissenschaften allgemein. Bei seinen Untersuchungen entdeckte er u. a. den nach ihm benannten Zusammenhang zwischen Druck und Volumen eines Gases. Zeichnen Sie in das Diagramm ein, wie sich der Druck eines Gases bei steigendem Volumen ändert.

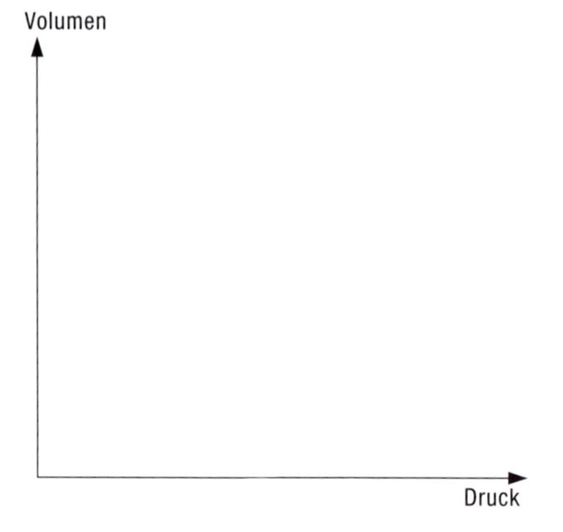

Übung A.45: Das Südchinesische Meer und die Ostsee sind weitgehend von Landmassen umgeben und werden deshalb zu den Nebenmeeren gezählt. Schelfmeere weisen andere Charakteristika auf. Überlegen Sie, welche der folgenden Aussagen auf Schelfmeere zutreffen.

- A Schelfmeere haben große ökologische Bedeutung.
- B Sie sind in der Regel mehr als 300 m tief.
- C Sie sind besonders stark durch Meeresverschmutzung gefährdet.
- D Sie stehen mit der Atmosphäre in enger energetischer Beziehung.

Übung A.46: ***Der Schimmelreiter*** **(1888) von Theodor Storm (1817–88) und** ***Michael Kohlhaas*** **(1810) von Heinrich von Kleist (1777–1811) sind bekannte Novellen des 19. Jh. Welches sind die Kennzeichen einer Novelle (von italien. novella, „kleine Neuigkeit“)?**

A Der Erzähler mischt sich nicht in das Erzählte ein.

B Eine Novelle ist die Nacherzählung eines Ereignisses, das stattgefunden hat oder stattgefunden haben könnte.

C Die Handlung wird geradlinig erzählt.

D Eine Novelle gestaltet keine Einzelereignisse, sondern Zusammenhänge.

Theodor Storm

Heinrich von Kleist

Übung A.47: In der Formenlehre der Antike hieß das Grundmaß, durch welches die Größenverhältnisse der einzelnen Teile eines Bauwerks untereinander errechnet wurden, Modul oder Model. Ein Modul entsprach dem aus dem Grundriss einer Säule errechneten Radius („unterer Säulenhalbmesser“). Bei vielen antiken Tempeln ergeben die Abstände zwischen den Säulen („Interkolumnium“) die Breite von vier Moduli. Vermehren Sie als antiker Baumeister die unten begonnene Säulenreihe um zwei weitere Säulen. Beachten Sie dabei, dass ein Interkolumnium jeweils von Säulenmitte zu Säulenmitte („Achse“) gemessen wird.

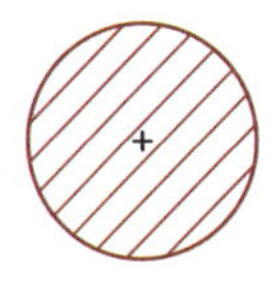

Übung A.48: Von dem englischen Philosophen Thomas Hobbes (1588–1679) stammt der Satz „Homo homini lupus est“ („Der Mensch ist dem Menschen ein Wolf“). Welche Regierungsform erscheint Hobbes angesichts dieses Menschenbildes wohl als die ideale?

A demokratischer Rechtsstaat

B Aristokratie

C Prinzipat

D Absolutismus

E Republik

Thomas Hobbes

Abschlusstest

A

Übung A.49: In der Astronomie werden große Entfernungen oft in Lichtjahren gemessen. Dabei ist ein Lichtjahr die Strecke, die das Licht in einem Jahr zurücklegt. Ein Beispiel: Das Licht benötigt von der Sonne bis zur Erde etwa 8,3 Min. Wie weit sind die folgenden Objekte von uns entfernt?

- A Andromeda-Galaxie
- B Große Magellan'sche Wolke
- C Zentrum der Milchstraße
- D Proxima Centauri

4,3 — 30.000 — 300.000 — 2,2 Mio. Lichtjahre

☐ ☐ ☐ ☐

Andromeda-Galaxie

Übung A.50: Durch die Verwendung der technisch-wissenschaftlichen Schreibweise kann mit sehr großen Zahlen übersichtlich und effizient gerechnet werden. x exp(y) beispielsweise bedeutet $x \cdot 10^y$. Welchen Wert haben die folgenden Terme?

- A $3{,}5 \exp_{10}(8) \cdot 2 \exp_{10}(7) =$
- B $3{,}5 \exp_{10}(8) \div 2 \exp_{10}(7) =$
- C $3{,}5 \exp_{10}(8) + 2 \exp_{10}(7) =$
- D $3{,}5 \exp_{10}(8) - 2 \exp_{10}(7) =$

Übung A.51: Mit welchen nichtsprachlichen Informationen ist es möglich, im Druckbild wichtige Passagen, Titel, Überschriften, Fakten, Details, Namen etc. hervorzuheben? Nennen Sie mindestens drei Möglichkeiten.

____

Übung A.52: 1776 schlossen sich 13 britische Kolonien in Nordamerika zu den „Vereinigten Staaten" zusammen, die 1783 die Unabhängigkeit erhielten. Nach und nach kamen weitere Staaten hinzu, sodass sich der Zusammenschluss bis zum Pazifik hin ausdehnte. Ordnen Sie die folgenden Staaten dem richtigen Beitrittsdatum zu.

- A Massachusetts
- B Texas
- C Maine
- D Kentucky
- E Colorado
- F Arizona
- G Alaska
- H Oklahoma

6.2. 1788	1.6. 1792	15.3. 1820	29.12. 1845	1.8. 1876	16.11. 1907	14.2. 1912	3.1. 1959
☐	☐	☐	☐	☐	☐	☐	☐

Übung A.53: Welche verschiedenen Techniken thematisiert der folgende Text? „Während meiner Ausbildung als Maler war es mir das Liebste, die Zeichnungen des Meisters auf die Kupferplatte zu übertragen. Mit Kohle formte ich vor, was später auf der Leinwand in Öl ausgeführt werden sollte. Auch das Mischen der Tempera gehörte zu den Tätigkeiten, die ich gern übernahm."

____

____

____

Übung A.54: Norwegen ist berühmt für seine Fjorde. Aber auch in Chile, Neuseeland und einigen anderen Staaten der Welt sind die Menschen von diesen engen Meeresbuchten mit ihren steil ins Wasser abfallenden Ufern fasziniert. Welche Ursachen haben zur Bildung der Fjorde geführt?

A Winderosion
B Meteoriteneinschläge
C Gletscherbewegung
D Meeresspiegelanstieg

Übung A.55: Während der Obstblüte kann eine einzige kalte Nacht mit Frost die gesamte Ernte eines Obstbauern zerstören. Um sich vor solchen fatalen Spätfrösten zu schützen, haben viele Bauern deshalb eine sog. Frostschutzberegnung installiert. Aber wie schützt dies die Blüten?

A Warmes Wasser hält die Blüten warm.
B Das Wasser gefriert an den Blüten und setzt dabei die Schmelzwärme wieder frei.
C Das Wasser hält den Boden um die Bäume warm.
D Das Wasser gefriert um den Baum herum und bindet die Kälte.

Übung A.56: Binomische Formeln – Erinnerungen an die Schulzeit werden wach. Aber wissen Sie noch, wie man die Formeln anwendet? Welchen Wert hat

die Summe der folgenden Ausdrücke: $(a-b)(b+a)$; $(a+b)(b+a)$; $(b-a)(b-a)$?

[A] $3a^2+b^2$
[B] $2a^2+b^2$
[C] a^2+b^2
[D] b^2

Übung A.57: Das folgende Diagramm zeigt Veränderungen des Medienverhaltens der 14–49-jährigen Bundesbürger in den vergangenen Jahren. Es wurde befürchtet, das Internet könnte insbesondere die Zeitungen verdrängen. Welche Veränderungen haben sich tatsächlich ergeben?

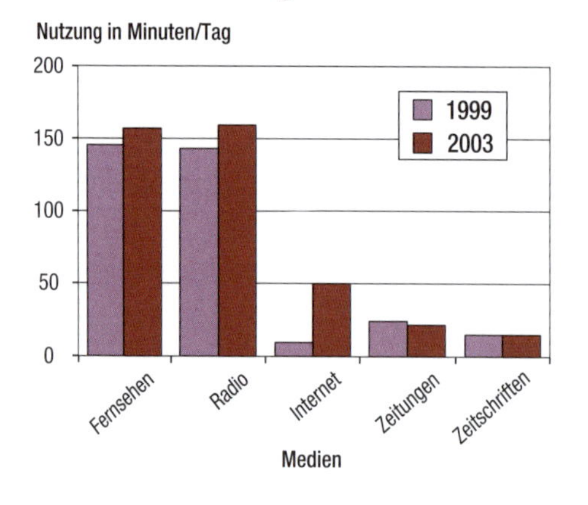

____

____

____

Übung A.58: Skizzieren Sie das folgende Bild: Ein Zimmer, an der rechten Seite im Vordergrund ein Stuhl, dessen Sitzfläche nach vorn zeigt. Dahinter ein großer Spiegel mit hölzernem Rahmen. Links vom Spiegel ein zweiter Stuhl, dessen Lehne zum ersten zeigt. Am Ende der rechten Wand eine geöffnete zweiflügelige Balkontür, deren luftig-weiße Vorhänge zwar zugezogen wurden, aber dennoch helles Tageslicht hineinlassen. Die linke Seite des Zimmers ist nicht mehr auf dem Bildausschnitt zu sehen, nur die Armlehne eines Sitzmöbels und die rechte Ecke eines parallel davor liegenden Läufers ragen noch in die Bildfläche hinein.

Übung A.59: Dank des gesteigerten Umweltbewusstseins vieler Industriestaaten geschieht es nur noch selten, dass ein See „umkippt", d. h. zum toten Gewässer wird. Wählen Sie aus den folgenden Aussagen die zutreffenden heraus und tragen Sie sie richtig in die Grafik ein.

[A] Überproduktion organischer Substanzen
[B] gesteigertes Planktonwachstum durch hohe Phosphat- und Nitratmengen

Lesestrategien

Die Flut an Zeitungen, Zeitschriften, Büchern sowie an Fachliteratur verlangt eine sorgfältige Auswahl, sei es für die berufliche oder private Arbeit. Wir sollten uns v. a. überlegen, was wir lesen und was wir nicht lesen wollen. Damit verhindern wir, dass überflüssige Lektüre auf unserem Tisch landet. Wir können lernen, Material zu prüfen, und jenes, das unsere Aufmerksamkeit nicht verdient, sofort ablehnen.
Suchen wir in einem Text nach einem bestimmten Wort, bewährt sich eine besondere Suchwort-Technik, die Sie vielleicht noch aus der Schulzeit kennen. Sie macht sich einen Reflex zunutze: Wir schauen nämlich genau hin, wenn sich etwas bewegt. Bei dieser Technik erklingt das Wort durch stilles Vorsagen im Kopf und der Zeigefinger oder ein Stift führt den Blick über mehrere Zeilen gleichzeitig, von links nach rechts. Dabei generiert das Gehirn ein Bild vom Inhalt. So lassen sich Textmassen bewältigen, ohne dass man liest. Dieser Reflex kann auch benutzt werden, um den Blick systematisch durch einen Text zu führen.
Wollen wir effektiv lesen, ist es notwendig, Störfaktoren zu beseitigen. Bewegung im Raum lenkt vom Lesen ab. Was sich bewegt, sollte verbannt werden. Zudem sollte nicht nur der Schreibtisch, sondern auch die Leseumgebung ausgeleuchtet sein, sonst schauen wir immer wieder – reflexartig – ins Dunkle. Starke Farbkontraste ziehen den Blick ebenfalls vom Lesestoff ab.

C überhöhter Sauerstoffverbrauch
D extremer Anstieg der Kohlendioxidmenge

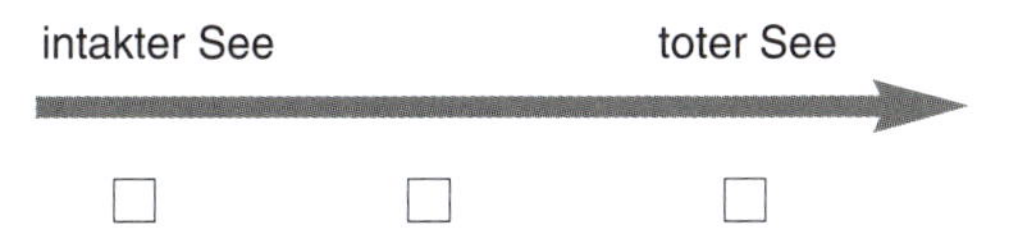

Übung A.60: Seit 1257 wurde in Deutschland der König von sieben Kurfürsten gewählt, 1648 kam eine achte und 1692 eine neunte Kurwürde dazu. Den Ablauf der Königswahl hatte Karl IV. (1316–78) bereits im Jahr 1356 in der „Goldenen Bulle“ (quasi dem Grundgesetz des Heiligen Römischen Reichs) festgelegt. In welcher Stadt sollte die Königswahl stattfinden?

A Köln
B Frankfurt am Main
C Mainz
D Aachen
E Nürnberg
F Trier

Übung A.61: Nicht jeder Planet in unserem Sonnensystem wird von einem oder mehreren Monden umkreist. Der Merkur als sonnennächster Planet besitzt z. B. keinen Trabanten. Ordnen Sie die folgenden Planeten nach steigender Anzahl der Monde.

A Jupiter
B Venus
C Mars
D Pluto

0 ☐ 1 ☐ 2 ☐ >35 ☐

Abschlusstest

A

Übung A.62: Um Mitternacht hat Markus den Eindruck, den wichtigsten Teil des Feuerwerks zu verpassen, weil jeder der 15 Gäste auf der Silvesterfeier mit jedem anstoßen will. 100-mal, so schätzt er, klingen die Gläser. Um wie viele Male verschätzt Markus sich?

A 5 B 10
C 15 D 20

Übung A.63: Um den Wert einer Information aus der Zeitung überprüfen zu können, ist es wichtig, Textsorten voneinander unterscheiden zu können. Ordnen Sie den in der Tabelle unten angegebenen Textsorten die jeweils richtige Definition zu, indem Sie die entsprechenden Kästchen miteinander verbinden.

Übung A.64: Viele Metropolen dieser Erde sind von Kanälen durchzogen, die der Bevölkerung als Verkehrswege, als Handelsplatz oder den Kindern als Spielplatz dienen. Ordnen Sie den folgenden Begriffen die richtige Erklärung zu.

A Klongs
B Grachten
C Priele

Textsorte	Definition
Glosse	bezieht sich auf ein Ereignis und beschränkt sich auf die Wiedergabe von Fakten; kann versteckt tendenziös sein
Kommentar	subjektive, sachliche und meist künstlerische Beurteilungen
Reportage	unabhängige Interpretation, Erklärung und Erläuterung von Tagesereignissen, politischen Entwicklungen; problematisiert, wertet; manchmal ironisch oder polemisch
Kritik	Trend in Boulevardzeitungen; Nachrichten und Berichte sind verstärkt subjektiv oder polemisch
Mischformen	gibt die Meinung eines Journalisten über ein Ereignis wieder; zugespitzter und polemischer Stil; setzt Vorinformationen voraus; umgangssprachliche Redewendungen, saloppe, ironische Bewertungen
Bericht	enthält knappe, aber vollständige Informationen über das Tagesgeschehen
Meldung/Nachricht	ausführlicher Bericht, angereichert mit subjektiven Eindrücken

1 Wasserstraßen in Amsterdam
2 Wasserabläufe im Wattenmeer
3 Wasserkanäle in Bangkok

Übung A.65: Tragen Sie in die folgende Tabelle die fehlenden Begriffe ein:

Gattung	Werk	Künstler	Epoche
Architektur		Filippo Brunelleschi	
	Endlose Säule		Klassische Moderne
	Las Meninas		

Übung A.66: Was verstehen Sie unter dem „Paradoxon der Demokratie"?

____

____

____

Übung A.67: Beim Aufräumen im Restelager ihrer Apotheke findet Karin vier Flaschen mit kleinen Mengen verschiedener Salze. Beim sachgerechten Entsorgen dieser Reststoffe muss sie streng darauf achten, ob diese starke Säuren oder starke Laugen sind. Welcher der folgenden Stoffe ist in wässriger Lösung eine starke Lauge?

A KNO_3 B NaCl
C NaBr   D KOH

Übung A.68: Bei einem Long Island Ice Tea hat die Spirituosenmischung 40 Volumenprozent Alkohol. Aus ihr soll ein Cocktail mit lediglich 10 Volumenprozent zubereitet werden. Welche Menge Spirituosenmischung wird für ein 0,4 l großes Cocktailglas benötigt, wenn die übrigen Bestandteile der Mischung alkoholfrei sind?

A 0,1 l   B 0,15 l   C 0,2 l   D 0,25 l

Übung A.69: In der Werbesprache werden gern Adjektive wie z. B. „ideal", „fantastisch" verwendet. „Ultimatives" Styling-Gel lässt sich „optimal" verteilen oder „hochwertige" Kameras liefern „ausgezeichnete" Bilder. Dabei sind diese Begriffe nicht unproblematisch, weil …

A es sich um versteckte Superlative handelt.
B Superlative zum Widerspruch reizen.

C Häufungen von Superlativen Texte oder Aussagen unglaubwürdig machen.

D Superlative als unfeine Übertreibung gelten.

Übung A.70: Als „Propyläen" werden die Toranlagen zum Tempelbezirk in der Antike bezeichnet. In München stehen als direktes Zitat die Propyläen zur Akropolis auf dem Königsplatz und bilden die dritte Achse zu zwei Museumsbauten in Tempelform. Ordnen Sie die Münchner Propyläen stilgeschichtlich ein.

____

Übung A.71: Zu den ursprünglich sieben Kurfürsten, die den König des Heiligen Römischen Reichs Deutscher Nation wählten, waren im 18. Jh. zwei weitere hinzugekommen. Welches der folgenden Gebiete hatte im 18. Jh. nicht die Kurwürde inne?

A Kurfürstentum Brandenburg

B Kurfürstentum Hannover

C Kurköln

D Kurtrier

E Kurpfalz

F Kurfürstentum Bayern

G Kurfürstentum Baden

H Königreich Böhmen

I Kurmainz

J Kurfürstentum Sachsen

Übung A.72: Besonders in den Sommermonaten fällt auf, dass manche Oberflächen Sonnenstrahlung besser reflektieren als andere. Die Fähigkeit einer Oberfläche, Sonnenstrahlung zu reflektieren, wird Albedo genannt. Ordnen Sie die folgenden Oberflächen nach zunehmender Reflexionsfähigkeit.

A heller Sandstrand

B Schnee

C grünes Feld

D Asphalt

geringe Reflexion → hohe Reflexion

☐ ☐ ☐ ☐

Übung A.73: Der Kopenhagener Professor Johannes Nikolaus Brønsted (1879 bis 1947) erweiterte 1923 den Säure-Begriff in der Chemie auf nichtwässrige Medien. Was versteht man nach seiner auch heute noch beliebten Definition unter einer Säure?

A Protonendonatoren
B Protonakzeptoren
C Elektronenakzeptor
D Elektronendonator

Übung A.74: Bei einer Geldanlage ab 1000 € bietet die Bank 3,2 % Zinsen an, darunter nur 2,6 %. Dagobert legt 926 € an und fragt sich, nach wie vielen Jahren er die nächsthöhere Zinsstufe erreicht. Was würden Sie ihm als Finanzberater antworten?

A 1
B 2,5
C 3
D 3,5

Übung A.75: Hier eine Übung zur Logik von Sätzen. Stellen Sie fest, was in den folgenden Beispielsätzen nicht in Ordnung ist und unbedingt verbessert werden sollte.

A Angeblich besteht kein Zusammenhang, sagten die Behörden.

____

B Angeblich soll der Festgenommene seine Komplizen gewarnt haben.

____

C Angeblich galt der jüngst verstorbene Künstler als der Meister der Fotografie.

____

Übung A.76: Das Schlagwort „Jeder Mensch ist ein Künstler“ illustriert die Idee des erweiterten Kunstbegriffs von Joseph Beuys (1921–86). Was aber meinte der bis heute umstrittene Beuys damit genau?

A Jeder Mensch hat die Fähigkeit, ein Kunstwerk zu produzieren.
B Es gibt keine echte Kunst.
C Kunst und Leben durchdringen sich gegenseitig.

Übung A.77: 1846 setzte der konservative britische Politiker Sir Robert Peel (1788 bis 1850) gegen den Willen seiner Partei die Aufhebung der Getreideschutzzölle („corn laws“) durch, für die sich die Liberalen eingesetzt hatten. Welche Vorteile versprach man sich davon?

A Die Aufhebung der Schutzzölle sollte die Preise für die Grundnahrungsmittel senken.
B Sie sollte das Einkommen der Landwirte sichern und die Landwirtschaft fördern.
C Der freie Handel sollte zu einem Aufschwung der englischen Wirtschaft führen.
D Der internationale Handel sollte gefördert werden.

Abschlusstest

A

Übung A.78: Torsten, Maja und Sandra reisen jedes Jahr für ein paar Tage nach Russland. Diesmal machen sie sich auf den Weg nach Moskau. Alle haben sich zwar gut vorbereitet, aber bei manchen Dingen sind sie sich nicht einig. Können Sie den dreien helfen? Welche der folgenden Aussagen treffen zu?

A Die berühmte Basilius-Kathedrale am Roten Platz wurde während der Herrschaft von Zar Nikolaus II. (1868–1918) errichtet.

B 1935 wurde die Moskauer U-Bahn eröffnet und wenige Jahre später, 1939, starb der Diktator Stalin (* 1879).

C Mit über 8 Mio. Einwohnern ist Moskau an der Moskva die größte Stadt Russlands. 1980 fanden dort die Olympischen Sommerspiele statt.

D Das größte Moskauer Kaufhaus befindet sich am Roten Platz. Es wurde 1888–94 erbaut, ist 250 m lang und hat drei Passagen mit jeweils zwei Etagen.

Basilius-Kathedrale

Übung A.79: Neben Leserfreundlichkeit, Logik und Präzision macht der Anreiz zum Lesen einen guten Text aus. Manche Texte empfinden wir als anregend, andere nicht. Welche Gründe mag es, abgesehen vom Thema, dafür geben, dass manche Texte eine besonders starke Wirkung entfalten?

A Sie sind leicht verständlich.

B Sie provozieren.

C Sie werfen Fragen auf.

D Sie erzeugen keine Widersprüche.

Übung A.80: Die Dadaisten stellten die konventionelle Kunstauffassung radikal in Frage. Ein wirksames Mittel dafür war die Verbindung von bildender Kunst mit angrenzenden Ausdrucksformen wie Musik und Tanz. Welche Kunstform der zweiten Hälfte des

20. Jh. haben die Dadaisten vorbereitet?

Übung A.81 Betrachtet man die Teilchen in einem Festkörper oder einer Flüssigkeit, so fällt auf, dass sie zwar einerseits kaum dichter zusammengepresst werden können, sich aber andererseits auch nicht durch gegenseitige Anziehung weiter voneinander entfernen. Wie muss ein Diagramm aussehen, das die Kräfte zwischen zweien dieser Teilchen in Abhängigkeit von ihrem Abstand veranschaulicht? Vervollständigen Sie die Darstellung.

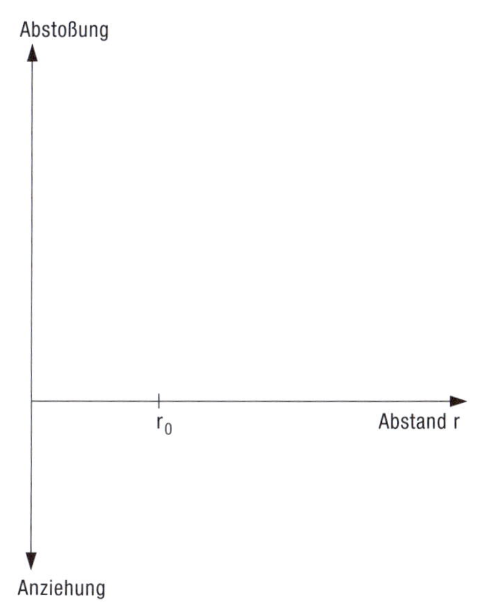

Übung A.82: Ein wichtiger Schritt zur Integration der Bundesrepublik in die Gemeinschaft westlicher Staaten, um die sich Konrad Adenauer (1876 bis 1967) als Bundeskanzler sehr bemühte, waren die Römischen Verträge, die im März 1957 zwischen Frankreich, der Bundesrepublik, den Beneluxstaaten und Italien geschlossen wurden. Im Zuge dieser Verträge wurden auch zwei wichtige europäische Institutionen eingerichtet. Welche?

- A EVG (Europäische Verteidigungsgemeinschaft)
- B EURATOM (Europäische Atomgemeinschaft)
- C EWS (Europäisches Währungssystem)
- D EWG (Europäische Wirtschaftsgemeinschaft)

Konrad Adenauer

Übung A.83: Die Steigung bzw. das Gefälle von Wegen und Straßen wird in Prozent angegeben. Auf einem Weg mit 10 % Steigung gewinnt man pro 100 m in (gedachter) horizontaler Richtung 10 m Höhe. Ein Bergsteiger wandert

Abschlusstest

A

6 km bis zu einer Berghütte. Die ersten 2 km haben 20 % Steigung, danach steigt der Weg für 3 km mit 15 %, der Rest des Weges bis zur Berghütte fällt mit 7 % ab. Wie viele Höhenmeter hat der Bergsteiger zurückgelegt, wenn er die Hütte erreicht?

- A 837 m
- B 850 m
- C 767 m

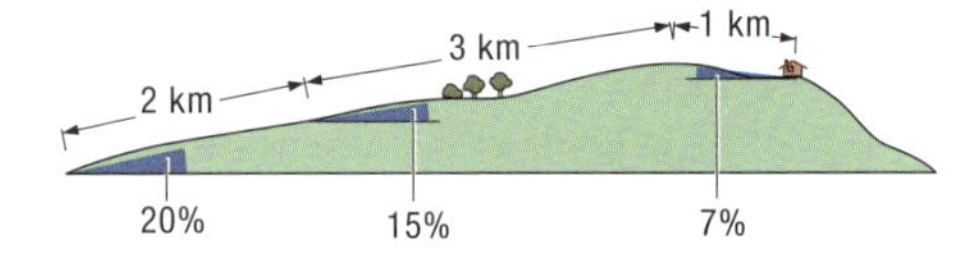

Übung A.84: Neben anderen Aspekten behandelt die Geografie auch die Zusammenhänge zwischen der Erdoberfläche und den Pflanzen. Als Begründer der Pflanzengeografie gilt ein 1859 verstorbener deutscher Naturforscher. Von seiner Reise durch Südamerika brachte er ca. 60.000 Pflanzen mit, die er in einem 36-bändigen Werk auswertete. Wie heißt der Herr?

Porträt des Gesuchten

____

Übung A.85: Katrin ist oft verschnupft und würde am liebsten dorthin reisen, wo das Risiko einer Ansteckung am geringsten ist. An welchen Ort der Erde müsste Katrin fahren, um vor einem erneuten Schnupfen am sichersten zu sein?

- A Äquator
- B Nordpol
- C Hawaii
- D Zentralafrika

Übung A.86: Moritz wartet auf dem 3-m-Turm im Schwimmbad darauf, dass Jens vom 10-m-Turm springt. Für den Zusammenhang zwischen Fallweg S, Fallzeit t und Fallbeschleunigung $g = 9{,}81 \frac{m}{s^2}$ gilt $S = \frac{1}{2} g t^2 = \frac{1}{2} \cdot 9{,}81 \frac{m}{s^2} \cdot t^2$. Wenn der Bademeister wegsieht, möchte Moritz genau so losspringen, dass beide zur gleichen Zeit im Wasser ankommen. Wie tief ist Jens bereits gefallen, wenn Moritz springt?

- A 7 m
- B 5,5 m
- C 3,73 m
- D 2,05 m

Übung A.87: In einer Firmenbroschüre könnte es heißen: „Denken Sie über einen Zusammenschluss der PC-Systeme zu einem Netzwerk in Ihrem Betrieb nach? Wir bieten ein erweitertes Angebot an maßgeschneiderten Netzwerklösungen für kleine und mittlere Unternehmen aus einer Hand. Unsere erfahrenen Spezialisten bieten Ihnen bedarfsgerechte und individuelle EDV- und Netzwerklösungen.“ Warum ist der Text für das Unternehmen keine gute Werbung?

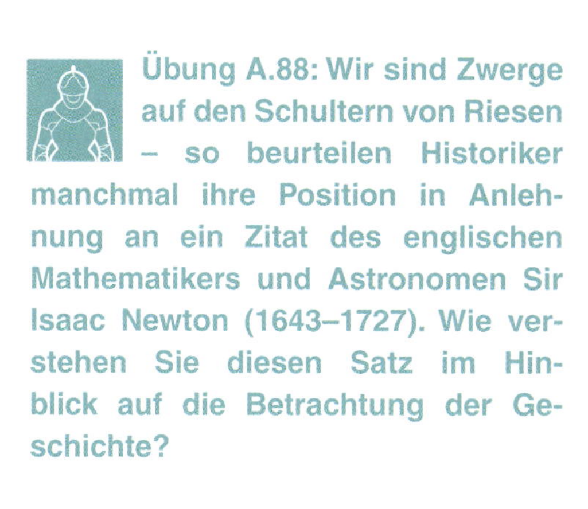

Übung A.88: Wir sind Zwerge auf den Schultern von Riesen – so beurteilen Historiker manchmal ihre Position in Anlehnung an ein Zitat des englischen Mathematikers und Astronomen Sir Isaac Newton (1643–1727). Wie verstehen Sie diesen Satz im Hinblick auf die Betrachtung der Geschichte?

Übung A.89: Überprüfen Sie Ihre Kennerschaft: Ordnen Sie die folgenden Bilder dem richtigen Renaissancemaler zu.

A

B

1 Raffael (1483–1520)
2 Michelangelo Buonarotti (1475 bis 1564)

Übung A.90: Welche der folgenden Aussagen treffen auf Tornados zu?

A Tornados sind über das Festland wandernde Wirbelstürme von kurzer Lebensdauer.
B Sie sind tropische Wirbelstürme, deren Zentrum „Auge“ genannt wird.
C Sie sind eine typische Erscheinung Nordamerikas.

Abschlusstest Lösungen

A

Lösung A.1

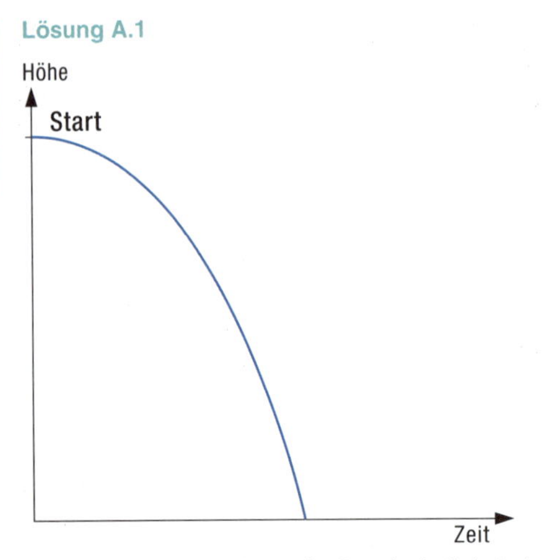

Während des Falls nimmt die Geschwindigkeit der Kugel kontinuierlich zu, und zwar wächst sie mit dem Quadrat der Fallhöhe. Schon nach 40 m hat die Kugel eine Geschwindigkeit von 100 km/h. Die Fallbeschleunigung beträgt auf der Erde 9,81 m/s^2, d. h. nach 1 Sek. ist die Kugel 9,81 m/s schnell.

Lösung A.2

B.

Preis	gerundet
2,36 €	2 €
1,50 €	2 €
0,99 €	1 €
2,49 €	2 €

Esther schätzt also 7 €.

Lösung A.3

A3, B1, C2, D4, E6, F5.

Lösung A.4

72.000 — D
112.000 — F
155.000 — B
317.000 — A
609.000 — E
1,9 Mio. Mitbürger — C

Lösung A.5

B und C. Horizontale und vertikale Parallelen erzeugen eine eher statische Wirkung. Diagonalen erwecken hingegen ebenso wie Überschneidungen den Eindruck von Bewegung.

Lösung A.6

Die Quittung könnte folgendermaßen aussehen:

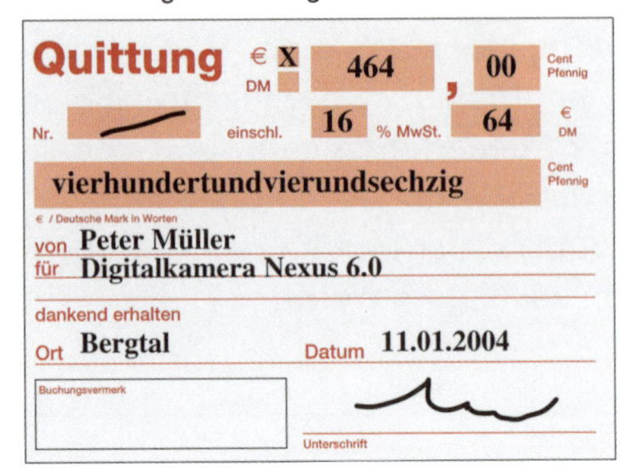
Quittung € X DM 464 , 00 Cent Pfennig
Nr. einschl. 16 % MwSt. 64 € DM Cent Pfennig
vierhundertundvierundsechzig
€ / Deutsche Mark in Worten
von Peter Müller
für Digitalkamera Nexus 6.0
dankend erhalten
Ort Bergtal Datum 11.01.2004
Buchungsvermerk
Unterschrift

Bei dem für Fotoartikel üblichen Satz von 16 % MwSt. ergibt sich für das genannte Produkt ein Warenwert von 400 € und eine Mehrwertsteuer von 64 €. Weil die Garantiezeit in Deutschland zwei Jahre beträgt, ergibt sich der 11. Januar 2004 als Kaufdatum. Unterschrift des Händlers oder seines Bevollmächtigten sowie ein Stempel des Händlers wären noch nachzutragen, gegebenenfalls auch Quittungsnummer und Buchungsvermerk.

Lösung A.7

C. Direkte Proportionalität bedeutet, dass z. B. die doppelte Menge den doppelten Preis ergeben würde, ein Viertel der Menge ein Viertel des Preises etc. Im Nuss-Nougat-Fall liegt direkte Proportionalität vor, wenn das Euro-pro-Gramm-Verhältnis bei beiden Mengen gleich ist. Das 600-g-Glas hat ein Euro-pro-Gramm-Verhältnis von $\frac{2,25}{600} = 0,00375$.

Das gleiche Verhältnis wird dann erreicht, wenn das 1000-g-Glas genau 3,75 € kostet.

Lösung A.8

4 — B
46 — D
78 — A
104 — C

Man kann von der Chromosomenzahl nicht auf die Intelligenz eines Lebewesens oder auch nur auf die Ähnlichkeit zwischen Lebensformen schließen, denn die Kartoffel z. B. weist mit 48 Chromosomen zwei mehr auf als der moderne Mensch. Abweichungen vom normalen Chromosomensatz sind immer mit mehr oder weniger gravierenden körperlichen Schäden verbunden.

Lösung A.9

Unsere Sprache ist vielfältig. Wie genau wir bestimmte Situationen beschreiben können, zeigt sich, wenn wir das richtige Verb verwenden. So kann man sich z. B. auf vielerlei Weise äußern: laut (rufen, schreien, brüllen), leise (flüstern, murmeln), neutral (sich äußern), undeutlich (nuscheln, brummeln, raunen, stammeln) oder heiter (plaudern, plappern, schwallen).

Lösung A.10

B. Die De-Stijl-Künstler strebten in ihren Werken einen Anti-Individualismus an. Nicht ihr persönlicher Standpunkt, sondern eine funktional-ästhetische Sichtweise, die auf allgemein gültigen Beobachtungen fußte, sollte der Ausgangspunkt aller Gestaltungen sein. In der Architektur drückte sich das u. a. durch die Betonung der quadratischen Fläche und einen reduzierten Einsatz der Grundfarben aus, die dazu verwendet wurden, Raumbeziehungen herzustellen. Ganz ähnliche Prinzipien vertrat die deutsche Bauhaus-Bewegung.

Lösung A.11

C. Im antiken Rom war das Triumvirat (von latein. tres, trium, „drei" und vir, „Mann") ein Kollegium aus drei mächtigen Männern. Das erste Triumvirat bildeten 60 v. Chr. Pompeius, Caesar und Crassus, die zusammen über große politische, militärische und finanzielle Macht verfügten. Das zweite Triumvirat bildeten 43 v. Chr. Octavian, Antonius und Lepidus.

Lösung A.12

Djerba besitzt ein deutliches Besuchermaximum in den Sommermonaten. Durch den europäischen Ferientourismus ist außerdem im März (Ostern) ein sekundäres Maximum festzustellen. Im Winter herrscht aufgrund des recht kühlen Klimas eher geringer Fremdenverkehr. Tozeur dagegen, als Stadt im Landesinneren, verzeichnet besonders in den Übergangsjahreszeiten ein Ansteigen der Touristenzahlen.

Lösung A.13

B. Wir sehen am Himmel nur das gestreute Licht der Sonne. Da hauptsächlich blaues Licht gestreut wird, erscheint uns der Himmel am Tag blau. Der Sonnenaufgang bzw. -untergang erfreut uns hingegen mit Rottönen, da das Licht nun einen weiteren Weg durch dichtere Gebiete der Atmosphäre zurücklegen muss. Der Blauanteil wird aus dem Spektrum herausgefiltert, es bleibt Rot übrig.

Lösung A.14

D. Wenn Herr Meier jeden Tag jeweils 45 Min. für Hin- und Rückfahrt braucht, sind das pro Tag 90 Min. Bei 210 Tagen macht das insgesamt 210 · 90 Min. = 18.900 Min. Umgerechnet sind das

$$\frac{18.900 \text{ min.}}{60 \frac{\text{min.}}{\text{h}}} = 315 \text{ Std.}$$, also mehr als 13 ganze Tage.

Lösung A.15

Die Kernaussage lautet: Auch in Zukunft gibt es in den Ländern der EU Unterschiede in der sozialen Versorgung und im Einkommen. Schachtelsätze entstehen, wenn der Sprecher zu viele Gedanken in einem Satz unterbringen möchte. Meist ist es hilfreich, sich die zusammengehörigen Inhalte klar zu machen, um den Satz aufzulösen.

Lösung A.16

ab 1221	ab 1319	1656	um 1797	1882
B	E	A	D	C

Lösung A.17

A und B. Kaiser Konstantin I. hatte 330 seinen Herrschersitz in den östlichen Teil des Römischen Weltreichs, in das von ihm Konstantinopel genannte griechische Byzanz, verlegt. Damit war nicht mehr Rom das alleinige Zentrum des Imperiums, sondern es gab ein „zweites Rom" im Osten. Daher wurde Konstantinopel, das ebenfalls ein bedeutendes Kulturzentrum war, auch Ostrom genannt. Als das römische Weltreich unter den Söhnen des Kaisers Theodosius I. (347–95), Arcadius und Honorius, 395 in zwei Teile geteilt wurde, war Ostrom die Hauptstadt des oströmischen Reichs unter der Herrschaft des Arcadius. Während das weströmische Reich 476 endgültig unterging, bestand das oströmische noch bis zur Eroberung durch die Türken 1453 weiter.

Lösung A.18

A1, D3, E2, F4, G3.

Malawi und Madagaskar sind keine asiatischen Länder.

Abschlusstest Lösungen

Lösung A.19

Eine Regenwahrscheinlichkeit von 15 % bedeutet, daß es mit 85-prozentiger Wahrscheinlichkeit nicht regnet. Man kann aber nicht sagen, mit welcher Wahrscheinlichkeit die Sonne scheint oder der Himmel wolkenlos ist.

Lösung A.20

1	8	17	82
A	C	D	B

Lösung A.21

A und D.

Lösung A.22

B. Die Architekten benutzten in ihrem Modell eine Damenstrumpfhose, um die Form des aus Stahl und Glas bestehendes Zeltdaches zu simulieren. Mit dem Dehnungsverhalten der Strumpfhose wurde der Verlauf des Stahlnetzes nachgebildet.

Lösung A.23

A: Otto von Bismarck (1815–98) wurde im Volksmund auch „der Eiserne Kanzler" genannt, da er sich gern in seiner Kürassiersuniform zeigte. Der für seine Entschlossenheit und Unnachgiebigkeit bekannte deutsche Staatsmann war Gründer des Deutschen Reichs und Reichskanzler.

B: Der „Eiserne Vorhang" war ein Bild für die undurchdringliche Abschottung der UdSSR und ihres Machtbereichs vor den übrigen Staaten der Welt, besonders den westlichen Demokratien, nach dem Zweiten Weltkrieg. Zum ersten Mal benutzte Winston Churchill (1874–1965) das Bild im Jahr 1946 in einer Rede. Es stammt aus der Theatersprache und bezeichnet den Feuerschutz zwischen Bühne und Zuschauerraum.

C: Das Eiserne Kreuz wurde als preußischer Orden 1813 zu Beginn der Befreiungskriege gestiftet und 1870, 1914 und 1939 erneuert. In stilisierter Form ist das Eiserne Kreuz seit 1955 nationales Erkennungszeichen auf den Bundeswehrpanzern und -flugzeugen.

D: Margaret Thatcher (*1925), 1979–90 britische Premierministerin, wurde wegen ihres rigiden Führungsstils auch die „Eiserne Lady" genannt.

Lösung A.24

A. Mangrovengewächse sind immergrüne, bis ca. 20 m hohe Gehölze. Sie wachsen im Gezeitenbereich der Tropen und Subtropen. Charakteristische Anpassungen an den Standort sind Stelzwurzeln, schwimmfähige Früchte und Atemwurzeln bzw. Salzdrüsen, als Folge des sauerstoffarmen und salzhaltigen Bodens. Die Vegetation der Marschen in den gemäßigten Breiten besteht aus krautigen Pflanzen und nicht aus Büschen und Bäumen.

Lösung A.25

D. Der Schall legt im Wasser ca. 1400 m/s zurück. Allgemein gilt die Faustregel: Je größer die Dichte eines Mediums, umso größer ist auch die Schallgeschwindigkeit. So beträgt sie in Eisen ca. 5000 m/s. Eine Besonderheit ist das Metall Beryllium, das einen Rekordwert von unglaublichen 12.900 m/s für die Schallgeschwindigkeit besitzt!

Lösung A.26

Die Eckpunkte des einbeschriebenen Quadrats sind die Schnittpunkte der Kreislinie mit d_1 und d_2. d_1 und d_2 schneiden sich im Kreismittelpunkt M und stehen senkrecht aufeinander. Die Eckpunkte E_1 ... E_4 des umbeschriebenen Quadrats sind die Schnittpunkte der vier Kreistangenten in den Eckpunkten des einbeschriebenen Quadrats.

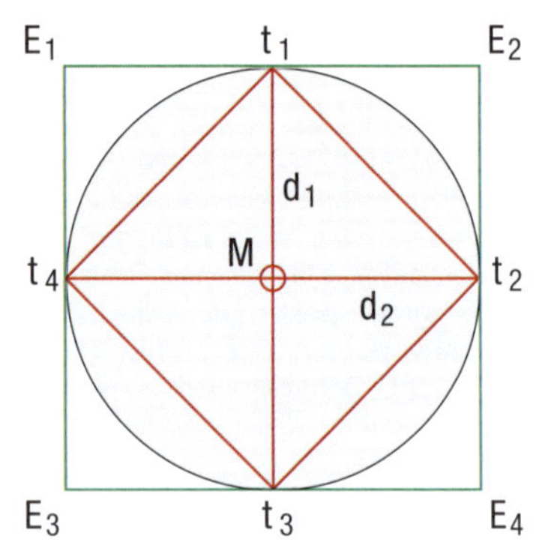

Lösung A.27

A: telefonieren
B: reparieren
C: schweigen
D: beweisen
E: unterrichten
F: beobachten
G: beschließen
H: erwägen
I: sich einigen
J: sich anstrengen

Der Nominalstil mit einer Häufung von Substantiven macht einen Text abstrakt. Die Ausdrucksweise mit Verben ist in der Regel anschaulicher und leichter verständlich.

Lösung A.28
Die digitalen Medien machen es leicht, (digitale) Fotografien so zu verändern, dass der Betrachter des fertigen Produkts das ursprüngliche Foto und seine Bearbeitung nicht mehr voneinander trennen kann. Somit ist die Ansicht, Fotografie sei der Realität näher als beispielsweise die Malerei, obsolet geworden. Aufgrund unserer Sehgewohnheiten nehmen wir jedoch Fotografie noch immer als authentisches Medium wahr.

Lösung A.29
Vierwaldstättersee. Der See wird von der Reuß durchflossen und liegt 434 m über dem Meeresspiegel. Seine Ausdehnung beträgt ca. 38 km in der Länge und bis zu 3 km in der Breite. Gegliedert ist der See z.B. in den Küssnachter See, den Luzerner See, den Alpnacher See und den Urner See. Die gesamte Region um Luzern gilt als eines der bedeutendsten Fremdenverkehrsgebiete der Schweiz.

Lösung A.30
Der direkte Seeweg vom Roten Meer ins Mittelmeer entwickelte sich zur Hauptroute des europäischen Handels. V. a. für das britische Empire wurde die Strecke über den Suezkanal zu einer zentralen Handelsverbindung. Von 1875 bis 1956 hielt Großbritannien die Mehrheit an der Betreibergesellschaft des Kanals; unter dem ägyptischen Präsidenten Nasser erfolgte 1956 die Verstaatlichung.

Lösung A.31

30°	270°	1535°	3045°
A	D	C	B

Lösung A.32
Das benötigte Gesamtvolumen für n 5-l-Blumentöpfe ist $V = n \cdot 5$ l. Wenn s % davon Sand sein sollen, erhält man die Sandmenge S mit $S = V \cdot \frac{s}{100}$. Die Menge an Erde E lässt sich dann z. B. mit $E = V - S$ bestimmen.

Lösung A.33
B, C, D und F. „Soso!“ drückt Ironie oder Zweifel aus, „Hört, hört!“ kann als eine überzogene Zustimmung zu etwas Gesagtem verstanden werden. Ironie (griech., „Verstellung“) bedeutet, etwas anderes zu meinen als das Gesagte. Sie ist in erster Linie eine Form des Spottes oder auch des Humors, wenn jemand unter dem Schein der Billigung etwas lächerlich macht. Bittere Ironie wird auch als Sarkasmus bezeichnet: ins Fleisch schneidender Hohn oder beißender, verletzender Spott (von griech. sarx, „Fleisch“). „Das ist nicht übel!“ und „Das ist mir nicht unbekannt!“ stellen eine untertreibende Abschwächung, eine sog. Litotes (griech., „Schlichtheit“) dar.

Lösung A.34
B. William Turner malte Lichterscheinungen auf dem Wasser und am Himmel als formauflösendes Farbenspiel. Die französischen Impressionisten setzten wenige Jahre später ebenfalls Farbflecken nebeneinander und lösten Linien auf, um Naturerscheinungen lebendig wiederzugeben.

Lösung A.35
Seit dem 8. Jh. war die Mittelmeerwelt in einen weströmisch-germanischen Teil, einen byzantinischen Teil und einen arabischen Teil zerfallen, die zuvor zum Imperium Romanum gehört hatten.

Lösung A.36
C. Blut ist der Treibstoff des menschlichen Lebens. Es versorgt die Körperzellen mit Nahrung, Sauerstoff, Vitaminen und Hormonen als chemischen Botenstoffen. Außerdem entsorgt das Blut Abfallprodukte (z. B. Kohlendioxid) aus den Zellen. Ein 70 kg schwerer Mann hat ca. 5,2 l Blut. Das gesamte Blutgefäßnetz in einem Menschen umfasst ca. 96.500 km, das ist mehr als der doppelte Erdumfang!

Lösung A.37
Raureif bildet sich erst bei Temperaturen unter –6 bis –8° C. Dabei lagern sich Nebel- und Wolkentröpfchen in Form feinster Kristalle an Pflanzen und Gegenständen an.
Reif bildet sich nach Unterschreiten des Gefrierpunkts in Bodennähe bei feuchter Luft. Der Niederschlag von Wasserdampf erfolgt an der unterkühlten Vegetationsdecke und anderen Oberflächen.
Eisblumen bilden sich aus gefrierendem Tau an kalten Oberflächen wie z. B. Fensterscheiben.

Abschlusstest Lösungen

A

Lösung A.38

A: der dritte Teil von 5

B: die dritte Wurzel aus 5

C: alle Zahlen von 3 bis 5

D: die Summe aller natürlichen Zahlen von 1 bis 5

E: die Menge aller reellen Zahlen ohne 3 und ohne 5

F: das Integral der Funktion f(x) = 3 in den Grenzen von 1 bis 5; dies setzt man häufig mit dem Inhalt der durch den Grafen von f(x) = 3, die x-Achse sowie die beiden zur x-Achse senkrechten Geraden durch (1,0) bzw. (5,0) abgegrenzten Fläche gleich.

G: das Produkt aller natürlichen Zahlen von 1 bis 5

Lösung A.39

Lösung A.40

D. Insbesondere der Ausruf am Anfang legt diese Vermutung nahe. Zudem ist nicht zu erwarten, dass die Lebensmittelindustrie ein Konkurrenzsystem zur Vermarktung unterstützen wird.

Lösung A.41

Überweidung, Rodung und Grundwasserabsenkung. Durch Zerstörung der Vegetation entfällt die schützende Bodenüberdeckung und die Verfestigung im Wurzelraum. Bei Regen kann das Land viel stärker angegriffen und die Bodenkrume kann ausgewaschen werden, es kommt zur Erosion. Ohne schützende Vegetation zerstört auch der Wind die dünne Bodendecke und macht das Land unbrauchbar. Außerdem sinkt bei fehlender Pflanzendecke der Grundwasserspiegel ab.

Lösung A.42

Es gibt keine einheitliche Perspektive, die dargestellten Objekte werden gleichzeitig aus mehreren Blickwinkeln auf der Leinwand wiedergegeben. Darüber hinaus wird der Bildgegenstand in einzelne, geometrische (oft kubische) Formen zerlegt. Zu den wichtigsten Vertretern des Kubismus gehören Pablo Picasso (1881–1973), Georges Braque (1882–1963) und Juan Gris (1887–1927).

Lösung A.43

B. Bei jährlich 2200 kWh à 56 ct erwirtschaftet die Solaranlage 2200 · 0,56 = 1232 € pro Jahr. Die Investitionskosten sind also nach $\frac{12.320}{1232} = 10$ Jahren ausgeglichen.

Lösung A.44

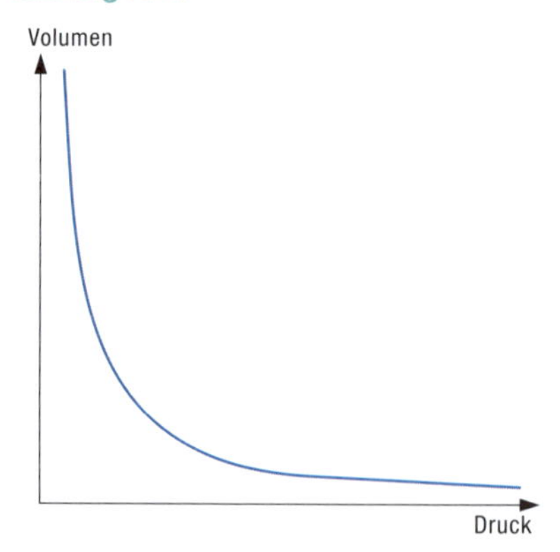

Das Gesetz von Boyle und Mariotte besagt, dass – bei konstanter Temperatur – Druck und Volumen umgekehrt (indirekt) proportional zueinander sind: p * V = konstant (mit p ≙ Druck, V ≙ Volumen). Dieses Gesetz, das Boyle 1662 veröffentlichte und das 1676 unabhängig auch von Edme Mariotte (1620–84) gefunden wurde, gilt für ein ideales Gas.

Lösung A.45

A, C und D. Schelfmeere sind seichte, in der Regel weniger als 200 m tiefe Meere. Aufgrund ihrer geringen Wassertiefe haben sie große ökologische Bedeutung, da sie über ein reiches Artenspektrum verfügen und mit der Atmosphäre in enger energetischer Beziehung stehen. Schelfmeere sind aufgrund ihrer Küstennähe wichtige Wirtschafträume, aber dadurch auch besonders stark durch Abwässer belastet.

Lösung A.46
A, B und C. Die Novelle unterscheidet sich von der Kurzgeschichte durch ihre geschlossene Form, von Legende, Fabel und Märchen durch ihren Realitätsbezug, vom Roman durch die Konzentration auf ein Ereignis oder einen Konflikt.

Lösung A.47
Nicht nur die Dicke und Höhe der Säulenschäfte, auch die Abstände zwischen den Säulen sind entscheidend für die Wirkung einer Säulenreihe. Die Skizze unten nach der Lehre des antiken Baumeisters Vitruv (um 84–24 v.Chr.) entspricht mit dem Verhältnis von 4 Moduli = 1 Interkolumnium einer „gedehnten" Säulenreihe.

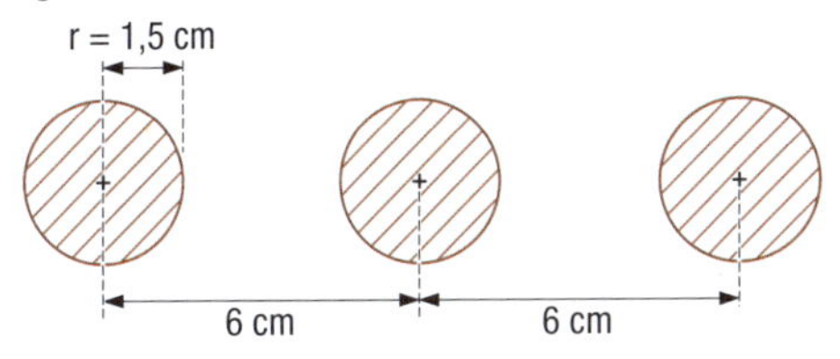

Lösung A.48
D, Absolutismus. Hobbes ging davon aus, dass der Mensch im Naturzustand nur seinem Trieb zur Selbsterhaltung und damit seinem Machtstreben folge. Deshalb müssten die Menschen ihr Recht auf einen „Souverän", eine Person oder eine Versammlung, übertragen. Durch diesen „Staatsvertrag" würden Frieden und Sicherheit garantiert. Der Herrscher solle allmächtig sein und über den Gesetzen stehen. Nur dadurch werde der „Krieg aller gegen alle" beendet. Hobbes gilt auch als „Vater des Absolutismus".

Lösung A.49

4,3	30.000	300.000	2,2 Mio. Lichtjahre
D	C	B	A

Lösung A.50
A $3{,}5\exp_{10}(8) \cdot 2\exp_{10}(7) = 3{,}5 \cdot 2 \cdot 10^8 \cdot 10^7 = 7 \cdot 10^{8+7} = 7\exp_{10}(15)$

B $3{,}5\exp_{10}(8) \div 2\exp_{10}(7) = \frac{3{,}5}{2} \cdot \frac{10^8}{10^7} = 1{,}75 \cdot 10 = 17{,}5$

C $3{,}5\exp_{10}(8) + 2\exp_{10}(7) = 3{,}5\exp_{10}(8) + 0{,}2\exp_{10}(8) = 3{,}7\exp_{10}(8)$

D $3{,}5\exp_{10}(8) - 2\exp_{10}(7) = 3{,}5\exp_{10}(8) - 0{,}2\exp_{10}(8) = 3{,}3\exp_{10}(8)$

Lösung A.51
Zur Hervorhebung von Informationen in einem Text stehen z. B. das Einfügen von Absätzen oder Zwischenüberschriften, die Verwendung von Fett- oder kursivem Druck, einer größeren Schrift oder Großbuchstaben, Unterstreichungen oder ein Wechsel des Schrifttyps zur Verfügung.

Lösung A.52

6.2. 1788	1.6. 1792	15.3. 1820	29.12. 1845	1.8. 1876	16.11. 1907	14.2. 1912	3.1. 1959
A	D	C	B	E	H	F	G

Lösung A.53
Insgesamt sind es sechs Techniken: die Malerei und die Zeichnung allgemein, die Kohlezeichnung, der Kupferstich, die Ölmalerei auf Leinwand, die Temperamalerei.

Lösung A.54
C und D. Fjorde sind während der letzten Eiszeit durch Gletscher geschaffene, tief eingeschnittene Meeresarme. Als das Eis der Gletscher schmolz, wurden die oft über 1000 m tiefen Täler vom steigenden Meerwasser überflutet.

Lösung A.55
B. Sinkt die Lufttemperatur bis nahe 0° C ab, wird die Frostschutzberegnung eingeschaltet und Wasser regnet auf die Bäume herab. Dieses Wasser gefriert auch an den Obstblüten und setzt beim Erstarren die zuvor zum Schmelzen benötigte Energie wieder frei. Diese verhindert kurzfristig das Erfrieren der Obstblüten. Zusätzlich isoliert die Eisschicht und schützt dadurch.

Lösung A.56
A. Der Wert der einzelnen Ausdrücke ist: $(a-b)(b+a) = a^2-b^2$ (erste binomische Formel); $(a+b)(b+a) = a^2+2ab+b^2$ (zweite binomische Formel); $(b-a)(b-a) = a^2-2ab+b^2$ (dritte binomische Formel). Aufsummiert ergibt sich $3a^2+b^2$.

Lösung A.57
Fernsehen und Radio beanspruchen nach wie vor den größten Teil der Nutzungsdauer. Betrug die durchschnittliche Internet-Nutzung 1999 noch neun Minuten pro Tag, so hat sie sich im Lauf von vier Jahren verfünffacht. Nur die Zeitungen haben leicht an Nutzungsdauer eingebüßt, die Internet-Nutzung

hat also offensichtlich nicht zu einem grundlegenden Wandel der Mediennutzung geführt.

Lösung A.58

Adolph von Menzel, Das Balkonzimmer *(1845; Berlin, Neue Nationalgalerie)*

Sie haben soeben einen „echten Menzel" gemalt. Die Komposition dieses privaten Bildes, das der Historienmaler Adolph von Menzel (1815–1905) nie selbst öffentlich ausgestellt hat, weist ihn durch den zufällig wirkenden Ausschnitt, das Motiv und die lockere Pinselführung als frühimpressionistischen Maler aus. Das kleinformatige Werk entstand in seiner Berliner Wohnung und hat als „Studie" einen zwanglosen, heiteren Charakter. Von Menzel ist insbesondere durch seine Auftragswerke, die das Leben am Hof Friedrichs des Großen (1813–88) zeigen, bekannt. Auch wenn sich vieler dieser Gemälde durch eine malerische Malweise auszeichnen, erlaubt das Sujet keine frühimpressionistische Freiheit.

Lösung A.59

intakter See → toter See

B A C

Lösung A.60

B, Frankfurt am Main. Weil Ludwig II., der Deutsche (804/06–76), ein Sohn Karls des Großen, der bei der Aufteilung des Reiches den Ostteil erhalten hatte, sich häufig in der Frankfurter Königspfalz aufhielt, wurden dort 855 Lothar II. zum König Lotharingiens und 887 Arnulf von Kärnten zum Herrscher des Reichs der Ostfranken gewählt. In Aachen wurden die deutschen Könige gekrönt, in Nürnberg hielten sie jeweils direkt nach ihrer Krönung einen Reichstag ab.

Lösung A.61

0	1	2	>35
B	D	C	A

Die Venus wird von keinem Trabanten umkreist. Der Pluto besitzt einen Mond namens Charon, der Mars die zwei unförmigen Monde Phobos und Deimos. Um den Jupiter kreisen nicht nur die vier Galilei'schen Monde Io, Europa, Ganymed und Kallisto, sondern eine Vielzahl weiterer Trabanten. Derzeit gehen Wissenschaftler von etwa 39 Monden aus, die zum Jupiter gehören.

Lösung A.62

A. Stellen Sie sich die 15 Partygäste in einer Reihe vor. Der erste von rechts stößt mit den anderen 14

Lösung A.63

Die richtige Zuordnung stellt sich wie folgt dar:

Glosse	gibt die Meinung eines Journalisten über ein Ereignis wieder; zugespitzter und polemischer Stil; setzt Vorinformationen voraus; umgangssprachliche Redewendungen, saloppe, ironische Bewertungen
Kommentar	unabhängige Interpretation, Erklärung und Erläuterung von Tagesereignissen, politischen Entwicklungen; problematisiert, wertet; manchmal ironisch oder polemisch
Reportage	ausführlicher Bericht, angereichert mit subjektiven Eindrücken
Kritik	subjektive, sachliche und meist künstlerische Beurteilungen
Mischformen	Trend in Boulevardzeitungen; Nachrichten und Berichte sind verstärkt subjektiv oder polemisch
Bericht	bezieht sich auf ein Ereignis und beschränkt sich auf die Wiedergabe von Fakten; kann versteckt tendenziös sein
Meldung/Nachricht	enthält knappe, aber vollständige Informationen über das Tagesgeschehen

Gästen an. Es folgt der zweite, der noch 13-mal anstößt etc. Der vorletzte stößt noch mit dem letzten Gast an und das war es. Insgesamt klingen die Gläser $14+13+\ldots+2+1=\sum_{i=1}^{5} i=105$-mal. Markus hat sich also um 5 verschätzt.

Lösung A.64
A3, B1, C2.

Lösung A.65

Gattung	Werk	Künstler	Epoche
Architektur	Domkuppel Florenz	Filippo Brunelleschi	Renaissance
Skulptur	*Endlose Säule*	Constantin Brancusí	Klassische Moderne
Malerei	*Las Meninas*	Diego Velázquez	Barock

Lösung A.66
Das „Paradoxon der Demokratie" weist auf die Gefährdung dieser Staatsform in ihrer reinen Ausprägung hin. Wenn das Volk die volle Entscheidungsfreiheit hat, hat es damit auch die Freiheit, die Demokratie abzuschaffen – wie etwa 411 v. Chr. in Athen, als die Volksversammlung für die Abschaffung der Demokratie stimmte.

Lösung A.67
D. Kaliumhydroxid KOH bildet zusammen mit Wasser unter Wärmeentwicklung die stark ätzende Kalilauge.

Lösung A.68
A. Im Spirituosenmix gilt: $\frac{\text{Alkohol}}{\text{SpiritVol}} = 0{,}4$.

Im Wunschcocktail gilt: $\frac{\text{Alkohol}}{\text{SpiritVol + AlkfreiVol}} = 0{,}1$.

Beide Gleichungen können zueinander ins Verhältnis gesetzt werden:

$$\frac{\frac{\text{Alkohol}}{\text{SpiritVol}}}{\frac{\text{Alkohol}}{\text{SpiritVol + AlkfreiVol}}} \quad \frac{0{,}4}{0{,}1} = 4.$$

Der Alkohol kann gekürzt werden und es ergibt sich $\frac{\text{SpiritVol + AlkfreiVol}}{\text{SpiritVol}} = 4$ oder AlkfreiVol = $3 \cdot$ SpiritVol. Daher wird ein Teil Spirituosenmischung mit drei Teilen alkoholfreien Bestandteilen (Limetten-, Orangensaft, Cola) gemischt. Für ein 0,4-l-Glas sind das 0,3 l Alkoholfreies und 0,1 l Spirituosenmix.

Lösung A.69
A, B, C und D.

Lösung A.70
Der Königsplatz gilt als einzigartiges Werk des Klassizismus. Der Architekt Karl Leo von Klenze (1784–1864) entwarf im Jahr 1817 die Anlage mit den Propyläen (1846–62), der antike Statuen beherbergenden Glyptothek (1816–30) sowie der staatlichen Antikensammlung (1838–48). Er zitiert die Tempel- und Torformen des griechischen Altertums und schafft somit eine inhaltliche Aufwertung: Die Sammlungen der antiken Statuen und ihrer Abgüsse werden als „Heiligtümer" präsentiert.

Lösung A.71
G. Das Kurfürstentum Baden wurde erst 1803 geschaffen.

Lösung A.72
geringe Reflexion → hohe Reflexion

D — C — A — B

Lösung A.73
A. Brønsted (1879–1947) bezeichnet Säuren als Protonendonatoren und Basen als Protonenakzeptoren. Das bedeutet, dass Säuren Wasserstoffionen (Protonen) abgeben und Basen diese aufnehmen. Zu jeder Säure gibt es eine korrespondierende Base, weshalb man auch von Säure-Basen-Paaren spricht. Voraussetzung für eine Säure-Base-Reaktion nach Brønsted ist ein Lösungsmittel, das den Austausch von Protonen unterstützt.

Lösung A.74
C. Die Formel für n-jährige Verzinsung Endbetrag = Anfangsbetrag $\cdot \left(1 + \frac{\text{Zinsen}}{100}\right)^n$ kann nach n aufgelöst werden:

$$n = \frac{\ln \frac{\text{Endbetrag}}{\text{Anfangsbetrag}}}{\ln\left(1 + \frac{\text{Zins}}{100}\right)} = \frac{\ln \frac{1000}{926}}{\ln(1{,}026)} = 2{,}995 \approx 3.$$

Also hat Dagobert nach drei Jahren 1000 €, die im vierten Jahr mit 3,6 % verzinst werden.

Abschlusstest Lösungen

A

Lösung A.75

A: Die Behörden werden nicht gesagt haben „Angeblich besteht kein Zusammenhang", sondern „Es besteht kein Zusammenhang." Das Wort „angeblich" drückt die Meinung des Schreibers oder Sprechers aus und nicht die der Behörden. Zudem steht in der indirekten Rede der Konjunktiv („Es bestehe …").

B: Das Wort „soll" trägt die Bedeutung „angeblich" schon in sich und ist daher zu streichen.

C: Im Satz muss „gilt" stehen. Auch wenn der Künstler verstorben ist, wird er nach wie vor als Meister der Fotografie gelten.

Lösung A.76

C. Beuys wollte in seinen „sozialen Plastiken" die Durchdringung von Kunst und Leben veranschaulichen. Dabei ging es ihm darum, den Menschen auf seine Selbstständigkeit hinzuweisen und ihn aufzufordern, seine Freiheit und Rechte aktiv umzusetzen. Der erweiterte Kunstbegriff bezieht sich demnach auch auf Aktionen, die mit Kunst im traditionellen Sinne nichts zu tun haben. Kunst wird vielmehr als bewusste Handlung, die Veränderungen zur Folge hat, verstanden.

Lösung A.77

A, C und D.

Lösung A.78

C und D. Die berühmte Basilius-Kathedrale am Roten Platz wurde nicht von Zar Nikolaus II., sondern während der Herrschaft Iwans des Schrecklichen im 16. Jh. erbaut. Der Diktator Stalin starb 1953, viele Jahre nach der Eröffnung der Moskauer U-Bahn.

Lösung A.79

A, B und C.

Lösung A.80

Die Dadaisten kombinierten in ihren Auftritten Tanz, Sprache, Musik und bildende Kunst. Ihre Aufführungen kann als Vorstufe der Aktionskunst gelten, die nach dem Zweiten Weltkrieg zu einer weit verbreiteten Kunstform wurde. Dazu zählen u. a. Performance und Happening sowie Land-Art, Videokunst, Body-Art und Action-Painting. Die Dadaisten hinterfragten durch ihre radikalen Arbeiten die Zielsetzungen, Normen und Grenzen der Kunst.

Lösung A.81

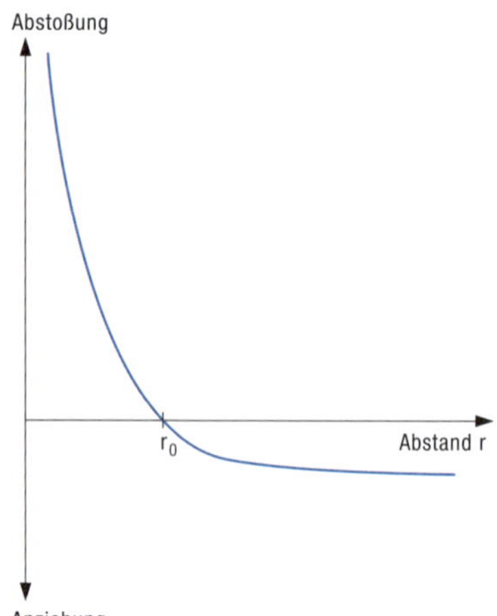

Bis zum Normalabstand der Teilchen in diesem Aggregatszustand wirken die Molekularkräfte anziehend, beim Versuch, den Abstand zu verringern, wirken sie dagegen abstoßend. Beim Normalabstand (r_0) neutralisieren die wirkenden Anziehungskräfte und Abstoßungskräfte einander.

Lösung A.82

B und D. Die EUROATOM sollte die Zusammenarbeit in der Kernforschung und der friedlichen Nutzung der Kernenergie fördern. Ziel der Europäischen Wirtschaftsgemeinschaft war es, die Entstehung eines gemeinsamen Marktes zu fördern. Die EWG kann als Vorläufer der Europäischen Union gelten. Die EWG, die zu ihrer Ergänzung gegründete EGKS (Europäische Gemeinschaft für Kohle und Stahl) und die EURATOM wurden 1965 unter dem Namen Europäische Gemeinschaft (EG) verbunden.

Lösung A.83

A. Die Lösung kann mithilfe der trigonometrischen Beziehungen im rechtwinkeligen Dreieck gefunden werden. Das Verhältnis von überwundener Höhe zu zurückgelegter Wegstrecke entspricht dem Sinus des Steigungswinkels des Weges.

Es gilt: $\sin \alpha = \frac{\text{Höhe}}{\text{Wegstrecke}}$. Aufgelöst nach der Höhe erhält man Gleichung 1: Höhe = Wegstrecke $\cdot \sin \alpha$.

Den Steigungswinkel α erhält man aus der Angabe der Steigung mithilfe der Formel:

$\tan\alpha = \frac{\text{Steigungswert}}{100}$. Der Steigungswinkel ist dann $\alpha = \text{Arc}\tan\frac{\text{Steigungswert}}{100}$. Durch Einsetzen in Gleichung 1 erhält man die Formel: .

$$\text{Höhe} = \text{Wegstrecke} \cdot \sin\left[\text{Arc}\tan\frac{\text{Steigerungswert}}{100}\right].$$

Nun können für alle drei Teilstrecken die zurückgelegten Höhenmeter bestimmt werden. Für die erste Teilstrecke erhält man

$$H_1 = 2\text{ km} \cdot \sin\left[\text{Arc}\tan\frac{20}{100}\right] = 0{,}392\text{ km},$$

mit $\alpha = \text{Arc}\tan 0{,}2 = 11{,}31°$; für die zweite $H_2 = 0{,}445$ km. Insgesamt überwindet der Bergsteiger also die Höhe $H_1 + H_2 = 0{,}837$ km $= 837$ m.

Lösung A.84

Alexander von Humboldt. Er wurde am 14. September 1769 in Berlin geboren, wo er 1859 auch starb. Der Naturforscher und Geograf erforschte 1800 als Erster den Orinoko. Das auf seinen Reisen gesammelte Material wertete er in dem 36-bändigen Werk *Voyage aux régions équinoxiales du nouveau continent* (1805–34) aus.

Lösung A.85

B. Der direkte Auslöser einer Erkältung ist stets ein Virus. Kein Virus, kein Schnupfen! Deshalb erkälten sich z. B. Forscher in Polarstationen eher selten, denn im Polareis ist es selbst für Viren zu kalt. Und warum erkälten wir uns dann im Winter öfter als im Sommer? Weil wir uns im Winter öfter zusammen mit anderen Menschen in warmen, geschlossenen Räumen aufhalten, also ideale Verbreitungsbedingungen für Viren herrschen.

Lösung A.86

D. Moritz muss genau dann springen, wenn Jens von seiner Fallzeit t_{JENS}, die er für die 10 m benötigt, gerade noch so viel übrig hat, wie Moritz insgesamt für seine 3 m braucht. Jens' Fallzeit ist:

$$t_{JENS} = \sqrt{\frac{2 \cdot 10\text{m}}{9{,}81\frac{\text{m}}{\text{s}^2}}} = 1{,}43\text{ s}.$$ Die Fallzeit von Moritz ist:

$$t_{Moritz} = \sqrt{\frac{2\,s_M}{g}} = \sqrt{\frac{2 \cdot 3\text{m}}{9{,}81\frac{\text{m}}{\text{s}^2}}} = 0{,}78\text{s}.$$

Moritz muss also losspringen, wenn sich Jens genau seit $1{,}43\text{s} - 0{,}78\text{s} = 0{,}65\text{s}$ im freien Fall befindet. In dieser Zeit ist Jens bereits

$$S = \frac{1}{2} \cdot g \cdot t^2 = \frac{1}{2} \cdot 9{,}81\frac{\text{m}}{\text{s}^2} \cdot (0{,}65\text{s})^2 = 2{,}05\text{m}$$ tief gefallen.

Lösung A.87

Der Text steckt, abgesehen von einer Wiederholung des Wortes „Netzwerklösungen“, voller Tautologien und Pleonasmen: ein Zusammenschluss von PC-Systemen ist ein Netzwerk, Lösungen sind immer maßgeschneidert, Spezialisten sind immer erfahren, bedarfsgerecht bedeutet immer individuell.

Lösung A.88

Die Zwerge auf den Schultern von Riesen sehen weiter als die Riesen selbst. Newton äußerte diesen Satz im Zusammenhang mit seinen Entdeckungen, die er nur machen konnte, weil andere bereits vor ihm Großartiges geleistet hatten, in einem Brief an Robert Hooke. Historiker können von ihrem aktuellen Standpunkt aus auch jeweils weiter sehen als ihre Vorgänger, teilweise, weil sie an einem späteren Zeitpunkt der Geschichte stehen, aber auch weil andere vor ihnen bereits wichtige Zusammenhänge erkannt und beschrieben haben, die ein neues Licht auf die Geschehnisse werfen.

Lösung A.89

A1, B2. A: *Die Schule von Athen* (Ausschnitt; 1509–11; Vatikan, Stanza della Segnatura); B: *Erschaffung Adams* (Ausschnitt; 1510; Vatikan, Sixtinische Kapelle).

Lösung A.90

A und C. Ein Tornado ist ein außertropischer Wirbelsturm von kurzer Lebensdauer und Weglänge, aber immenser Stärke. Im Zentrum des Sturms, Auge genannt, herrscht extremer Unterdruck, der ganze Gebäude explosionsartig bersten lässt. Tornados sind eine typische Erscheinung des mittleren Nordamerika, kommen aber auch gelegentlich auf anderen Kontinenten vor. Sie entstehen, wenn Luftmassen mit sehr unterschiedlichen thermischen Verhältnissen aufeinander treffen.

Testauswertung

Auswertung des Einführungstests

0–20 richtige Antworten
Ihre PISA-Kompetenz ist gering. Prüfen Sie, warum Sie die meisten Fragen nicht richtig beantwortet haben. Lag es an Denk- oder Rechenfehlern? Dann sollten Sie bei den folgenden Übungen auf größere Genauigkeit achten. Konnten Sie die Lösungswege nicht finden? In diesem Fall empfiehlt sich eine intensivere Beschäftigung mit den betreffenden Themen. Bei vergrößerter Wissensbasis wird sich auch Ihre PISA-Erfolgsquote deutlich verbessern.

21–40 richtige Antworten
Sie besitzen durchschnittliche PISA-Kompetenz. Die Fähigkeit zu Transferleistungen ist in ausreichendem Maß vorhanden. Wenn Sie eine Reihe von Fragen nicht beantworten konnten, lag dies vor allem an spezifischen Wissenslücken. Um diese zu schließen, sollten Sie sich gezielt mit den betreffenden Themen auseinander setzen. Das vorliegende Buch bietet mit vielen hundert Übungen Gelegenheit dazu.

41–60 richtige Antworten
Ihre PISA-Kompetenz ist überdurchschnittlich hoch, aber immer noch steigerungsfähig. Neben einer ausgeprägten Fähigkeit zu Transferleistungen verfügen Sie über eine breite, solide Wissensbasis. Kleine Ungenauigkeiten haben jedoch zu einigen Fehlern geführt. Sehen Sie sich die Lösungswege der betreffenden Übungen noch einmal genau an und nutzen Sie die folgenden Kapitel für ein wirksames Training. Dann sollten Sie beim Abschlusstest das optimale Ergebnis erzielen.

Auswertung des Abschlusstests

0–30 richtige Antworten
Sie haben unterdurchschnittlich abgeschnitten, d. h. Ihre PISA-Kompetenz ist gering. Vielleicht liegt es daran, dass Sie wenig Erfahrung im Umgang mit Testfragen haben. Auf jeden Fall sollten Sie in Ruhe überprüfen, warum Sie die meisten Fragen nicht richtig beantwortet haben. Lag es an Denk- oder Rechenfehlern? Dann sollten Sie künftig auf größere Genauigkeit achten. Konnten Sie die Lösungswege nicht finden? In diesem Fall raten wir Ihnen zu einer intensiveren Beschäftigung mit den betreffenden Themen. Wenn Sie Ihr Wissen erweitern, wird sich auch Ihre PISA-Erfolgsquote deutlich verbessern.

31–60 richtige Antworten
Ihre PISA-Kompetenz entspricht dem Durchschnitt. Sie besitzen eine ausreichende Fähigkeit zu Transferleistungen, aber spezifische Wissenslücken haben dazu geführt, dass Sie viele Fragen nicht richtig beantworten konnten. Setzen Sie sich gezielt mit den betreffenden Themen auseinander, um diese Lücken zu schließen. Nutzen Sie dazu das umfassende Wissensangebot des vorliegenden Buchs.

61–90 richtige Antworten
Sie besitzen überdurchschnittlich hohe PISA-Kompetenz, die sich aber immer noch steigern lässt. Neben einer ausgeprägten Fähigkeit zu Transferleistungen ist ein breites, solides Wissen vorhanden. Kleine Ungenauigkeiten haben jedoch zu einigen Fehlern geführt. Sehen Sie sich die Lösungswege der betreffenden Übungen noch einmal genau an. Stellen Sie sich aus unserem Wissenspaket ein geeignetes Trainingsprogramm zusammen, um beim nächsten Test das optimale Ergebnis zu erzielen.